"中国梦"进程中的
交通强国战略研究

ZHONGGUOMENG JINCHENGZHONG DE
JIAOTONG QIANGGUO ZHANLUE YANJIU

杨 琦 等 著

人民出版社

责任编辑：王怡石

图书在版编目（CIP）数据

"中国梦"进程中的交通强国战略研究／杨琦 等 著 . — 北京：
人民出版社， 2020.6
ISBN 978 － 7 － 01 － 021731 － 4

I. ①中… II. ①杨… III. ①交通运输业 － 经济发展战略 － 研究 － 中国
IV. ① F512.3

中国版本图书馆 CIP 数据核字（2020）第 008503 号

"中国梦"进程中的交通强国战略研究
ZHONGGUOMENG JINCHENGZHONG DE JIAOTONG QIANGGUO ZHANLÜE YANJIU

杨 琦 等 著

人民出版社 出版发行
（100706 北京市东城区隆福寺街 99 号）

北京盛通印刷股份有限公司印刷 新华书店经销

2020 年 6 月第 1 版 2020 年 6 月北京第 1 次印刷
开本：710 毫米 ×1000 毫米 1/16 印张：26
字数：370 千字

ISBN 978 － 7 － 01 － 021731 － 4 定价：128.00 元

邮购地址 100706 北京市东城区隆福寺街 99 号
人民东方图书销售中心 电话（010）65250042 65289539

序言　一

　　交通运输是兴国之器、强国之基。党的十九大明确提出了"建设交通强国"的战略目标，为新时代我国交通运输事业的发展提供了战略指引。对于已经成为交通大国的中国来说，探索交通强国之路变得尤为重要，其不仅对破解当前我国交通运输的现实约束、顺应交通运输事业发展大势具有积极意义，更对实现中华民族伟大复兴的"中国梦"具有重大意义。作者从新时代交通人的情怀与使命担当出发，撰写了《"中国梦"进程中的交通强国战略研究》一书，对"中国梦"进程中的交通强国战略问题进行了系统深入的探索，实现了对交通强国战略的重要理论创新。

　　建设交通强国是利国利民的战略之举，彰显了"三个有利于"的战略意义，即有利于更好地满足人民群众对美好生活的需要、有利于建设社会主义现代经济体系、有利于形成中国特色社会主义强国的先导支撑。就第一个方面而言，建设让人民满意的交通强国，是适应我国社会主要矛盾变化的必然选择，也是坚持以人民为中心的发展思想、满足人民日益增长的美好生活需要的客观要求，通过建设交通强国可以有效解决人民群众对更加个性化、多样化、品质化、高效率的交通运输服务的需求，从民生角度提升人民群众的幸福感与获得感；就第二个方面而言，建设符合现代经济体系需要的交通强国，有利于我国在创新引领、绿色低碳、共享经济等领域培育新的增长点，增强经济发展新动能，特别是能结合"一带一路"、长江经济带、京津冀一体化、粤港澳大湾区等战略契机，借助互联网、人工智能、新能源、无人驾驶等新技术，以及网约车、共享单车、无车无船承运等新业态，促进交通运输领域供给侧结构性改革和高质量发展，为形成"交通+"的经济社会融合发展格局提供战略支撑；就第三个方面而言，建设交通强国，是全面建设社会主义现代化国家的先行领域和战略支撑，加快建成交通强国关乎"两个一百年"的奋斗目标、关乎中国特色社会主义现代化建设进程，更关乎制造强国、贸易强国、海洋强国、科技强国等强国目标的实现，是交通强国的建设进度和建设质量，是社会主义强国战略不可或缺的一环。综合而言，建设交通强国建设的是符合民心期望的交通强国，是契合经济现代化和全球发展大势的交通强国，是致力实现中华民族伟大复兴与国家富强的交通强国，是利国利民、惠及中国与世界、影响当下及未来的宏伟战略选择。

新时代，新使命，新任务，新担当。不失时机地推动交通强国建设工作是推动我国迈向世界交通强国的时代课题，更是对我国现代化强国战略和交通运输事业美好未来的积极响应。在经济全球化时代，我国已经积淀了交通强国建设的坚实基础，已经为迈向交通强国做好了充分的准备。值得骄傲的是，新中国成立以来特别是改革开放以来，我国交通运输事业取得了长足发展，交通运输领域发生了深刻的历史性变革。交通发展已经实现从满足现代经济社会发展的基础性，到提高效率和便捷服务生产、生活的服务性，再到通过"交通+"成为经济社会发展新引擎的引领性三级跳跃。交通运输已经成为影响我国综合竞争力的显性符号，已经成为彰显中国国际影响力的"金名片"。党的十八大以来，我国交通运输事业进入历史上建设强度最大、网络覆盖最广、品质提升最快、群众获得感最强的时期，网络设施更加完善，技术装备更加先进，运输服务更加优质，降本增效更加显著，战略支撑更加有力，标志着中国正处于奋力迈进并高度接近交通强国的伟大时期——我国已经在铁路旅客周转量及货运量、公路客货运输量及周转量、水路货运量及周转量、全国港口完成货物吞吐量和集装箱吞吐量、邮政快递业务量等多个领域实现了世界第一，成为名副其实的世界第一货物贸易大国，涌现了中国高铁、中国高速公路、中国桥梁、中国港口、中国船舶、中欧班列、中国大飞机等中国交通运输品牌集群，已经成为世界交通运输领域超级工程的诞生地和聚集地，已经成为全球交通运输治理领域的重要参与者。

国之强盛在于大国重器，交通强国的实现在于交通运输业的强盛。奋力推动我国从交通大国向交通强国迈进是时代赋予我们的伟大使命，是中华民族伟大复兴在交通运输领域发出的最强声音。身处经济全球化浪潮，我们应当肩负起为建设交通强国而不懈奋斗的时代重任。本书作者从交通人的使命出发进行思考，以交通强盛与国家繁荣的互动关系为轴线，围绕"两个一百年"奋斗目标，对接交通强国的战略导向，为构建人民满意、符合现代经济体系、支撑中国特色社会主义强国提供了科学依据，体现了本书视野高远、构思别致的理论特色。

交通现代化是国家现代化的起点和重要载体，国家现代化是交通现代化的目标导向和可靠保障，二者具有深刻而现实的辩证关系。从本质来看，建设交通强国的战略路线图与建设现代化强国的战略路线图具有同构性和互构性，二者的深度契合构成了本书探讨交通与国家关系、寻求二者同步建设发展路径的基础工作。从实践来看，交通强国战略建设是社会主义现代化强国战略的组成部分，二者是区域与全局、局部与总体、手段与目标的关系，在现代化进程中具有同步性。根据党的十九大要求，我国社会主义现代化强国的目标分两个阶段安排：第一个阶段，从二〇二〇年到二〇三五年，在全面建成小康社会的基础上，再奋斗十五年，基本实现社会主义现代化；第二个阶段，从二〇三五年到21世纪中叶，在基本实现现代化的基础上，再奋斗十五年，把我国建成富强民主文明和谐美丽的社会主义现代化强国。这意味着，探求交通强国之路需要从社会主义现代化强国的战略蓝图中找寻战略定位、从战略需求中探索建设路径、从战略路线图中设定建设步骤、从战略重点中寻求建设着力点，并坚持从中国特色社会主义强国的战略内涵与属性中挖掘交通强国的内涵属性和具体特征。对这些问题的回答构成了交通强国战略研究的元命题，是无法回避和不得不解答的必选题目，当然也是本书思考的关键内容之一。

总体上看，该书在吸收学术界已有成果的基础上深化拓展、别开新境，形成了一部视角独特、体系完整、观点鲜明的研究著述，不仅对交通运输建设具有重要理论参考价值，而且对建设中国特色社会主义现代化交通强国具有重要现实指导意义，可谓是一部有情怀、有使命、有创新的理论成果。

古语云："为者常行，行者常至。"身处中国特色社会主义新时代，身处一个为伟大民族复兴"中国梦"而努力奋斗的时代，我们为见证交通大国的时代跃迁，正经历着交通强国加速建设的黄金阶段而骄傲。作为新时代的交通人，我们更愿意以我们的"行"——扎实的实践与理论工作，强化"交通强国之理论探索"的职责与"兴交通之名实"的使命，更愿意以满腔热忱参与到交通强国建设的时代潮流之中。基于此，我们也看到了作者试图对交通强国的时代内涵、成长之路、战略蓝图进行梳理与总结的学术努力，凸显了学术使命与时代担当。期待作者在今后能够继续围绕"中国梦""一带一路"与"交通强国"主题持续开展学术深耕，特别是在交通强国建设中的微观机制、国别研究、制度文化建设等领域与时俱进、锐意创新，为加快交通强国建设贡献新的学术智慧。

交通强国是中国特色社会主义现代化强国对交通运输提出的战略目标，"中国梦"是引领中国特色社会主义现代化强国的战略导航。交通强国统一于"中国梦"的伟大实践之中，"中国梦"的战略进程引领着交通强国目标的伟大实现。实乃目标可期、路不远矣。

是为序。

交通运输部总工程师：

二〇一九年七月十八日

序言　二

交通是兴国之利器、强国之先导。交通之于百姓，是天涯咫尺之幸福；交通之于社会，是现代文明之标志；交通之于民族，是融合凝聚之纽带；交通之于国家，是经济振兴之基础因素之一；交通之于世界，是命运共同体之使者。因此，积极推进中国交通强国战略，成为实现百姓安居乐业、社会文明和谐、民族和睦共生、国家繁荣昌盛、世界命运与共的伟大路径。

"中国梦"是实现国家富强、民族振兴、人民幸福的伟大梦想，而交通强国战略作为"中国梦"的重要组成部分，对实现中华民族伟大复兴的"中国梦"具有重大而深远的意义。纵观世界发达国家的文明进程，无一例外遵循着交通强则国家强的发展轨迹。经过七十年的艰苦奋斗，中国交通人攻坚克难，创造了多项彪炳史册的奇迹，当前中国已经迈入世界交通大国的行列，中国交通已然成为一张亮丽的"中国名片"走向世界。

党的十八大以来，习近平总书记对我国交通运输发展作出一系列重要论述，指引中国交通事业取得了辉煌成就。2014年，在川藏、青藏公路建成通车60周年之际，习近平总书记对"一不怕苦、二不怕死，顽强拼搏、甘当路石，军民一家、民族团结"的"两路"精神进行了科学概括，对新形势下继续弘扬"两路"精神、发展交通运输提出了殷切希望和明确指示。同年，习近平总书记在听取京津冀协同发展工作汇报时强调，要着力构建现代化交通网络系统，把交通一体化作为先行领域，加快构建快速、便捷、高效、安全、大容量、低成本的互联互通综合交通网络。2017

年，习近平总书记在党的十九大报告中明确提出建设交通强国的宏伟目标，开启了中国交通发展的新时代。同年，在中央经济工作会议上也对交通运输工作作出部署，为中国交通发展指明了前进的方向。2018年，全国交通运输工作会议提出我国交通强国建设的总体目标是"2035年进入世界交通强国行列，2050年进入世界交通强国前列"，即分"两步走"来建设交通强国：第一步，从2020年到2035年，奋斗15年，基本建成交通强国，进入世界交通强国行列；第二步，从2035年到21世纪中叶，奋斗15年，全面建成交通强国，进入世界交通强国前列。

习近平总书记关于交通发展的系列重要讲话和会议精神，明确了交通强国建设的基本内涵、总体思路、着力点、建设步骤、建设内容等基本内容，回答了中国交通的功能定位是什么、朝什么方向发展、发展为了谁、需要什么样的精神力量支撑等重要问题，具有重要的思想性和指导性，成为交通服务党和国家事业发展战略目标的郑重宣言，是全国交通运输行业凝心聚力开拓奋进的一面鲜明旗帜，开启了中国交通强国建设的新征程。

建设交通强国，要紧紧抓住交通高质量发展的四个着力点，重点构建交通强国八大战略体系，推动中国交通综合实力领先世界。一是着力推动交通运输发展质量变革、效率变革、动力变革，实现交通运输从高速增长向高质量发展的跨越升级，提高运输链综合效率；二是着力服务人民、服务大局、服务基层；三是着力建设人民满意交通，不断增强人民群众的获得感、幸福感、安全感；四是着力建设现代化交通，打造开放融合、共治共享、绿色智慧、文明守信的现代化交通体系。同时，要重点构建包括综合交通基础设施网络体系、交通运输装备体系、交通运输服务体系、交通运输创新发展体系、交通运输现代治理体系、交通运输开放合作体系、交通运输安全发展体系和交通运输支撑保障体系在内的八大战略体系，提高中国交通的真本事和硬实力。

建设交通强国，要发挥交通对社会发展的基础性和服务性作用，为社会主义现代化建设提供有力支撑。这就要求全面贯彻落实党的十九大和中央经济工作会议精神，以习近平新时代中国特色社会主义思想为指导，坚持稳中求进工作总基调，坚持新发展理念，紧扣我国社会主要矛盾变化，按照"五位一体"总体布局、"四个全面"战略布局和高质量发展的要求，坚持以交通运输供给侧结构性改革为主线，统筹推进稳增长、促改革、调结构、惠民生、防风险等各项工作，大力推进交通运输改革开放和创新融合发展，推动交通运输行业质量变革、效率变革、动力变革，打好防范化解重大风险、精准脱贫、污染防治的攻坚战，锐意进取、埋头苦干，不断满足人民日益增长的美好生活需要，努力开启交通强国建设新征程，为决胜全面建成小康社会、建设社会主义现代化强国、实现中华民族伟大复兴当好先行官。

知古鉴今，承古开新。探索交通强国之路，需要从历史智慧中丰富交通强国内涵，从"两个一百年"奋斗目标中明确交通强国战略的发展方向，从时代大势中把握交通强国战略的整体布局，从国际格局中找准交通强国战略的时代定位，从交通强国实践中积蓄交通强国战略的基础力量，努力推动我国从交通大国向交通强国转变，为我国社会主义现代化强国建设提供战略支撑。

新时代、新使命、新征程。站在新的历史起点上，实现中华民族伟大复兴的"中国梦"，是中国交通肩负的重要使命，也是中国交通建设的新征程。时刻牢记党和国家赋予交通人的历史使命，牢牢把握历史机遇，奋力开启建设交通强国新征程，以质量强基，以安全强本，以创新强根，以协同强力，以文化强省，以共享强民，以品牌强音，必将为实现"中国梦"开拓新局面、创造新机遇，必将为中国的全球参与注入更多新动能、新活力，必将为实现中华民族伟大复兴作出新的更大的贡献。

国家发展和改革委员会综合运输研究所所长：

二〇一九年七月二十日

目　录

前　言 1

第 一 编　交通强国的时代使命

第一章　交通发展与国家强盛的内在逻辑 3

　　第一节　交通发展推动国家强盛 3

　　第二节　国家强盛为交通发展提供强有力的保障 17

　　第三节　在综合平衡中推动交通运输协调发展和国家强盛 37

第二章　构建交通强国的时代命题 43

　　第一节　全球化与新时代的呼唤 43

　　第二节　伟大时代呼唤"大交通" 53

　　第三节　交通强国是大国之承载 60

第三章　全球化时代交通强国战略 70

　　第一节　美国的交通战略蓝图 70

第二节　欧盟的交通战略蓝图 94

第三节　日本的交通战略蓝图 106

第 二 编　交通强国的历史智慧

第四章　中国传统社会交通发展与国家兴衰的关系 121

第一节　古代交通与民族的融合发展 121

第二节　古代交通与国家的统一繁荣 134

第三节　近代交通与国家的落后屈辱 140

第五章　西方发达国家交通现代化与国家强盛的关系 152

第一节　交通现代化在西方大国崛起中的重要作用 152

第二节　交通现代化与西方大国崛起的典型代表 157

第三节　西方发达国家交通现代化的经验与启示 193

第 三 编　交通大国的成长之路

第六章　中华人民共和国成立以来交通运输战略回顾 201

第一节　中华人民共和国交通运输发展战略理念 201

第二节　中华人民共和国交通运输发展战略举措 207

第七章　交通大国的发展成就 223

第一节　公路交通发展成就 223

第二节　水运交通发展成就 229

第三节　铁路交通发展成就 235

第四节　航空交通发展成就 240

第八章　全球化时代中国交通的国际地位 246

第一节　中国交通的国际地位 246

第二节　中国交通的核心优势 264

第三节　中国交通的短板 278

第 四 编　交通强国的战略蓝图

第九章　"中国梦"进程中交通强国战略的时代内涵 291

第一节　"中国梦"进程中交通发展的战略定位 291

第二节　"中国梦"进程中交通强国战略的内涵体系 297

第三节　"中国梦"进程中交通强国战略的建设理念 305

第四节　"中国梦"进程中交通强国战略的前进道路 310

第十章　"中国梦"进程中交通强国的国内战略 316

第一节　时空布局战略 316

第二节　综合交通战略 327

第三节　智慧交通战略 335

第四节　绿色交通战略 342

第五节　平安交通战略 346

第十一章　"中国梦"进程中交通强国的国际战略 355

第一节　服务"一带一路"的交通基础设施建设战略 355

第二节　服务跨国利益共同体的对外交通输出战略..................... 370

第三节　服务中国交通运输"走出去"战略的要素支撑.......... 381

结语：交通强国梦的未来展望 390

主要参考文献 392

前　言

　　新时代交通运输事业的高速发展，促进了交通强国理论研究新命题的发展。为顺应时代发展要求，开展以交通强国战略为导向、以交通运输发展基础和现实约束为依据、以构建现代综合交通运输体系为目标的系统研究，成为建设交通强国的理性诉求。

　　交通强国战略意义重大，开展交通强国建设的理论研究工作使命光荣、任务艰巨。本书试图围绕现代化交通强国"是什么"和"怎么建"这一核心主线，进行理论和实践层面的探索。鉴于此，在本书的致思取向上，我们致力于回应如何认识和描述交通强国的战略特征，如何从历史和辩证的角度评价、建构交通强国战略体系，如何从多元维度剖析交通强国的指征，如何从中国历史和世界历史中汲取交通现代化的智慧与经验，如何结合"中国梦"解析交通强国的战略要义，如何围绕国际国内重大战略思考交通强国的关键路径等。

　　以此为线索，本书立足于全球化时代背景，以理论和实践层面共同关切的问题为出发点，勾勒出我国交通强国梦的理论轮廓，对交通发展与国家强盛的关系进行系统阐释，对当前"中国梦"进程中交通强国战略以及国外交通强国的建设实践进行较为系统的探讨，并在整体上形成了四编十一章的逻辑框架。其中：

　　第一编"交通强国的时代使命"，从理论和逻辑层面概括和回答"交通与国家的关系"，通过论述交通在国家发展、民族融合、社会进步中的作用，国家在引领和推进交通发展中的作用，引出构建交通强国的时代背景，并尝试从全球化与新时代的时空背景、"大交通"综合发展的行业背景、"交通大国向交通强国迈进"的战略背景三个层次剖析交通强国的战略使命。以此为基础，从内涵特征、逻辑思维层面对交通强国进行理论阐释。

第二编"交通强国的历史智慧"，分别从中国传统社会交通发展与国家兴衰关系、西方发达国家交通现代化与国家强盛关系两个视角对交通发展与国家强盛关系进行论证。特别是，注重从中西方历史演进的脉络中借鉴古代交通对民族融合、国家繁荣统一的积极经验，总结近代交通落后与国家衰败的历史教训，并从英国、德国等欧洲发达国家的交通运输建设历程中找寻助力国家崛起的经验和线索，寄望从历史经验中汲取交通强国建设的智慧。

第三编"交通大国的成长之路"，以新中国成立为时间起点，梳理中国特色社会主义交通运输发展的主要阶段、战略理念与思路、当代中国交通大国的发展数据，以及明确中国交通在全球交通运输领域的国际地位、核心优势与薄弱短板等内容，力图通过数据和实证层面的横纵向对比，找准建设交通强国的战略基础和时代方位。

第四编"交通强国的战略蓝图"，从全球化语境下找寻我国与美国、日本、欧盟在交通运输领域的战略特色，围绕"中国梦""一带一路"等倡议要求，从提升中国交通运输国际竞争力和国内影响力、硬实力和软实力等维度出发，对"中国梦"进程中交通强国的战略定位、交通强国的国内战略、交通强国的国际战略等主要内容进行了专章讨论，力图形成相对系统的交通强国蓝图。

参加本书撰写的有金栋昌、张娜、孙百亮、杜波、袁长伟、孙启鹏、杜强、白礼彪、秦选龙、刘欣、杨南熙、赵鹏等，非常感谢交通运输部总工程师周伟教授、国家发展和改革委员会综合运输研究所所长汪鸣研究员为本书作序。本书得到的资助项目有：长安大学中央高校基本科研业务费专项资金（人文社科类）项目："中国梦"进程中的交通强国战略研究，项目编号：300102238651；陕西省软科学研究计划一般项目：陕西"追赶超越"中的交通发展战略研究，项目编号：2018KRM133；陕西省社会科学基金项目：关中平原城市群综合交通运输体系构建及优化策略研究，项目编号：2019S032。

　　本书在吸收学术界理论成果的基础上，呈现了我们多年来对于交通运输现代化的理性思考成果，不足之处难以避免，后续还将展开持续地深度探索和创新性研究，力图为推进交通强国战略、实现"中国梦"贡献积极力量。

二〇一九年七月二十五日

第 一 编

交通强国的时代使命

第一章　交通发展与国家强盛的
内在逻辑

交通发展与国家强盛既相互制约，又相辅相成、相互支持、相互促进。一方面，交通发展是国家强盛的重要内容和体现，交通发展不仅可以促进资源的优化配置和高效利用，为国家强盛奠定经济基础；还可提升国家文化软实力、国防军事能力以及国家与社会的治理能力。另一方面，交通的发展必须依赖强大的综合国力。交通发展水平的高低是交通相关要素构成的系统与其所处的政治、经济、社会、文化、生态等环境聚合匹配的结果，交通发展是一项涉及国家多个部门的综合性工程，需要强大的经济基础、国家政策集成的完整的工业体系以及科学的国民经济体系的支撑。

第一节　交通发展推动国家强盛

交通在推动国家强盛进程中具有重要的地位和作用，主要体现在其对以经济、政治、文化、社会、国防现代化等为主要内容的综合国力的提升方面。

一、交通发展构建国家强盛的经济动脉

经济发展是实现国家强盛的前提，国家强盛是建立在强大的经济实力

基础上的，强大的经济实力是实现国家强盛的基础因素之一。经济发展是解决国家所有问题的基础，只有实现经济发展，才能筑牢国家富强、民族振兴、人民幸福的物质基础。经济的发展离不开交通运输的支撑，交通运输构成了经济发展的动脉。

（一）交通运输是经济发展的基础条件

交通运输是国民经济的基础产业，是联系生产、分配、交换和消费各个环节的纽带，是沟通城乡、工农、地区以及国家进行社会、经济、文化交流的重要桥梁，是实现农业社会劳动地域分工和生产区域化、专业化、商品化的基础，是现代化工业生产布局和发展的制约因素，是农业生产全过程顺利进行和最终实现消费的可靠保证，是国民经济发展的命脉。交通运输是一个国家全部经济活动、社会活动赖以存在和正常运行的基础条件。任何社会的经济发展都离不开交通运输，特别是现代社会，交通运输在经济发展中的地位和作用更加重要，对工业、农业、建筑业等行业有巨大的影响。例如，企业的生产需要运输原料、燃料，生产出来的产品需要运到各地出售；农业生产需要运进种子、肥料，农业产品需要运到各个消费地销售；建筑业的生产活动也需要运走废土，将各种建筑材料运到工地。可以说，任何生产部门的原材料和产品不会都在同一个地方，生产的正常进行需要借助交通运输使原材料和产品在空间上不断发生位移，离开了交通运输，人类社会生产和交换的经济运行就无法实现。

（二）交通发展是市场范围扩大和效率提高的前提条件

市场经济是推动生产力发展的有效手段。市场经济对生产力的发展具有巨大的促进作用，正如马克思在《共产党宣言》中所惊叹的："资本主义在他不到一百年的阶级统治中所创造的生产力比过去一切世代都要多、都要大，机器的发明、电的使用，仿佛从地下呼唤出巨大的财富。"①市场经济的魔力来自市场机制的推动。中国改革开放以来的经济发展，再一次证明了市场经济对解放生产力和发展生产力的巨大作用。市场机制对生产力发展的推动作用取决于市场范围的扩展和效率的提升，这是以交通运输能力提升为前提的。科学技术的进步使得交通运输的速度、运输的质量不断提高，而运输费用的提高相对有限，甚至不断下降。因此，商品生产者和销售者就可以拉长货运距离，扩大市场的区域范围并提高效率。英国经济学家拉特纳对这种情况做了研究，总结出了交通运输和贸易的平方定律，即如果生产者能够将交通运输费用减少二分之一，供货距离就可能增大一倍，而相应的市场范围就可能扩大四倍。因此，在运价与物价的比价基本合理的前提下，商品就有可能被运到任何销售点。

（三）交通发展优化产业布局

交通运输对自然资源利用的优先度具有重要影响。自然资源可分成土地资源和其他自然资源两类。但无论什么自然资源，其被利用的优先度都会在不同程度上受到交通运输业发展的影响。"土地的位置随着一国工业的发展、随交通手段、随人口增加必然不断改善时，而位置和自然丰度会一样发生作用的。"②然而，自然资源位置的好坏主要取决于交通运输的发展状况。其中典型的例子就是，随着交通运输的发展，美国人到西部耕作土地时，选择的并不是最肥沃地区的土地，而是选择交通运输发达地区的土地。这一现象虽是美国西部大开发时发生的情形，但也适用于其他地区自然资源的开发过程。现代经济学之父亚当·斯密在《国富论》中指出：有些矿山，产出力很大，但由于位置不好，在缺少公路和水运的地方将无

---

① 《马克思恩格斯选集》第 1 卷，人民出版社 1995 年版，第 277 页。
② 《马克思恩格斯全集》第 26 卷，人民出版社 1975 年版，第 111 页。

法卖出 ①。因此，交通运输不断发展，会使得那些自然丰度虽然较差但交通运输十分便利的矿山被优先开采。受此影响，产业布局也会随交通的发展不断优化。

（四）交通发展是区域经济整合和一体化的基础动力

区域经济整合是指不同区域的经济主体，为了获取生产、消费、贸易等利益而推动区域经济一体化的过程，包括产品、资本、劳动力、技术、信息等生产要素市场、服务市场以及经济政策和管理的统一和演化过程，主要表现为统一的商品市场、要素市场以及服务市场的构建。区域经济整合是区域分工与贸易发展的需要，进行区域整合的原因主要有两个：一是发挥区域优势；二是提升规模经济效益。区域经济整合是一个帕累托不断改进的过程，这一过程的实现需要交通发展来推动。通过交通发展实现区域经济整合，能够更有效地配置资源、更便捷地连接不同区域，从而解决不同区域间、部门间分割导致的经济内部关联度不高、宏观经济管理失调、区域经济发展滞后等一系列难题。交通发展是整合区域经济、打破区域划分等人为界限的基础动力，在交通发展的推动下，区域经济系统中的不同要素与联结机制可以不断重新组合优化，促使区域内资金、人才、物流、技术、信息等生产要素的输入输出变得更加流畅和有序，使区域经济结构变得更加合理，最终实现区域经济整合的理想目标，即达到区域经济的一体化状态。

（五）交通发展提升国家在地缘经济中的地位

地理环境因素是地缘经济中的最基本要素。一个国家所在的地理区位会对其经济主体的行为和经济发展产生重要影响。一个国家的区位价值、

---

① 参见亚当·斯密：《国民财富分析》，《国富论》，商务印书馆 1972 年版。

自然条件、幅员形态等地理因素，是影响其地缘经济的重要因素。国家的幅员形态是指国家领土面积的幅员大小，国土形状是指国家领土的形状，具体表现为紧凑型还是松散型，狭长还是似圆形或矩形等。国家的自然环境条件包括国家的地形和地貌、水文和气候、自然资源存量等。一个国家自然资源的总体储量和分布情况、开采或开发能力，直接影响着这个国家的经济发展潜能，同时也在一定程度上决定着这个国家对外经济行为的能力。一个国家的对外影响力不仅靠军事力量直接获得，更多的是通过经济行为向国外的延伸和运作来实现。国家在地缘经济中的地位是可以改变的，改变地缘经济地位最有效的手段之一就是发展交通。交通发展可使生产要素或资源超越民族、国家和社会制度的界限，在区域内流动以实现其最优配置。对于一个国家来说，要实现强国富民的愿望，必须发挥地缘经济优势，积极参与地区经济一体化的进程。交通发展就是条件之一，交通发展会使该区域的国家和地区进行深度沟通与合作，使贸易更加发达，投资更加便利。交通发展不仅促进地缘经济间的联系，还会促进区域经济集团化，形成不同的经济同盟，在一定区域内，地缘相邻国家之间，由于交通发展带来的频繁经济联系，较为容易结成区域性的经济联盟，而交通发达国家在地缘经济中的地位尤为重要，更容易发挥在地缘经济中的作用。

二、交通发展提升国家治理能力

国家治理能力是运用国家制度管理国家社会各个方面事务的能力。实现国家治理能力的现代化是国家强盛的要求和体现。交通是提升国家和社会治理能力的重要手段。

（一）交通发展能提升国家的行政效率

所谓行政效率是指一个国家的行政机关和行政人员在行政管理过程中

所获得的行政成果、社会效益与所消耗的人力、物力、财力和时间之间的比例关系。交通发展状况是提高行政效率的重要物质基础，交通在行政人员上下班、外出会议、基层巡查、社会调研等日常行政工作中不可或缺。完善的交通基础设施是提高行政人员工作效率、提升服务水平的保障。交通运输发展水平能否适应行政管理行为的要求，会在很大程度上影响行政活动的效率。交通落后必然会导致行政人员的出行不便，随之给政府行政带来很多的困难和阻力，这些困难和阻力是政府行政效率低下的重要原因。简便、快捷、廉价的交通，有利于打破行政工作地域、距离的限制。

（二）交通发展提升国家的应急管理能力

应急管理能力主要指政府对突发事件应急管理的能力。突发事件一般是指突然发生、在短时间内造成或者可能造成重大人员财产损失、环境破坏和严重危害、危及公共安全的事件。突发事件具有突发性和紧迫性，突发事件发生的时间、地点、危害难以预料，往往超乎人们的心理惯性和社会的常态秩序。突发事件处置时间紧迫，要求快速反应，迅速作出决定，及时采取措施，并在第一时间赶到突发事件现场。这就需要发达的交通做保障，保证灵活机动、紧急高效地运输相关人员和物资到达现场。交通发展越快，越能及时采取措施，降低突发事件的破坏程度和影响程度。处理突发事件的应急管理能力是实现国家强大的重要表现，交通发展能提高政府应对突发公共事件的应急管理能力，有效应对各种危机事件，因此，交通在促进防恐防暴、救灾救援、安定民心以及维持社会稳定等方面发挥着基础性的作用。

（三）交通发展促进边疆治理的内地化

从地理意义上看，边疆是指国家的边远地区。因为中央政权的控制力难以有效到达边疆地区，边疆地区往往实行高度的地方自治，至于在不同地区应实施何种自治方式，需要因地制宜或因时而异。从某种意义上讲，历史上的边疆在形式上是由国家政权的统治中心过渡到域外的区域，即由"治"向"不治"过渡的特定区域，国家对边疆地区的治理能力比较弱，造成这种现状的原因有自然环境和人文、社会条件等方面的因素，距离遥远和交通困难也是其中的重要原因。由于交通不便，边疆地区在经济文化类型和发展水平方面往往与内地有着较大的差别。边疆地区一般是国家的国防前沿，即边防地区，面临外部军事威胁或武装侵略的风险。交通发展可在很大程度上解决边疆治理鞭长莫及的难题，促进边疆地区经济发展，减少边疆地区与内地的差异，消解边疆地区文化分裂，从深层次上促进边疆治理的内地化和一体化，提升国家对边疆地区的治理能力。

（四）交通发展提升国家的国际交往与合作能力

交通运输是加强国际交往和合作的重要途径和手段。国际交往和合作中的交通不仅包含交通基础设施，也包含人和物的流动。只有发展国际间的交通，物流才能畅通。物流的畅通可进一步挖掘相关行业的潜力，形成以交通便物流、以物流带贸易、以贸易促金融、以金融助国力的良性循环。交通发展不仅能降低国际交往的成本，而且能够为国家在国际社会中赢得良好的声誉，同时构建一个庞大的贯通世界各国的铁路、公路货运网，有助于打破贸易壁垒，参与全球劳动分工和资源分配，促进道路联通、贸易畅通、货币流通、民心相通，有效提升国际交往与合作能力。

（五）交通发展提升国家在地缘政治中的地位

交通发展在拓展人类生存空间的同时，也对地缘政治行为产生了重要的影响。交通技术的变革与进步在跨越自然沟壑、进一步拓展人类社会生存空间的同时，也提升了地缘政治地位。首先，交通发展增加了地缘政治角逐空间的复杂性，为国家发展带来了新的挑战，加剧了区域国家对有价值空间的争夺。随着交通技术从海洋、陆地走向天空和太空的不断发展，地缘政治随之也从海权、陆权、空权逐渐演变成对三维立体空间的争夺。其次，发展和控制现代交通运输网络成为现代地缘政治的竞争方向。随着科技革命的不断深入，交通技术的飞速发展有利于逾越自然天堑和消除屏障，发展新型交通能够影响世界政治格局，提升国家地缘政治地位。

三、交通发展提升国家文化软实力

文化软实力是国家强盛的重要内容和支撑，是国家不断发展壮大的精神动力，提升文化软实力是国家富强的重要目标之一。而交通发展是提升国家文化软实力的重要手段。

（一）交通发展的价值理念是国家文化软实力的重要构成部分

文化的核心是价值理念，综合、智慧、绿色、平安、便捷、高效、经济的交通发展模式是交通发展价值理念的体现，对交通发展具有导向作用，有利于指导交通发展确定方向和维度，促使交通发展沿着正确的方向达到预定目标。人们对综合、智慧、绿色、平安、便捷、高效、经济的交通的强烈需求，会在观念中形成一定的价值意识和价值判断，驱动、调节、激励人们去探索先进的交通发展模式，推动国家交通发展进程。交通发展的价值理念以及基于这一理念取得的成就对交通发展和国家认同具有促进作用。形成对国家交通发展价值理念的认同，有助于将这种价值理念认同转化成对国家的认同，即形成国家的文化软实力。

（二）交通发展中形成的相关精神是国家软实力的重要内容

交通发展的精神是指国家在不同历史时期交通发展实践中所形成的精神，这种精神涵盖智慧、勤劳、勇敢、爱国、执着、奉献、不屈不挠、自强不息，以及自由、平等、博爱等精神。中国历史上的班超、张骞、郑和等舍家离乡的忘我情操、吃苦耐劳的禀性品德，俭朴谦恭的品行操守，海纳百川的广阔胸襟，以苦为乐的奉献情怀，以及放眼四海的广博胸怀，勇立潮头的冒险精神，战风斗浪的拼搏精神，放手一搏的神勇气概以及永不放弃的顽强意志等，都是交通发展精神的体现。

（三）交通发展促进文化交流，提升国家文化软实力

交通在文化交流中有重要作用，交通是文化传播和提升文化软实力的重要载体，借助现代化的交通，一个国家可通过人员交流和文化贸易，进行文化交流与传播。文化交流与传播的形式多种多样，有迁徙、杂居、通婚、通商、传教、旅游等形式，而这些形式的文化交流与传播必须以交通发展作为支撑。同时交通发展还可推进广泛的中外学术往来、人才交流合作、留学生往来、网络论坛等文化交流活动，能够拓宽人的知识视野，传播智慧，为一个国家和民族的发展提供有力的智力支持，促进一个国家和民族的文化繁荣，提升文化软实力。

（四）交通发展有助于改善国家形象

国家形象是一种重要的文化软实力。国家形象会对国际交往产生重要影响，影响国家间的关系、政策走向和公众认知。一个国家形象的好坏，既影响国家内部的民族团结、国民凝聚力和自信心，也影响本国在国际社会中能否实现以最小的代价取得最大的政治经济利益，甚至影响其在国际社会中的政治地位、经济参与程度以及凭借自身实力在国际舞台上纵横捭阖的能力。因此，塑造良好的国家形象意义重大。交通发展能够改善国家的国际影响力，塑造良好的国家形象，主要体现在以下两个方面：一是通过交通博览会，展示国家交通发展的成就，提升国家形象。交通博览会的意义早已超出了交通发展本身，已经成为举办国家塑

造和提升本国形象的契机和舞台。如通过交通博览会推广中国高铁，打造中国交通名片；二是通过交通外交塑造和提升国家形象。交通外交是拓展外交空间，加强国际合作，传承友谊的重要手段，也是塑造国家国际精神和负责任大国形象的重要手段，如援建坦赞铁路等，使我国在非洲地区形成良好口碑。

四、交通发展促进社会发展

交通发展是社会建设的重要内容，是提高和改善民生水平、实现社会公平正义的重要途径。

（一）交通发展有助于提高和改善民生水平

民生指人民的日常生活事项。民生问题不仅关系个人的生存发展，而且是影响社会稳定的关键性因素。国家的发展和强大应以民生为出发点和最终归宿，建设民生是实现国家富强、民族振兴、人民幸福的过程，它既强调"以人为本"，更以幸福指数作为鲜明标志。民生的主要内容是衣、食、住、行。其中"行"即交通，"美好出行需要"是"美好生活需要"的重要组成部分。习近平总书记在党的十九大报告中指出："中国特色社会主义进入新时代，我国社会主要矛盾已经转化为人民日益增长的美好生活需要和不平衡不充分的发展之间的矛盾。"[1]新时代我国社会主要矛盾的转化，意味着交通行业发展所面临的社会需求状况也发生了相应变化，必然会引发交通行业发展目标、发展方式等变化。随着新时代人民群众个性化、差异化、高端化的出行需求，以及更加高效、安全、经济、便捷、绿

---

[1] 习近平：《决胜全面建成小康社会　夺取新时代中国特色社会主义伟大胜利——在中国共产党第十九次全国代表大会上的报告》，人民出版社 2017 年版，第 11 页。

色的交通服务需求的不断增加，加快建设人民满意的交通，提供更多更好的交通运输供给已逐渐成为当前交通发展的重点。改善交通出行条件是一项"惠民生、顺民意、赢民心"的民生工程，通过优化交通资源配置，实施路网升级改造，能够提升群众的幸福指数，通过大力发展交通，完善交通管理、服务等"软件"，提升道路交通供给品质，可以更好地服务居民出行，改善出行体验，在改善和提升民生水平的同时，使居民真正体验到国家强大的成就感、幸福感、归属感、自豪感。

（二）交通发展有助于实现社会公平正义

"不患寡而患不均，不患贫而患不安。"社会财富分配不均导致贫富两极分化，必然会加剧社会冲突并引发动荡。一个动荡不安、一盘散沙的国家，是缺乏内部凝聚力、无法强大的国家，只有社会公平正义、民心和谐的国家，才是真正意义上的强盛国家。但由于每个国家的不同区域都会存在人文与自然条件差异，发展不平衡难以避免。交通发展是解决区域间社会公平正义问题的重要途径。第一，国家依据社会公平正义的理念，确定区域交通协调发展的总体战略，树立交通先行的战略发展思想，统筹规划，科学布局，突出重点；通过重点建设落后区域的运输大通道，充分发挥交通运输方式的优势，构建完善的综合交通运输体系；依靠科技进步，在经济社会发展落后地区逐步普及发达地区的交通管理办法和交通技术，提高经济社会落后地区的交通运输现代化水平，实现社会财产在不同区域间的均匀配置，缩小不同区域之间交通发展的差距，实现区域间交通协调发展。第二，通过加大落后地区交通基础设施投入，将交通基本公共服务纳入社会保障体系的重点领域，以获得各级政府公共财政特别是中央财政的大力支持，实现交通运输的社会公平。第三，交通运输是扶贫开发的重要手段，也是实现脱贫的基础性和先导性条件。可为贫困地区发展和脱贫攻坚提供坚实的基础保障，实现贫困地区矿产、能源、旅游等资源的有效开发与利用，将资源优势转化为经济优势、发展优势。第四，通过交通精准扶贫政策，加快实施交通扶贫、脱贫，破解贫困地区经济社会发展瓶颈，促进社会均衡发展。

五、交通发展提升国防军事能力

强军才能强国，强大的国防军事能力是国家强盛最突出的内容和体现。强军是强国的标配，一个国家要立足世界之林，必须有强大的国防军事力量做后盾。交通运输是军队作战的重要条件，是提升国防军事能力的关键因素。随着交通运输工具的发展，交通运输对国防军事的作用日益提高。

（一）交通是巩固国防和提升军事能力的前提

古语"兵马未动，粮草先行"，指出了交通运输和后勤保障在军事行动中的重要地位和作用。交通运输是关系作战物资充足与否、伤病人员能否得到及时救治以及影响战争进程与结果的重要因素，只有做好交通运输和后勤保障，才能为战争的胜利奠定坚实基础。宋人张方平说："今日之势，国依兵而立，兵以食为命，食以漕运为本。"①反映了宋代军事对交通运输的依赖，其他朝代亦是如此。现代战争条件下，作战的全过程都需要以交通运输为支撑，交通对战争的作用日益显著，交通运输不仅是战争需要保证的重要内容，还是制定战略和战术必须考虑的重要因素，而且是军队有效机动的重要保障。现代战争就是打后勤，打交通运输。交通运输对维持战时物资需要、保障军工生产和武器运输、提升作战潜力的重要作

---

① 张方平：《乐全集》卷23《论京师储军事》，四库全书珍本初集。转引自邹逸麟：《运河在中华文明发展过程中的作用》，《浙江学刊》2017年第1期，第67页。

用，可以说，交通运输是军队的生命线，交通运输的保障状况直接影响着战争的进程和结局。恩格斯曾经指出："军队同作战基地之间的交通线，也就是它本身的生命线。"[①] 斯大林也说："我们可以生产大批武器和军火。但是如果不借用运输来按时运往前线，那它就可能成为无用的东西。"这些论断说明，战争对交通运输有很强的依赖性。

（二）交通运输能力是衡量国防军事实力的重要标准

交通运输能力是运用各种交通运输方式和运输组织，以及各种技术设施在一定时间内所能完成的最大运输量；亦指拥有的各种交通运输工具的质量和数量。军事交通运输能力是衡量一个国家军事实力的重要标准。在古代陆战中，战车是主要作战装备，是衡量国家实力的重要标准。周武王伐纣"戎车三百乘，虎贲三千人，甲士四万五千人"。《论语·先进》："千乘之国，摄乎大国之间。"《孟子·梁惠王上》："万乘之国，弑其君者，必千乘之家。"《荀子·王制》："司马知师旅、甲兵、乘白之数。"《荀子·儒效》："故人主用俗人，则万乘之国亡；用俗儒，则万乘之国存；用雅儒，则千乘之国安。"历史上见诸文字的大型战争场面大都与战车有关，反映战车在衡量国防实力中的地位，军舰是水战的主要运载工具，军舰的数量和先进程度是国家控制和利用海洋的能力和影响力的体现，也是国家有效维护海权能力的体现。海权对濒海国家的生存与发展有决定性意义，现代国家特别重视海权，"海权就是一个国家运用军事手段对海洋的控制力"[②]。美国海军军官、历史学家马汉提出："海权是历史发展的决定因素，谁控制海洋，谁就能控制世界贸易并进而控制世界财富。海上强国必须拥有作为海上交通工具的运输船只，必须拥有强大的海军，以保护海外领地

---

① 《马克思恩格斯全集》第 11 卷，人民出版社 1995 年版，第 326 页。

② 倪乐雄：《二十一世纪看海权——倪乐雄教授在复旦大学的讲演》，《文汇报》2007 年 8 月 5 日。

及其与本国基地之间的交通线。"[①]战略运输机是衡量现代空中军事运输能力大小的主要标志。这类运输机载重能力强、航程远，起飞重量一般在250吨以上，载重量超过80—100吨，正常装载航程超过10000公里，能空降、空投和快速装卸，能在跨洲际远离作战地区的全球大型/中型机场起降，也可在野战机场起降，并进行快速全球部署，实现对现代空中主权的控制。

（三）交通发展可压缩军事行动的时空以提升军事能力

任何军事行动都是在一定的时空环境内发生，并以一定的时间和空间为存在形式。战争时间反映了战争发生和运动过程的持续性和顺序性，显示了战争的演进过程和战略的不同阶段，以及战役战斗的时机和阶段等。战争是一维、不可逆的，且战机流失后不能复得，即"机不可失，时不再来"。战争空间反映了战争发生和运动过程的广延性和伸张性，显示了战争的规模大小、范围宽广、军事力量密度等。战争的时空是决定战争持久、速决、阶段、时机的重要因素。伴随军事交通运输的不断发展，战争的运动速度不断提高，战争空间不断开辟，战争的时空观念随之发生了新的变化。在前现代社会，武器以冷兵器为主，部队的机动能力相对较差，遥远的距离是行军难以克服的障碍，劳师远袭也就是为兵家之大忌。到了近代，由于越来越多的先进军事交通工具不断应用于战争，特别是飞机和坦克的使用，军队规模不断扩大，立体化、大纵深发展趋势愈发明显。现代社会，远距离长途作战已成为平常之事，遥远距离的困难在很大程度上因军事交通能力的提升而在一定程度上被克服。交通发展对时空的压缩，使现代战争达到分秒必争的程度，在古代战争中，几分钟甚至几小时的误差可以忽略不计，而在现代战争条件下，由于交通的进步，几分钟甚至几

---

① 马汉：《海权对历史的影响》，安常容等译，解放军出版社1998年版，第29页。

秒钟都必须严格掌握、有效利用，有时迟几秒钟就可能导致战争失利，甚至失败。在空间一定的前提下，军队的机动速度越慢，克服一定空间需要的时间就越多。在古代，由于突破空间限制的能力很低，要克服一定的空间限制需要大量的时间，因而空间在军事中的意义和作用很大，但在现代社会，随着军事交通运输能力的提升，人类克服空间限制能力的大大增强，在空间与时间的价值比例关系中，时间的价值增值了，而空间的价值则相对降低了。在古代战争爆发时，交战方可以利用空间赢得时间，以便有效进行军队及其他力量的动员，如果后方广阔，则可以不断地组织人力和物力支援军事作战的前线，而在现代战争条件下，各种先进交通运载工具的使用，使得军队机动能力和武器的运载能力大大提高，遥远的距离不再像以前影响显著。兵贵神速，唯有大力推进交通运输发展，才能有效压缩军事行动时间，迅速提升军队的机动能力，赢得战争的胜利。

第二节　国家强盛为交通发展提供强有力的保障

交通发展是以强大的综合国力为后盾，综合国力是一个国家在一定时期内所拥有的对本国生存与发展产生影响的全部力量的总和，具体表现为强大的经济力、科技力、政治力、国防力、外交力、文化力等。交通发展的动力，是由经济、政治、国防、外交、科技、文化等多种相互依赖、相互联系和相互作用的要素共同构成的一个综合动力系统所提供的。因此，综合国力是交通发展的有力保障。

一、国家治理模式是影响交通发展方式的重要因素

国家治理是指通过发挥政府、市场、文化、公民等多元主体的功能实

现社会秩序稳定的协作治理。不同国家治理模式中政府与企业的地位不同，其中市场主导的交通发展方式与政府主导的交通发展方式是交通发展两种基本方式。

（一）市场主导的交通发展方式

市场主导的交通发展的重要理论和实践前提是政府失灵，政府失灵指政府提供的交通公共物品不能满足需求，交通公共支出规模过大或者效率较低，政府的活动或干预措施缺乏效率。出现政府失灵的原因主要包括以下三个方面：首先，政府主导交通发展成本过大。由于政府处于垄断地位，财政收入主要来源于诸多企业和居民税收收入，支出属公共财政开支，运行的成本和收益是分离的，使得政府缺乏有效降低成本的意愿和激励机制，因此，政府主导的交通发展大多不计成本，往往会比企业使用更多的资源，即使计算成本，也很难做到如企业般精确。其次，交通公共产品市场具有垄断性，缺乏竞争导致低效率。在无竞争的市场条件下，政府部门存在任意扩张权力职能范围、滥用权力、过度干预等倾向，会导致政府行为的效率低下。同时，不同政府部门提供的公共交通服务往往具有独立性和垄断性，不同部门之间缺乏竞争压力，单个政府部门效率的提高不会对其他政府部门形成有效激励。再次，政府主导交通发展会出现寻租行为。一般情况下垄断会导致寻租，而寻租则导致腐败。政府利用垄断性行政权力和法律手段干预交通市场，寻租人员会采用较低的贿赂成本获得较高收益和超额利润，这种行为不仅会耗尽人们的才智，而且还会把费用强加给社会其他人群，从而阻碍整个国家的交通发展。

推崇自由市场的人认为，通过市场驱动和调节可自动促进交通的均衡发展。如亚当·斯密在《国富论》中论述追求私人利益的个人被市场机制这只"看不见的手"引导着，他们的私人动机会不自觉地增进整个社会的福利，最终实现个人利益和社会利益的一致，市场在"无形的手"的调节下会自发顺畅地运行，政府不用干预，只要做好"守夜人"的角色就足够了。"大市场小政府"是市场主导交通发展的典型模式，他们认为市场在交通资源配置中应发挥主导作用，政府职能仅限宏观干预，不应直接参与交通发展的具体活动。这种交通发展方式有两大特点：第一，私人企业的决策处于主导地位，政府决策处于次要地位。交通发展的决策权高度分散于社会中的不同私人企业手中，私人企业成为交通发展决策的主体，发展什么样式的交通、发展多少交通、为谁发展交通、如何发展交通等决策都由私人企业自主判断和作出，并通过独立自主签约的方式，明确各自权利和义务，然后通过执行合约实现交通要素的优化配置和产品收益的最终分配。政府的决策地位在不同国家和不同历史时期有所不同，但始终不能超越私人企业在交通发展中的支配地位。第二，市场在交通资源配置过程中发挥决定性的作用。根据"大市场小政府"的原则，市场经济中的主导力量是私人资本。私人资本根据交通市场中产品的竞争、价格、供求等机制，决策发展什么样的交通、发展多少交通、为谁发展交通以及怎么发展交通等问题。市场主导的交通发展过于相信市场自平衡功能，认为市场可以自主通过价格和供求机制实现交通资源的有效配置，即使交通发展出现波动甚至衰退，那也是暂时的现象，最终会自发实现平衡，无须政府干预或政府干预被限制在很小的范围内。

（二）政府主导的交通发展方式

不同时代不同国家的政治体制对交通发展方式的影响有巨大差异。在政治力量（或者政府）相对于经济（或者企业）具有压倒性的强势国家，政治对交通发展方式具有决定性的影响。如传统社会和计划经济国家，政治力量凌驾于经济力量之上，主宰或决定交通发展的方式。政府主导者认为，交通运输产品具有公共性，是公共产品，在消费或使用上具有非竞争性和受益上的非排他性。交通公共基础设施为社会经济发展服务，不是某个人的专属设施。交通产品的规模效益、投资密集性、社会公益性等都符合经济学中公共产品的定性标准。因此，交通产品属于公共产品的范畴。公共产品完全依靠市场会出现市场失灵。主要原因包括：一是公共产品超越了市场作用限度，市场无能为力，无法发挥调节作用，正如美国著名经济学家 M.弗里德曼所讲的"某些东西市场无能为力，所以需要避开市场"。二是如果让市场去调节交通发展，会限制交通公共物品生产和公共资源利用的效率。在市场调节不起作用的经济活动中，政府应当承担调节责任，由政府替代市场组织交通公共物品的生产和供给，解决市场失灵问题。政府在科学预测交通发展的基础上，制定交通发展的战略和规划，为调节交通发展提供依据和准则。同时政府应按照经济社会发展的需要，通过直接建立国有交通企业或向私企参股或委托非政府企业等途径，组织、经营和管理交通公共物品的生产和供给。具体地说，就是由政府直接管理和发展交通，以国家力量推动交通发展。

（三）举国体制是交通发展的制度优势

举国体制是指以国家利益作为最高目标，国家权力机构在全国范围内调动资源和力量进行顶层设计，推动交通科技创新，进而发展交通体制。举国体制的特点是举全国之人力、物力、财力发展交通运输工程，这是后进发展中国家实现交通发展弯道超车的最好方式。因为大型交通运输工程建设投资大、风险大、效益不明确，仅仅依靠某一地区或部门的力量是难以实现的，对企业来说胜任的可能性也比较小，必须举全国之力才能推进。举国体制一般是社会主义国家的优势，习近平总书记指出："我们最大的优势是我国社会主义制度能够集中力量办大事"，邓小平同志指出："社会主义同资本主义比较，它的优越性就在于能做到全国一盘棋，集中力量，保证重点"，社会主义具有集中力量办大事的优越性，不仅在高度集中的计划经济体制下能够发挥作用，在社会主义市场经济体制下，中国要挑战世界尖端交通技术，除了财力物力的保障，还需要有以强大的组织能力、协作能力、动员能力为特征的举国体制来保障持续投入的能效比。如果没有成千上万目标一致的配套企业聚集在举国体制下，新中国的交通运输事业是不可能成功的。如果依靠市场机制来运作，所花费的费用肯定是巨额的，市场经济的原则是赢利第一，是以人的私念贪欲作为基础支撑的经济模式，如果单以市场经济为引导，以金钱至上为原则，交通运输事业是不可能在短时间内取得成功的。新中国成立之初与同期西方国家相比，交通运输十分落后，交通基础设施与运输装备的总体面貌呈现为数量少、能力低、质量差、布局偏。经过几十年的发展，如今我国交通运输发生了翻天覆地的变化，取得了举世瞩目的成就。交通运输装备、基础设施和客货运输规模迅速扩展，质量大幅提高，整体结构也大大改善，一个颇具规模的现代交通运输系统已在当代中国初步形成，尤其电气化铁路、高速公路和远洋船队从无到有、快速发展并跃居世界前列，新中国交通运输事业之所以能够取得举世瞩目的成就，发挥集中力量办大事的举国体制的优越性，无疑是成功秘诀之一。

（四）政治善治为交通发展和运行提供稳定的环境

发展是硬道理，稳定压倒一切，维护政治安定和社会稳定，是顺利进行交通发展的政治保证。"稳定压倒一切"，说明了稳定在交通发展中居于十分重要的地位，如果社会发生动荡，秩序混乱，人民群众就会缺乏安全感，国家的精力就会被分散，就不能集中力量发展交通。没有稳定的社会环境，国家交通运输建设就无法推进，甚至已经取得的交通发展成果也会被破坏和毁掉。只有在稳定、和谐的环境中，才能进行正常的交通发展。从历史上看，交通发展大多得益于各个历史时期相对和平的环境，战争和灾祸是交通发展的最大障碍。社会治理不善，矛盾激化时，各种示威游行很容易导致交通瘫痪，有时激进分子会竖起路障、烧毁汽车、封锁桥梁，引发严重的交通瘫痪。交通系统的大罢工更易导致交通瘫痪，如2015年7月27日，伦敦数千名公交司机罢工，市内2/3的公车线路都被取消，造成严重的交通拥堵；2018年6月1日，巴西长达9天的卡车司机罢工和封路，导致全国交通瘫痪。不仅如此，社会治理不善还会引发恐怖活动，恐怖分子故意选择交通要道和设施进行破坏，造成交通中断。若恐怖分子在地铁、机场等公共场所进行有针对性的暴恐活动，将对交通正常运行造成巨大威胁。因此，提高社会治理水平，实现政治善治能够为交通运输发展提供稳定的外部环境。

二、国家政策是影响交通发展的重要杠杆

国家政策是国家最高决策机构制定的，在本国范围内具有最高权威性。国家政策是交通发展的指南，在交通发展中具有重要的地位和作用，交通发展所采取的一系列措施必须符合国家政策。

（一）综合交通需要国家的顶层设计

这主要是由综合交通的复杂性决定的。综合交通是一个包括四个层次的运输体系，四个层次由上往下分别是法律政策及体制层、企业及组织层、设备及服务层、线网及设施层。以城市综合交通为例，法律政策及体制层体现的是政府对城市交通网络化发展进程所承担的责任，包括制定相应的战略、政策、法律、规划和投资总量，涵盖对有关主体的相应授权方式、对管理机构的职能进行协调、定价与补贴的相应方式、有关交通网络化的技术规范、有关市场的规则与监管体制等；企业及组织层体现的是城市交通投资、建设、运营的主体状况；设备及服务层体现的是城市交通技术装备与服务的水平；线网及设施层体现的是城市交通网络规模与空间分布的特征。在这四个层次中，后三个层次是执行层，涉及的主要是技术性

问题；而政府层次更多的是决策行为，在整个综合交通体系中处于最重要的位置，直接影响交通体系架构和运行的效果①。顶层设计科学，就能从整体上对综合交通进行统筹规划，集中各种资源，高效快捷地推进交通一体化。现代综合交通系统的构建具有高度复杂性、艰巨性和长期性特点，急需国家进行顶层设计，为交通发展提供指南标准。因此，顶层设计就成了推动和实现交通发展目标的前提性手段。顶层设计是国家政策的前提，国家政策是引导、保障和促进战略性新兴产业健康发展的重要手段，充分发挥国家政策，加快培育发展交通运输业，促进交通运输业结构调整，加快转变发展方式具有十分重要的意义。顶层设计有助于国家政策的制定，而国家政策是调动和提升交通发展主体积极性的根本力量，要顺利推动交通现代化，需要调动不同交通发展主体的积极性。依靠国家的政策调动广大民众的积极性，可以有效克服交通"迟发展"的负面效应，充分发挥其正面效应。具体而言，就是依靠顶层设计制定明确的交通发展的总路线和纲领，为交通发展指明方向，并通过完善的策略、措施和方法，调整人们之间的利益关系，化解利益冲突，保障民众的根本利益，从而调动大多数人的积极性、主动性和创造性，推动交通运输不断向前发展。

（二）科学的国家政策推动交通科学布局和快速发展

国家政策引导交通发展的方向、内容及途径，不仅会对交通运输自身的发展起到支撑作用，还能统筹经济社会发展，协调配合国家货币、财政等其他政策，带动交通运输业优化升级。国家政策对交通运输业发展的贡献是长期的、可持续的，同时伴随着交通运输业的发展也在不断调整和完善，如民航领域的国家政策具有典型的可持续性特征，这与民航产业涉及

---

① 参见王超、荣朝和：《综合交通需要顶层设计》，《人民日报》2015 年 6 月 29 日。

面广、技术难度大、投资规模大、周期长等特点是密切相关的。因此，国家必须要制定科学的政策推动交通科学布局和快速发展。具体而言，一是国家制定和实施交通发展产业政策，形成交通运输产业目录，吸引社会资本和创新要素积极参与交通运输发展，充分发挥政府资金的带头作用，降低投资者风险，从而加速优化交通运输产业结构，支持交通运输业发展壮大。二是国家通过鼓励交通运输企业竞争，优化产业结构。通过实施产业政策，政府可以促进交通企业的合理竞争，实现市场的规模经济和专业化协作，形成大中小企业结构，构建产业链上下游协作配套的新兴产业组织体系。三是通过产业政策引导交通运输业技术升级，增强竞争力。四是国家政策可以调整交通产业布局，保障区域交通运输协调发展。国家政策可以引导交通运输产业发展，吸引和带动其他经济活动向交通区位较好的地区聚集，促使这些区域交通获得更快的发展速度，并通过不断积累各方面因素，为自身发展创造更多有利条件。

交通运输产业布局的平衡是保持经济发展、维护社会稳定和国家安全的重要因素。为促使区域交通运输业的均衡发展，防止出现差异过大情况，政府需要制定有效的产业政策，引导交通运输产业发展，形成合理布局。历史经验表明，不合理的交通发展政策不仅会制约交通发展，甚至会影响国家兴衰。比如，明清时期，为巩固专制统治，国家厉行海禁，并定为基本国策，禁令非常森严，乃至有"寸板片帆不许下海"之说，违反者轻则杖笞，重则极刑（或绞或枭首示众），家人发配边远地区充军，货物及船只没官。这一政策导致中国海运严重倒退，极大地损害了中华民族的利益，严重影响了中国历史进程[1]，是中国国力由兴盛走向衰落的重要原因，因此，科学的国家政策对促进交通运输发展，实现国力提升至关重要。

---

[1] 参见薛国中：《论明王朝海禁之害》，《武汉大学学报》2005 年第 2 期。

三、国家经济实力是交通发展的基础

经济实力是交通发展的基础，主要包括：①用于交通发展的人力、物力和财力资源；②制造交通运输装备及其他交通产品的工业；③为交通和交通工业提供原材料、燃料动力、机器设备和有关消费品的工业和农业；④直接或间接为交通服务的邮电通信、科研、文化教育等部门。

（一）经济发展推动交通运输方式的演变

交通运输业是随着生产力的发展而发展起来的，是人类社会发展到一定阶段的产物。早期社会，人类是为了获得使用价值，以满足生产者或经济单位自身的需要。马克思说："自然经济，也就是说，经济条件的全部或绝大部分，还是在本经济单位中生产的，并直接从本经济单位的总产品中得到补偿和再生产。此外，它还要以农村家庭工业和农业相结合为前提。"① 在以自给自足的农业经济为基础的"农业文明"时期，社会存在和发展的基本前提就是农业劳动力的"安居乐业"，农民"安居乐业"，农业生产才能稳定有序进行，国家的赋役才可以源源不断，才能为"天下太平，朝野康宁"的"盛世"奠定坚实的物质基础。农业文明社会自然经济的基本特征是自我再生产，生产所需要的生产资料基本上由不同经济单位在自己的总产品中提取。正如列宁所说："在自然经济下，社会是由许多单一的经济单位（家长制的农民家庭、原始村社、封建领地）组成，每个这样的单位从事各种经济工作，从采掘各种原料开始，直到最后把这些原料制造成消费品。"②

自然经济的特征为：各个经济单位相对独立、分散、各不往来，人们

---

① 马克思：《资本论》第3卷，人民出版社2002年版，第896页。
② 《列宁选集》第1卷，人民出版社1995年版，第161页。

基本都是因循守旧、墨守成规、闭关自守。也即列宁所说："小生产者的分散性和散漫性"，"工农业间缺乏流转，缺乏联系与协作。"① 这种"惰性结构"造成了自然经济社会悠闲松散的慢节奏型特点，社会经济发展缓慢，甚至长期停滞。自然经济社会的交通工具主要包括人力车、马车、牛车以及帆船等，交通工具落后，这是由当时的生产力水平决定的，也是与自然经济的特征相吻合的。显然，在自然经济状态下，人们对交通工具的需求没有商品经济社会那么强烈。

随着社会生产力的发展，逐渐有了剩余产品，随之又出现了社会分工和利益差别，为了满足自身多方面需要，人类社会出现了商品生产和商品交换，商品生产和商品交换的出现标志着商品经济形式的诞生。商品经济的特征是直接以交换为目的，交换成为普遍原则。随着人们需求种类和需求数量的不断增大，交换产品的种类和频次也不断增加，因此需要生产社会化不断改进生产工具，助力生产力迅速发展，提升产品数量和质量，从而促进商品经济发展，而商品经济的发展也进一步促使科学技术在生产中的广泛应用，为了有效运用科学技术，人的聪明才智被不断激发出来，使得整个社会生产的生机越来越强。正如马克思、恩格斯所说的那样："自然力的征服，机器的采用，化学在工业和农业中的应用，轮船的行驶，铁路的通行，电报的使用，整个大陆的开垦，河川的通航，仿佛用法术从地下呼唤出来的大量人口。"② 促进商品经济快速发展的同时也促进了市场的进一步拓展，商品市场由区域市场发展为全球性市场，不仅加强了不同生产单位之间的联系，而且促进了各个民族各个国家的互相往来、互相依赖，使整个世界连成了一体，打破了先前民族的片面性、局限性以及自然经济状态下自给自足的闭关自守状态。而这一过程的发生需要以交通发展

---

① 《列宁选集》第 4 卷，人民出版社 1995 年版，第 511 页。
② 《共产党宣言》，人民出版社 2018 年版，第 32 页。

带动商品流转为支撑。

商品经济的发展和市场规模的扩展需要依靠扩大原有交通运输规模、改进原有交通运输方式和提高服务质量来实现，例如，汽车运输就是通过动力革命从原始道路运输中演变而来的，汽车运输方式的产生和发展说明原有运输方式已不能满足社会对运输的需求，需要不断改进，同时也证明了商品经济的发展对交通运输业的巨大促进作用。到了工业化时期，原材料工业、采掘业、冶金业、能源工业、纺织工业、机械加工业等相继崛起，工业化成为经济发展的基本趋势，社会生产力成倍提高极大地刺激了社会生产的发展，迫切需要交通运输的大发展来支撑。在商品经济时期，交通运输对经济发展的作用随着商品化程度的提高而不断提高。因为商品必须以流通为前提，而商品的流通必须借助交通运输来实现，这就对交通运输规模、交通运输质量提出了新要求。随着商品经济的发展，新的交通运输工具和方式不断产生和发展，既满足了社会生产的需求，又与原有的运输方式形成竞争，淘汰了原有的交通运输方式，优化了运输结构。工业革命后以蒸汽为动力的汽船和火车，以电力和内燃机动力为驱动力的汽车、电车、远洋轮船、飞机等，都是商品经济发展的产物。

（二）经济需求是交通发展的基础动力

交通发展与经济发展的需求是相互依存、辩证统一的。交通发展推动经济发展；反过来，交通发展需要有经济发展的"需求拉动"。人类社会生产得以延续和经久不衰的根本原因在于人性需求的存在和不断提升。人的需要推动经济发展不断加快和经济活动范围不断扩大，经济的发展必然对交通发展提出新要求，从而为交通发展提供动力，成为促进交通发展的基础性推动力量。经济社会发展的需求决定交通发展的规模和发展的方向，交通运输业的发展规模和最终走向，并不是由交通运输业自身决定的，而是取决于社会经济发展的需求，并最终由社会经济发展需求的规模和范围决定。脱离社会经济需求、企图超出现实发展交通的想法，都注定不会成功。人类社会经济发展的需求是交通发展的终极目的和归宿，经济需求是促使人类社会发展交通运输的直接动机和目的。人们不会为了发展交通而发展交通，一般来说，推动交通发展的因素主要有两种：一是投资推动，即通过扩大投资，直接推动交通运输业质量的提高和数量的增加；二是需求拉动，即通过经济发展需求的增加，提升交通运输业的市场价值并提供新的发展空间，拉动交通运输业的不断增长。不管是投资推动还是需求拉动，两者都对交通运输发展具有重要作用，但在市场经济条件下，需求拉动作用表现得更为明显。因为投资的扩大和增长只是一种潜在的交通发展力量，而社会有效需求的增加，才是一种实实在在的交通运输业的带动力。因此，需求拉动对交通运输发展的作用比直接投资显得更为重要。近代资本主义生产的需要促进了机器的发明和广泛使用，汽车、航海、航空事业的产生和发展，推动了数学、力学、物理学、天文学等学科的新发展。正如恩格斯所说的："如果说，在中世纪的漫长黑夜之后，科学以梦想不到的力量一下子重新兴起，并且以神奇的速度发展起来，那么，我们也得把这个奇迹归功于生产。"[1]"发展工业需要多种因素支持。在英国建立工业体系的历程中，发展交通运输业和银行业，与发展工业是同步进行的。"[2]近代英国造船工业一直很发达，这是工业革命推动的结果。因为英国是个海洋国家，进口的造船原料充足，以及海外殖民地的扩张，争夺海外殖民地的战争的需要，全球范围的商业活动等——这些因素为英国造船业的不断发展提供了强大的动力。同时，英国本国工业的发展也为发展造船业提供了坚实的经济和技术支撑。所以，英国造船业一度非常繁荣，但第一次世界大战打破了这种繁荣，虽然英国是第一次世界大战

---

[1] 恩格斯：《自然辩证法》，人民出版社 1971 年版，第 149—150 页。
[2] 马英昌：《近代英国工业体系的建立》，《西北师大学报》1984 年第 4 期。

的胜利者，并且进一步扩大了殖民地范围，但英国商船损失了 70%，经济最强国的地位丧失的同时，也导致造船业和海上霸权的丧失，交通发展失去了基础动力。

四、国家为交通发展提供工业体系和技术保障

交通发展依赖于交通科技创新的驱动，科学技术是交通发展最主要的推动力，在交通发展过程中起到变革作用。

（一）完整的工业体系是孕育交通科技发展的基础

不论是公路、铁路等交通基础设施的进步，还是汽车、火车、轮船、飞机等交通工具的进步，都是工业发展的成果。"科学和工业存在密切联系"[1]，工业革命的实质是科技革命，科技革命是工业革命最根本、最鲜明的特征。第一次工业革命出现了三个方面的技术变化：机械替代人的劳动；无机能源——特别是蒸汽动力取代人力和畜力；原材料的获取和加工技术的改进，尤其是出现了冶金和化学工业。[2]"工业革命是由于科学发明和技术革新所引起的。"[3]工业革命不仅表现在工具和机器的发明方面，还表现在仪器——钟、表、望远镜等发明和应用方面，正是这种来自仪器制造的精密钻孔和校准技术的转移，使蒸汽机等得以继续改良，确保了工

---

[1]　A.E. Musson and E.Robinson, *Science and Industry in the Late Eighteenth Century*, The Economic History Review, Vol.13（1960），pp.222-244.

[2]　David S. Landes, *The Unbound Prometheus: Technological Change and Industrial Development in Western Europe from 1750 to Present*, p. 1. 马赛厄斯持有相同的观点，参见 P.Mathias, *The Transformation of England: Essays in the Economic and Social History of England in the Eighteenth Century*, New York: Columbia University Press, 1979。

[3]　卡洛斯-威尔逊：《十三世纪的工业革命》，转引自刘易斯：《增长与波动》，华夏出版社 1987 年版，第 200 页。

具、机器得以持续改良，提升了工作效率。工业革命的技术突破引发交通科技的根本变革，交通运输的蒸汽动力逐渐代替人力和畜力。当今科学技术，尤其是信息技术（微电子技术、计算机技术、通信技术）为代表的技术革命，给交通科技的发展带来了强大推动力。信息技术成果的广泛应用，为道路工程、桥隧工程、智能运输与交通工程、材料与试验、养护与环保、工程管理、船舶海事、港航工程、铁路工程、物流工程与综合运输等诸多领域的发展带来了新的机遇。此外，交通发展还依赖工业化发展水平，依赖于独立完整的工业体系和国民经济体系，一个国家若拥有比较完整的工业体系，不仅能够为增强交通力量和维护国家交通安全提供条件，而且能够为交通发展奠定牢固的物质技术基础，同时还能为交通发展培养骨干力量，积累交通发展的宝贵经验。

（二）完整的工业体系是保证一个国家交通独立发展的基础

从国家独立性角度来看，完整的工业体系非常重要。完整工业体系的作用主要体现在对外竞争力上，完善的工业体系能够减少交通配套产品的生产成本，有利于质优价廉交通产品的生产，加强国内交通产品在国际贸易中的竞争优势。完整工业体系的价值主要体现在国际贸易战和战争时期，若一个国家能够自主生产一切交通运输产品，战争期间就不会被外国"卡脖子"，否则工业体系完整的大国可以以少数尖端的交通产品制裁工业体系不完整的国家，导致工业体系不完整的国家交通发展困难，从而形成对外依赖。如果一个国家的交通运输体系对外依赖，那么这个国家的交通运输体系在冲突中就有可能受到严重的损害。如美国拥有世界先进的飞机制造业，中国、欧洲等国家制造和使用的客机，均大量使用美国厂商提供的零部件，美国经常以其技术优势限制他国，如停止对伊朗的支持，导致伊朗从美国购买的飞机因缺乏零部件而不断发生事故。完整工业体系是大国发展的竞争优势，虽然大国很多东西需要进口，但如果被切断了供给，工业体系完整的大国仍然可以生产低端替代产品，尽管效率低、功耗高、速度慢，但依然能支撑交通的发展和正常运转。所以，完整工业体系在国家交通安全方面的意义非常显著。例如，1993 年，当时关系不错的俄乌两国领导人专门到黑海沿岸的尼古拉耶夫造船厂，讨论"瓦良格"号航母的建造问题，当时航母已经建造了 70%。苏联解体两年后的俄罗斯，前黑海造船厂的厂长马卡洛夫对前来劝说继续完成"瓦良格"号航母的俄罗斯国防部副部长说，"瓦良格"号永远不可能再完工了。俄罗斯国防部副部长惊讶地问：你究竟还需要什么？俄罗斯可以继续向工厂提供。马卡洛夫回答说：需要国家计划委员会、军事工业委员会和 9 个国防工业部、600 个相关专业、8000 家配套厂家以及 20 万以上的技术人才，总之需要一个伟大的国家才能完成它，只有伟大的强国才能建造它，但这个强国已不复存在了！由此可以看出复杂的交通工程只有具有完整的工业体系的强国才能建造，而完整工业体系是一个国家综合国力、工业制造水平、科学技术水平以及这个大系统的集成能力发展到一定阶段的产物。航空母舰的零部件达到了千万量级，如此庞大的系统，每一个部件都牵扯很多工业种类，如果缺少其中的环节，留下的路只有两条，要么买、要么放弃。因此，只有形成完整的工业体系，才不会被外国"卡脖子"，才能支撑起交通强国梦。

五、国家精神为交通发展提供文化动力

国家精神是激励国家交通发展的强大动力。中国国家精神即中国精神主要包含爱国爱家、开拓进取、勤劳勇敢、诚实守信、艰苦奋斗、自强不息、改革创新等内容。中国精神能够激发国民的使命感、责任感、荣誉感、成就感，从而坚定信仰，牢记使命，并肩奋进，推动交通强国目标的实现。

（一）中国精神是交通发展的精神支柱

国家精神是一个国家赖以生存和发展的精神支撑，一个国家没有振奋的精神和高尚的品格，将无法自立于世界强国之林。

具有凝聚交通发展力量的作用。发扬开拓进取、勤劳勇敢、诚实守信、艰苦奋斗、自强不息、改革创新的精神，有助于凝聚全国力量战胜各种困难，推动交通工程的发展；中国精神具有激励教育的作用，尤其是在交通发展的关键时期，中国精神对于全体中国人具有无可比拟的感召和鼓舞作用，能够激励千百万民众英勇斗争、愈挫愈勇、再接再厉。如新中国修建南京长江大桥耗费十年时间，十年磨一剑，说明了当初建桥的艰辛和曲折，南京长江大桥见证了一个时代的风风雨雨，是坚毅不屈、团结奋进、自强不息的中国精神建造的经典之作。新中国在川藏、青藏公路的建设过程中非常重视精神力量与实践结合，形成的"两路"精神是另一种推动中国交通发展的强大精神力量，"两路"精神中的爱国精神，体现了人民群众对祖国的深厚情感，反映了个人与祖国的依存关系；艰苦创业、开拓进取、恪尽职守、无私奉献的精神体现了交通筑路人的高尚精神追求；顽强拼搏、甘当路石的精神体现了交通人敢于担当、不求回报、为交通建设添砖加瓦的决心和毅力以及积极进取的人生态度；军民一家、民族团结的精神是中国交通发展克服困难、勇往直前、克敌制胜的有力法宝。正是在这些精神的指引下，一代代筑路人顽强拼搏，为中国交通的发展创造了一个又一个奇迹。

（二）工程伦理是交通工程发展的伦理支撑

工程伦理一方面指工程项目的内在伦理，即工程的伦理准则；另一方面指工程项目的核心实施者——工程师的职业伦理，即工程师的伦理准则。交通伦理是交通实践中人与社会、人与自然以及人与人关系的思想与行为准则，它规定了交通工程的相关人员及其共同体应恪守的价值观念、社会责任和行为规范。工程伦理的内容和要求与国家精神的内容和要求是相通的，工程伦理中的诚实守信、智慧勇敢与责任意识同样也是国家精神的体现。

交通伦理和交通工程相关人员的社会责任决定了交通发展的未来。交通工程活动可以造福人类，给人类生活带来进步和便捷，但不合格的交通工程同时也会威胁人类的生活，带来灾难和危害。在交通工程实践中，伦理因素是一个渗透性要素，它渗透在交通工程实践的其他成分和相关要素之中，注重伦理是工程成功的关键，反之则可能导致工程出现问题。成功的模范型交通工程，往往渗透着工程技术人员高尚的德性和德行、高度负责的伦理精神和道德意识；而那些"问题工程"，毫无例外地散发出道德败坏的气息。因此，交通工程问题不仅取决于经济和技术方面，也受道德和伦理的制约，其中伦理道德是决定交通工程成败的关键。交通工程师的伦理素质则直接影响着交通工程活动成败。可见，交通工程伦理素养是杰出交通工程师最基本、最关键的品质，是卓越交通工程师优秀精神品质的集中体现，也应当是高等交通工程教育的灵魂。

（三）工匠精神是交通技术发展的核心动力

"工匠精神是国家精神的重要组成。"[①] 中国精神体现在中国工匠挺起的脊梁里，工匠精神即工匠们对技术和设计独具匠心、对质量精益求精、对技艺不断改进，为提升产品品质不竭余力的精神。只有具备专注品质、追求极致的工匠精神，才会对产品精雕细琢，在生产、服务等各环节追求精益管理，在技术、品质、标准等方面建立优势，进而实现交通运输业的

[①]　陈履生：《工匠精神是民族文化传统和国家精神的重要组成》，《文艺报》2016年3月18日。

可持续发展。纵观交通发展历史，每一次变革性交通创新与创造，都离不开工匠精神。工匠精神不仅仅是一种技艺的体现，还是一种品德、一种精神。在汽车行业，也十分需要这种品德、这种精神。如德国汽车制造强国的地位与其工匠精神就是分不开的，作为汽车王国，德国拥有三大豪华汽车品牌——奔驰、宝马和奥迪，其高品质、安全性、操控性处于世界领先水平的原因与德国的工匠精神息息相关。因此培养大批具有工匠精神的工匠，是新时代保证国家交通运输业健康发展的必然要求。

六、国家为交通运输提供保护

交通运输是国家经济发展的动脉，可能引发、阻止甚至决定战争的爆发。为确保交通安全，防患于未然，即便在和平时期，国家也会极度重视对高速公路、铁路、航空、航运、口岸"五位一体"的立体交通格局的保护。

（一）保护陆路交通安全

保护陆路交通安全主要是保护公路、铁路、桥梁等交通设施及其交通工具的安全。道路特别是一些交通要道是兵家必争之地，这些要道要么位于边防线上的要塞，要么是控制重大城市或大片经济区的要冲，控制交通要道就等于控制了这个国家或者区域。交通要道是有战略意义的交通咽喉地区，亦称为战略要地，在战争中，战略要地的得失对战争的进程乃至结局具有重大影响，交战双方都十分重视控制和夺取战略要地。即使在和平时期，各国也普遍重视对战略要地的建设和保卫。在古代社会，国家特别重视险关的保护，险关一般都扼某地之咽喉，是兵家必争之地，一般都修有关隘，如函谷关、潼关、武关、山海关、雁门关、虎牢关。在道路上设置关隘，有助于军事防御，实现对陆路交通的有效控制与保护。但国家对陆路交通的保护和控制能力是以国家实力为基础的，如历史上的丝绸之路时断时开，在很大程度上反映了中原帝国军事实力的兴衰，一旦中原帝国的军事控制有所松懈，丝绸之路就很有可能中断。

（二）保护港口、运河交通安全

港口也是兵家争夺的交通重地，一些大江大河的渡口，其重要性与险关无异，如古黄河延津渡口、长江的夏口、江陵等。海港，特别是海上重要咽喉大通道的海港，也是交通运输的枢纽和重要的军事基地，如扼守大西洋和地中海交通咽喉的直布罗陀海峡。直布罗陀海峡长90公里，宽12—43公里，是大西洋和地中海之间唯一的海上通道，具有重要的战略地位，英国在此布置了最重要的海外军事基地。世界七大奇迹工程之一的巴拿马运河被誉为"世界桥梁"，1914年8月15日正式通航，运河的通航极大地缩短了美国东西海岸间的航程，比绕合恩角缩短了14800公里。巴拿马运河的战略意义巨大，对美国的重要性不言而喻，通过运河连接两大洋，美国实现了东西海岸的交通往来，在军事上实现了"两洋支持"。巴拿马运河自1914年通航至1979年这段时间一直由美国独自掌控，美国在运河区常驻重兵，先后建立了14座军事基地或要塞，成立了"加勒比海司令部"，后又扩大为"南方司令部"，负责美国本土以外西半球的三军行动。冷战时期，6.5万名美军官兵和数千名文职人员被部署在运河区内，确保对巴拿马运河的控制与保护。

（三）保护海上交通运输线安全

主张建设海洋强国的美国军事理论家阿尔弗雷德·马汉认为，海军实力是一个国家与关键地区进行商务、政治和军事活动的重要保障。现代海上交通越来越重要，已经成为国家发展的重要支柱和国家能力的重要体现。马汉提出了海权理论，指出海权与国家兴衰休戚与共，认为海权包括海上军事力量和非军事力量，其中前者包括所拥有的舰队规模和力量大小，附属基地、港口等各种设施的状况；后者包括了以海外贸易为核心的、与海洋相关的各种附属机构及其能力，即国家海洋经济力量的总和。从物质形态上来说，海权实际上是一个国家在海洋方面的综合实力，建立和发展强大的海上力量，对促使国家经济的发展和繁荣以及财富的积累，乃至打赢海上战争、夺取制海权以及维护国际政治地位具有重要意义。海权不仅标志着一个国家利用海洋和控制海洋的总体能力，同时也决定着国家和民族能否成为强大的国家和民族。受马汉军事理论影响，为实现对海上交通运输线的控制，美国在世界各地建有军港，保护美国海上航行安全，这是美国作为一个强大国家的表现。中国也在海外设有军事基地，如在吉布提建设军事基地，维护亚丁湾护航编队的后勤补给，中国也曾多次派遣舰队赴亚丁湾、索马里海域执行远洋护航的和平使命，保护中外商船。

（四）保护空中交通运输安全

保护空中交通安全的基本要求是保障飞行人员和航空器的安全。在非战争时期，空中交通安全保护主要是防止劫机、炸机以及防止国家通缉犯罪嫌疑人利用航空器外逃。近年来，恐怖组织日益猖獗，恐怖袭击事件接连不断，对空中交通安全造成了严重危害，"9·11"事件、"马航370失联"事件、马航17航班在乌克兰东部冲突地区被击落事件，都是典型的航空安全事件。要预防这些事件发生，不仅需要重申和落实国家所承担的保障民用航空安全的义务，而且需要提升国家预警、通信、应急保护能力。具体措施包括完善海外航空安全利益保护的立法制度、构建全方位的航空安全预防机制、强化国际救援合作机制、合理运用国际争端解决机制等，实现航空安全利益保护的最大化。[1] 在战争期间，强大的国家军事能力，可

---

[1] 参见黄德明、徐奇：《论中国公民海外航空安全利益的保护——以"马航370事件"为视角》，《武汉理工大学学报》2015年第5期。

以有效应对各种空中安全威胁，提升塑造态势、管控危机、遏制及打赢战争的能力，甚至可以通过设置"禁飞区"以达到保护空中安全的目的。禁飞区又称禁航区，是指在某一领地禁止任何未经申请许可的飞行器飞入或飞越的空域，禁飞区有多种形式：一种是主权国家在特殊情况下、在特殊时间段对其领地范围内的特定空域所采取的限飞管制措施；另一种是在军事冲突发生的情况下，某些或某个国家或组织在冲突地域所划定的特殊空域，以限制冲突相关方在管制空域内飞行。禁飞区的设立是以绝对优势的空中进攻力量为基础的，也是强权国家实施军事干预的一种新手段，体现了设立国的强大的空中军事力量。

第三节　在综合平衡中推动交通运输协调发展和国家强盛

交通发展水平由交通相关要素构成的系统与其所处的政治、经济、社会、文化、生态环境等组成体系的聚合匹配程度决定。交通系统的结构平衡协调了，就能促进交通发展；反之，则会阻碍交通发展。交通强国体现为交通运输体系的完整和强大，单一的交通设施或技术只有与体系中其他交通设施和工具相配合，才能发挥其优势。因此，必须在综合平衡中推动交通运输协调发展和国家强盛。

一、交通发展适度超前于经济发展

交通是国民经济的基础性、先导性、战略性产业，是经济社会发展的先行官。交通运输落后于经济发展的速度，就会阻碍经济发展。交通发展一定要有超前意识，超前意识指用未来视野判断眼前交通发展，用发展眼光看待眼前交通发展问题，强调不仅要看到现在，还要看到数年、数十年甚至上百年以后的交通发展变化。只有这样制定的交通规划才更具有前瞻性，因为交通规划不仅是展望而且也是交通资源控制的有效手段，如果想要在未来交通发展中少走弯路，就一定要超前规划提前控制。但交通发展也不能太超前，比如高速公路，按照高速公路交通流量年均 10% 以上的增长率来看，提前发展 20 年的高速公路到 20 年以后正好满足需要[1]，如果超过 20 年，则制定的交通发展策略就会违背交通系统发展规律和跨越社会发展阶段，会导致部分交通设施过剩、经济效益低下，如大量新建的高速公路客货流量严重不足、众多支线机场建成后即大量亏损，以及一些港口的吞吐能力大大超过实际的运量。因此，交通发展必须立足现状和发展规律，适度超前。

二、推动交通运输方式的多样化和协调发展

国家和社会对交通运输方式的需求是多样的，交通运输方式主要有铁路、公路、水运、航空和管道等，它们各有优缺点，互为补充，构成了交通运输网络，以适合不同客货运输。其中铁路具有运量大、运费低、速度快、连续性好、安全可靠、受气候影响小等特点，适合运输大宗、笨重、长途货物；公路具有运量小、运费高、速度快、最为机动灵活等特点，适合运输短途、量小、易变质的货物；水路具有运量最大、运费最低、速度最慢、受气候影响大等特点，适合运输距离远、运量大、时间宽松的大宗货物；航空具有运量小、运费最高、速度最快等特点，适合运输距离远、贵重、急需、量少、时间紧的货物等；管道具有运量大、运费低、最具连

---

① 参见李盛霖：《加快转变交通运输发展方式 开创"十二五"交通运输科学发展新局面》，中国公路网，http://www.chinahighway.com/news/2010/466894.php，2010-12-30。

续性、可昼夜运输、投资小、占地少、便于管理、安全可靠、受气候影响小等特点，适合运输液体、气体等。现代社会对交通运输方式的需求呈现多样化，很难凭借单一交通运输方式满足客户的需求，一般采取多式联运的方式，来实现客货位移的目的。因此，要实现运输合理化，必须推动交通运输方式的多样化和协调发展。

三、推动区域和城乡之间交通运输的协调发展

经济社会要协调发展，必须统筹区域和城乡交通运输的协调发展，推进区域和城乡交通运输设施和交通运输服务的一体化进程。通过构建区域和城乡交通运输服务体系，不断优化并有效衔接区域和城乡交通运输设施的网络结构，在确保交通运输公共服务均衡发展的同时，建成区域和城乡交通运输的一体化格局。为实现这一目标，可采取以下措施：通过整合区域和城乡综合交通运输资源，优化交通运输网络，提升区域和城乡交通运输的公共服务水平，[①] 打通阻碍区域和城乡一体化衔接的各种"断头路"。具体包括：在区域和城乡交通路网建设方面，建设内联外通的区域和城乡交通骨干通道，加强城市道路、农村公路、干线公路、渡口码头间的衔接，强化不同区域市、县、乡、村间的交通联系；在区域和城乡水运基础设施建设方面，建设有市场需求的内河客运码头、乡镇渡口和城乡便民水运停靠点，推进区域和城乡之间水运交通的均衡发展；在客运服务方面，通过完善城乡客运服务网络，构建完善的综合交通运输网络体系，实现区域和城乡道路客运与机场、码头、铁路客运的一体化衔接和换乘；在推进区域和城乡客运结构优化方面，整合区域和城乡客运资源，鼓励开展区域

---

① 参见《力争 2020 年城乡交通运输一体化格局基本形成》，中国社会科学网，http://gn.cssn.cn/zx/shwx/shhnew/201611/t20161109_3270754_1.shtml，2016-11-9。

经营，培育骨干和龙头客运企业，整合分散的农村客运经营主体，确保交通均衡发展目标的实现。

四、发挥市场和政府机制的双重调节作用

市场和政府是推动交通发展的两种机制，交通发展中既会出现市场失灵，又有政府失灵，这就需要在发挥市场指导交通资源配置决定性作用的同时，发挥政府在交通资源配置新格局中的作用。市场对交通发展的调节作用不应是在政府调节下发挥作用，而应自主地发挥对交通资源配置的决定性作用。市场配置交通资源是靠市场机制的有效运行来实现的，其基本要求是依据市场规则、市场竞争、市场价格对交通资源进行配置，以实现效益最大化和效率最优化。市场配置交通资源的突出特点是市场具有自主性，这种自主性既表现为市场自主决定交通资源配置的方向，也表现为价格自主地在市场中形成，而非在政府干预下形成。这种自主性要求政府在交通发展中要正确履行职能，既不能越位，也不能缺位，科学地对交通发展进行宏观调控；既不能扩大化，更不能频繁地施行，要缩小管制价格的范围，将由市场形成的价格都交还给市场。

五、推动交通发展的数量与质量均衡

交通发展要处理好数量与质量的均衡关系。交通运输的数量与质量相辅相成，两者既相互促进、共同提高，又相互制约、互相牵制。交通发展包含了交通数量的增长，但交通数量的增长并不能等同于交通发展，如果只有交通数量的增长，没有交通运输结构的优化、升级和交通运输质量的提高，这种情况通常称为"有增长而无发展"，就不能称为交通发展。经济的发展对交通运输"质"和"量"的需求都提出了更高的要求。在工业

革命以前，这些要求一般都发生在原有运输系统"量"的扩展和"质"的改进方面，交通运输表现为以"渐进"发展方式来满足经济社会发展的需求，在此期间，交通运输对经济与社会发展的推动虽有效果但不够显著，不占主导地位。随着生产和流通的进一步发展，经济社会发展对交通运输的"质"和"量"提出了更新更高要求，社会经济越发展，人民对美好生活水平的要求就越高，对交通发展"质"的要求就越高，这就要求在不断创新现代交通治理，提升交通运输总量的前提下推动交通绿色、安全、高效发展，推进交通运输的高质量发展进程。

六、推动交通运输基础设施和交通工具的协调发展

交通运输基础设施是运输能力形成的关键，若交通运输基础设施的发展落后于交通工具的发展，即使有先进的交通运输工具，也无法形成强大的运输能力。从交通强国目标来看，交通发展质量的提升，重点是要加强汽车、船舶和航空等核心领域及技术的发展。但这些核心技术主要掌握在欧美等西方国家手中，无论是研发投入总量还是其占营业收入的比例，中国与汽车强国、航海强国、航空强国相比均存在一定差距。因此中国欲大力发展以汽车、航空母舰和飞机为代表的重型制造业，就必须掌握汽车、航空母舰和飞机的核心技术，从根本上提升制造能力，从而提升我国的交通运输范围和能力。但由于交通技术升级受制于整体工业基础，因此交通设施和工具的协调发展，必须依托工业化的整体发展来实现。

七、推动交通与经济、社会和国防的协调发展

交通发展的经济效益是衡量交通发展的综合指标，交通发展的效益包括经济效益、社会效益和国防效益。其中交通发展的经济效益反映的是交

通企业的生产总值同生产成本之间的比例关系，提高交通相关企业的经济效益，有利于增强交通企业的市场竞争力，利用有限资源推动交通发展。交通发展的社会效益是指交通发展为社会所作的贡献，也称外部间接经济效益，广义上看，交通发展的社会效益包括政治效益、思想文化效益、生态环境效益等。交通发展的国防效益指交通在军事上所起积极作用的大小，通常是相对非军事性质的交通而言。交通发展的经济效益、社会效益和国防效益并不总是统一的，有时是相互冲突的。完全以企业经济效益为目标推动交通发展，不仅不会带来交通的均衡发展，甚至会损害社会效益和国防效益。如在一些贫困边远地区，发展交通的经济效益不高，但发展交通对于推动社会公平正义和巩固国际地位意义重大。尽管经济效益、社会效益与国防效益三者实现形式大不相同，其衡量标准和尺度也不一样，但三者之间是相互依赖、相互促进、共同受益的。没有经济效益的提升，交通的社会效益和国防效益就失去了基础。相反，没有社会效益和国防效益的提升，交通发展的经济效益就会失去目标和保障。因此，实现发展交通，国家应坚持并实施发展战略，推动交通发展的经济效益、社会效益和国防效益的协调统一。

第二章　构建交通强国的时代命题

交通运输是社会文明进步的重要象征，是国民经济发展的有力支撑。"交通强国"战略的提出，确立了新时代着力推进交通运输发展的重要任务，凸显了夯实交通基础设施建设的迫切使命。科学把握"交通战略"提出的时代背景及"交通强国"战略的丰厚意蕴，对进一步促进交通运输发展具有重要的现实意义。

第一节　全球化与新时代的呼唤

历史上，新航路的开辟打通了欧洲通往世界各地的交通航线，为世界市场的逐步形成奠定了交通基础，而世界市场的逐步形成又推动着经济全球化的不断发展。近年来，随着经济全球化进程不断加快，世界各国的交流日益紧密，国与国之间、地区与地区之间的联系密切，呼唤着更加综合、便捷的交通运输体系。中国特色社会主义进入新时代以来，我国社会的主要矛盾已经转化为人民日益增长的美好生活需要和不平衡不充分的发展之间的矛盾。人民日益增长的美好生活需要是包括交通需要在内的多方面的需要，交通需要也是人民对美好生活的基本需求。不平衡不充分的发展，是包括交通运输建设在内的多方面的不平衡不充分发展，人民对美好交通的需要同交通运输的不平衡不充分发展构成了我国交通运输领域的主要矛盾。深入推进交通运输领域的供给侧结构性改革，构建综合便利的交通运输发展体系，满足人民对美好交通的需求，是中国特色社会主义进入新时代所发出的热切呼唤。

一、参与全球经济治理的时代呼唤

世界经济全球化是当代世界发展的主流趋势，其显著特征是国与国、地区与地区之间的经济交往日益密切。国与国、地区与地区之间日益密切的经济交往离不开便利的交通条件，便利的交通条件为国与国之间加强紧密联系奠定了基础。尽管世界经济全球化带来了一系列的负面问题，但是终归要在发展中解决这些问题，发展是解决一切问题的关键。只有通过发展，交通条件才能愈加便利，国与国、地区与地区之间的经济交往才能更加紧密，世界经济全球化带来的巨大经济效益才能惠及每个国家和地区。因此，在当前世界经济全球化的大背景下，积极参与全球经济治理，以交通发展来助推全球经济向前发展乃是大势所趋。

（一）经济全球化的推动

随着社会生产力的不断提高以及互联网技术的迅速发展，经济全球化已经成为当今世界不可改变的潮流。自 2008 年金融危机以来，全球化发展的趋势受到一定程度的冲击，贸易保护主义有所抬头，逆全球化趋势有所加强。但是，经济全球化的本质是资源配置的全球化，而资源配置的全球化仍是不可逆的潮流，并且按照经济理论的设想，经济全球化能够给参与发展的各国、地区带来一系列的发展机会和发展红利，从而形成以比较优势为核心的多元发展格局。因此，经济全球化在今后仍是世界经济发展的主要趋势。

党的十九大把习近平新时代中国特色社会主义思想作为党的指导思想

和行动指南，至此开启了我国全面建设社会主义现代化强国的新征程。在过去的 40 年里，我国是经济全球化的受益者，同时也是拉动全球经济增长的贡献者，中国的经济发展与世界的发展呈正相关作用。目前，中国经济发展进入了转型期，经济发展速度放缓，经济结构正在不断优化升级，经济发展势头不断提高。面对复杂的全球经济形势，必须继续紧抓经济全球化这一历史机遇，迎接所遇到的挑战。面对国内经济发展问题，要致力于提高经济增长的质量和效益，在发展中解决问题，以大力开展供给侧结构性改革为重要举措，不断激发增长动力和市场活力。与此同时，还要积极投入到经济全球化的浪潮中，积极营造和维护宽松有序的投资环境，不断创新、改善经济合作方式，加深对外开放程度，以此实现经济稳步发展。

推动交通领域的建设和发展，无疑是中国积极参与经济全球化发展的最直接和具体途径，尤其是在"纵深推进'一带一路'倡议、可持续发展战略和区域协调发展战略过程中，交通都起着基础性、服务性、先导性作用"。[①] 因此，需要促进交通与经济、社会以及跨行业、跨领域、跨境发展一体化，把握现代综合交通体系建设的基本方向，实现交通运输与中国创新业、中国制造业、中国服务业紧密融合，在更高水平上发挥交通运输对经济社会的支撑引领作用。所以，牢牢把握经济全球化的历史机遇，以创新引领交通运输现代化，实现由交通大国到交通强国的转变，是建设社会主义现代化经济体系和现代化强国的本质要求和重要任务。

（二）交通先行官的引领

"九层之台，起于累土。"交通领域是一个国家和社会最基础的领域，

---

① 徐飞：《中国建设交通强国的综合基础与战略意义》，《人民论坛·学术前沿》2018年第 11 期。

交通建设是推动国家经济发展，进而实现国富民强、民族复兴的前提。当前，世界政治经济结构正在发生深刻变化，我国正处于全面建设小康社会的关键时期，让交通真正成为发展的先行官，不仅是积极适应我国经济发展新常态、稳定经济增长的现实要求，而且是全面推动对外开放、积极主动参与经济全球化的内在要求，同时也是促进社会发展和改善民生的重要举措。

我国经济发展正处于经济结构调整、增长速度放缓的转型时期，站在新的历史起点，我国经济发展不可能再走以往重数量、轻质量的老路，而是要走统筹整体、通过深化改革来提质增效、进而以转变经济发展方式增强经济发展势头为目标的新路。面对国内和国际经济形势发生的重大变革，交通领域的发展也要与时俱进，要为我国经济发展提供强大的物质保障，更要为我国经济走向世界舞台中心发挥强有力的支撑作用。

交通运输是经济发展的重要基础和逻辑前提，是社会进步和文明发展的重要象征。我国已经是一个交通运输大国，在世界范围内的公路、铁路和航空领域拥有较大影响力，并且在交通运输技术领域中位居世界前列。尽管我国人均运输资源与国际领先水平之间仍存在较大差距，运输部门的发展还存在着区域不平衡等问题，但这恰恰表明我国交通运输领域还存在巨大发展空间，就我国目前的交通科技和经济水平而言，以交通运输为发展先行官，推动我国由交通大国向交通强国转型，前景可期。

交通运输事业的发展是积极落实我国"三大战略"，促进我国经济持续发展，让我国经济走向世界舞台中央、引领世界经济复苏的强心针。当前，我国的经济结构正在转型，要推动经济持续、快速、稳定地发展，就必须要从交通运输这一基础领域发力，全方位把握交通运输发展的需求，推动交通运输从"被动适应"向"先行引领"转变，进而为我国经济社会的发展开拓更加宽广的国内外空间。交通运输业一方面要服务国家"三大战略"发展，推动国内经济资源的优化、经济要素的效率提升以及经济结构的转型，为我国社会主义现代化发展做好有力保障；另一方面，还应该成为引领我国经济发展、保障经济稳定、促进经济进步的有力支撑。交通运输事业不仅要适应经济发展节奏，而且要适当超前，发挥交通引领经济发展的航向标作用，让交通为经济指路。

（三）以交通促进世界经济的需要

未来学家朱利安·西蒙指出："如果经济发展中只有一个关键因素，那么它不是一种文化，也不是制度和心理特征，而是交通运输和通信系统。"世界经济全球化趋势不断深化，跨国公司的合作与发展为世界经济的发展带来了无限的活力，从而对交通运输的发展提出了更多要求。

改革开放四十余年来，我国经济发展取得了显著成效，为全球经济的快速增长作出了重要贡献。当前全球经济发展态势总体放缓，我国作为世界第二大经济体，也不可避免地受到了部分影响。但是，在世界经济一体化的大趋势下，我国秉承开放包容的价值理念，进一步推进交通运输领域的深化改革，并引入新思想、新资本及新的交通发展业态，推动着我国经济的高质量发展。毫无疑问，提升发展质量的关键在于更加深入地参与全球市场经济的竞争，而交通运输行业的发展为这一竞争奠定了现实基础，从而让世界经济的提振得以实现。

中国经济的发展离不开世界，世界经济的发展也离不开中国。要发挥交通运输业对经济的提振作用，必须把国内经济发展置于世界经济发展的大潮中。在新的历史时期，我国应促进交通与经济、社会以及跨行业、跨领域和跨国一体化的整合，把握现代综合交通运输体系建设的基本方向，实现交通运输发展的中国创新。在更高层次上，还应发挥交通在支持经济和社会方面的主导作用，拓展经济和社会发展的新空间，在国际竞争中塑造新的优势。交通运输发展在世界经济发展道路上发挥着支撑引领的重要作用，一方面，交通运输业的发展将日益融入新兴产业中，为世界经济的发展提供新的增长点，并表现出充分优化全球交通运输的空间格局，开拓国内和国际发展空间（如积极发展枢纽经济、高铁经济、多式联运走廊等）；另一方面，交通产业的发展可以带动关联产业的深度融合，以及资源要素的合理配置（如推动高铁在产业链层面的分工与串接，承载关联产业发展，引导交通服务与装备制造协同联动；推动运输事业与互联网等现代信息技术联动扩展，推进智能交通产业化，形成共享经济新业态等）。交通产业的发展既为我国带来经济增益，也为许多欠发达国家交通运输事业发展带来效益，使相关国家交通运力大幅提升，进而使世界经济格局进一步优化、世界经济动能进一步充满活力。

二、支撑国家"三步走"战略的新时代呼唤

2020 年全面建成小康社会的近期目标、2035 年基本实现现代化的中期目标以及 2050 年全面建成现代化强国的远期目标都充分表明，交通运输是支撑"三步走"战略的主要因素。就短期目标而言，发展交通运输可以实现经济发展成果全民共享，经济利益全民共享；就中期目标而言，发展交通运输是实现交通现代化的前提，交通现代化是发展交通运输的战略导向，它标志着生活水平、科技水平、国家实力的现代化；就远期目标而言，世界上任何一个现代化强国都有强大的交通运输作为背景支撑，发展交通运输是实现交通现代化以及交通强国的必经之路。

（一）服务全面建成小康社会的需要

全面建成小康社会是我国社会主义现代化建设的近期目标，全面建成小康社会意味着我国社会的各个领域都要实现小康。习近平总书记在党的十九大报告中提出要建设科技强国、质量强国、航天强国、网络强国和交通强国"五个强国"，强调要加强水利、铁路、公路、航空、水运、电网、

信息、管道和物流等基础设施网络建设，这标志着在全面建成小康社会的历史进程中，交通运输扮演着不可替代、不可或缺的角色。交通运输领域是我国社会发展的基础领域，交通运输领域实现可持续发展是我国全面建成小康社会的现实需要。

在决胜全面建成小康社会的重要历史时期，我国的交通运输业发展必须以人民为中心，聚焦全面建成小康社会的近期目标，加强交通强国战略的顶层设计，从而为"中国梦"提供有力保障。为了如期完成全面建成小康社会的总目标，我们还必须开阔视野，进一步提高对交通运输领域基础性作用的认识，以促发展、补短板为抓手，加强基础设施建设，为我国交通事业的腾飞打好基础。同时，还要解决好我国交通运输领域遇到的关键问题：

一是缺少长期的顶层规划。目前国家交通运输相关中长期规划提出的"八纵八横"运输通道规划、机场布局规划等，均是不超过 2020 年的近期建设规划，而我国目前正处于高速发展阶段，交通设施建设的缺口大，对中长期建设规划的需求迫切，因而这些中期规划难以适应我国高速发展的现状。二是交通发展不平衡。目前，我国城乡交通基础设施硬件总体规模、技术与装备水平已经处于世界先进水平。然而，相比于我国广袤的国土面积，海、陆、空基础设施和城市综合交通运输系统的基础设施和服务，仍然存在很大程度的不平衡和不足。机场、铁路、港口、公路和城市轨道交通、道路网、路面公共交通等设施的平均水平与发达国家相比还有不小的差距。就目前的情况而言，国内海、陆、空交通基础设施和飞行航线与国际领先水平之间仍存在较大差距；现有的大型航空枢纽和海港枢纽的多式联运协同、国际开放性以及转让的便利性，与世界顶级航空枢纽和海港枢纽之间仍存在很大差距，中国各个地区以及城市农村之间的发展不平衡、不充分问题还比较明显。三是交通文化领域发展缓慢。当前，我国综合交通运输事业在发展理念、体制机制、统筹规划、建设模式、组织模式、管理方式、运输效率等方面，与发达国家相比仍存在较大差距。

开展长期的交通运输领域战略发展的顶层规划，能为我国交通运输领域的科学实践指明方向；能促进国内交通发展平衡，有助于缓解新时期我国交通运输领域的主要矛盾；能推动交通文化的快速发展，有助于提升我国交通品牌的形象和影响力，增强我国交通运输业的竞争力。因此，着重处理好交通运输领域的顶层规划、交通发展平衡以及交通文化快速发展是服务我国全面建成小康社会近期目标的必然选择。

（二）服务社会主义现代化建设的需要

根据党的十九大精神和"两个一百年"奋斗目标的宏伟蓝图，我国交通运输事业的发展可以分为三步走，一是到 2020 年，基本完成交通运输领域的"十三五"规划，为"交通强国"战略的稳步推进奠定基础。二是在 2020 年到 2030 年期间，以基本实现社会主义现代化和建设社会主义现代化强国为契机，大力推进"交通强国"战略。三是到 2030 年，完成将我国建设为交通强国的战略目标，实现"货物流通，国辉气昌"。

纵观美国、欧洲等国家和地区的交通发展历程可以发现，发达国家的交通运输发展普遍存在着阶段性特点，在不同时代背景下的不同时期又有着不同的发展战略与政策。综合来看，主要发达国家的交通发展进程可分为三个发展阶段：一是基础设施大规模建设的阶段，二是应用新技术提升整体效率的阶段，三是注重用户感受与可持续发展能力的阶段。近年来，在我国交通战略的指导下，我国的交通运输事业得到了快速发展，交通体系的整体布局已经得到了进一步优化。具体而言，在基础设施建设方面，形成了联网优化、海陆空一体联通、结构合理、无缝衔接的国内外畅通的综合交通网络；在科技方面，交通科技领域不断涌现新成果，并在交通运输领域得到广泛应用；在交通服务方面，基本实现公共交通均等化，物流成本大幅度降低；在运输结构方面，实现绿色交通方式所占运量达到 70% 以上，整体处于第一和第二阶段的并行时期及高速发展阶段。

推动我国从交通大国迈入交通强国行列，我国交通运输发展必须实现从高速发展向高质量发展的转型升级。要树立"人民交通为人民"的宗旨，建设人民群众满意的交通，让交通发展服务人民；要服务社会主义现代化建设的大局，以进一步优化我国交通运输体系布局、提升交通运输发展质量和效率为抓手，实现建立绿色智慧、共享治理、开放包容、文明守信的现代交通体系目标。

同时，中国的交通运输事业的发展还必须凝聚中国智慧。为了应对新时代的快速发展，交通运输业必须与时俱进，开展以人才和技术引领交通运输发展体系的创新建设。创新是助推交通强国建设的第一推动力，应加快以科技为先导、以智慧为方向、以人才为支撑的交通运输发展体系创新建设；加快创新产业建设，实施创新战略引领技术创新，重点突出共有技术、前沿技术、现代工程技术、颠覆性技术创新等，以市场为导向的技术创新体系，加强政、产、学、研的深度融合。大力发展智能交通系统建设，深化互联网、大数据、人工智能和交通一体化，推动现代智能交通系统的数字化、网络化和智能化建设。推动国内和国际协调发展与共同进步，进一步优化国内交通规划，以大项目拉动、重点项目示范为引领，建立我国交通运输行业在世界上的话语权，开拓中国交通运输业发展的新空间。同时，还应进一步建立互利互惠的开放合作体系，重点打造"一带一路"建设和跨越城乡的运输供应链，连接国内地区，通达世界各地，有效支持我国在全球范围内的资源配置。以中国智慧引领中国交通发展，积极参与交通领域全球治理，推动我国交通文化"走出去"，进而增强中国交通影响力，实现由交通大国向交通强国的跨越式发展。

（三）服务社会主义现代化强国的需要

党的十九大报告明确指出，我们要建设"交通强国"，这不仅意味着要实现交通行业自身的快速发展，还意味着要以交通运输行业的发展实现国家富强，促进中华民族的伟大复兴。

建设社会主义现代化强国是实现中华民族伟大复兴"中国梦"的内在前提，推动交通强国建设为建设社会主义现代化强国奠定基础。强大的交通是社会主义现代化力量的重要组成部分，为社会主义现代化强国建设提供战略支撑。同时，交通发展需要宏大的交通战略来指导，实现交通建设实践的科学推进。目前，许多发达国家已经制定了交通发展规划。例如，欧盟已经发布了"欧洲运输一体化路线图"，美国发布了"2045年美国运输：趋势与前景"，而日本则发布了"2050年国家战略"。总的来说，世界上的交通运输强国正在紧紧抓住科技革命的机遇，努力占领交通发展的制高点。因此，关于交通强国战略的制定，不仅要借鉴国际经验，还要与中国的实际情况紧密联系，既要面向目标，又要面向问题。

到2050年，我国将进入世界交通强国的行列。届时，我国的交通运输体系将达到世界领先的级别。要进入世界交通运输大国的前沿行列，交通运输系统的发展还必须得到经济和社会发展的有力支持。建设强大交通运输国家的核心是为客货运输安全提供更强有力的服务、支持和控制，其本质是提升中国交通运输业的服务水平和全方位服务能力。这意味着建设强大交通国家的关键是创建处于人类社会发展前沿的交通制度文明、交通精神文明和交通生态文明。在交通制度文明建设上，要从我国交通现实出发，充分运用好科技手段和政策工具，提高治理能力，实现交通供给的公平正义；在交通精神文明建设上，要规范交通参与者的交通行为，自觉维护交通运行的良好秩序；在交通生态文明建设上，要发展生态交通，实现人与自然和谐共处，建设安全交通和绿色交通。建立强大运输国家的根本途径是通过追求技术创新和技术跨越，推动我国成为世界交通运输技术进步和技术应用的领导者。这要求我国要在传统的汽车、船舶、飞机等核心技术领域寻求突破，在新技术、新能源、新材料和建筑技术方面，必须要跟上技术进步，更要探索深海、深空，从而引领新型交通方式的发展。

现代交通运输已经步入新阶段，到 21 世纪中叶，一个现代化的交通强国将以完善的基础设施、优良的技术装备、先进的运输组织、领先的制度体系和发达的交通文明为社会主义现代化强国提供支撑，并为我国推动构建全球人类命运共同体提供强有力的战略保障。

第二节　伟大时代呼唤"大交通"

"大交通"即大交通运输体系，是合理统筹铁路、公路、民航等交通资源，进行现代综合交通运输建设的战略命题。我国已经进入新时代，大交通之大，不仅体现为陆海空等基础设施在技术层面上的互联互通，还体现为在经济和产业、工业化与城市化方面的有机融合，更体现为"人类命运共同体"大背景下，文化和文明的交流沟通与交融汇通。

一、人民美好生活呼唤"大交通"

当前我国正处于经济发展的转型期，其特征是过去积累的问题尚未完全解决，新的矛盾已经逐渐显现。在这样一个特殊的历史时期，发展已经不单纯是"量的积累"，而是要实现"质的改变"，这也意味着人民对发展成果的质量要求层次在不断提升。在交通运输方面，具体表现为对快速出行、绿色交通、科学管理、人性服务的呼唤。构建新的大交通运输体系，成为满足人民对美好生活向往需求的时代课题。

（一）社会主要矛盾发生变化呼唤"大交通"

党的十九大报告指出："中国特色社会主义进入新时代，我国社会主要矛盾已经转化为人民日益增长的美好生活需要和不平衡不充分的发展之间的矛盾。"① 新时代要求我们要积极适应主要矛盾的发展变化，通过加快发展来更好地满足人民日益增长的美好生活需要及其对"大交通"的呼唤。

中国特色社会主义进入了新时代，我国社会主要矛盾的变化使交通运输领域存在的问题得以凸显：第一是交通发展不平衡，虽然交通运输行业经过多年的建设发展，各种运输方式发展到一定规模，但是地区发展不平衡和各种运输方式的不协调发展等问题仍然很突出。城乡之间、区域之间、交通方式之间、软硬实力之间、建设与维护之间存在的不平衡，限制了行业整体水平的提高，影响了综合交通运输体系的完善。第二是运输业尚未完全发展，目前的交通状况与人们个性化和差异化的出行需求之间仍然存在错位，人们需要更安全、方便、高效、绿色、经济的交通服务。与需求相比，交通运输发展质量和发展效率仍然不高，创新能力不强，仍有很多潜在的库存扩展和优化空间。

新时代交通运输业的主要矛盾要求我们坚持以深化供给侧结构性改革为主线，以降成本、补短板、提效率、强服务、优结构为主要抓手，在实现行业转型升级的过程中满足人民对美好生活的需求。

（二）人民对美好生活质量的期盼呼唤"大交通"

习近平总书记指出："必须认识到，我国社会主要矛盾的变化，没有改变我们对我国社会主义所处历史阶段的判断，我国仍处于并将长期处于社会主义初级阶段的基本国情没有变，我国是世界最大的发展中国家的国际地位没有变。"② 邓小平同志曾经说过，因为中国脱胎于极低生产率的半殖民地半封建社会，因此社会主义初级阶段是一个不可逾越的长期历史过

---

① 习近平：《决胜全面建成小康社会　夺取新时代中国特色社会主义伟大胜利——在中国共产党第十九次全国代表大会上的报告》，人民出版社 2017 年版，第 11 页。

② 习近平：《决胜全面建成小康社会　夺取新时代中国特色社会主义伟大胜利——在中国共产党第十九次全国代表大会上的报告》，人民出版社 2017 年版，第 12 页。

程，必须坚持百年社会主义初级阶段的基本路线不要动摇。当然，中国特色社会主义的初级阶段有一个从量变到质变的过程。党和国家作出重要的政治判断表明，虽然我国主要矛盾有了变化，但基本国情没有变，我们要坚持基本路线不变，循序渐进进行社会主义建设，不急于求成，并最终为人民美好生活质量的提升而努力奋斗。

城市交通是影响人民美好生活质量的关键一环，但就现在中国城市交通现状来看，主要存在三方面问题：第一，随着城市化进程加快，城市交通运输压力日益加重。改革开放四十年来，虽然中国在经济蓬勃发展和大规模城市化方面取得了辉煌成就，但对于人口众多的我国来说，大量人口流动和物质运输给城市交通带来沉重压力。第二，交通线路网不合理，管理水平低。中国现有的城市道路网络密度低，主干道路间距过大，支路不足，功能混乱，难以适应现代汽车旅行的需求。现代交通管理和交通安全管理设施已难以满足实际需求。第三，公共交通萎缩，城乡结构不合理。虽然公共交通工具和线路的长度相比以前有所增加，然而轻轨和地铁等公共交通的效能仍未充分显现。此外，公共交通车辆的运营速度仍在下降，新增运力被运输效率下降所抵消。

中国特色社会主义进入了新时代，标识着我国经济的快速发展以及人们对美好生活的迫切向往，而对交通运输领域的美好向往与当前我国交通运输领域存在的问题构成了矛盾。要解决这一矛盾，必须通过构建综合协调的"大交通"系统，合理配置轻轨、地铁、常规地面交通等运输资源，改变城市和农村交通运输现状，让人们日常出行日益便利、安全、经济、环保，以此来提升人们的生活质量。

二、科技创新驱动促进"大交通"

科技创新是驱动交通优化的第一动力，将科技创新成果应用于交通运输实践，在交通运输的实践中总结形成创新成果，推动科技创新与交通运输实践二维互动等，是构建创新驱动型"大交通"格局的重要抓手。

（一）高精尖技术领航"大交通"

2016 年，交通运输部发布的《交通运输部关于深化科技体制改革落实创新驱动发展战略的意见》（以下简称《意见》）指出，"到 2020 年，科技体制机制改革全面深化，突破一批重大共性关键技术，基本建成适应现代交通运输业发展需要、具有引领性的科技创新体系"[1]。《意见》的发布表明了新时代的新交通对新技术的呼唤，因而对以高新技术支持"大交通"发展具有重要意义。

近年来，我国在交通运输科技创新领域形成了多项领跑全球交通运输的技术优势，并在前沿技术领域形成了率先的研究态势。一是在新能源电力技术、轻载技术、运输设备维修和升级技术、运输系统智能技术、运输设备谱系技术、运输系统集成技术、交通运输走廊技术和交通运输跨境互联技术等高科技技术上，形成了具有中国特色的独立核心技术体系。二是对多式联运、甩挂运输和滚装运输等物流组织模式进行了深入研究，推进了现代物流体系的建设进程，探索运用传感、网络和数据处理技术，建立先进的物流信息交换共享体系，对集装技术、单元化装载技术进行深度挖掘，开发新技术以提高物流作业效率和安全。三是积极推动物联网、云计算和大数据处理技术在交通领域的深度研发和应用，加快城市交通情报信息化建设[2]，提高信息采集研发的广度和深度，增强信息施工安全，并实现行业信息化以及智能水平与信息技术的同步发展，引领交通现代化建设。

新时代交通运输领域在高精技术的领航下，形成了以自主性技术为核

---

[1] 《交通运输部关于深化科技体制改革落实创新驱动发展战略的意见》，中华人民共和国中央人民政府网站，http://zizhan.mot.gov.cn/zfxxgk/bnssj/kjs/201610/t20161009_2096125.html。

[2] 参见袁鲁霞、孙敬鑫：《沈大伟眼中的"不完全大国"》，《中国报道》2013 年第 8 期。

心的交通运输体系。特别是随着现代物流设施、装备、信息等标准化的实现，以及交通运输领域的信息化应用水平的提高，交通运输领域终会形成高新技术领航的多元协调的"大交通"体系。

（二）绿色共享理念引领"大交通"

党的十八届五中全会强调，要实现"十三五"发展目标，必须牢固树立和落实创新、协调、绿色、开放和分享五大发展理念。在五大发展理念中，"绿色是把环境的问题放进去了，共享则把新经济的东西纳入其中为未来经济发展指明了方向"[①]。在科技创新驱动时代，新能量技术蓬勃发展以及绿色共享理念的厚植，共同促进着"大交通"的发展。

绿色共享理念成为破解交通运输领域发展难题的引领力量。中国社会科学院在一份调查中罗列了 38 个城市的打车现状："超过 1/4 的居民表示平时打车等待时间超过 20 分钟；也有报告指出，停车难造成的交通拥堵问题是当今城市中很大的难题，如今停车位保有量约 8000 万个，而停车位的需求数量高达 2.8 亿个，预测 2020 年这一数字将达到 3.7 亿个。"[②] 上述问题的根源在于：交通资源供不应求。随着经济条件越来越好，人口数量持续增加，居民的出行需求也将不断增长、升级，并趋向多样化，加之环境和能源等危机日益凸显，以及整个城市交通资源的紧缺，让我国交通运输发展面临着巨大挑战。如何应对挑战，已经不仅仅是汽车产业自身的技术发展升级所能应对的，还需要产品更新换代所带来的以智能化、网联化等潮流为代表的新的交通运输理念。在共享经济带来的新机遇下，共享交通成为解决未来城市交通的一种有效模式，并且已逐渐成为社会共识。

---

① 周珂、金铭：《生态文明视角下我国绿色经济的法制保障分析》，《环境保护》2016年第 11 期。

② 沈大伟、狄飞：《中国的世界梦——新型大国关系以及美中关系的未来》，《当代中国史研究》2014 年第 4 期。

在技术创新驱动的新时代，除了绿色能源和低碳技术等在技术层面使现有的交通运输现状得到改善，以绿色共享理念为代表的新发展理念对于交通运输现状的改善也起了至关重要的作用。问题能否解决的本质在于人，而思想对于人的行动具有指导作用。以绿色共享理念为代表的交通发展新理念影响了人们的观念，为我国交通运输发展提供了新选择，进而引领着"大交通"的建设和发展。

三、开放合作格局呼唤"大交通"

开放已经成为当代中国的鲜明标识。开放是中国发展的关键，必须坚持开放发展，扩大开放范围，加深开放程度，构建形式多样、结构合理的新时代"大交通"运输体系，以便在更全面、更宏大、更科学的开放格局中谋求更快的发展。

（一）"一带一路"呼唤"大交通"

2013年9月和10月，习近平主席访问中亚和东南亚国家时，提出了共建"丝绸之路经济带"和"21世纪海上丝绸之路"的重大设想，"大交通"建设被赋予了重大的历史使命。"在当代'一带一路'战略大背景下，交通的内涵和外延都得到极大拓展，已然演进成为'大交通'。"[1] 更值得一提的是，"一带一路"将充分依靠中国与有关国家现有的双边和多边机制，立足于现有的、有效的区域合作平台，坚持共商、共建、共享原则，积极推进沿线发展战略的整合与对接，高举和平发展的伟大旗帜，为古丝绸之路增添活力，使亚洲、欧洲和非洲国家以新的形式更加紧密地团结起来，

---

① 徐飞：《"一带一路"战略下的"大交通"》，人民网，http://edu.people.com.cn/n1/2016/0909/c1006-28704543.html，2016-9-9。

共同创造一个政治互信的利益共同体、命运共同体和责任共同体。

新时代提出新要求，新战略呼唤新交通。在"一带一路"倡议的大背景下，一批交通基础设施重点通道已经取得突破且获得实效。在中国和东盟的合作中，有8条公路通道已基本建成或规划完毕；在中欧合作中，第一座欧亚大陆桥和第二座欧亚大陆桥通过中国的二连浩特、满洲里、阿拉山口和霍尔果斯港口到达欧洲，在"一带一路"沿线国家中，已有9个国家实现了与中国的铁路连接，28个国家实现了与中国的空中连接，58个国家实现了与中国的海上连接。总的来说，"一带一路"沿线国家的相互联系日益紧密，但仍有巨大的潜在提升空间，而巨大的潜在提升空间标识着以互联互通为目标的"一带一路"交通运输建设日益迫切。

目前，世界经济发展的重点已逐步向发展中国家转移，这同时为"一带一路"国际贸易运输体系的发展提出了新的要求和新的发展机遇，即从传统单一的海运转化为构建海运、铁路、空运、管道（道路）等多维综合运输系统。因此，在"一带一路"的持续推进下，形成多元协调的"大交通"体系，更好服务沿线地区和国家的社会发展，成为新时代对我国交通运输体系建设发出的召唤。

（二）"人类命运共同体"呼唤"大交通"

"人类命运共同体"是推动人类社会发展的美好愿景。如果说"一带一路"是通往"人类命运共同体"的现实之路，那么"大交通"则是构建"一带一路"命运共同体的必由之路。"大交通"不仅体现为海陆空等交通基础设施的多元联通，还体现为经济上的发展融合，更体现为形成"人类命运共同体"所具备的文化和文明层面的沟通交流。因此，要顺利推进"人类命运共同体"，必须依托"大交通"的建成和发展。

我国在世界交通运输史上缔造的一个又一个的"工程神话"，既展现着改善世界人民生活的中国力量，又进一步推动着世界交通运输向前发展。

例如，由中企承建的蒙内铁路建成通车，这条铁路的建成将内罗毕到蒙巴萨的运输时间由原来的 10 小时缩短到 4—5 小时，货运成本下降 79%，商务成本下降 40%。蒙内铁路是肯尼亚百年来建设的首条新铁路，也是落实"一带一路"倡议和中非合作论坛约翰内斯堡峰会"十大合作计划"的早期重要收获。据中国交通建设集团统计数据显示，截至 2018 年 6 月 17 日，蒙内铁路累计发送旅客 140.5 万人次，平均上座率高达 95.2%，肯尼亚在中国的帮助下实现了基础设施建设革命性的变化。此外，中国在欧洲承建的首个大桥工程——泽蒙-博尔察大桥联通了多瑙河两岸，被誉为"中国桥"。①

中国推崇"厚德载物""参赞化育""天人合一"的价值观，秉承着和而不同、相互包容的价值理念，旨在建成"环球同此凉热"的"人类命运共同体"。构建"人类命运共同体"的现实呼唤着"大交通"建设，联通世界的"大交通"才更能促进"人类命运共同体"的构建与最终实现。

第三节　交通强国是大国之承载

交通运输在国民经济中发挥着先导性作用。国家之强始于交通之强，建设交通强国是时代的需要。新时代、新使命、新征程，中国交通要有新作为，要作出新贡献，就必须在中国特色社会主义思想的引领下，坚定、自信、踏实、有力地从交通大国迈向交通强国，承载起大国的交通使命。

一、民富国强和民族振兴的必由之路

"交通强国"战略是实现民富国强的重要战略前提。没有强大的交通

---

① 参见《大交通时代的"中国脉动"》，《经济日报》2017 年 12 月 21 日。

运输体系作为支撑，经济增长受限，国家发展受阻，人民福利受损，无法实现国强与民富。没有现代化的交通体系，民族实体经济将被地理条件割裂，人才流通、文化交流受到限制，减慢了民族振兴的步伐。因此，只有大力发展交通运输体系，推动交通运输发展提质增效，让"交通强国"战略"开花结果"，才能最终实现中华民族伟大复兴的"中国梦"。

（一）建设交通强国是民富国强的必由之路

古往今来，几乎所有大国的发展、繁荣乃至复兴，都是建立在强大的交通运输能力之上的，交通运输的发展程度直接代表着一个国家的综合国力情况，社会的发展、经济的腾飞及民众生活水平的提高都在很大程度上依赖于当地的交通运输发展情况。所以，交通运输是支持一国经济发展的重要力量，象征着一个国家的社会文明进步程度。从打造海上丝绸之路的大唐，到"日不落帝国"的英国，在这些大国的发展壮大进程中，交通运输均起到了极大作用。

在经济全球化的背景下，各个国家的不同资源加快了流动速度，西方发达国家着眼于对资源的全球利用，并将打造领先于全球的交通体系列为国家重点发展项目，从而在世界范围内产业结构重组过程中提高竞争实力，占据先机。党的十九大报告明确提出，要将建设交通强国列为重大决策部署，标识着党中央结合时代特点对我国交通运输事业的重点把握，凝聚了民众对交通运输工作的期望，更是新时代背景下大众团结一心奋斗的目标。积极推动交通强国建设，为应对日趋激烈的国际竞争，实现国富民强的美好愿景奠定基础。

"交通强国"战略是新时代的产物，既符合我国快速发展的要求，又响应了交通发展的新形势。"交通强国"战略不仅确立了我国交通运输发展的目标，还明确提出了实现这个目标的具体措施。综合来看，积极推进交通强国战略，构建具有竞争力的全球交通运输体系，是加强我国在世界交通领域的话语权，也是如期完成全面建成小康社会总体目标的必然选择。

（二）建设交通强国是实现民族振兴的必由之路

党的十九大报告明确指出："坚持和发展中国特色社会主义，总任务是实现社会主义现代化和中华民族伟大复兴。"[①] 如果说实现社会主义现代化和中华民族的伟大复兴是坚持和发展中国特色社会主义的总任务，那么坚持和发展中国特色社会主义就是建设中国特色交通强国的总任务。在我国社会经济不断发展的大背景下，交通运输事业的发展已经成为推动我国社会经济发展进步不可或缺的重要力量。

交通运输领域是我国建设社会主义现代化强国中发挥关键作用的领域，交通建设推进强国发展，强国发展引领交通建设，交通与强国两者的关系相互依存、紧密联系。中国要想发展成真正的世界强国，需要增强综合实力，而不是只有某些方面的强大。因此，推动中国的快速发展需要多个领域协同发力，而交通运输则是最基础的领域，交通运输建设既是建设社会主义现代化强国的先行步骤，也是最重要的一步。

经济发展，交通先行。交通强国战略是党和国家立足交通运输发展的时代大势，是为推进我国经济高质量发展和强国建设而提出的重要战略。古往今来，世界大国的兴衰史无不表明，交通兴则国家兴，交通弱则国家弱。自新航路开辟以来，英国、西班牙、葡萄牙、荷兰等国依托繁荣便利的海上交通线，建立了遍布世界各个角落的殖民地，为本国带来了巨大的财富，从而完成了资本主义的原始积累，实现了国家的快速发展。进入 21 世纪以来，美国依靠发达的海陆空综合交通运输体系建设，具备快速到达全球各个国家、地区的能力，在国际经济交往中抢占先机，成为世

---

① 习近平：《决胜全面建成小康社会 夺取新时代中国特色社会主义伟大胜利——在中国共产党第十九次全国代表大会上的报告》，人民出版社 2017 年版，第 19 页。

界头号经济强国。由此可见，大国的快速发展、繁荣与复兴必定建立在强大的交通运输能力之上，交通运输能力直接或间接地影响着大国的社会经济发展。"一带一路"倡议的提出，让实现中华民族伟大复兴的"中国梦"提上日程。"一带一路"的宗旨是共建、共治、共享，其本质是沿线国家共赢发展，前提是交通的互联、互通。在当前复杂的国际经济环境下，我国要推动经济快速发展，就要充分利用"一带一路"项目，与周边国家形成良好的合作关系，推动国家间、地区间的交通互联互通，实现合作共赢。具体来说，就是要优化资源配置，建设高效的交通运输系统，从而切实提高我国的交通运输能力，让我国交通运输建设"连接国内，通达世界"。从这个意义上看，加快交通运输建设，推动交通强国战略实施，是实现国富民强的必然选择，更是实现民族复兴的必由之路。

二、交通强国是现代化强国综合国力的承载

"交通强国"战略是回应时代要求的战略，也是符合建设现代化强国的发展战略。"交通强国"战略的实现需要强大的国家综合国力作为支撑，需要从经济、技术、产业、服务等多个方面进行整合转型与全面创新，这一战略的实现对国家硬实力与软实力的提升具有重大的意义。

（一）交通强国助力中国提升硬实力

交通强国与建设社会主义现代化二者联系密切，准确把握"交通强国"战略的使命感，就是要准确把握建设"交通强国"与建设社会主义现代化强国的密切关系，就是要领会"交通强国"战略的精神实质。从我国国情出发，"交通强国"是社会主义新形势下发展的重要因素，也是连接其他战略系统的重要纽带，因此，应把交通运输摆在我国发展路线的首要位置，充分发挥其先行带头作用。只要这个"领头羊"发展得顺畅了，相连

的战略系统分支就能借助优势，遍地开花。总体来看，"交通强国"战略是符合建设现代化强国的重要战略方针，是推动我国发展的首要任务，是助推我国经济可持续发展的有力保障。

随着我国经济的稳健增长，中国对世界的经济影响力也在不断提升。联合国发布的《2018年世界经济形势与展望》报告指出，2017年全球经济增长的亮点是中国经济。当前，我国经济的首要任务是如何通过资源优化配置，加速推进我国经济的高质量发展，从而构建具有中国特色的现代化经济体系。实现"交通强国"是我国构建现代化经济体系下的一大重要目标，通过构建高度发达的运输体系，带动我国其他产业的发展，进而实现社会主义现代化强国建设。只有深刻认识到"交通强国"发展的意义，并把它作为一项关键的、有历史使命感的任务来对待，才能不断推进"交通强国"战略的落地实施，才能推动以交通硬实力为支撑的国家硬实力的提升。

回顾我国在交通运输领域中取得的成绩，可以看出我国硬实力正在逐步提升，具体表现为：我国交通建设领域的投资大幅增长、交通运营能力快速提升；同时，在交通运输发展的带动下，我国消费结构不断升级，消费需求持续增长，与交通运输关联的航空运输、快递业务运输等也取得了长足发展，还建成了以港珠澳大桥为代表的一系列世界超级工程等。新时代提出新要求，我国交通运输业的发展还将继续以"交通强国"战略为指引，推进供给侧结构性改革，推出更多的中国交通运输"产品"，进一步提升我国的硬实力。

（二）交通强国助力中国提升软实力

中国是世界上人口最多的国家，同时还是经济增长速度最快的发展中国家，巨大的人口规模与快速发展的经济，既为交通强国战略的内容提出新的要求，又为交通强国的战略实施奠定了基础。深刻把握交通强国的意义在于清晰认识交通运输质量和效率这两大要素的关系，重点提升交通运输效能，使交通的基础设施、运输服务与装备技术等硬实力找到与之相匹配的软实力。

近年来，随着我国在交通运输领域持续推进供给侧结构性改革，交通运输质量不断改善、交通运输效率不断提升，交通运输领域深化改革已初显成效，交通运输领域软实力显著提升，与硬实力相匹配是其显著的标识，具体表现为：一是形成交通运输工具品牌，代表着世界先进水平的高铁、动车已经被推广至多个国家；二是形成交通基础设施品牌，以工程建设速度快、成本低、质量好、难度大为标识，成为交通建设的中国口碑；三是形成交通运输服务品牌，智能化、信息化技术的投入，让我国交通运输服务更加深入人心，提高了客货运的便捷度。我国交通运输领域形成的三大交通品牌，其本质是建立在交通运输硬实力基础上的软实力，已经构成了具有中国特色的交通运输文化品牌体系，在世界上的影响广泛而深远。

交通强国不仅意味着拥有成熟的交通设施、产品配套和运输能力，还意味着在此基础上形成的影响较大的交通运输品牌。客观而言，交通运输行业的软实力依托于交通运输行业的硬实力，交通运输行业硬实力的评价标准是技术，交通运输行业软实力的评价标准是人，因而交通运输行业软实力的提升，应在完善交通运输行业硬实力的基础上，格外关注用户体验。因此，交通强国战略的稳步实施，一是要以技术创新来推动交通运输的发展，提升我国交通运输的影响力。科技的发展离不开生产力的创新，交通现代化同样需要前沿的硬件设施和软件服务。促进交通运输发展的现代化需要提升交通运输自身的技术，同时应借助其他领域，如新能源、新材料以及先进的技术等。二是以产业升级为突破口，以优化交通运输结构为着力点，形成具有中国特色的交通运输发展理念和中国特色的交通运输品牌。以高新技术为基础，全面提升交通运输基础设施建设，达到运营维护的自动化和安全化；以产业链和信息技术的紧密结合为抓手，实现交通运输发展和信息服务的资源共享，促进交通运输产业升级，提升产业竞争力，为打入国际市场奠定扎实基础，努力打造中国特色的品牌交通运输体系，进而实现中国交通运输软实力的提升。

三、交通强国是领航 21 世纪发展的战略抓手

围绕交通强国的目标指向，贯彻落实交通强国的主要任务，是实现交通强国战略的重要途径，这不仅能够推动交通运输长久发展，更有助于巩固中国在世界上"领头羊"的交通地位。"交通强国"战略能够有效促进我国产业结构的转型、提升科技融合的效用、改善人居环境，是 21 世纪我国发展的主要战略，这一战略的实现对促进其他事业的发展，确保我国在国际交通体系中占据优势地位具有非常重要的作用。

（一）交通强国引领全球交通运输体系的前沿

强大的综合国力和国家竞争力，是民族的生存之道。交通实力作为综合国力的重要组成部分，在国际竞争中发挥着至关重要的基础性作用。当今世界，一个国家的发达程度与交通综合实力有着直接的联系。美国在交通方面具有绝对的话语权，其在发展速度、发展规模方面拥有着引领世界交通运输发展的优势；新加坡在城市交通打造方面保持着世界领先水平；德国在交通物流方面表现出强大的实力；瑞典在交通安全保障方面领先全球；欧盟国家在绿色低碳交通出行方面具有先进水平。不难发现，这些引领着全球交通运输体系发展前沿的国家，都是世界上综合实力较强的国家。我国交通建设虽然取得了很大的进步，但目前仍存在较多问题，需要进一步加快发展。"交通强国战略是新时代中国特色社会主义建设的内在要求，是增强综合国力和竞争力的有力举措，是深刻把握世界现代交通发

展趋势的必然选择"。①

随着我国社会主义市场经济体制的逐步完善，我国的经济发展取得了长足进步，经济实力显著增强，国际地位也有了大幅提升。从世界范围来看，我国已成为世界上人口规模最大、综合实力最强的发展中国家，在国际上的地位不断提高，在国际事务中的影响力不断增大。在经济方面，我国经济的发展在很大程度上影响着全球的经济变化，我国与世界的经济联系日益紧密。尤其是 2008 年国际金融危机爆发以来，我国与其他大国的关系日益密切，彼此之间的互动也更加深入。交通强国战略的实施，为中国交通事业的发展画出了蓝图，也为中国交通与世界交通的交流与融合提供了方向。在交通强国战略下，中国将积极参与全球交通运输体系的建设，改变以往"跟跑者"的角色，扮演好"领航人"，引领全球交通发展，积极承担大国责任。

站在从"交通大国"迈向"交通强国"的新起点，交通运输作为经济社会发展的先行者，交出了一份令群众满意的答卷：在牢牢把握优化布局重点、实现交通基础设施跨越式发展的进程中，综合交通设施网络日趋完善，交通运输事业不断向前推进，走出了一条具有中国特色的交通运输发展道路，为经济社会的飞速发展提供了有力支撑，成为名副其实的交通大国。当前，我国交通运输建设事业正处于转型发展的重要时期，要实现交通强国的战略目标，增强我国在世界交通运输体系中的话语权，领航全球交通运输体系建设，中国仍需加倍努力。

（二）交通强国领航其他事业发展

新中国成立以来，我国交通运输事业经过七十年的发展，取得了可喜

---

① 庞跃辉、王戎、魏巍：《"交通强国"战略的背景、意蕴及路径探索》，《改革与战略》2018 年第 8 期。

成绩。当前，我国已经进入新时代，将会更加着力于推动新时代交通运输事业的发展。我国现已拥有规模巨大的交通运输基础设施、较为先进健全的技术装备、较为完善的交通运输事业发展保障体系等。在"互联网＋"与大数据时代，我国交通运输事业拥有了更多的技术支撑，通过充分利用最新的技术手段，能够有效推动交通运输事业的发展、提升交通运输事业的质量，这不仅对推动中国交通运输长久发展具有重要意义，而且对世界交通运输事业的进一步发展意义重大。

交通强国能领航科技创新。在经济全球化趋势日益增强的今天，计算机技术、信息技术的飞速发展正深刻改变着一个国家的经济产业结构。科技创新会在很大程度上推动社会生产力的发展，并极大促进社会经济的发展。充分发挥科技创新的作用，可以有效地推动我国交通事业的发展，提高交通事业发展的速度和效率，所以，我国在深化推进交通事业发展的过程中，必须要加大科技创新。一是要构建与交通发展战略相匹配的大运输体系及综合交通网络体系；二是要完善交通运输保障体系和合作体系，在此过程中均需要充分发挥科技创新的力量。"实现交通运输由大向强的历史性转变，关键要靠科技创新。"[1] 因此，我国应牢牢把握"交通强国"战略，有效发挥科技创新的力量，将交通运输发展的重点转移到科技创新上，努力建设创新型交通运输体系，着力推动交通集成化、运输装备制造、自动驾驶等关键技术的发展，大力发展智慧交通、新能源交通和"互联网＋交通运输"，实现现代化交通运输体系的构建，充分释放交通运输的能量。

交通强国能领航教育及人才队伍建设工作。推动交通运输领域的技术创新以及深化改革必须重视对人才的培养，创新型人才是国家发展的原动力，特别是在科技高速发展的年代，人才资源的作用更为显著。实施"交

---

① 中共交通运输部党组：《奋力从交通大国向交通强国迈进》，《求是》2017年第20期。

通强国"战略，应充分认识人才的重要性，不断培养交通科技人才，深入实施人才优先发展工程，切实加强交通人才队伍建设，培养符合我国交通发展需求的复合型人才，为建设交通强国提供人才保障。对此，首先，应以交通强国需求为导向，深化教育改革，优化交通人才培养方式，以先辈交通人的优秀事迹与精神引领和教育后辈，帮助他们树立正确的爱国理念和无私奉献精神，坚定走社会主义发展路线。特别是在新的时代背景下，不忘前人的英勇事迹，懂得吃苦、多分享、多奉献，增强交通人才的历史使命感和集体荣誉感，使他们有责任、有担当。其次，围绕交通强国的人才需求，营造交通人才成长的良好教学氛围，提供有利于交通人发挥主观能动性的良好学习环境。通过培养经得起历史和人民考验的交通人，为我国交通运输事业的高质量发展、交通强国战略目标的实现提供充足的后备军。

第三章 全球化时代交通强国战略

　　强大的综合国力与国际竞争力决定着国家和民族发展的命运，而交通运输作为一个国家综合国力和国际竞争力的重要组成部分，其发展得到了世界各国的高度重视，并且一些发达国家已经在交通运输部分领域形成了独特的发展特色，获得了领先的发展优势。例如，美国拥有世界先进交通网络体系，体现了强大的国家综合国力和竞争力；欧盟一些国家在交通运输绿色低碳发展、多式联运等方面达到了先进的技术水平；日本则在城市轨道交通、综合枢纽建设和现代化物流发展方面形成技术优势，处于世界领先地位。

　　20 世纪 90 年代以来，美国、欧盟以及日本等发达国家分别提出建立由政府倡导、全民共建的交通运输系统。这是一项巨大、复杂、长期的系统工程，是在现有运输系统的基础上，建立起的更加安全、快捷、智能的现代运输体系，其目的是顺应信息社会发展特征，满足不断增长的多样化运输需求，进而应对交通拥堵、环境恶化、能源短缺等全球性挑战，增强国家竞争优势。本章通过总结美国、欧盟、日本交通强国战略的发展经验，以期为我国交通强国战略提供借鉴。

第一节　美国的交通战略蓝图

　　美国是当今世界公认的交通运输强国，进入 21 世纪以来，美国的交通发展重点逐渐倾向于多式联运、清洁发展，通过重点打造宜居社区，提升与运输相关的经济竞争力，促进交通可持续发展。美国完善的交通基础设施、领先的交通运输技术以及引领未来的发展理念都是世界各国学习的目标，其每一步发展均引领着世界交通领先水平和发展趋势。

一、美国交通运输发展概况

美国的交通体系由公路、水路、铁路、民航等组成[1]，交通法规主要执行州法律，美国州域的交通运输模式经过近几十年的发展已经较为成熟[2]，运输线路非常发达。美国拥有公路总里程约 661 万公里[3]，高速公路 10 万公里，连接了美国所有 5 万人以上的城镇；美国的铁路运营里程也达到 26 万公里，客运铁路总长约 3.5 万公里，居世界第一位[4]；同时美国还具有世界上最先进、最发达的现代内河航道网络，达到 4.1 万公里；美国还拥有机场 19576 个，其中向公众开放的机场有 5280 个[5]，形成了涵盖海、陆、空的多层次交通运输系统。

（一）公路运输

美国是世界上公路运输最发达的国家之一，公路运输在其国民经济中发挥着至关重要的作用，占据着举足轻重的地位。美国公路共分为两类五级，两类指的是城市道路和乡村道路，均由主干道、次干道、集散街道、

---

① 参见杨雪英：《美国未来交通运输发展趋势及思路》，《工程研究——跨学科视野中的工程》2017 年第 2 期。

② 参见范文博：《美国州域交通模型——以马里兰州为例》，《城市交通》2017 年第 3 期。

③ 参见龚鹏飞：《美国公路和公路交通立法的发展历程》，《中外公路》2015 年第 5 期。

④ 参见李春香：《美国铁路未来 30 年的发展趋势与战略研究》，《经济研究参考》2015 年第 58 期。

⑤ 参见张静：《美国航空运输市场区域发展现状》，《中国民用航空》2007 年第 9 期。

地方街道等构成；五级指州际公路、美国编号公路、州公路、县级公路、私有公路。其中，大部分州际公路至少连接两个州，且多数州际公路是全封闭的高速公路；而美国编号公路没有最低技术指标限制，一般不是全封闭的高速公路；州公路和县级公路的技术指标较低，甚至部分通向荒郊野外的县级公路是土路面。以上四级公路均是由各级政府主持筹款修建，属公有性质。另外在美国公路运输系统中，还有少数由私人筹款建设而成的私有公路。此外，为了保障交通秩序，提升公交吸引力，美国在公路基础设施领域进行了大力建设。如西雅图在市中心修建了公交隧道，波特兰修建了"公交超市"等基础设施，纽约、华盛顿、波士顿等地修建了艺术文化综合交通运输枢纽及车站①，实现了公共交通便捷换乘，极大缓解了地面交通的拥堵情况②。

交通运输法规方面，美国交通运输法规比较完善，主要执行州法律，为了保证交通安全，州法律对交通速度进行了规定，明确了同一条州际公路在不同各州的限速，总体呈现西高东低的特点。1999 年联邦公路管理局发布《州域交通预测指导手册》，为州域交通运输模式奠定了基本理论、方法和技术基础，并在全国各州先后启动了州域交通运输模式的建设、升级与应用③。为了实现美国交通运输模式的持续优化，在公共交通方面，美国拥有经过国家认证的交通知识高度发达的公共交通协会，指导本国安全标准的制定，以提升运营安全性④。在此基础上美国提出了公共交通导向的发展模式，有效实现了城市内部能源、资源整合，最大限度地利用了

---

① 参见保丽霞：《简约、便捷、人文——我所体验的美国交通》，《交通与运输》2014 年第 3 期。

② 参见王忠强、薛美根：《日本东京和美国西雅图、波特兰交通考察》，《交通与运输》2017 年第 2 期。

③ 参见范文博：《美国州域交通模型——以马里兰州为例》，《城市交通》2017 年第 3 期。

④ 参见吴玉荣、刘彤：《美国公共交通标准化经验及其启示》，《交通标准化》2014 年第 21 期。

地上地下空间资源，降低了城市私人交通车辆使用所造成的交通阻塞、环境污染、生态恶化等问题，为优化城市内部结构与要素配置、实现城市高密度发展、控制城市不合理扩张提供了科学有效的手段[①]。

（二）铁路运输

美国铁路运输发展水平稳居世界第一位，营业里程达 26 万公里，其中，客运里程约 3.5 万公里，一级铁路 21 万公里，轨道延长里程达到 35 万公里。美国铁路网络是由六条横贯东西、十余条横贯南北和十余条由东北向西南的主要干线以及大量支线和地方线组成，形成了涵盖城际铁路与区域铁路、市郊铁路和捷运系统以及连接枢纽在内的多层次轨道交通系统，构建了具有 2.1 万余条线路和 500 个站点的铁路网，覆盖了全国 46 个州、华盛顿特区和加拿大的 3 个省份，每年运送旅客数达数百万[②]。

美国货运铁路总里程超过 22 万公里，将消费者与经济、农业、物流、生产基地紧密连接在一起，货运铁路每年承担了全国 39％的城际货运量，形成了价值 700 亿美元的产业。铁路运输已经成为行程在 1200—3200 公里范围内大宗货物的主要运输方式。特别是《斯塔格斯铁路法》颁布以来，美国放宽了对铁路货物运输的管制，将铁路货运费用下调了 30％多，致使铁路货运量几乎增长一倍，进一步促进了美国货运铁路的发展。

此外，美国铁路非常注重与其他交通运输形式的协同发展。例如，在东北部城市群，美国建立了多层次轨道运输系统，通过高速公路、铁路和航空等多种运输方式，将各都市圈进行了有效串联和连接，形成了一条连接城市群内部各都市圈、都市圈内部中心城市和周边城镇、中心城市内部各区域的交通走廊。该交通走廊明确了各个层次的轨道交通运输系统的服

---

① 参见李乐等：《美国公共交通导向发展模式浅析》，《国土资源情报》2016 年第 5 期。

② 参见李春香：《美国铁路未来 30 年的发展趋势与战略研究》，《经济研究参考》2015 年第 58 期。

务对象和范围，匹配了线路参数与服务需求，通过交通枢纽的便捷换乘，满足了城市群之间以及城市群内部各地区之间频繁往来的交通需求①。

（三）水路运输

美国水路运输主要由密西西比河水系、莫比河水系、哥伦比亚河水系、大西洋沿海水道和墨西哥湾沿海水道五部分组成，此外，还包括在许多湖泊、河川、水坝以及近海咸水湖的小水道构成的辅助水运系统。其中，密西西比河水系具有一百多年的治理历程，尤其是经过近五十年的综合治理，与大量江、河、湖、海相连，四通八达、干支直达，已成为世界上最发达、最先进的现代化内河航道网络②。

海运是美国对外贸易的主要途径，其商船吨位占世界总吨位的 1/7，拥有比较完善的海港，例如最发达的海港城市纽约，拥有包括巴尔的摩、波士顿、诺佛港、费城、波特兰等重要港口的大西洋岸，包括芝加哥、底特律、杜鲁斯、苏必略和托雷多等重要港口的大湖区；包括奥尔良、休士顿和巴敦罗基等重要港口的墨西哥湾；拥有包括长堤、洛杉矶、波特兰、西雅图和加州里乞蒙等重要港口的太平洋沿岸等，这些海岸港口构成了美国完备的海运体系，为美国经济发展作出了巨大贡献。

（四）航空运输

美国的航空运输产业比较发达，共有机场 19576 个，向公众开放 5280 个，其中有 4177 个是公有机场，剩余 1103 个为私有机场。美国具有涵盖国内外的发达的民用航空运输体系。国内航线方面，美国国内航线覆盖了所有大城市，并通过航空支线将较小城市进行了有效连接，利用一

---

① 参见王悦欣：《美国东北部城市群多层次轨道交通系统研究》，《都市快轨交通》2015 年第 1 期。

② 参见杨臣清：《美国内河航运开发的经验和启示》，《中国水运》2008 年第 7 期。

个主要的航空中心对所有航空支线进行联系，形成了系统完善的航空运输体系；国际航线方面，美国国际航线共有 13 条，多个国外航空公司也在美国开设了航线，每天可提供 6700 余架次航班，通航区域覆盖了 50 余个国家和 330 余个目的地，形成了系统的全球航空运输体系。

（五）智能交通

为了解决日趋严重的交通拥堵、交通事故以及运输活动所带来的环境污染等问题，美国正着力打造全美交通运输系统，以期运用现代信息化科学技术，构建一种范围更大、方位更全、更新更快、效率更高的综合运输管理体系。美国智能交通运输主要包括路人出行服务管理系统、道路运输实时监控系统、电子收费管理系统、公共交通调流监控系统和交通应急监控五大系统[1]，其中智能交通系统(ITS)是将信息、通信、自动控制以及计算机等先进技术进行有效集成而构造的地面运输管理体系[2]，虽然美国在智能交通建设领域起步较晚，但推行了"政府主导，企业参与"的建设模式，取得了较大成功，在该领域占据了领先地位。而交通智能化管理系统（如停车楼的自助缴费、路侧表等自动化停车收费）则是从出行者的角度介绍了路径规划、网络购（退）票等出行前信息服务的应用，为居民提供了便捷服务的同时，也提高了政府职能部门的办事效率，有利于节约用户时间，减少政府财政开支。

二、美国交通发展的问题与挑战

美国交通发展的问题主要集中在如何应对人口变化与经济全球化、修

---

① 参见王铁滨：《浅谈美国的智能化交通》，《北方交通》2013 年第 2 期。
② 参见陈冰：《美国智能交通系统发展及现状》，《道路交通与安全》2003 年第 2 期。

建交通基础设施、提升交通安全性能、提高交通运输效率与环境效益、破解资金难题等方面,这些问题同美国当前自身发展面临的巨大挑战,如创造就业岗位、解决经费不足、将新技术应用到落后系统和基础设施中等问题 [1] 是一致的。

(一) 人口因素导致交通问题与出行模式的改变

人口变化及出行需求改变是影响陆上交通的重要因素。过去 30 年间,美国人口从 2.3 亿增长到 3.2 亿,增加了 39%,未来 30 年,美国人口还将继续增长,预计到 2045 年,美国人口将增加 7000 万,总人口达到 4 亿。而人口的增长必然带来出行需求的增加,进一步加剧美国交通运输系统的拥挤程度。同时,人口迁移也在改变美国的城市空间分布程度。当前,美国最大的 11 个都市区集聚了全国 75% 的人口和就业。但随着经济发展和人口迁移,东西交通运行模式正发生明显变化,如在 2014 年,36.5 万人从美国北部迁移到南部,向西迁移的人口数量也翻了一番,带动西部交通运输发生了剧烈变化。此外,美国城市规模不断扩张,也带动了美国交通出行模式的改变。如自 1980 年以来,美国新增人口一半以上生活在郊区,工作地点也逐渐向郊区转移,导致 1/3 的通勤交通起讫点已经转移至郊区 [2]。

另外,由于不同年龄段的人对交通出行的选择呈现不同特征,因此美国居民交通出行模式改变的另一原因是人口老龄化和新一代年轻人带来的变化。研究表明,至 2045 年,美国 65 岁以上老年人将达到 8100 万,占总人口的 21%,且其中 1/3 的老年人会产生行动障碍,持续增长的老年人数量对美国交通运输系统提出了新的挑战。另外,到 2045 年,18 岁至 34 岁之间的人口数量将达到 7300 万,新一代年轻人由于受网络等新技术的

---

[1]　参见周紫君:《2011 年美国十大交通运输热点问题》,《交通世界》2011 年第 1 期。

[2]　参见美国联邦运输部: Beyond Traffic 2045: *Trends and Choices*, http://www.dot.gov/sites/dot.gov/files/docs/Draft_Beyond_Traffic_Framework.pdf, 2015-2-4。

影响，开车里程数将比 10 年前同龄人减少 20%。

以网络为基础的新技术与电子商务的发展也正在不断改变着人类的生活和出行模式。据统计，随着移动网络和通信技术的进步，1997 年至 2010 年间每周至少在家工作一天的美国居民数量增加了 43%；同时，网上购物也替代了一部分家庭购物出行，从 2009 年至 2014 年，家庭电子销售占零售总额的比例由 4% 增长到了 6.6%，随着网络购物市场份额的不断增加，与购物相关的交通出行将有所减少，人们对于私家车的需求也将下降，但城市区域内的货运需求将会大大增加[①]，从而影响城市交通出行。

人口结构的变化及出行模式的改变，是当前美国交通运输发展所面临的问题，必将影响美国未来交通运输的布局及发展重点，美国政府及交通运输部门应充分考虑这些因素，才能构建一个能够适应人口结构变化和出行模式改变的现代交通运输系统。

（二）经济全球化给货物运输带来新挑战

长期以来，美国采取依靠货运系统促进国家经济的发展战略。目前，美国的经济规模已经是 30 年前的 2 倍，年均增长速度达到了 2.6%，据相关保守估计，未来 30 年，美国经济的规模将会再翻 1 倍，而交通运输在国内生产总值中的贡献将达到 1.6 万亿美元，其中货运价值增加到 390 亿美元，增长 125%，支撑着美国经济的稳健发展。

虽然美国已经实现了从制造业经济向服务型经济的转型，交通运输在国家经济中所占的比重有所降低，但是，美国货运量却在持续增长，预计美国的公路货运量和铁路货运量将增长 45% 左右，同时由

---

① 参见杨雪英：《美国未来交通运输发展趋势及思路》，《工程研究——跨学科视野中的工程》2017 年第 2 期。

于更多高附加值产品运输的需求，航空运输量也将会翻两番。为了满足日益增长的国内货运需求，美国政府及运输部门必须加大有效的交通基础设施投资力度，采取交通体制改革措施，确保国内货运的稳定发展。

国际方面，近年来由于中国、印度等新兴经济体的崛起，美国占全球GDP的比重逐年降低。但经济全球化影响下的国际市场仍是美国主要的贸易对象，国际贸易依旧是美国经济增长点之一，如2013年美国国际贸易额达到2.3万亿美元，极大促进了本国人口的就业率。经济全球化将进一步扩大美国进出口贸易的交通运输规模，也将为美国交通运输的进一步发展提供契机。

（三）技术创新对交通发展产生深远影响

随着科技发展和技术进步，很多新型技术被应用在交通领域，促进了交通运输行业的跨越式发展，也指引了交通未来的发展方向。例如，目前在交通领域广泛应用的全球定位系统（GPS），已经实现了为自行车、汽车、货轮等不同交通工具提供定位、路况和交通信息实时查询及行程时间和路线确定等服务。GPS结合智能手机形成的自动信息采集功能，取代了传统的货运信息人工记录方式，使得出行者可以获取实时信息，大大提高了信息的准确性。而科技进步使全球交通数据量将以每年40%的速度递增，强大的数据处理将拼车、合乘、实时响应公交服务变为现实[1]，但同时也对政府机构数据采集、存储、分析和报告等服务提出了新挑战。

机器人技术进步也在改变着交通运输业的运营模式。如地面自动化车

---

[1]　参见美国联邦运输部：Beyond Traffic 2045: *Trends and Choices*, http://www.dot.gov/sites/dot.gov/files/docs/Draft_Beyond_Traffic_Framework.pdf, 2015-2-4。

辆的出现改变了运输公司的作业，而航空无线电塔专用自动攀爬机器人、自动铁轨测量仪、全自动管道探测仪也在紧密研发中，这些机器人技术必将对交通运输行业的发展产生深远影响。预计未来30年，数据采集、计算机技术、航运系统、移动通信技术及机器人技术的进步将极大改变人们的出行方式和货运模式，在提高运输效率、丰富交通产品供给的同时，促进交通的现代化。但是需要注意的是，新技术的应用也将对交通管理提出新挑战。未来美国交通将面临降低新技术的壁垒、提供多元化机器服务等问题，因此需要提前做好应对策略①。

（四）环境变化给交通运输带来的问题

气候变化是影响交通运输的重要因素，气候变化不仅会对正常运输产生影响，而且对交通基础设施也会产生潜在影响。自1980年以来，美国重大气象灾害事故平均每年增加5%，给美国经济带来了巨大的损失。如2012年重大气象灾害就造成超过1000亿美元的经济损失，仅飓风"桑迪"就给纽约具有百年历史的四条地铁隧道造成了7亿美元的损失。又如，2014年是美国自有记录以来气温最高的一年，干旱和洪水的频发也给美国经济带来巨大灾难。预计到2045年，原来百年一遇的暴风雨雪将以每3年到20年1次的频率发生。对交通运输而言，风暴、不断上升的海平面、干旱以及极端气温，使得区域内道路、桥梁、港口、隧道、铁路、机场等交通基础设施变得极其脆弱。预计至2045年，美国大部分地区的平均气温将升高1—2华氏度，高温将加快道路、飞机跑道和铁轨的磨损速度，并且更容易造成重型货车爆胎，高温条件下，美国需要使用更多冰柜来保存易变质的物品，运输成本将进一步升高；同时，气温升高将会使航

---

① 参见杨雪英：《美国未来交通运输发展趋势及思路》，《工程研究——跨学科视野中的工程》2017年第2期。

空管制更为频繁。此外，极端高温还将造成美国五大湖地区和内陆航道的水位降低，航道适航性和货船载货量将随之减少，增加运输成本。随着气温持续升高海平面将不断上升，暴风雨也会频繁发生，到 2045 年，全球海平面将会上升 6 到 12 英寸，届时将有 6 万英里的沿海交通运输线会受到暴雨和风暴潮的威胁 [1]，致使电力、公路、铁路和航运严重瘫痪。

温室气体排放是导致气候变化的关键因素之一，而交通运输是美国第二大温室气体排放源，占总排放量的 28%，排放量仅次于能源电力行业 [2]，其中，道路交通运输占整个交通运输行业温室气体排放量的 84%、航空占 6%、公共交通占 1%、铁路占 2% [3]。尽管技术进步使燃油经济标准从 1979 年的 19.0 英里 / 加仑提高到 41.1 英里 / 加仑，减少了 140 亿吨的 CO_2 排放，然而 CO_2 排放的总量却在持续上升，预计到 2045 年，交通运输领域的能源需求增长幅度将会超出预期，达到 2008 年的 42 倍，造成 CO_2 排放量的大幅上升，进而导致气温持续上升，引发各种灾难。因此，在未来，道路交通运输节能减排将是整个运输行业减排的核心，交通运输部门应该针对气候变化及突发灾害快速作出反应 [4]，制定出更灵活、完善的灾害应急方案及规划，提升基础设施对极端天气的适应性。同时，面对降低温室气体排放，政府需要制定一些政策进行控制，例如，考虑采取更具经济性的燃油标准、支持碳排放征税、促进电动车发展等。

---

① 参见杨雪英：《美国未来交通运输发展趋势及思路》，《工程研究——跨学科视野中的工程》2017 年第 2 期。

② 美国联邦运输部：Beyond Traffic 2045: *Trends and Choices*，http://www.dot.gov/sites/dot.gov/files/docs/Draft_Beyond_Traffic_Framework.pdf，2015-2-4。

③ 参见周开壹：《美国交通运输能耗统计报表及其数据来源》，《综合运输》2016 年第 12 期。

④ 参见周紫龙、戚中洋：《2012 年美国十大交通运输热点问题》，《交通世界》2012 年第 5、6 期。

（五）交通发展资金短缺问题

为了在全球经济中保持竞争力，美国一直致力于建设世界级交通运输系统，但是，近年来美国正在运行的交通运输体系正面临巨大挑战。在世界交通排名中，2008 年美国的公路质量排名第 8 位，但到 2014 年已下滑至第 16 位，落后于德国、法国和日本等国家。公路养护不足，桥梁结构缺陷、铁路运输能力薄弱，机场、港口严重老化、公交系统落后，美国基础设施老化的信号层出不穷①，严重威胁到交通运输系统的发展。目前，美国 65% 的公路已经进入维修期，25% 的桥梁需要大翻修，50% 以上的船闸使用时间已超过 50 年，美国需要大量资金来修建或重修正在或已经老化的交通基础设施。据预测，2015 年至 2020 年期间，需要投资 1200 亿美元用于高速公路和桥梁的修建和维护，而现在各级政府每年的预算仅 831 亿美元；公共交通需要 171 亿美元，而目前的投资仅有 43 亿美元，巨大的资金缺口考验着美国政府的决策能力。

长期以来，美国依靠公路信托、内河航道信托、机场航空信托等基金支持国内交通的建设与发展，但是，联邦汽油税 20 年未变，受通货膨胀影响，其实际价值已经严重缩水，导致每年用于投资公共交通和公路运输的资金缺口分别达到 40 亿美元和 120 亿美元。同时，由于道路使用者、航空旅客量的降低以及燃油税率维持不变、通货膨胀等因素影响，美国联邦交通基金池在不断缩水②。致使美国政府面临的交通资金短缺问题已非常严重。这一点从 FAST 法案颁布过程就可以看出，奥巴马政府动用了联邦储备基金和国家储备原油，通过兑现财政补贴 750 亿美元才勉强补足财

---

①　参见缪林燕：《简析 TIFIA 贷款对美国交通基础设施的支持》，《国际工程与劳务》2017 年第 5 期。

②　参见杨雪英：《美国未来交通运输发展趋势及思路》，《工程研究——跨学科视野中的工程》2017 年第 2 期。

政缺口，使 FAST 法案期间的交通重点建设项目能够顺利开展。现今，特朗普政府推行的反移民政策，将更不利于美国人口的增加和聚集，可能会导致交通基础设施使用的不足，从而造成成本回收困难和投资浪费[①]。因此如何正确决策并落实资金以及合理安排财政资金，成为美国未来交通能否继续发展的核心问题。

（六）交通拥堵和安全问题

交通拥堵已成为美国城市发展所面临的重大社会问题，它不仅会造成经济损失和人员伤亡等社会经济问题，还会对环境产生严重影响[②]。美国2010 年公布的城市机动化报告指出，拥堵依然是美国 439 个城市区域的交通难题，且拥堵指数在逐年上升，近 3 年的拥堵水平已超过过去 10 年的拥堵水平，且随着经济逐渐复苏，交通拥堵问题可能会进一步恶化[③]。2016 年全球交通排分榜结果显示，美国是发达经济体中最为拥堵的国家，由交通拥堵造成的直接、间接损失总计达 3000 亿美元。据统计，美国人平均每年有 40 小时浪费在交通拥堵上，按城市人口计算，造成每年经济损失约达 97亿美元。2011 年，美国全年时间延误总计达 48 亿小时，直接导致 19 亿加仑的燃料被浪费，造成超过 1.01 万亿美元的损失。预计到 2040 年，美国最繁忙的 3 万英里公路将陷入日常性拥堵，并造成每年 270 亿美元的经济损失。

交通安全问题也是美国城市发展面临的重要问题，2010 年美国道路因交通事故造成的经济损失达到 2420 亿美元[④]。相关数据表明，尽管美国

---

① 参见保丽霞：《简约、便捷、人文——我所体验的美国交通》，《交通与运输》2014 年第 3 期。

② 参见郝丽洁：《交通网络建设与美国纽约大都市圈区域经济的发展》，《科技与社会》2012 年第 21 期。

③ 参见王雪松、彭建：《美国大都市区最新综合交通规划比较研究》，《国际城市规划》2012 年第 1 期。

④ 参见于雷：《美国道路交通酒驾事故现状及分析》，《中国安全生产》2016 年第 2 期。

交通事故的死亡人数在逐渐下降，但安全问题仍不容小觑，据统计，美国每年有 580 万起交通事故，致使 3.7 万余人死亡，造成直接经济损失 2300 多亿美元。面对严峻的交通安全形势，美国政府及交通部门需要继续加人管理力度，提升道路运输安全。

三、美国交通发展战略规划

针对交通发展面临的挑战，美国联邦运输部制定了长期发展战略、近期重点发展战略以及针对专项问题的发展战略。从近 20 年的战略规划中，能够看出美国的 3S 交通（Safer、Simple、Smarter）、4I（国际 International in reach、综合 Intermodal in form、智能 Intelligent in character、包容 Inclusive in nature）发展理念，也能够看到美国重点推进的"提高机动能力、保持经济活力、保障运输安全、增进国家安全、保护生态环境"等发展目标，更可以看到美国"安全第一"、应对自然灾害、建设宜居社区等发展方向。

（一）长期发展战略

美国联邦运输部发布了《超越交通 2045：趋势和选择》（*Beyond Traffic-Trends and Choices 2045*）的报告，提出要建设强大、顺畅、智能、环保交通系统的发展战略，详细阐述了经济、科技和气候变化对人类出行方式的影响，并呼吁各城市从全新视角去探索更高效、更经济的交通运输管理方式。报告中提到"交通拥挤、环境污染、风险事故等现象已经成为各经济大国普遍存在的现象，美国作为世界第一大经济体，同样也面临着严峻的交通危机，如何改善交通状况，使之跟上经济发展的节奏成为美国联邦政府特别关注和亟待解决的课题"。为应对未来人口、经济、技术、自然、资金等方面的变化，该战略围绕未来如何出行、如何组织货物运输、如何运用新技术、如何应对自然环境、如何平衡投资与决策五个方面，重新评估了政府与私人部门的角色和关系，为未来的发展方向提供了借鉴。

1. 打造顺畅、智能、高效的旅客运输系统

打造旅客运输系统的目的是提高出行效率，缓解交通延误。为了进一步加强基础设施建设，完善运输网络，打造更加便捷、高效、智能的客运系统，美国将从以下三方面进行建设：一是提高交通设施承载能力。通过科学设计和技术创新提高对现有基础设施利用率以及既有设施的运行效率，加强车联网、新一代飞机导航系统 Nextgen 等先进技术的应用，发布实时出行信息，平衡交通供应与需求的时空分布关系，提高交通运输效率。二是加强运输需求管理。建立考虑不同时段、不同费率的运输服务定价机制，通过合理使用土地、开展远程办公、实行弹性工作制等形式，减少居民出行，从而缓解城市拥堵。三是完善公共交通、自行车、步行道路等交通基础设施，倡导居民低碳绿色出行；实现多种交通方式的有效搭配与换乘，提高出行效率。

2. 构建高效、顺畅、先进、环保的物流系统

为了满足日益增长的货运需求，美国将建设通达全球、联通城乡、高效顺畅、成本合理、先进环保的物流系统，以期提高运输效率，降低物流成本，增强美国经济的全球竞争力。为实现这一目标，美国将从以下三个方面着手推进。一是制定发展规划和政策，推进货物运输运营高效化。包括规划建设关键货运走廊项目，改善港口的连接通道、配送中心和过境通道，以及进一步发展全国范围货车专用路网等工作。二是推进交通基础设施建设、设备更新和服务流程改造工作，打破港口、物流中心、联运中心与城区，特别是大都市区的城区连接处道路、铁路等货运瓶颈约束。三是创新体制机制，解决第一公里和最后一公里货运问题，对配送中心、多式联运中心、"货运村"进行战略布局，建立跨区域的货运流程和标准，促

进货运流程简化、运单标准化、物流高效化。此外，美国联邦政府还将继续采取措施，进行交通运输体制改革，不断加强政府部门与私人企业间的沟通，通过改进货运数据、建设战略性配送中心、多式联运中心，精简相关法规、鼓励能够有效降低货运成本的监管改革以及能够解决末端货物运输问题的创新战略等举措，聚焦问题症结，解决货运的物流瓶颈。

3. 推广交通新技术和新设备

新技术可以从根本上提升整个运输行业水平，因此，未来交通新技术、新设备的发展应用在获得政府鼓励的前提下，在确保安全、灵活、可靠等基本要求的基础上，应从以下几方面建设。一是要解决新技术的应用障碍，建立支持新技术应用的基础设施及运输工具的技术标准，推广自动驾驶、车辆网、新一代导航等技术的应用，确保政策引领交通技术发展。二是注重大数据的收集、整理和分析，建立数据驱动的投资体系；加大对交通运输新技术[①]、科研领域的投资，促进安全技术的科学发展。

4. 发展绿色低碳的交通系统

交通运输给人类带来发展的同时也给自然环境带来了挑战。未来，美国交通政策将重点支持提高燃油效率，最大限度地降低对石油等化石能源的依赖，通过增加替代能源和清洁能源，减少运输活动对环境的影响。为了促进绿色低碳交通发展，美国将在以下方面进行改进。一是减少运输系统的碳排放。通过提高运输效率、加大新能源应用、减少汽车交通量、推进电动汽车的发展、发展可再生能源、提高轻型车、重型汽车和卡车的燃油经济性标准等措施，降低交通运输系统对化石能源的依赖，推进高效率、低能耗运输方式的发展。二是采取成本控制和激励手段，协调交通运输规划与土地利用间的关系，通过征收能源税等手段倒逼运输企业研究新

---

① 参见杨雪英：《美国未来交通运输发展趋势及思路》，《工程研究——跨学科视野中的工程》2017 年第 2 期。

技术，从而减少温室气体排放，引导运输体系向节约、环保的运输方式转移。三是建设更加完善的基础设施，使之能够更好地应对风暴、洪水等自然灾害带来的挑战，确保绿色交通基础设施的有效运行。

5.改革交通基础设施建设投融资机制

现有的美国资金结构和管理模式，已经无法应对复杂性逐渐提高的现代交通问题，因此，美国有必要整合资金渠道，实施交通基础设施建设投融资体制改革，为交通基础设施建设提供资金保障。为实现这一目标，美国将在以下几方面采取措施。一是建立鼓励民营资本投资公共设施的激励机制，利用现有燃料油税、车辆购置税以及其他筹资机制，为关键交通发展提供充足的资金来源。二是按照绩效标准制定投资决策，重点支持地方交通拥堵收费、智能交通系统创新、交通技术推广等能够显著提高交通系统效益的项目。三是不断完善投资机制，支持联邦政府放松对联邦资金的控制，将投资决策权下放到地方机构，仅保留联邦政府对提纲挈领性目标的制定与管控。

（二）近期发展战略

1.联邦运输部五年战略发展规划

美国联邦运输部制定的"2014—2018"五年战略规划的主题是"建立新一代交通运输系统"，将重点推进安全性战略、良好维护战略、提升经济竞争力战略、打造宜居社区战略、环境可持续发展战略，围绕继续推进交通运输安全性能、逐步消除基础设施赤字、利用技术创新和流程创新等目标落实战略规划，以期实现全国交通运输系统的现代化[①]。具体战略内涵包括：

---

① 参见美国联邦运输部：Transportation for a new generation: *Strategic plan 2014—2018*, https://www.transportation.gov/policy-initiatives/draft-dot-strategic-plan-fy-2014-2018, 2015-6-5。

第一，安全性战略。安全性战略的目标是减少与交通运输相关的伤亡率，确保居民安全出行。因此，改善交通系统的安全性是联邦运输部的首要任务。在"2014—2018"五年规划中，联邦运输部描述了道路安全问题的现状，分析了外部风险因素，并且从提高机动车安全、提高安全数据使用能力、减少道路、铁路、航空、管道及危险物资运输人员伤亡、改善公共交通安全、减少非法药物滥用及酒精滥用造成的人员伤亡等方面提出了相应策略。不仅如此，联邦运输部还强调要加强对人的行为的管控，通过提高运输工具和基础设施的安全性能，降低各种运输方式的出行风险，从而降低交通运输伤亡率。

第二，良好维护战略。良好维护战略的目标是促进国家对关键交通基础设施的持续维护，使其保持良好的运行状态。规划指出，美国交通基础设施因缺乏良好修复状态而面临的一些挑战，识别了外部风险因素，并分析了战略投资对改善公路基础设施状况、改善机场跑道状况与交通系统状况、减少美国铁路公司东北走廊维修积压现状的优势，提出促进和维持多方伙伴关系的应对策略。具体包括：①提高国家公路系统路面质量，降低有缺陷桥梁比例，提高飞机跑道路面质量优良比例；②通过与政府机构和基础设施所有者共同合作，逐步推行资产管理的最佳实践，降低维持国家交通运输基础设施、设备和技术等的相关成本；③建立国家公共资产管理系统，制定交通运输资产管理计划；等等。此外，总统奥巴马还签署了《21世纪推进发展法案》，以（MAP-21）致力于修复国家交通运输系统。该法案要求各州开发和实施用于公路、桥梁基础设施的专用资产管理计划、建立新的国家运输资产管理系统，并提出了要求自由贸易受让人实施资产管理的战略方针，以确保交通基础设施处于最佳维护状态①。

第三，提升经济竞争力战略。该战略的目标是优化交通政策和投资方

---

① 参见周英南：《美国城市交通管理现状和启示》，《北方交通》2013年第2期。

案，为国家和人民带来持久、良好的经济利益。预计到 2050 年，美国人口将增加到 4.39 亿，GDP 将从 2010 年的 14 万亿美元增加到 41 万亿美元。这些预测数据表明，美国对外的人员、货物流动将继续增加，市场全球化趋势将继续扩大，这也意味着国际航空运输将继续增长，更多货物将从国内各地运输至港口并跨越国界，实现货物的全球化流动。

为了应对全球化挑战，美国在提高交通运输系统对国家经济增长贡献、建立竞争性航空运输系统、在全球目标市场推进与运输相关的经济政策、改善知识共享和技术转让业务流程以及建立动态国家运输工作人员等方面提出相应策略[①]，具体包括：①支持战略性、多式联运的投资决策，降低运输成本，提升交通在国家生产力和经济增长中的贡献，以提高运输系统的稳定性和竞争力，促进美国交通运输业在世界范围内经济目标的实现；②提升美国本土 20 个空中航线管制中心的自动化、现代化能力，改善主要机场的日均承载能力，提高核心机场设施运营效率和准点率；③确保加入海运安全计划的船舶运营时间达到 1.92 万船舶运营天数 / 年，维持美国在全球海运贸易中的地位；④启动铁路客运建设项目，保障城市出行时间的可靠性。2018 年，美国城市地区的出行时间指数和全国 25 个主要国内货运通道的货运时间指数持续下降，为解决这一问题，美国拟采取措施，提高城市和农村公共交通乘客运送量，力争将人口密集城市公共交通的出行分担率提高 10%。此外，联邦政府对基础设施、国际贸易和投资协议、全球交通运输计划和合作研究等项目开展资助，以减少国际贸易障碍，为美国企业进入国际市场提供更多机会，同时通过与公共部门、私营部门以及教育机构之间的合作，塑造一支充满活力、多元化的交通运输队伍，为美国运输行业提供人才支持。

---

① 参见郝丽洁：《交通网络建设与美国纽约大都市圈区域经济的发展》，《科技与社会》2012 年第 21 期。

第四，打造宜居社区战略。该战略的目标是融合运输政策、规划、投资与住房、经济发展政策，为民众提供多样的出行选择和便捷的运输服务，从而提升社区整体的生活质量，促进可居住社区的发展。规划说明了当前美国居住社区普遍存在的问题以及外部风险因素，列出了建设宜居社区战略目标，并且从增加使用方便、经济的交通选择、改善人类服务运输的协调关系、提高残疾人的服务水平等方面提出了打造宜居社区的策略。例如，运用综合规划手段，引导联邦资金流向能更加满足交通运输、土地利用、货物运输和经济发展目标要求的基础设施项目，为所有使用者提供更加便捷、安全、可负担的交通运输，该举措已经取得部分成果。至2018年，美国已建成65个能显著改善社区步行和自行车的交通网络，提供了功能衔接出行选择，此外，城际铁路客运里程也增加至75亿英里，进一步便捷了城际交通，为宜居社区建设提供了支撑。

第五，环境可持续发展战略。该战略的目标是加强环境可持续发展政策的制定和资金投入，降低交通运输业二氧化碳及其他有害气体排放。"2014—2018"五年战略规划从交通运输能源使用、环境影响、极端天气应对等方面，分析了当前交通运输行业所面临的挑战，从减少碳排放、提高能源效率以及减少对石油的依赖性、减少与运输有关的空气、水和噪声污染以及对生态系统的影响、促进运输部门可持续性发展方面推进了相关措施，为确保基础设施及时修复提供了基础。这些措施具体包括：①联邦运输部与环保署、行业主管部门等联合制定重型车燃料效率新标准；②联邦运输部协助相关部门制定了替代方案，以减少频繁的运输活动对生态环境产生的影响；③通过技术研发、应用以及联邦直接投资，提高了交通基础设施对极端天气、气候变化的适应性。

2.智能交通系统发展战略规划

2015年美国交通运输部颁布了《国家智能交通系统2015—2019年发

展战略》，为美国智能交通未来五年的发展指明了方向①。智能交通系统包括交通管理和信息服务两种功能，智能交通系统可以通过人、车、路间的协调，提升运输效率，缓解交通阻塞，提高路网通过能力，从而降低能源消耗，减轻环境污染，减少交通事故。同时，美国交通运输部将交通领域的最新问题列入智能交通系统（ITS）发展的主要任务之中，能够针对智能交通系统不同发展阶段的重点和方向进行适时调整，不断提出新的研究课题，以提高居民出行的安全性和机动性。

《国家智能交通系统2015—2019年发展战略》以"改变社会的移动方式"为愿景，将网联汽车与自动驾驶技术作为战略计划核心，是各部门当前及未来智能交通系统工作的主要技术驱动力，且反映了近年来大多数交通研究机构研究和创新的方向。主要内容包括：①实现网联汽车。以近年来在车联网的设计、测试及规划方面取得的进展为基础，推动车联网技术进入实质性应用阶段。②推动自动驾驶技术发展，实现车辆的自动驾驶与无人驾驶。自动驾驶技术有可能减少甚至消除因人为错误导致的车辆事故和伤亡，此外，车辆自动驾驶技术能够将车停靠在偏远的地点，有效减少对停车场的需求。美国交通运输部公布的《2013年国家公路交通安全管理局关于自动驾驶车辆的初步政策声明》反映，在推进自动化驾驶进程中若能有效解决测试、认证和保证AV技术安全的复杂任务，克服数据隐私和安全问题②，完全自主驾驶车辆的广泛部署是可行的。

推进自动化驾驶确定了围绕新兴自动化相关技术研发与运用而产生的智能交通系统项目③，形成了6个项目类别，明确了智能交通系统技术的研发与运用结构，阐述了项目的结果与绩效目标，反映了利益相关方需投

---

① 参见《美国2015—2019年智能交通系统的战略计划》（*ITS 2015-2019 Strategic Plan*），https://www.its.dot.gov/strategicplan/,2014-12。

② 参见美国联邦运输部：Automation White Paper, http://www.dot.gov。

③ 参见美国联邦运输部：*ITS 2015—2019 Strategic Plan*, http://www.dot.gov。

入精力与资源进行研究的研发领域。具体领域包括：

第一，车联网。美国交通部重点关注车联网系统的运用部署，车联网的研发及运用主要涉及两大方案，其中包括美国国家公路交通安全管理局发布的 2016 年车对车安全信息提案。

第二，自动化。自动化项目重点关注自动道路车辆系统及相关技术的研究，可以使车辆代替驾驶员分担部分车辆控制任务。自动化技术可在很大程度上提高车辆的安全性、移动性及环保性，但是也具有新技术与政策方面的挑战。

第三，新型功能。美国交通部制定的新型功能项目重点关注新一代交通系统建设，赋予其拥有全球追踪，探索并评估能够改变交通并保护消费者隐私的新型功能。

第四，企业数据。企业数据管理方案重点关注如何从智能交通系统中有效获取信息的同时，保护用户隐私，致力于创造允许用户将多资源数据融入交通研究、管理及性能测量中的数据环境。

第五，互通性。落实互通性技术可从体系结构、标准、认证测试、网络安全以及人为因素 5 个主题来开展[1]。其重点在于使车辆、设备、基础设施及应用软件类的智能交通系统元素可以在任何时间、地点与系统的其他部分进行有效沟通[2]。互通性对于运输安全的转化至关重要，确保所有车辆及设备制造和模型都能相互联通，有助于使人们实现道路威胁、危险信息的及时有效交流。

第六，加快部署。随着新智能交通系统技术不断融入市场，智能交通系统项目必须加快解决相关应用问题。智能交通系统战略规划综合确定了项目目标、项目重要事件与时间表及结果测定措施，涵盖了多个研究结构

---

[1]　参见美国联邦运输部：Interoperability White Paper, http://www.dot.gov。

[2]　参见美国联邦运输部：*ITS 2015—2019 Strategic Plan*, http://www.dot.gov。

确立的原则与指导领域，为智能交通系统的研发与运用指明了方向，促进了美国交通内部智能交通系统项目的各方协调合作，同时为能从全局出发管理项目并取得重大成果，共同探索先进的技术提供了可能。

（三）针对专项问题的交通发展战略

1. 针对交通拥堵的发展战略

目前，为缓解和改善城市交通拥堵问题，美国各大城市均积极采取相关措施。例如，2016 年洛杉矶提出增加资金预算，改善自行车道、高速公路等基础设施；2016 年旧金山开通了 80 号州际公路智能通道计划，缓解了加州最拥堵高速公路的交通压力；纽约准备增加新开通的第二大道地铁线长度，期望实现承载 20 万人次 / 日的通勤目标[1]。2011 年美国实施了"2050 年：美国高速轨道交通"的国家基础设施规划，以城市群建设为规划中心，研究分析美国高速轨道交通规划的可行性，并在此基础上制定了轨道交通发展规划框架。

2. 针对道路交通修建问题的策略

2015 年，总统奥巴马签署的《美国道路交通修理法案》，即《快速法案》，为地面交通提供了长期融资法律依据，意味着州和地方政府可以推进新高速公路和交通线路等关键运输项目的融资，该法案还对许多联邦运输项目进行了改革，包括简化新运输项目的审批流程、提供新的安全工具，并建立了新的项目来推进关键货运项目的实施。在项目交付方面，《快速法案》通过了一些管理方案，加快了审批效率，同时更注重环境和历史文物的保护，并将在线系统改编成跟踪项目和跨部门协调的过程；在货运方面，《快速法案》建立了新的程序和自由支配的资金来资助重要的运输项目，使货运活动受益，并首次为包括多模式项目在内的货运项目提供联邦资金。该法案还强调了联邦协调的重要性，促使地方政府更加关注

---

① 参见廖政军：《美国交通拥堵"顽疾"难除》，《人民日报》2017 年 2 月 27 日。

货运供应商的需要，根据货运供应商具体的需要来选择运输项目，切实解决货运问题，使其运转灵活；《快速法案》还设立了一个新的国家地面运输和创新财政局，为州和地方政府提供一站式联邦资金、融资和技术援助，以期提高审批过程效率，改善整个部门的协调并促进金融机制创新①。

3. 针对环境保护的交通发展策略

在环境保护方面，美国颁布的《清洁空气法案》中规定，美国环境保护署指定地区、空气质量不合格地区以及维护地区的交通运输规划要与空气质量规划相结合，确保污染排放量保持稳定，并使其符合空气质量州执行计划设定标准②。此外，在《清洁水法案》的支持下，美国环境保护署提出了更加严厉的规范来控制源于运输的水污染，各州运输部定期对现有工程项目进行检查，以期提升项目的质量。

2009 年美国众议院签署的《清洁能源与安全法》法案，是美国第一部温室气体减排法案，该法案提出低碳燃料标准和机动车排放标准，并制定大力建设插电式汽车基础设施及大型交通工具电气化计划，鼓励智能道路运输能效项目的实施；2010 年，《美国能源法案》要求加强建设与电动汽车相适应的基础设施，要求各州制定区域交通领域温室气体减排计划，建立清洁能源技术基金③。同时，美国各州还制定了相关减排目标，强调实现目标的关键在于让政策、资金、奖励、规则都指向科学增长发展模式，在充分利用城市存量空间的同时，鼓励低碳运输方式的发展，促进交通发展低碳化，其中多层级的法律法规体系是保证交通减排的基础，完整的数据库和评估机制是衡量交通减排的依据，合理的碳配额和碳税机制是

---

① 参见美国联邦运输部：The Fixing America's Surface Transportation Act, http://www.dot.gov.

② 参见秦晓春等：《美国、德国与中国的综合交通网规划中绿色交通规划研究》，《中外公路》2012 年第 2 期。

③ 参见刘长松：《美国交通部门控制温室气体排放政策的演变》，《世界环境》2014 年第 1 期。

推动交通减排的重要手段 ①。

4. 针对交通资金问题的策略

联邦政府公共资金支持美国交通基础设施的主要依据是《交通基础设施融资和创新法案》（TIFIA），该法案对弥补美国交通基础设施的融资缺口起到重要作用。1998 年颁布的 TIFIA 是《21 世纪交通运输公平法案》的重要组成部分，是联邦政府针对州政府、基础设施相关私营企业等联邦政府以外的机构实施的大规模公共交通项目，该项目强调在满足设定条件的前提下，联邦政府提供融资、债务担保或设定紧急信贷额度等支持，保障了联邦政府向交通基础设施建设提供信用支持的合法性。2012 年，时任总统奥巴马签署《迈向 21 世纪公路法案》，对 TIFIA 条款进行了调整和改进。相较于 PPP 等投融资模式，TIFIA 贷款对促进基础设施建设良性发展的作用更为显著，是解决资金缺口的有效途径 ②，为大型项目和公私伙伴关系提供了重要的融资选择，不仅能够为重要的结构改进提供机会，而且能够加速创新金融项目的交付。

第二节　欧盟的交通战略蓝图

不同地理条件、资源禀赋和经济发展水平，使得欧盟成员国的运输政策在目标、重点和内容等方面都呈现出不同特点。同时，在国民经济和运输系统的各个发展阶段，交通运输发展也呈现出了一定的规律性和发展共性，欧盟成员国交通运输政策和发展战略也代表了全球交通运输业的发展方向。根据欧盟及其成员国交通运输发展现状和存在的问题，欧盟制定

---

① 参见吴放：《美国交通减排理念及启示》，《环境保护》2013 年第 15 期。

② 参见缪林燕：《简析 TIFIA 贷款对美国交通基础设施的支持》，《国际工程与劳务》2017 年第 5 期。

了具体的交通发展战略规划，主要内容包括以下几个方面：强调复兴铁路业，促进海运和水运的发展，优化交通运输组织结构，构建一体化交通运输体系；将改革运输费率标准纳入交通战略，完善交通定价和税收政策；制定城市交通发展规划，鼓励居民低碳出行，加强交通节能减排监管，促进交通可持续发展；等等。

一、欧盟交通运输发展总况

1996 年，欧盟规划和起草了全欧交通运输网络（Trans-European Transport Networks，简称 TET-N）项目，该项目在欧盟成员国的交通基础设施建设与发展方面发挥着重要作用，是欧盟在公路、铁路、水路、民航等运输网络方面的一系列规划纲领。项目发展至今，欧盟综合交通网络规模得到了不断扩大，运输结构也更加趋于合理，为各成员国经济与社会的发展提供了有效支撑。该项目的实施使欧盟交通基础设施长足发展，特别是欧盟的铁路营业里程、公路里程、人均路网资源和路网密度等指标一直处于世界领先地位[①]。

2014 年欧盟数据显示：在内陆运输货物周转量中，公路占 75.4%，内河运输占 6.6%，铁路运输占 18%；在内陆运输旅客周转量中，汽车、公交车、无轨电车占 9.1%，私家轿车占 83.4%，铁路占 7.6%[②]。可见，欧盟运输结构中，货物运输以公路运输为主，旅客运输则仍然以私家车为最主要的出行方式。但近年来，公路货运和私家车出行所占份额缓慢缩减，而铁路运输和内河货物运输量有所提高。

---

① 参见刘芳、杨淑君：《欧盟绿色交通发展新趋势》，《工程研究——跨学科视野中的工程》2017 年第 2 期。

② European Commission: Eurostat: *Your key to European statistics*, https://ec.europa.eu/eurostat/en/web/products-catalogues/-/KS-02-17-839.

欧盟东、西部交通运输基础设施发展不平衡，部分成员国交通基础设施较为落后，如西班牙、葡萄牙和东欧国家等边缘地区基础设施匮乏，其货物周转量的交通运输增长造成了干线交通的严重拥挤，在一定程度上制约了欧盟的经济发展；同时还存在能耗高、交通运输结构和能源需求结构不合理、温室气体排放量大等问题，据预测，按照欧盟交通运输现有发展水平，到2050年欧盟年均碳排放量将达到20亿吨。

法国是欧洲第二大国，交通运输发展位居世界前列，其产值占国民生产总值的6%，交通运输行业就业人数占全国总人数的6%。法国交通以公路为主，其次是铁路和水路。法国拥有世界最稠密、多样化的公路运输网络，道路运输分为高速公路、国家公路、省级公路、城镇公路、乡村公路五个等级，总里程已经超过150多万公里，其中，高速公路6000余公里，国家公路3万余公里。而公路运输高速的发展也为法国汽车制造业开辟了广阔前景。

法国具有完善的铁路运输网，形成了以巴黎为中心向国内外所有重要的铁路线扩散的放射性结构网络，总里程达到3.7万余公里，铁路年客运量达到7亿人次，货物周转量约670亿吨公里。法国的地铁在城市交通中具有重要地位，其中，巴黎地铁呈放射状的网络结构，与地面道路、铁路等运输方式紧密衔接，使市内和郊区的交通十分便利，被誉为"世界上最方便的地铁"。

法国河道密布，其水运主要包括内河运输和海上运输。法国全国散装物资运输的80%由内河航运承担，虽然现在公路、铁路货物运输迅速发展，但是内河航运仍是一支不可或缺的运输力量。法国共有72个海港，全境港口吞吐量为172亿吨。同时，法国是世界上最早建立国际航空业务的国家之一，素有"空中中转站"之称，世界上与巴黎有空中往来的城市共480多个，其中80多个国家的170多个航空公司与巴黎机场有着直接的业务联系①。

---

① 参见李连成：《发达国家2030年交通发展战略的借鉴》，《大陆桥视野》2016年第11期。

德意志联邦共和国由 16 个联邦州组成，领土面积 357167 平方公里，2015 年人口约 8110 万人，是欧洲人口最多的国家。德国地处欧洲地理中央位置，是欧洲最大的经济体，也是全球国内生产总值第四大国、世界第三大出口国。据统计，2016 年德国交通在客运方面，道路占 87.4%，铁路占 7.5%，航空占 5.4%；在货运方面，道路占 72.6%，铁路约占 16.1%，内陆水运约占 8.7%，管道运输约占 2.4%。德国有着发达的道路运输系统，承担着重要的运输任务。德国铁路运输总里程约 4.8 万公里，每日约 5 万辆载客、载货列车在行驶。地区铁路由区域特快铁路、区域铁路和城市铁路组成，远程铁路则有欧洲城际快车和城际特快列车。在欧洲各国中，德国的内河航道是最稠密的水运航线，全境共有内河航道 7348 公里，内河港口 104 个，年吞吐量近 3 亿吨，内河运输能力约 2.3 亿吨。德国航空运输也比较发达，法兰克福机场、慕尼黑机场并列为德国最大机场，是全国航空运输的重要中转站。

二、欧盟交通发展的问题与挑战

（一）运输结构不合理

近年来，虽然欧盟经济体得到了迅速发展与扩大，但是在全球贸易体系下仍缺少一个能充分利用内部市场的交通运输系统，且欧盟的各种运输方式发展不协调，公路运输发展过快，其他运输方式发展相对不足，特别是铁路运输和内河运输发展缓慢。在欧盟，公路货运市场占最大份额，并且具有上升趋势，而铁路运输、水路运输市场占比较低，私家车是旅客运输的主要运输方式，而铁路、轻轨和海运三者所占份额之和只接近于公共汽车。欧盟不合理的交通结构，直接影响到交通系统整体效率的发挥。虽然公路运输所占据的市场份额较高，但是利润率很低，而海运和水运作为欧盟联合运输方式的两个重要组成部分，却未能得到充分利用①。

（二）交通拥堵损失较大

欧盟同样面临严峻的交通拥堵问题，许多地区城市内部以及区域之间交通拥堵现象十分严重，造成了严重经济损失。据统计，大约10%的公路运输网络每天都会出现交通拥堵现象，超过30%的飞机平均每天会出现15分钟以上的延误，欧盟每年因交通拥堵或延误，导致19亿升燃油的额外消耗，相当于年燃油消耗总量的6%。与此同时，交通拥堵所带来的环境污染也日益严重、交通事故频发，居民和社会经济系统均受到损害，公路交通拥堵所造成的额外成本相当于整个欧盟GDP的0.5%。为此，减少交通拥堵将作为欧盟未来的交通战略目标之一②。

（三）交通运输节能减排压力大

从世界范围来看，交通运输业能源消耗约占全球能源消耗总量的1/3，而欧盟交通运输业能耗的占比更高。欧洲公路运输的能源消耗量高于工业，约占运输业总能耗的80%，且占比在持续升高。同时，交通运输业也是欧盟主要的温室气体排放源，其排放量还在持续增长。因此，为实现欧盟的气候目标和经济现代化，提高城市生活质量，到2030年，欧盟交通运输行业的目标是将温室气体排放量减少到低于2008年水平的80%，到2050年，欧盟至少要将交通运输业温室气体的排放量减少到1990年的60%。

（四）欧盟交通能源对外依存度高

目前，欧盟84%的石油需要进口。根据《欧洲能源与运输：2030

---

① 参见刘彦平：《欧盟交通运输政策及其启示》，《亚太经济》2005年第5期。
② 参见李沛恒：《美国与欧盟的交通政策对比分析》，《交通标准化》2009年第1期。

年的发展趋势》的分析和预测，欧盟对石油进口依存度将从 2000 年的 75.1% 增长到 85%。尽管随着技术进步、能源效率的提高，交通运输业已变得更为节能，但欧盟交通运输业仍然主要依赖石油及石油产品，欧盟交通运输能源消耗中，石油约占 94%，高于其他任何部门，其中，仅公路运输石油消耗就占据欧盟石油消耗总量约 67%，而私家车的石油消耗占运输石油消耗总量约 50%。2010 年，欧盟用于石油进口的支出已经达到 2100 亿欧元，依赖对外能源成为遏制欧盟发展的关键，而欧盟交通现有的能源结构，对能源安全及环境造成了严重的不良影响。因此，欧盟亟须大力推广替代能源，发展节能和新能源车船，减少运输业对石化能源的依赖性。

（五）欧盟人口老龄化和交通基础设施老化问题严重

德国人口老龄化、东西区域基建不平衡、基础设施亟待更新等问题给德国交通发展带来了巨大挑战。适龄劳动力缺口带来的首要问题是缺乏足够的劳动力参与交通基础设施的改扩建与新建工程，使德国交通"瓶颈"问题加剧；同时德国法律还规定驾照可终身持有，且不要求老年驾车者定期体检，因此对于人均汽车保有量较高的德国，未来高龄者驾车出行比例势必增多，加剧基础设施日趋老化，那么未来势必会面对更多的交通安全问题。德国经济研究所最新的研究结果显示，全德国范围内的交通基础设施都存在老化和年久失修的问题，如高速公路破损、桥梁老化等[1]。

三、欧盟交通发展战略规划

欧盟交通运输发展面临的主要问题包括运输方式发展不协调、交通拥

---

[1]　参见付彬：《欧盟交通业的发展和挑战》，《全球科技经济瞭望》2002 年第 7 期。

堵现象严重等问题，虽然欧盟经济体迅速发展与扩大，但是在全球贸易体系下可持续发展形势愈加严峻，而欧盟仍缺少有效利用内部市场的交通运输系统。因此，针对交通发展面临的挑战，欧盟委员会颁布的白皮书提出构建"面向统一欧洲的竞争力强、便捷高效、节能减排、可持续发展的交通运输体系，2050 年碳排放比 1990 年减少 60%"的战略目标，这一发展战略同时也代表了全球交通的发展趋势。

（一）构建一体化交通运输体系

1. 完善交通基础设施，建设欧洲"核心网络"

欧盟交通运输网络的实施，促进了欧盟成员国交通基础设施的建设和完善，使欧盟公路、水路、铁路和民航等交通运输网络趋于完善。欧盟通过构建由交通通道组成的"核心网络"，与邻国建立了前瞻性连接，构建了欧洲交通一体化区域。到 2030 年，欧盟将建成全功能的多式联运泛欧道路运输网络的核心部分；到 2050 年，欧盟将建成高品质、高效率的基础网络和信息服务系统[1]，以保证欧盟成员国的首都与其他主要城市、港口、航空港和主要陆上边境通道，以及其他主要经济中心之间的有效多式联运，并将集中力量完善跨境运输缺失路段、联运连结点以及重要的"瓶颈"部分，改善和升级现有基础设施；发展海港、河港以及城市构建整合中心的多式联运终端，为长途旅行设计更好的铁路、航空连接点，构建欧盟交通的一体化运输体系。

2. 加强配套信息服务，提升运输的通达性

推动智能交通系统的建设，如未来欧洲空管系统、欧洲铁路交通管理系统和铁路信息系统、海上监视系统（海洋安全网）、内河航运综合信息

---

[1] 参见 European Commission, White paper - Roadmap to a Single European Transport Area - Towards a competitive and resource efficient transport system, Brussels, 2011。

服务系统、智能交通系统和下一代多式联运交通信息管理系统的发展，通过对各运输方式最大限度的监测，加强交通设施与运输方式间的信息交流，增加交通基础设施承载力和使用率，逐步实现运输网络和运输模式的一体化，促进智能系统在交互操作、多式联运调度、在线预订系统和智能票务等领域的开发与应用，进一步提高欧盟旅客运输与货物运输效率。

3. 发展多式联运，鼓励向低碳运输方式转移

发展综合运输是一种促进运输现代化的有效手段，多式联运则是综合运输体系的核心。铁路运输具有能源利用效率高、环境友好性强等优势，水路运输则是解决道路拥堵和缓解铁路基础设施不足的重要方式。因此，欧盟将铁路视为运输结构调整的关键，将发展沿海运输和内河水运作为发展绿色交通战略的重要组成部分。具体内容包括：一是建设高效绿色货运通道，提高铁路运输和水路运输在长距离货运中的份额。预计到 2030 年，欧盟 300 公里以上公路货运的 30% 应转移到铁路或者水路等运输方式上；到 2050 年该比例应达到 50%。二是加强高速铁路网建设，促进长途旅客铁路出行。预计到 2050 年，将建成欧洲高速铁路网，使大多数中长途旅客都能够优先选择铁路出行。三是加强各种运输方式间的衔接，发展多式联运，到 2050 年，保证所有核心网络机场与铁路网路相衔接，确保所有核心港口与铁路货运充分连接，保证与内陆水运系统的衔接，通过进一步整合不同客运方式的衔接，提供多式联运门对门无缝式出行服务。

4. 实现多种运输方式之间的平衡发展

欧盟认为，现有运输结构无法满足可持续发展需求，应努力协调各运输方式间的交互关系，实现不同运输方式间平衡发展，为欧盟调整共同运输政策提供契机①。运输方式平衡发展还需对不同交通方式进行组合优化，

---

① 参见周新军：《欧盟低碳交通战略举措及启示》，《中外能源》2012 年第 11 期。

包括复兴铁路运输业、重构公路运输业、促进海运和水运的发展等几个方面，这是欧盟运输政策的主要内容。在复兴铁路方面，铁路运输作为欧盟交通战略性部门，是优化交通方式组合的关键，其中货物铁路运输尤为突出。欧盟鼓励铁路企业重组，加大铁路运输市场开放力度；重构道路运输、提升运输服务质量是欧盟公路运输的发展方向，欧盟委员会采取一系列措施加强公路运输监控和处罚力度，以制止不公平竞争，整顿道路运输企业，通过促进兼并和多样化经营促使公路运输企业健康稳定发展；在促进海运和水运发展方面，为使其在道路拥堵、铁路基础设施缺乏的情况下充分发挥作用，更好地体现两种运输方式在欧盟联合运输中的重要地位，必须采取有效措施复兴这两种运输方式，而促进其发展的有效途径是在跨欧洲运输网络计划下建设"海上高速公路"，加强港口设施建设，使水路运输网络形成良好衔接，从而提供高效、便捷的运输服务。

（二）促进交通可持续发展战略

欧盟一直高度重视交通运输业可持续发展，因此首先对交通领域环境保护和节能减排作出了总体规划。1992年，欧盟发布的第五个环境行动计划就将交通行业列为共同体优先可持续发展的领域之一。同年，欧盟委员会发布了"共同体有关可持续交通策略"的绿皮书，鼓励环境友好交通模式和交通管理模式的发展，畅议加强绿色出行公众宣传、限制运输需求、促进公共交通发展，并且制定了更严格的环境影响评价标准，防范危险物品运输带来的风险①。

2011年，欧盟发布了《交通2050战略》，希望降低交通对石油等化石能源的依赖性，并于2016年发布了《欧洲低排放出行策略》，提出对修

---

① 参见付宇：《德国交通运输发展趋势及重点》，《工程研究——跨学科视野中的工程》2017年第2期。

订现行燃料和可再生能源的立法举措，以期进一步推进脱碳能源的创新。据欧盟预测，未来天然气将越来越多地用于替代航运和柴油卡车船舶的燃料，且随着生物甲烷和合成甲烷（天然气技术）的使用，其应用潜力会显著增加。目前，欧盟在低排放替代能源车辆研发方面已经取得了突破性进展，多数欧洲城市已经将天然气、生物燃料或无硫柴油等清洁能源作为公共汽车、小汽车和重型卡车的动力燃料。而新一代混合动力汽车、天然气发动机汽车以及未来氢能源汽车的发展，也将会极大地提高新能源对传统能源的替代作用。

（三）加强交通运输节能减排监管

1. 创新交通运输监管框架

通过推进标准化和制定规章，欧盟国家确定了必要的监管框架，形成了具体的实施措施，主要包括：①制定适合所有运输方式的 CO_2 排放量标准、车辆噪声标准；②实施公共采购策略，确保新技术的快速应用；③制定关于清洁能源车辆充电基础设施的兼容性规则；④制定加油基础设施的指南与标准；⑤确定基础设施与基础设施之间、车辆与基础设施之间、车辆与车辆之间通信的接口标准；⑥明确智能收费、支付系统的规格与条件。通过更好地实施现行的规定与标准，减少 CO_2 和污染物的排放量。

2. 发布 CO_2 排放量与燃油消耗的车辆标识

欧盟重新评估了贴标指令，把贴标范围扩大到轻型商用车和轻型交通工具，并且为使其更加有效地统一了所有成员国的标签和燃油效率类别，为降低燃油效率，欧盟国家应大力支持市场采用具有高于型号标准要求的高燃料效率、安全和低噪声的车胎，进而促进节能减排。

3. 研究并开展碳排放计算

鼓励以商业应用为基础的温室气体排放认证计划，制定欧盟共同标准，针对不同的用户（如企业和个人）采取不同的标准，估算每位旅客和每次货运旅程的碳排放量。标准制定方面，欧盟在国际航运船舶"能源效率设计指标"建设中，致力于形成稳定且具有强制性的全球协议，通过收集和分析国际海事组织中航运的全球温室气体排放情况，制定相关减排措施以降低排放量。此外，欧盟已经立法规定，自2018年，船只碳排放量应使用欧盟港口来监测、报告和核实，为欧盟进一步推进和开展碳排放计算提供了支撑。

（四）制定城市交通发展计划

1. 推进城市交通一体化发展

城市交通是与居民生活质量关系最为密切的基础设施服务，因此通过制定城市综合发展战略，兼顾土地使用规划、定价方法、公共交通服务、非机动车运输方式及环保车辆充电/加油基础设施的供给，可实现缓解交通拥堵、减少废气排放的城市发展目标。欧盟鼓励各城市在充分考虑上述因素的基础上，制定城市发展规划，形成与城市整体发展规划保持一致的交通发展规划，打造智能城市创新型合作伙伴形式，促进城市交通一体化目标的实现。

2. 开发欧盟城市道路收费框架

设立有效的欧盟城市道路收费、访问限制及应用计划的行动框架，制定涵盖运输工具与基础设施应用的合法、有效的运作技术框架，以实现城市之间和城市道路使用者收费方案的交互操作。

3. 制定"零排放城市物流"战略

制定包括土地规划、铁路与河运量、商业惯例与信息、收费和车辆技术标准等方面的2030年"零排放城市物流"发展战略，加大对低排放运货面包车、的士、公交车等商用车队的联合采购。实现城市货运流量的有效监测和管理。

4.鼓励居民绿色出行

鼓励公众选择自行车、步行等绿色旅行、公共交通或共享交通等方式，缓解城市交通拥堵，降低污染气体排放。欧盟部分国家将逐步增加步行、自行车出行比例，采取措施引导短途出行，特别是引导以上班或上学为目的的短途出行人员选择步行或自行车出行。为此，城市管理者将会为步行、自行车和乘坐公共交通的出行者提供新设施、改进公共信息系统等服务，以引导公众调整出行方式。

（五）改革运输费率标准

虽然欧盟经济体得到了迅速发展，但是其交通运输系统在全球贸易体系中仍无法充分利用内部市场，实现运输外部成本的内部化，这种现象在不同成员国、不同交通方式之间表现尤为突出，扭曲了行业竞争，使内部市场紊乱。欲解决外部成本内部化问题，需要改革现行的运输费率标准，实现公路运输燃油税的科学调整，并且还需改革基础设施使用收费政策，鼓励环境友好型运输方式，并使收益能够反馈到环保型基础设施的投资建设中。

交通运输具有较强的公共属性，也具有显著的外部性特征，交通运输引起的大气污染、温室气体排放等均属交通运输的外部性。因此，欧盟可按照"污染者付费"和"使用者付费"原则，调整运价和税收，实现交通运输外部成本的内部化，建立公平的竞争环境。为解决温室气体排放问题，欧盟各成员国实施能源税和排放交易政策措施。具体包括：①通过收取交通基础设施使用费来实现噪声、交通拥堵和环境污染等外部成本的内部化；②对于客运车辆和道路进行收费，进而对财政税收、交通量以及出行行为产生积极影响；③制定统一的对整个铁路运输网络噪声和本地污染费用内部化方案；④给予运输、公车税收、增值税和国际海运与航空运输的能源豁免税等方面的税收优惠。此外，在道路运输方面，欧盟要求各成员国修改相关法律，对污染超标汽车进行征税处罚。在水路运输方面，建立海洋污染受害者赔偿制度。同时，欧盟还采取了尝试把生产税和营业税改为资源消费税、统一交通基础设施使用标准、收取交通拥堵费、补贴使用清洁能源及高效率交通的消费者和企业、奖励低排放车等措施，从正面引导高效率、低能耗运输方式的选择[1]。

第三节　日本的交通战略蓝图

日本是一个现代交通运输非常发达的国家，拥有由遍布全国各地的大小机场、四通八达的高速公路、横贯东西的高速新干线、交织如网的城市轨道交通、发达的水上运输，这构成了日本现代化的综合交通体系，有效缓解了由于地少人多、城市人口密集、建筑物星罗棋布而导致的交通压力等焦点问题。日本高效、便捷的交通运输系统，即便在发达国家中也属典型，与其他交通强国一样，日本同样将先进技术应用于交通发展，制定了国家运输发展战略规划，支持国民经济发展，提升国际竞争优势。

一、日本交通运输发展总况

日本总面积 37.8 万平方公里，总人口约 1.27 亿，城市人口占比约 80%，人口密度 338 人／平方公里[2]。其位于亚欧大陆东部、太平洋西北

---

① 参见周新军：《欧盟低碳交通战略举措及启示》，《中外能源》2012 年第 11 期。

② 参见王开泳：《日本交通体系的特征与经验借鉴》，《世界地理研究》2008 年第 1 期。

部，由北海道、本州、四国、九州 4 个大岛和其他 7200 多个小岛屿组成，是一个狭长的太平洋岛国，因此也被称为"千岛之国"。日本东、南部为太平洋，西临日本海、东海，北接鄂霍次克海，是一个高度发达的工业强国。作为世界第三大经济体，2014 年，日本国民生产总值人均 39731 美元，仅次于美国和中国位居世界第 3 位。

日本平原面积较小，但人口密度大、建筑物密集、汽车数量多，因此城市交通一直是日本国民生活的焦点。日本具有空中、陆地、海洋三位一体的立体交通网络，运输体系完善。日本交通以陆地交通为主，并且充分利用了其地下空间资源，形成了十分发达的轨道交通。日本的机动车拥有率虽然接近 35%，但居民出行方式主要以公共交通为主，私人交通为辅。同时，日本的海运与航空运输也比较发达，连接了国内主要城市，并开通了多条国际线路，交通运输十分方便快捷。

（一）航空

日本航空、全日空、北海道国际航空、天马航空是日本的四大航空公司，是日本空中交通的重要标志。其中，日本航空以成田国际机场（国际线）和东京国际机场（国内线）为基地，服务全球 229 个城市，拥有全日本最多的国际航线点及搭乘人次；全日空航线网络的优势主要集中在日本国内及亚洲地区，其国际航线延伸至亚洲、北美洲、欧洲等 40 余个目的地，每天有 800 多个航班，接近日本国内市场的 50%，是亚洲最大的航空公司之一。

（二）轨道交通

轨道交通线路的功能主要包括：一是沿线服务功能，串联客流集散点，实现客流在本线路上的输送；二是交通转换功能，在本线路与其他线路相交站点实现客流换乘①。日本的公共交通体系极为发达，其中最重要的就是轨道交通系统，主要包括 JR（Japan Railway）、地铁、私营铁路和新交通系统。JR 是指日本国有铁路，后来被拆分为几个不同的公司，其业务遍布全国，承担全日本 90％以上铁路线路的运营。JR 不仅承担着城市内部交通运输和城市近郊通勤客运的任务，而且对不同区间的新干线也进行了管理，日本地铁以东京、大阪、名古屋等大型城市为主要运营地，充分利用城市地下空间资源，承担大城市的市内交通。私营铁路作为国有铁路的重要补充，担任着大城市和近郊的通勤客运。例如东京的东急、京急、京成、东武、小田急等公司，大阪的近铁、阪急、阪神、京阪、南海等公司，名古屋的名铁、福冈的西铁等私营铁路公司。每家公司都有很多条线路，从而形成了四通八达的轨道交通。新交通系统即自动导向交通系统（Automated Guideway Transit，AGT），机车采用橡胶轮胎，在专用的轨道线路上运行。AGT 作为一种新型交通工具，车辆结构简单，建设成本低，是城市轨道交通的一种补充，使公共交通更加合理地匹配了城市的运量需求。

日本轨道交通极为发达，结构合理、运营顺畅。以东京为例，3 条环线与 9 条主干线形成的蜘蛛网式首都高速交通网络，路网密度非常高，轨道交通网络总长度为 2246.4 公里，总里程世界第一。新干线、城际铁路、城市地铁形成了无缝衔接的轨道交通网络，也实现了城市间的连通。各轨道交通方式配置了充足的车辆，严格按照车站内设立的到达时间表运营，通常 3—5 分钟即有车通过，到站时间精确到分。东京都市圈轨道交通强调"服务意识"，主要考核标准便是不同种类轨道交通划分的站间距和旅行速度（见表 3-1）。从表 3-1 可以看出，市民步行至最近车站只需要数十分钟，旅客可在短时间、短距离内顺利实现换乘。

---

① 参见叶军等：《日本公路建设与管理体制特点》，《综合运输》2007 年第 4 期。

表 3-1　日本城市轨道交通系统服务功能层次划分

功能分层	站间距 /km	旅行速度 /（km·h⁻¹）
新干线	30.0—50.0	120—130
城际列车 / 快速列车	5.0—6.0	50—60
普通列车	1.0—2.0	40—50
地铁列车	0.5—1.0	30—50
有轨电车 / 自动导轨列车	0.5—1.0	20—30

注：表 3-1 中资料来源于文献①。

（三）港口建设

日本东部太平洋一侧多入海口，形成了许多天然良港，著名的海港有东京、横滨、名古屋港等，海运十分发达。此外，日本还拥有庞大的海洋船队，与世界各地航线相通。目前，日本已建成大小港口 994 个。其中，最主要港口（国际战略港）有 6 个，千叶、横滨、川崎、东京港在东京湾内，大阪、神户港在大阪湾②。若以基本港（运价表限定班轮公司的船一般要顶起挂靠的港口）和非基本港（基本港以外的港口）来进行划分，可将这些港口划分为包括东京、横滨、名古屋、神户、大阪、博多、门司港在内的基本港，以及由新泻、占小牧、八户、函馆、舞鹤、富山港等构成的非基本港。其中横滨港北起京滨运河，南至金泽，长约 40 公里，港内构成的非基本论水域面积 7500 多万平方米，是日本最大的海港。港区中部为商港区，两端为工业港区。商港区拥有本牧、山下、大栈桥、新港、高岛等码头，共计 91 个泊位，水深多在 12 米以内，通常停靠 2.5 万吨级

---

① 参见刘欢等：《日本低碳交通发展策略简析》，《综合运输》2015 年第 6 期。
② 参见闫磊：《未来日本交通发展探究》，《工程研究——跨学科视野中的工程》2017年第 2 期。

以上的货轮。港区专用码头，水深达17米，可泊15万吨级的大型散货船，每年约有8万—9万艘船泊入港，吞吐量达1.22亿吨。日本港口运输的发达程度为巩固其海上贸易大国的地位作出了巨大贡献。

（四）公路运输

日本是道路运输密度最大、具有最先进综合运输体系的国家之一。日本公路分为高速公路（高规格的干线国道、地域性高规格公路、都市高速公路）、都道府县公路、市镇村公路[①]。日本公路建设与管理实行三级垂直管理体制，国土交通省是政府宏观调控的主体，主要职责是制定含公路建设在内的公共工程综合发展计划、实行审议会制度及负责编制或监制公共工程计算标准；公路局是政府管理的职能部门，是国土交通省下设的专门负责道路规划、开发、建设管理的部门，主要职责是制定公路长期发展规划、核定与调整公路建设预算、推进公路交通信息化管理以及构筑立体化交通体系；道路公团和地方道路社团是公路承建主体，道路公团主要承建高速公路，而都道府县、市镇村级的地方道路公司或地方公共团体则分别承建和管理正道府县公路、市镇村公路。

另外，日本公路采取措施不断完善智能交通系统（Intelligence Transportation System，ITS）。日本政府期望通过推广最先进信息通信技术在交通领域的应用，构筑人、道路与车辆的一体化系统，解决日本公路运输面临的堵塞、事故、环境恶化等问题，目前，日本大多数道路和高速公路均已实现交通信息的采集、传输和处理，运用了集信号控制和信息发布于一体的车辆信息通信系统（VICS）、交通管制系统、高速公路的电子收费系统（ETC）、辅助驾驶系统（ASV）。日本的VICS是ITS实用化的第一步，于1996年4月在日本东京正式启动，随后推向大阪、名古屋等，并

---

① 参见叶军：《日本公路建设与管理体制特点》，《综合运输》2007年第4期。

于 1998 年在全国推广。目前已居于世界领先水平。事实证明，利用先进技术手段，构建智能交通系统，提升车辆性能，改善公路运输服务水平，加强信息服务为日本公路体系不断完善和发展提供了保障与支撑。

二、日本交通运输发展的问题与挑战

（一）自然灾害侵袭对交通运输带来的挑战

日本位于亚欧板块和太平洋板块的交界地带，属于环太平洋火山地震带，火山、地震频繁，危害较大的地震平均每 3 年发生 1 次，是自然灾害最频发的国家之一。据统计，1998 年至 2005 年期间，日本 6 级及 6 级以上地震发生的次数占世界总数的 20.8%。先天的地理环境给日本灾害预警与应急带来挑战，同样也给日本的交通运输业发展带来了挑战，日本需要不断更新科学技术，建立更加安全可靠的交通运输体系，形成更加完善的灾害发生应急预案，进而提高灾害作业能力，打通生命通道，为灾害处理打下坚实基础。

（二）人口老龄化对交通发展的影响

据统计，截至 2017 年 9 月，日本 65 岁以上老年人口数占比 27.7%，位居世界第一位。与此同时，日本少子化现象也非常严重。截至 2018 年 1 月，日本 20 岁的成年人连续 8 年在总人口中占比不到 1%，与人口老龄化问题相伴而来的是区域性人口结构的变化，虽然日本的总人数在减少，但东京及附近地区却呈现出了人口增加趋势，反映了东京单极化趋势日益明显，人口向首都圈聚集以及由此带来的中小城镇逐渐消失和大城市更加拥堵等问题，亟待日本政府出台宏观调控政策。而日本通过鼓励发展公共交通、控制交通需求等方式引导民众改变出行模式，减少交通拥堵，同时在城市规划方面，政府要更加合理地规划、整合和完善现有城市体系，引导居民迁居，促进人口流动，通过科学管控、合理分流，进一步健全交通体系，建立城市综合立体交通体系。

（三）基础设施老化给交通发展带来的问题

第二次世界大战结束后，日本经济先后经历复兴期和增长期，交通基础建设也随之兴起，日本国内大部分高速公路、铁路网络也都是那时修建的。经过几十年运营，日本交通基础设施老化问题日益严重。据统计，日本全国73万座桥梁中大约有52万座使用时间超过了50年，约占总数的70%；全国约有1万条隧道，其中使用年限超过50年的隧道占总数的34%；下水管道约有45万公里，其中使用50年以上的下水管道约有1万公里，这一比例随着时间的推移还将逐年增加①。交通运输业的发展关系到日本全国经济的发展，更新交通基础设施以及改造现有交通系统刻不容缓，这需要日本政府加大修缮交通基础设施的资金投入，支持相应科学技术的不断创新，以保障交通运输的发展。

（四）环境变化给交通运输带来的影响

日本温室气体排放总量位居世界第四位。据统计，交通部门已紧随能耗较高的工业部门成为日本第二大碳排放源，占据碳排放总量的19.8%。在1990—2010年期间，交通部门碳排放量增长了6.6%，其中2010年与2009年比较，同比增长1.0%。由此可见，在全球倡导低碳经济和低碳生活的大环境下，日本政府应将交通从以车为本，逐渐引导至高效节能、低碳减排的运营方向。除此之外，日本交通运输领域还存在基础设施投资资金不足、长期负担高额债务、城市间竞争加剧、环境污染、新科技革命等

---

① 参见闫磊：《未来日本交通发展探究》，《工程研究——跨学科视野中的工程》2017年第2期。

其他问题，需要日本政府站在更高、更长远发展的角度去寻求解决方案。

根据上述问题可以发现，日本交通基础建设已经进入了更新换代时期；其交通运输服务水平也应往更高的目标靠拢，力争通过合理的规划和整合现有城市资源，更新现有科学技术水平，不断提高服务质量和完善交通运输体系，以应对日本社会人口、经济、资源以及结构变化带来的挑战。

三、日本交通运输发展战略规划

目前，日本交通运输发展面临交通基础设施老化、人口老龄化、重大自然灾害、环境变化以及基础设施投资资金不足等问题。针对交通发展过程中存在的问题，日本交通运输发展战略在交通政策基本法的实施、发展目标规划、交通都市圈建设、低碳交通发展等方面作出了规定。

（一）《交通政策基本法》的颁布及实施

《交通政策基本法》于 2013 年 12 月颁布实施，明确了未来一定时期运输政策的基本理念与框架，规定国家、地方政府及其他相关主体在政策实施过程中的责任与义务，并针对交通政策制定了相关措施。《交通政策基本法》的颁布对运输政策制定和实施产生了深远影响，该法突出强调要保障国民日常生活必不可缺的交通手段，保障对老人、残疾人及孕妇等群体顺畅交通的措施，提高交通的便利性、便捷性和效率，在大规模灾害发生时避免出行机能下降并能迅速恢复，减少与交通相关的环境污染与破坏，完善综合交通体系等相关措施。《交通政策基本法》的确立，大大提升了日本交通政策的重要性①。

---

① 参见荣朝和等：《立法保障交通权——日本交通政策基本法是如何制定的》，财新网，http://opinion.caixin.com/2017-04-26/101083303.html，2017-4-26。

（二）交通发展的目标规划

为解决日本当前交通领域存在的问题，日本政府为未来交通发展设定了目标规划，主要包括：重新规划构建新的地域交通运输体系，以应对社会结构变化所产生的影响，并根据地域状况确定立体式、多样化、集约化、效率化的交通运输发展模式；打造无障碍出行体系，完善现有物流运营模式，提高运输服务品质，为日益增加的老年人提供更加便捷、人性化的出行服务；扩大地区间人口、物流运输的规模，提高运输效率，缓解人口减少和城镇消失所带来的负面影响，提升国家物流运输网络的国际竞争力；面向世界推广交通基础设施建设、管理、养护、服务等领域的标准、技术、信息、经验等，实现交通基础设施建设产业化；探索强化交通领域安全的新方法，培养运输行业所需人才。

1. 建设便捷交通，提高国民生活品质

日本政府结合实际情况调整思路，重新规划了交通体系，以确保提供高品质的交通运输服务。为合理构建区域间交通运输网络，日本政府明确了以地方政府为核心，协调交通与土地利用、城市规划等功能，形成了以小据点、小型城市为发展目标的综合城市布局。同时在公共交通运营比较困难的地区，日本政府充分调动社会力量，以企业为主导，结合地区实际情况，发展了新的交通服务形式。

2. 打造国际和区域性客运、物流体系，促进经济增长

日本政府努力提高运输和物流效率，强化国际机场、国际港口的国际交通枢纽功能。在国际航空领域，日本政府鼓励低成本航空公司（LCC）的发展，构建了立体式航空网络。在国际海运业方面，日本政府则加大强化枢纽及主要港口功能改造扩建的力度，以期在日益严峻的国际航运业竞争中保持海运强国的地位。此外，为了刺激日本国内经济增长，日本政府还出台了一系列政策来促进地区间的人口流动，完善了国内干线网络，强

化了物流枢纽功能，提升了物流效率。

3.构建便捷、安全、可持续发展的交通基础设施

根据预测，日本未来 30 年内发生大地震的概率高达 70%。救灾预案显示，日本政府目前正通过改建、加固等手段来提高交通基础设施的抗震抗灾能力。由国土交通省牵头，通过调动全社会资本产学研政府等多方合作的方式，检测整修日本全国范围内的交通设施，确保在自然灾害发生时，能够迅速完成避难疏导、交通功能迅速恢复等救灾工作。此外，由于日本人口减少，劳动力不足的问题日益凸显，日本政府还鼓励运输行业相关人才的培养，并提出了相应奖励措施。

4.改革融资模式

日本政府通过改革融资模式确保民间资本、技术、技能得到最大限度的利用，例如鼓励基础设施建设采取 PPP、PFI 模式，强调以技术创新为基础，构建举国技术开发体制，开发适应社会需求的技术。同时，日本政府也正积极推进和创建财政投融资支持制度，应用大数据支持地方公共交通的经营改革，以提升地区铁路的安全性和灵活性。

（三）都市圈交通发展战略

日本土地面积较小，社会经济和人口主要集中在东京、大阪和名古屋三大都市圈。东京是日本政治、经济和文化中心，名古屋具有强大的制造业优势，大阪具有深厚的历史文化底蕴和商业功能，通过打造磁悬浮新干线，日本将三大都市圈有效地连接了起来，建设了东京到大阪一小时交通圈。同时，磁悬浮新干线交通与其他运输网络的有效连接，成功支撑了巨型都市圈的发展，通过发挥人才、物质、资金和信息等要素的空间聚集效应，为日本经济发展创造新价值。

日本政府一直推行"一极集中"发展政策，东京作为国际化大都市，是日本经济中显著的"一极"，因此建设强大的交通运输体系对推动东京

都市圈发展意义重大。为进一步完善交通基础设施建设和运输需求管理，建设大都市圈交通体系，东京都政府采取了一系列措施：

一是调整城市功能布局。为避免人口过度集中在东京中心区，日本政府通过实施政策将城市功能向郊区扩散，减少城市中心大量的潮汐式交通。二是完善城市交通网络。东京城市网络主要是由五条高速公路形成的放射性道路核心部分，配合三大环线道路支撑居民的出行活动，东京都政府一直致力于建设不断完善环线加放射道路网。三是改善公共交通网络。轨道交通是东京都市圈交通系统中的核心部分，为提高城市通勤交通效率，东京都政府将东京郊区与城市中心的轨道线路进行了直接连接，形成了多层次的轨道运输结构，便捷不同距离出行者对运输方式的不同选择。四是改轨道—道路平交为立交，推动城市综合运输枢纽站建设，使不同运输方式进行有效衔接，增强枢纽功能，同时将轨道交通与机场通道进行连接，加强不同场站间的直接联系。五是设置无障碍设施。日本人口老龄化正在加速，残疾人、老年人等弱势群体对无障碍交通设施的需求增加，因此日本政府加强了在车站通道、站前广场等处设置无障碍设施服务，为特殊人群提供了交通便利。

（四）低碳交通发展战略

作为温室气体排放大国，日本交通领域的 CO_2 排放量占到全社会排放总量的19.8%，因此，日本政府对新的节能环保技术以及新能源设备的使用十分重视，这也为实现日本交通运输的可持续发展提供了保障。为满足《京都议定书》的约定，实现温室气体排放量到2020年削减25%，到2050年削减80%的目标，日本制订了一系列政策和计划，力图打造一个具有竞争力的、高效节能的交通运输系统。

日本政府积极出台了运输部门地球温暖化对策，形成了运输业碳排放的应对方案，对日本低碳交通发展提供了支撑，主要内容包括：一是促进环境负荷少的汽车的普及和应用；二是引导民众出行从汽车向环境负荷少的公共交通转变①，包括汽车技术革新、对新能源汽车的补贴与扶持、环保驾驶意识的推广与普及以及智能交通系统（ITS）的发展的推广等一系列措施。此外，日本积极参与全球交通运输环境与能源部长级会议和G8环境峰会，探讨低碳交通新技术开发与应用，分享低碳交通发展模式经验，促进低碳交通技术合作事宜协议达成。2010年，日本政府颁布的《新成长战略》，制定了以清洁、创新环境和能源大国战略为首的七项重大发展战略，大力倡导新型环境市场，降低温室气体排放。2012年，日本政府出台了《2050年能源与环境创新战略计划》，制定了中长期技术创新技术路线，力争在2050年前实现碳排放量减半，实现CO_2的固定及有效利用，期望通过CO_2循环利用技术，开发高效的CO_2分离、回收、循环利用技术，如碳捕获与封存、生物固碳和人工光合作用等，实现碳排放减半的目标。

---

① 参见刘欢等：《日本低碳交通发展策略简析》，《综合运输》2015年第6期。

| 第 二 编 |

交通强国的历史智慧

第四章　中国传统社会交通发展与国家兴衰的关系

交通强弱与国家兴衰息息相关，中国传统社会交通发展与国家兴衰在一定程度上具有对应性。从历史上看，交通发展是中华民族融合、国家统一、经济繁荣乃至边疆稳定的前提；而民族融合的程度、国家政治、经济、军事实力的进一步提升，也有效促进了交通运输、交通管理制度的不断完善和发展。

第一节　古代交通与民族的融合发展

"中华民族是在几千年的历史进程中形成的一个自觉的民族实体。"[1]交通提供的便利条件在中华民族形成过程中起着无可替代的作用。如著名历史学家白寿彝所言，民族融合的程度，往往表示交通已达到某一阶段，同样，交通发展的一种新进展，有时也可以反映民族融合的新趋向[2]。

"中华民族"是中国各个民族的总称，由华夏族发展来的汉族是中华

---

[1]　费孝通等：《中华民族多元一体格局》，中央民族学院出版社1989年版，第3页。

[2]　参见白寿彝：《中国交通史》，武汉大学出版社2012年版，第4页。

民族的主体，而华夏族又是由夏、商、周三族融合而来的。徐旭生在所著的《中国古史的传说时代》一书中认为，五帝时代中国境内的氏族和部落大体划分为三大集团：一是居于黄河中游地区的华夏族集团；二是居于黄河下游地区的东夷风偃集团；三是位于南方的苗蛮集团①。历史上的华夏族就是由这三大集团在不断地相互交流、战争和融合中逐步形成的。在三大集团中，由黄帝和炎帝两个部落构成的华夏族集团最为重要，是中华华夏族的主体。蚩尤是九黎族的一位英雄，九黎实际上是九个部落，后来，炎黄两部落联合起来在涿鹿打败蚩尤，加快了两大集团的融合速度。华夏族与苗蛮的冲突到尧、舜时才出现，舜时"舜伐三苗"②，禹时"禹攻三苗"，在长期的部落冲突和混战中，有苗部落或远遁之"三危"，或被"放之于嵩山"，另一部分则向南方迁移，后被华夏族所同化。到了龙山文化晚期即夏代建国时，华夏族的雏形基本形成。由此可知，华夏族的形成是在炎黄、东夷和苗蛮三大集团的相互交流和融合中实现的，其中发源于黄河中下游地区的炎黄部落的人数最多、居住地域最广、农业最发达、文化水平最高，在融汇了东夷的苗蛮文化后，最先进入了文明社会。

"炎黄"是传说中上古中国的两个部落领袖，被认为是华夏文明始祖。"炎黄"名号均与交通相关，黄帝以"轩辕氏"为名号，《史记·五帝本纪》载："黄帝者……名曰轩辕。""轩""辕"二字从"车"。历史学家王子今认为，"轩辕氏"以及所谓"轩皇""轩帝"作为中华民族始祖黄帝的名号，暗示了当时中国有较高等级交通车辆的发明和使用。班固《东都赋》载："分州土，立市朝，作舟舆，造器械，斯乃轩辕氏之所以开帝功也。""舟舆"等交通工具的创制是轩辕黄帝"开帝功"的重要条件。李善引《周易》说："黄帝、尧、舜氏刳木为舟，剡木为楫。"③这是对"黄帝、尧、

---

① 参见徐旭生：《中国古史的传说时代》，文物出版社 1985 年版，第 3 页。

② 刘向：《战国策》，上海古籍出版社 1985 年版，第 81 页。

③ （梁）萧统编，（唐）李善注：《文选》，中华书局 1977 年版，第 31 页。

舜氏"等制作水上交通工具历史贡献的记载。舟车的发明很可能是黄帝名号"轩辕氏"由来的原因。"分州土，立市朝"的成就也是以交通发展为条件的①。

炎帝又称"连山氏"。屈原《远游》谓："炎帝""直驰"，"往乎南疑"而"览方外之荒忽"②。这是炎帝疾行历远交通活动的一种文学映象。有学者指出"连"和"联"可以通假。如《周礼·天官·大宰》曰："以八法治官府……三曰官联。"郑玄注引郑司农云："联读为连。古书连作联。联谓连事通职，相佐助也。"③王子今认为，"连山"可理解为体验长途游历山地交通实践的某种心理记忆。"连山"的"连"字，其实就有与交通相关的意义。《说文·辵部》载："连，负连也。"段玉裁以为，"负连"应正之为"负车"，以为"连"即古文"辇"也④。"'联''连'为古今字，'连''辇'为古今字……故云'联，连也'者，今义也；云'连，负车也'者，古义也。"⑤所谓"连，负车也"。

炎黄部落最早居住生活在现代陕西地区，后来部落沿北洛水南下到今陕西大荔、朝邑向东迁移，东渡黄河后，顺着中条山和太行山到达今天山西的南部，部落不断变化的活动区域，必定需要道路的开辟和交通工具的发明。《汉书·地理志》载："昔在黄帝，作舟车以济不通，旁行天下。"⑥

---

① 参见王子今：《交通史视角的早期国家考察》，《历史研究》2017年第5期，第21页。

② 洪兴祖：《楚辞补注》，中华书局1983年版，第172页。

③ 参见（清）孙诒让撰，王文锦、陈玉霞点校：《周礼正义》，中华书局1987年版，第62页。

④ 指出"连"与"辇"关系的还有高亨《古字通假会典》（齐鲁书社1989年版，第212页）。段玉裁注："《周礼·乡师》'輂辇'，故书'辇'作'连'。大郑读为'辇'。'巾车连车'，本亦作'辇车'。"（许慎撰，段玉裁注：《说文解字注》，上海古籍出版社1981年版，第73页）

⑤ （清）段玉裁注："《周礼·乡师》'輂辇'，故书'辇'作'连'。大郑读为'辇'。'巾车连车'，本亦作'辇车'。"（许慎撰，段玉裁注：《说文解字注》，上海古籍出版社1981年版，第73页）

⑥ （清）班固：《汉书（卷二十八）》，中华书局1975年版，第1523页。

《史记》中也记载过黄帝西巡之行踪："黄帝西至空桐。"[1] 此外，东夷族活动在"河洛淮海"之间，即今山东、河南、安徽、苏北一带，它和炎黄集团以及其他部族的战争、交流也需要以交通发展作为前提。五帝的最后一位夏禹，以治水闻名，《禹贡》一书记载了夏禹治水的主要活动和各州贡赋所经的道路，其中最重要的是水路，九州各自有自己的水路，而且各州彼此互通，由此说明，在人类文明早期阶段，交通就已经开始推动华夏族不同部落之间的交流与融合。

华夏族是汉族的前身。在夏、商、周三代兴起之前，它们分别属于中原地区的东西两大部落集团，在入主中原以后，"殷因于夏礼"，"周因于殷礼"，殷文化和周文化均融入了中原文化的整体之中，共同为华夏族的形成创造了条件。在这一民族大变动、融合时期，不断发展巩固的陆运、水运以及交通工具，都起到了至关重要的推动作用。例如，商朝的交通对商的统治起到了积极作用。根据甲骨文、金文、出土实物以及古籍记载，商朝不仅有"车马""步辇"和"舟船"等交通运输工具，还建立"邮传"制度，有组织地开展了通信活动，这些交通方面的进步为民族融合提供了基础条件。

商代初期，已表现出号令四方的大国气概。氐羌"来享"即是向商王贡纳物品；《玄鸟》称颂武丁时诸侯朝贡的景象："龙旂十乘，大糦是承""四海来假，来假祁祁"，可见规模之盛，地域之广。贡纳与征运物品中有些来自海边或河湖密布地区的贝（以朋为单位）、盐（即卤）、卜龟及一些海产品，需要海运工具的运载，促进了海上运输工具的发展，商代青铜器铭文中即有荷贝乘船之形。另外，商代青铜铸造业非常发达，其矿料铜与锡的来源地并非单一，文献记载与考古发现所见，商周时期大量铜矿石可能来自长江中下游地区。古矿冶遗址处于大江之边，其水

---

[1] （汉）司马迁：《史记》，中华书局1963年版，第6页。

运路线或按《禹贡》所言自江入海再入淮，由泗水、济水到达中原；或者溯江而上，进入汉水，再浮涢水、澴水或溾水北上，转陆路，穿越"三关"抵达商都[①]。

商代方国林立，它们与商王国的关系有亲有疏，时战时和，叛服无常。卜辞中有方国水上来犯的记载："……方……东。"（《合集》6788）"辛酉卜，方其东。"（《合集》11467）"甲戌卜，扶，贞方其于东，九月。"（《合集》20619）"用为动词，有侵犯之意"。"方"或泛指商王国周边的方国。商与方国多有战事发生，卜辞有："壬子卜，王，贞羌不其于东。"（《合集》）[②]甲骨文的羌多指商的敌对国羌方。可见，方国能乘船进攻，商王国自然要发展水上军事力量，提高军队的水上作战与运输能力。从甲骨文"舟"的字形及当时的水运规模推测，商代已经出现木板船，这是人类造船史上的重大变革。甲骨文"乍王舟""省舟"及各种用舟之辞反映商代已有一套较为完善的用舟制度，对水上交通发展提供制度支持与保障，这是中国交通史上的巨大进步。商代水上交通在自然河流、人工水系均有出现，形式的多样化及地域的扩大化均体现了交通方面物质文明的进步。虽然从技术层面看，商代在水上交通发展史的纵向坐标上所处的位置还较低，但在当时已处世界领先，在商代整个交通体系中，水上交通以其使用便捷、应用广泛而变得不可或缺，其重要程度为后世所不及[③]。

由此可见，无论是来自氐羌的纳贡、长江流域的铜矿，还是与周边方国的战争，均在一定程度上推动了商代统治区域内的政治演进、经济发展

---

① 参见张永山：《武丁南征与江南"铜路"》，《南方文物》1994年第1期。

② 《合集》指《甲骨文合集》，是中国现代甲骨学方面的重要资料汇编，由郭沫若主编、胡厚宣总编辑，中国社会科学院历史研究所编辑工作组编辑。1978—1982年中华书局出版，选录殷墟出土的甲骨拓本、照片和摹本，共41956片。第一至第十二册为甲骨拓本，第十三册为甲骨篆本。

③ 参见张兴照：《水上交通与商代文明》，《中国社会科学》2013年第6期。

与文化交流，加强了华夏族与周边各族的交流与融合。

春秋至战国时期民族大融合加快了华夏族演变成汉族的进程。到战国时期，周王室式微，已名存实亡，诸侯国的"尊王"行动已被各自的互相兼并所代替，统一成为这一时期历史发展的必然趋势。在西周时期，华夏族只分布在几个大据点上，如山东地区的齐国和鲁国，河南和山西地区的宋国、卫国和晋国，河北地区的燕国等，至东周末年，各国之间的战争越来越频繁，越来越激烈，战争导致的民族融合步伐也不断加快，不同氏族和部落通过接受华夏文明逐渐地与华夏族融合成为一体。为了适应战争的需要，各国修筑了许多用于通行战车的道路。在中原各国纵横交错的陆路交通道路上，还沿途设立了许多"驲置"，即驿站。除陆路交通以外，水路交通也得到极大重视。不仅长江、淮河和黄河等天然河道成为水路交通要道，而且还相继开凿了青河、邗沟、荷水和鸿沟等人工运河。为了生存与发展，勤劳的中华先民以大无畏精神，不断地逢山开路、遇水搭桥，开辟了众多通向中原和周边地区的水陆交通要道。如早在古巴蜀时期，四川与中原的交通即已开通，《尚书·禹贡》记载，古蜀国曾通过"浮于潜，逾于沔，入于渭，乱于河"的路线，向夏王朝进献"银镂、熊罴、狐狸、织皮"等贡物。此外，古代巴蜀先民还曾通过绝壁凿孔，开辟石梯，修成了众多出川的栈道，加快了华夏各民族的大融合。

除了道路、驿站和邮传外，交通工具的发展变化也体现了民族融合。春秋战国时期，交通工具最重要的变化就是作为单骑出现的马的地位的提升。苏秦游说六国时说，赵国、楚国有骑万匹，燕国、魏国有骑六千匹，当然，最为人们所熟知的就是赵武灵王胡服骑射的历史故事。这些史实都说明战国时期骑风兴盛，而戎车在军事和交通上的地位日益降低。据清代著名学者顾炎武考证，出现这种变化的主要原因是："春秋之世，戎翟杂居于仲夏者，大抵皆在山谷之间，兵车之所不至，齐桓、晋文仅攘而却之，不能深入其地者，用车故也……势不得不变为骑。"骑射，帮助赵国打败了过去经常侵犯自己的中山国，还夺取了附近的林胡、楼烦之地，向北方开辟了大约上千里的疆域，并在代郡、雁门、云中设置了行政区，管辖的范围到达今天的河套地区，赵武灵王胡服骑射不仅取得了军事上的成功，也消解了华夏民族鄙视胡人的心理，拉近了二者之间的心理距离，增强了胡人对华夏族的认同，推进了中原华夏民族与北方游牧民族融合。可见，民族融合需要交通工具的变革，交通工具的变革也推动着民族融合的进程。

至战国后期，在秦、赵、燕国长城以南，活动于黄河流域内的非华夏族戎、狄、胡等已基本被华夏族融合。在南方，秦楚两国在战国时期已经华夏化，并分别融合了南方和西方的许多蛮夷地区的少数民族；同时，秦国的势力向西进入四川地区，与巴人、蜀人共处，向西南进入甘肃地区，与羌人和氐人杂居；楚国势力也向西南地区发展，与苗人融汇。另外，由于少数民族的内迁等各种原因，韩、赵、魏、齐、燕等国也都融合了当地的一些少数民族，到秦统一前，战国七雄已基本华夏化。

秦始皇统一中国后，颁布"车同轨"的法令，把过去纷杂的交通路线，加以整修和联结，建成遍及全国的驰道，使得车辆可以畅行各地；同时，又颁布有关邮驰的法令，建立起传通官府文书和军事情报的邮传系统。战国时期的"百越"是生活在岭南地区的古老民族的统称，他们分支众多，互不统属，所以被称为"百越"，主要有云南东部的西瓯、广西南部的南越、福建地区的闽越、江浙闽交界地区的于越、浙江沿海地区的东瓯。岭南地区的特点是"负山险，阻海南"，交通不便，境内的珠江形成封闭性的向心状水系，构成了封闭性的地理环境，物产相对来说比较丰富，生活在岭南的百越各族向外迁徙较少。公元前221年，秦统一六国时，南方的百越、北方的匈奴都是秦王朝的威胁。南进和北击都是秦王朝巩固和扩大统一成果的必然选择。但秦军向岭南地区进军遇到了百越这一强大的阻力，越人"以丝毫没有背弃祖先的习惯而万分自豪"，至死也"莫肯为秦虏"①，对秦王朝的进军进行了顽强抵抗。由于岭南地区山高岭峻，南北交通大多是位于山岭峡谷隘中的小道，秦王朝的士兵和粮草辎重的运输非常困难。秦始皇为了解决岭南战争的困境，于公元前214年开凿了连通长江和珠江两大水系的灵渠，灵渠开凿后，解决了秦王朝进军和后勤供应的困难，秦军得以深入漓江流域继续南进。公元前214年，"发尝逋亡人、赘婿、贾人略取陆梁(岭南)地，为桂林、象、南海郡，以适遣戍"②。秦王朝终于征服了西瓯，将岭南地区的越族拉入华夏民族共同体。灵渠开凿的意义非常大，它不仅帮助秦王朝实现了对岭南地区的统一，还对秦以后中国维持和巩固对南部地区的统一发挥了重要作用。灵渠被后人称为"三楚两越之咽喉"③，交通地位非常重要，通过灵渠的开凿，秦王朝把中原与岭南两大地区联系到了一起。秦王朝为了加强对岭南地区桂林、象郡、南海的统治，在建郡、设尉、修道的同时，又相继派遣50余万罪犯到岭南地区戍守边疆，徙迁和戍守于岭南地区的大批华夏人在岭南安家落户，在与越人杂处的过程中不断融合。原秦朝将领南越武帝赵佗为了鼓励华夏人与当地越人的融合，还让赵王室成员带头与越人通婚，越人的大首领吕嘉，"连相三王，其宗族官仕为长吏七十余人，男尽尚王女，女尽嫁王子兄弟宗室，及苍梧秦王有连"④。随着中原华夏人迁入岭南，中原地区先进的农业耕作工具和技术也不断传播到岭南越人中，使广大越人掌握了先进的生产技术，越人也在融合中接受了华夏族的思想文化，学会了华夏族的语言与文字，促进了越人的华夏化。对岭南的华夏人来说，一方面必须向越人学习才能适应新的环境；另一方面在南越国赵政权的"和集百越"政策的鼓励下，为了与越人交往，当地的华夏人也必然要学习他们的语言，华夏人也出现

① 何宁：《淮南子集解·人间》，中华书局1989年版，第1288—1290页。

② (汉)司马迁：《史记》，中华书局1959年版，第263页。

③ (清)杨应琚：《灵渠文献粹论》，中华书局1984年版，第230页。

④ (汉)司马迁：《史记》，中华书局1982年版，第2972页。

了南越化的倾向。在互相融合汉化过程中，由于华夏文化更加先进，所以华夏化居于主要地位。秦王朝时"莫肯为秦虏"的南越人，经过长期的"和集百越"政策，逐步变成了认同中原华夏文化的民族。经过一百多年的民族融合，华夏民族同化越族，越族融入了华夏民族之内。如果说秦始皇时期，统一岭南的战争带有相互仇杀的意味，那么此时的战争就变成了平定割据的统一战争，在此过程中，灵渠等交通枢纽发挥了重要作用。

　　"汉"作为事物名称最早是指汉水，在汉水这一河流名称的基础上后来又派生出了许多地理上的称谓，如汉阴、汉中等，而"汉族"作为族称的出现与汉王朝有关。秦末刘邦率军入关灭秦，项羽封刘邦为汉王，封地就在汉中一带，后来刘邦打败项羽，建立了以"汉"命名的王朝，"汉"也就从一个地区名称变成了一个王朝的国名。汉承秦制，巩固并发展了秦王朝开创的多民族统一国家。汉朝周边的各族以"汉人"称呼中原人，于是"汉"这个词作为一个民族的称谓被越来越广泛使用。出于习惯，此后的唐、宋、元、明、清各王朝时期，中原人一直被称为汉人，作为汉民族的"汉族"也逐渐演化为汉族百世不易的族称。汉族因刘氏汉朝而得名，以先秦时期的华夏族为核心，并逐渐演化为统一稳定的民族共同体。秦汉以后，汉族又经过两千余年的繁衍生息，在不断吸收其他民族的优秀文化的过程中，最终发展成为拥有灿烂文明和众多人口的伟大民族。所以说，从春秋战国至秦统一，中国形成了以华夏族为主体的统一的多民族中央集权制国家。

　　"汉族"的形成与汉朝的交通发展有很大的关系。汉代交通的发展不仅使中原文化向周边地区传播，亦使周边文化源源不断地输入中原，为中原汉族的发展注入新的文化因素。汉代的交通在继承秦代交通的基础上，随着国土的扩张和社会活动的扩展又有了新发展。著名的交通史专家王子今教授在《秦汉交通史稿》一书中指出："秦汉时代，重要的交通干线已通达各主要经济区，由东向西在彭城、荥阳、长安结成交通枢纽，此外，又有疏密交错的交通支线结织成网，形成全国规模的交通系统，其中有的支线在历史演进中又发展为重要的干线。有些看起来并未形成明确线形结构的道路，也在交通生活中发生着重要的作用。"[1]

汉代交通网络的发展已遍及全国，在新开发及新并版图的范围内，建设了多条道路和邮亭，如在平定西南夷后，为加强西南夷地区与中原地区的联系，汉武帝"开通西南夷，凿山通道千余里，以广巴蜀"[2]。东汉时，"旧交趾七郡贡献转运，皆从东冶，泛海而至，风波艰阻，沉溺相系。（郑）弘奏开零陵、桂阳峤道，于是夷通，至今遂为常路"。李贤注："东冶，县，属会稽郡。《太康地理志》云汉武帝名为东冶，后改为东候官，今泉州闽县是。"[3]西北羌人地区的交通道路也随着平羌战争和羌人内附而得到开通。《汉书·赵充国传》载：平定西羌的赵充国将军曾在羌人故地"冰解漕下，缮乡亭，浚沟渠，治湟狭以西道桥七十所，令可至鲜水左右"；[4]《后汉书·虞诩传》载：虞诩平武都郡羌乱时，当地"运道艰险，舟车不通，驴马负载，僦五致一"；交通极不便利，"诩乃自将吏士，案行川谷，自沮至下辩数十里中，皆烧石翦木，开漕船道，以人僦直雇借佣者，于是水运通利，岁省四千余万"。羌乱平定之后，"诩始到郡，户裁盈万。及绥聚荒余，招还流散，二三年间，遂增至四万余户。盐米丰贱，十倍于前"；[5]汉武帝封禅前夕，"天下郡国皆豫治道桥，缮故宫，及当驰道县，县治官储，设供具，而望以待幸"。[6]邮亭也遍及全国，如元光六年（前129）"南夷始置邮亭"[7]。西域开通后，汉朝"立屯田于膏腴之野，列邮置于要害之路。

---

① 参见王子今：《秦汉交通史稿》，中国人民大学出版社2013年版，第31页。
② （汉）司马迁：《史记》，中华书局1959年版，第1420页。
③ （南朝）范晔：《后汉书》，中华书局1965年版，第1156页。
④ （汉）班固：《汉书》，中华书局1962年版，第2968页。
⑤ （南朝）范晔：《后汉书》，中华书局1965年版，第1869页。
⑥ （汉）司马迁：《史记》，中华书局1959年版，第1726页。
⑦ （汉）司马迁：《史记》，中华书局1959年版，第1339页。

驰命走驿，不绝于时月；商胡贩客，日款于塞下"。①汉代在边境地区修建的大量道路和邮亭，成为边境地区与中原地区进行文化交流和民族融合的重要枢纽。

汉代交通工具有很大的进步，西汉经济恢复和发展后，马匹、车辆等交通工具不断增多，到汉武帝初年呈现了"众庶街巷有马，阡陌之间成群，而乘字牝者傧而不得聚会"。②王子今教授指出，秦汉时期的车辆不仅普及，而且在车型和制作技术上比先秦时期也有了较大进步③。当时的一些富户人家甚至还有专门的"造车匠"。《后汉书·应奉列传》记载："奉少聪明，自为童儿及长，凡所经履，莫不暗记"；李贤注引谢承《后汉书》说："奉年二十时，尝诣彭城相袁贺，贺时出行闭门，造车匠于内开扇出半面视奉，奉即委去。后数十年于路见车匠，识而呼之。"④一些普通百姓也拥有了自己的车辆，如《汉书·酷吏传》载：田延年为营建昭帝陵，"大司农取民牛车三万两为僦，载沙便桥下，送致方上"⑤。"取民牛车三万两"，民间征用的牛车多达三万辆，可见拥有车辆的普通人家当时已不是少数，更不用说官宦之家了。

汉与匈奴之间曾发生过长期战争，为了发展骑兵，汉朝对马匹需求量的不断增加，推动了汉朝马政的发展，使得马匹和马车的数量大幅增长。史书记载当时士人官宦的活动，能聚集千余辆马车。如《史记·韩信卢绾列传》载："（陈）豨常告归过赵，赵相周昌见豨宾客随之者千余乘，邯郸官舍皆满"；⑥《史记·袁盎晁错列传》载："（袁）盎曰：'剧孟虽博徒，然母死，客送葬车千余乘，此亦有过人者'"；⑦《汉书·游侠传》载：楼护

①　（汉）司马迁：《史记》，中华书局 1959 年版，第 2994 页。
②　（汉）司马迁：《史记》，中华书局 1959 年版，第 1420 页。
③　参见王子今：《秦汉交通史稿》，中国人民大学出版社 2013 年版，第 99—126 页。
④　（南朝）范晔：《后汉书》，中华书局 1965 年版，第 1607—1608 页。
⑤　（汉）班固：《汉书》，中华书局 1962 年版，第 3665 页。
⑥　（汉）司马迁：《史记》，中华书局 1959 年版，第 3182 页。
⑦　（汉）司马迁：《史记》，中华书局 1959 年版，第 3304 页。

"母死，送葬者致车二三千两"①；《后汉书·蔡邕列传》载：汉灵帝熹平四年（175）立碑刻正定经文，待碑立成，"观礼及摹写者，车乘日千余两，填塞街陌"。国家的统一，全国范围内商品交易和交通网络的发展，使各地区贩卖货物的商人数量激增。而商人在贩运商品时，也需要车辆。《史记·货殖列传》所载："汉兴，海内为一，开关梁，弛山泽之禁，是以富商大贾周流天下，交易之物莫不通，得其所欲。"②长途贩运货物离不开车辆运载，大商人拥有的车辆数目也是可观的。如《后汉书·乌桓传》载："乌桓寇云中，遮截道上商贾车牛千余两。"③车辆的普及和广泛的使用，被当时人们形容为"牛马车舆，填塞道路"④"车如流水，马如游龙"⑤。据《史记·货殖列传》记载，拥有"轺车百乘，牛车千两""薪槁千车，船长千丈"的人家，可"比千乘之家"⑥。

　　汉代交通的发展、车辆的普及和广泛使用大大增加了远行的可能性，提高了人口与物资在全国不同地区的流动性。"交易之物莫不通，得其所欲"。交通发展为促进不同地区之间的经济社会文化交流与传播以及民族融合提供了便利。"汉代的民族交往，主要是指汉政权与边地各少数民族政权间的交往，也包括作为主体的汉民族与四邻各少数民族的民间往来；而民族交往的结果，则是加强了民族融合，促进了各少数民族的汉化。其中，汉匈和战，导致了匈奴的衰落和分裂，促进了南匈奴的内附和逐渐汉化；汉通西域，将西域纳入中国统一多民族国家的版图，西域各民族成为中华民族大家庭的一员；汉与西羌的交往，促进了西羌的内迁和民族融

---

①　（汉）班固：《汉书》，中华书局1962年版，第3707页。

②　（汉）司马迁：《史记》，中华书局1959年版，第3930页。

③　（南朝）范晔：《后汉书》，中华书局1965年版，第2983页。

④　（南朝）范晔：《后汉书》，中华书局1965年版，第1633页。

⑤　（南朝）范晔：《后汉书》，中华书局1965年版，第411页。

⑥　（汉）司马迁：《史记》，中华书局1959年版，第3944页。

合；汉与东北各族的交往，促进了汉文化的传播和东北各族的汉化；汉'和集百越'与设郡统治，促进了百越地区的社会进步和越人汉化；汉朝开发西南夷与设郡统治，则促进了西南夷地区经济文化的发展，增强了西南夷因仰慕汉德而内附和归化的意愿。毫无疑问，汉朝的民族交往，促进了民族间的融合，形成了中国以汉族为主体民族的多民族的基本格局，奠定了中国统一多民族国家的疆域基础，是中国统一多民族国家发展史上的重要一环。"①

　　魏晋南北朝时期，中原地区长期战乱，中央王朝无力控制边远地区，北方的少数民族乘机纷纷立国，争夺疆域，战争频繁，虽然形成了南北对峙局面，但却为不同民族之间的融合带来了新契机。魏晋以后，受五胡十六国之间频繁战争的影响，人口迁徙加剧；北魏孝文帝汉化改革，迁都洛阳，使鲜卑族完全汉化；"永嘉之乱"（307—313 年）使中原地区的汉人大批南下，在长江中下游地区形成了"汉蛮杂居"的格局；至隋唐时期，汉族融合了各民族形成新汉族。宋、辽、金、元时期是中华民族融合史上的又一个高峰，这一时期不仅有少数民族融合于汉族（汉化），也有大量的汉族融合于少数民族（胡化）。此时战争和动荡的社会环境导致的人口迁徙与掳掠，客观上推进了不同民族的大融合，如女真族大批进入中原后，学汉语改汉姓、党项族在元朝统一中国时也基本上汉化；元朝时蒙汉通婚、改汉姓，元朝灭亡前后全国各地的很多蒙古人汉化了。17 世纪中叶，满族入主中原，为了加强对全国的控制，以八旗为主体的满族人被分布到全国各地，在二百多年与汉人共同生活的历史过程中，满族人入乡随俗，逐渐被汉化。如今，满族的风俗习惯、语言文字已与汉族相差无几。基于不同历史时期融合的文化政策，我国形成了稳定的、多元一体化的中华民族大家庭。

---

① 汪高鑫:《汉代的民族交往与民族融合》,《学习与探索》2013 年第 1 期。

交通路线是联系中国各地区之间的"血脉"，正是由于交通事业的不断发展，先秦各自分散的部落最终融合成为汉族的源头——华夏族，孕育了秦汉以后多民族统一国家以汉族为主体的民族格局，而秦汉之后统一而强大的中央政权的出现也有力推动了交通运输的快速发展。

第二节 古代交通与国家的统一繁荣

公元前 221 年，秦始皇颁布了"车同轨""舆六尺"的法令，规定车轨距（两轮之间距离）必须是六尺宽。在规定车轨距的同时，还规定了车道五步的标准，加速了秦灭六国之后民族的实质融合与国家的真正统一。秦汉"大一统"政权的出现，在中国政治史、中华民族发展史上都开创了千古未有的先河。中国政治从此有了大规模的举措，中国交通在中央集权政府的推动之下逐步发展为全国性的交通网络，出现了诸如长安、洛阳等大都会，大大加速了经济的发展和繁荣。

秦朝的统一结束了自春秋战国五百年以来的诸侯争霸分裂割据局面，建立了中国历史上第一个中央集权制国家。为加强政权控制，公元前 222 年秦始皇开始大力修筑以国都咸阳为中心、向四面八方延伸出去的驰道（类似现代的高速公路）。在驰道上实行"车同轨"，均宽五十步。驰道的修筑使交通更加方便，更利于管理六国的旧地，也使北方战争前线的补给更加方便。秦时修建的著名驰道有：上郡道、临晋道、东方道、西方道、武关道、秦栈道以及秦直道。秦始皇首先在云阳北的甘泉山下修了"除道九原，抵云阳"[①] 的一条向北直通阴山脚下的"直道"。这是一条具有重要军事意义的交通要道，全长 1800 里（约合今 1400 里），通过这条

---

① 周振鹤：《西汉政区地理》，人民出版社 1987 年版，第 244 页。

捷径，秦咸阳能够用最快的速度支援抗击匈奴的部队。《汉书·武帝纪》载：元封元年（公元前110），汉武帝"躬秉武节，置十二部将军，亲帅师焉。行至云阳，北历上郡、西河、五原，出长城，北登单于台……还祠黄帝庙于桥山（位于今陕西黄陵县西北），乃归甘泉"。走的就是秦直道。秦始皇统一六国后，远征岭南，为方便运送军队和物资，加速统一百越的进程，命史禄修建沟通长江水系湘江和珠江水系漓江的运河灵渠，并最终在公元前219年至前215年修成，这是世界上最早的船闸式运河，能翻岭，能爬坡。灵渠在自开通以来的两千多年时间里，一直是岭南与中原地区水路交通的要道。秦帝国进行的帝国全境的交通干线——"驰道"以及南北水上的大通道——灵渠等工程的大规模建设，对中华民族和中国无疑有伟大的、万古不朽的历史贡献。同时，为沟通湖南、江西地区，秦始皇还修筑了一条"新道"，构成了以都城咸阳为中心的连接全国各地的重要城市、战略要地、富庶地区的四通八达的交通网络。这一交通网络的构成对促进当时中国经济共同发展和政治文化的进一步融合以及汉族的最终形成提供了前提条件。

汉代在交通上最大的成就是张骞"凿空"西域。为了解除匈奴的威胁，恢复与西方各地的贸易交通，公元前138年汉武帝派张骞出使西域，联合大月氏人夹击匈奴。张骞虽然没有达到预期的出使目的，但是带回了大量有关西域各地的地理情况和文化知识，促使汉武帝下决心斩断匈奴"右臂"，给匈奴以有力的回击，恢复河西走廊的交通。公元前119年，张骞第二次率领三百人的队伍，带着大量牛、羊、金、帛等出使西域，并凭借惊人的毅力和勇气克服了重重艰难险阻，两次出使西域，促进了汉朝人民与西域各地人民的友谊；张骞考察了这条通道，也就是后来著名的"丝绸之路"，张骞考察了各种情况了解了"丝绸之路"沿线各个国家和地区的人口、物产、风土人情、交通、气候以及方位距离等。由于张骞是我国历史上第一个由政府派遣，冒着很大危险出使西域的使者，因而史称张骞出使西域的事业为"凿空"。张骞之后，长安出现了出使西域各地的热潮，许多青年人争相前往，蔚然成风，汉朝每年派出出使西域的使团多则十余次，少则五六次，每次或者百余人，或者十余人，史载出使西域的"使者相望于道"[①]。他们在出使过程中往往称颂张骞的功绩，借以取得西域各国的信任。相传盛产于西域各地的葡萄、胡桃、胡豆、石榴等，都是张骞和其后的使者从西域带回内地的，西域各国的使者和商人也前来汉朝，他们带来了骏马、宝石、香料、火院布（石棉布）等物品，以至"明珠、龙文、二亘自、汗血（四种骏马名）之马充于黄门；巨象、狮子、猛犬、大雀（鸵鸟）之群食于外囿，殊方异物，四面而至"。我国的丝绸、金银器、漆器、竹器、钢铁以及先进的农耕经验、炼钢、打井技术等也传往西域各国。"丝绸之路"的东西交通往来极大地开阔了人们的眼界，增进了各地人民的友谊，丰富了人们的生活，促进了国家的繁荣。

河西地区是指今天甘肃的酒泉、张掖、武威等地，因位于黄河以西，被称为河西。河西地区处祁连山与北部山系间，西北起于疏勒河下游，东南至乌鞘岭，宽仅数里至一二百里，长则达2000多里，成一狭长的天然走廊，亦称河西走廊。河西地区西通西域，东连关陇，南接种羌（后为吐谷浑、吐蕃），北当匈奴（后为突厥），恰似中原王朝的一只手臂，其战略地位非常重要，汉代时有"天下要冲，国家藩卫"之说。从军事防守的角度来看，只要中原王朝控制了河西地区，就能很容易切断北方游牧民族与河西地区的吐谷浑、吐蕃、羌人的联系，故河西地区有"隔绝羌胡""断隔突厥、吐蕃"之说；从进取角度来看，河西地区是北出居延，深入蒙古高原最便捷的交通要道，河西走廊西边的玉门关、阳关，更是进入西域各地的交通咽喉。如果河西地区被游牧民族控制，游牧民族就可以河西地区为依托，南连河湟、北通大漠、东逼陇右、西控西域，攻守进退，灵活自

---

① （汉）班固：《汉书》，中华书局1962年版，第2694页。

如，威胁关中，中原王朝就如手臂被斩，只能被动地承受来自西北和北方的威胁。如唐后期吐蕃多次控制河西地区，威胁关陇，并一度攻入长安；北宋时西夏控制河西地区，北宋长期受制于西夏，均为其例。故有"欲保关中，先固陇右""欲保秦陇，必固河西""河西不固，关中亦未可都也"之说①。

公元前2世纪晚期，随着西汉国力的强盛和交通能力的发展，其统治范围拓展到河西走廊地区，汉武帝击败匈奴，控制河西。匈奴失去河西后不胜惋惜，唱出了"亡我祁连山，使我六畜不蕃息；失我焉支山，使我妇女无颜色"的哀歌。汉朝控制河西地区是河西历史上最重大的事件之一。

为了保护"丝绸之路"和构建统一的防卫体系，收复河西走廊后，汉朝对秦长城加以整修，沿线弃荒屯田，从今内蒙古伊克昭盟北部的黄河南岸，一直到甘肃永登县西北，"往往通渠置由官，吏卒五六万人"②，并设置酒泉、武威二郡，把长城从令居（今甘肃永登县西北）向西延伸到酒泉。公元前111年，汉朝又在酒泉西部设敦煌郡，在武威西部设张掖郡，形成了河西四郡。公元前108年，汉朝又把长城向西延至玉门关，"陼以玉门、阳关"③，成为当时东西方交通必经的孔道，"列四郡，据两关"就是指上述这些措施。西汉初期前去西域各地主要是出阳关至楼兰（故址在今新疆罗布泊西），然后沿塔克拉玛干沙漠南侧的昆仑山北坡向西行，经于阗和莎车（今新疆莎车县）等地，越葱岭（即帕米尔高原）到大月氏和安息，再往西就到了条文（今阿拉伯一带）和大秦（罗马帝国）。这条交通路线被称为"南道"。"北道"于汉宣帝时期才畅通无阻，北道的路线是西出玉门关至车师（今新疆吐鲁番），沿塔克拉玛干沙漠北侧的天山南坡

---

① 参见顾祖禹：《读史方典纪要（卷六十三）》，中华书局1955年版，第2711页。

② （汉）司马迁：《史记》，中华书局1959年版，第2911页。

③ （汉）班固：《汉书》，中华书局1962年版，第3871页。

向西，经过龟兹（今新疆库车县）和疏勒（今新疆疏勒县）后，再与"南道"相合，然后翻越葱岭，到达安息和大秦等地。汉宣帝初年，派将军郑吉守护新疆境内的"南道"各地，打通"北道"后，汉朝任命郑吉管理"南道"各地外，兼护"北道"各地，因而称为"都护"。汉代所采取的上述各项措施，对维护这条交通大道的安全曾经发挥过巨大的作用，也为唐代与西域各地贸易的进一步发展奠定了良好基础。

唐代为保证"丝绸之路"的畅通无阻，从始于河西走廊的凉州（今甘肃武威县），一直向西到天山南北的各条交通要道上，在凡是被称为军、镇、城的地方，都派驻了军队，如北庭都护府的所在地庭州、安西都护府的所在地高昌（今新疆吐鲁番西）和龟兹，以及交通枢纽弓月城等。《资治通鉴》在天宝十二年（753）中说得非常清楚："是时中国盛强，自安远门西尽唐境，凡万二千里，间阎相望，桑麻翳野，天下称富庶者，无如陇右。"唐代的陇右道有19个州、60个县以及安西和北庭两个都护府。唐长安城的安远门（后改为开远门）是丝绸之路的起点。《南部新书》载："平时开远门外立堠云：西去安西九千九百里，以示戎人不为万里之行。"（"堠"是记里程的土墩，又被称为记里堡，相当于今天的里程碑）在丝绸之路开端的记里堡上不写真实数字，而立石标明去安西都护府所属的祖国最西端，告诉人们去安西还不到一万里，这可能是鼓励人们要志在四方，前往边疆，表明了唐王朝对这条交通道路的特殊关心，也说明这条交通道路的确是以长安为起点的。"西尽唐境"是指安西都护府所管辖唐王朝最西端边境上的碎叶镇。以长安为起点，联系中国与中亚、西亚和欧洲各国的这条交通要道是一条友谊之路，在中西交通历史上发挥着巨大作用，为各国人民所称颂。

古代的都会大都是以交通枢纽形成的经济中心。隋、唐、宋的大都会有作为京都的长安和洛阳，有位置在黄河、运河连接处的汴州，有位置在运河长江连接处的扬州，有滨海的广州、泉州、杭州，有通广州大道的洪州。其中唐代的长安是一个国际性的大都会，以长安为中心，通过国内交通干线，连接起通向国外的道路，东达朝鲜、日本诸地，东南行可顺运河、长江以出海，南下广州也可远航南洋、印度各地及波斯湾一带。从长安向西，出玉门关西行，经新疆，有三条陆路可通中亚、西亚以及印度，这就是著名的丝绸之路。在这些路上，大批商人、驼队终年往来不绝，把中国的丝绸、锦缎、陶瓷等运往西方，也把中国的先进文化技术传播到西方。唐帝国疆域远及中亚一带，与阿拉伯帝国相接，双方的文化得以广泛交流，中国的造纸术，就是先传到撒马尔罕，然后通过阿拉伯人再传入欧洲各地。中国的火药也通过阿拉伯人传播到西方，火药中的重要成分硝石，被阿拉伯人称为中国雪。中国当时称阿拉伯为大食，大食人来华经商的很多，在广州居住的据说曾达到 12 万人。唐朝的杜环居留大食十余年，到过西亚以及东北非洲，在库法看见许多中国工匠从事纺织、绘画、金银制造，中国的丝织技术不久为阿拉伯人所掌握，各色丝织品从阿拉伯输往欧洲各地，被称为"库非叶""大马士革"等。

中国历史上的秦、汉、隋、唐王朝之所以把都城设在关中，除了关中地区土地肥沃、物产丰富和地理形势险要这些因素之外，还有一个重要原因，就是在古代中国海上交通尚未发达之前，关中地区是黄河流域各大城市中与西方各文明古国交通往来最为便利的地方①。汉唐时期长安的繁荣富丽，与丝绸之路的存在有着密切的联系。史称，河西地区"夹以一线之路，孤悬两千里，西控西域，南隔羌戎，北遮胡虏"，战略地位非常重要，因而成为中原王朝经营边疆的重点地区。蒙古虽然没能创造一个持久的文明强国，但他们对亚欧地区的不停征战，给东西文化交流带来了深远的影响。蒙古人曾把亚欧大部分地区合为一体，使得汉文化、伊斯兰文化、基

---

① 参见步履：《汉唐时代中西交通概述》，《西北大学学报》（哲学社会科学版）1980年第 2 期。

督教文化交流的地理和交通条件开始形成，蒙古人西征打通了阻塞中西的古丝绸之路，在沿线建立了闻名于世的驿站，方便了欧亚之间的商贸和文化交流，使其得到了空前的发展。蒙古人西征不仅把火药、印刷术、指南针等技术带到了欧洲，加速了欧洲的变革和近代化进程，还对后来乃至今天的世界格局与世界体系的建构产生了深远的影响：人员交流、商品贸易、货币使用、宗教传播、驿站制度等这些构成现代世界体系的元素，在13世纪的元代就已经出现并且维持了长达一个世纪之久。蒙古人使河西走廊地区进入了有史以来第三个大发展时期。到了清代，随着疆域的西扩，河西地区在全国军事、政治、经济上的重要性虽大不如前，但因清王朝经常对西北用兵，军事重心开始西移，河西地区作为清王朝经略新疆的"军需总汇地"和必经之地也备受重视，清王朝不仅非常重视对河西地区的军事和行政的建制，而且推行了一系列恢复和发展经济的政策，为河西地区的兴盛创造了条件。

第三节　近代交通与国家的落后屈辱

近代以来，随着西方国家现代化的交通工具轮船、火车和汽车相继兴起，新的航线、铁路和公路也随之开辟。相形之下，中国以畜力和人力车为主要工具的古代陆路运输业、以邮驿为主要方式的古代邮政业和以帆船为主要工具的传统水上运输业，却日趋衰落并逐步废弃，这是近代中国遭受侵略，饱尝屈辱的重要原因之一。

一、海上交通衰落，无法有效巩固海防

明王朝建立后不久，为巩固其专制统治，厉行海禁，并定为基本国

策。此时，中国无论工农物产之丰裕，商业经济之发达，制造工艺之精良，航海技术之先进，都居世界前列，有足够的实力走向世界各地。中国要发展亟须与世界各国进行商品、金融和文化交流，但不幸的是，明王朝昧于世势之变化，不重视海外贸易，极力紧闭国门，不允许中外商旅出入，就连非常狭窄、被鄙薄为"乞食般的"朝贡贸易渠道也不时地关闭，并认为这是不能改变的"世守之规"，把自己封锁在四海之内。清朝出于防汉制夷的政治考量，同时为了消灭反清复明的势力，施行了空前绝后的闭关锁国政策。1757年，乾隆一道圣旨从京城传到沿海各省，下令除广州之外，停止各地港口的对外贸易，这就是所谓的"一口通商"政策，这一政策是清政府彻底奉行闭关锁国的标志。两百多年来，乾隆的这道圣旨一直被视为是导致近代中国落后于世界的祸根。马克思曾生动地描述了这一政策的特征和后果："与外界完全隔绝曾是保存旧中国的首要条件，而当这种隔绝状态通过英国而为暴力所打破的时候，接踵而来的必然是解体的过程，正如小心保存在密闭棺材里的木乃伊一接触新鲜空气便必然要解体一样。"①其结果是使本来处于世界前列的中国，在通向现代化的道路上故步自封，步履维艰，与西方国家相比越来越落后。

15—16世纪，西方少数国家在商品经济推动下，越过大西洋、印度洋和太平洋，发现了新大陆，开辟了新航路，把美洲的白银输送到全球各地，把亚洲丰富的物产运到欧洲和美洲，开创了世界大市场、世界近代化的新局面。"海禁"对中国社会产生了严重而深刻的影响，造成了中国海运贸易的衰落，政府的"海禁"阻碍了航运贸易，也遏制了造船业的发展，清政府还曾直接限制造船。这在很大程度上妨碍了海外市场的扩展，抑制了资本的原始积累，阻碍了中国资本主义萌芽的生长，

---

① 《马克思恩格斯选集》第1卷，人民出版社2012年版，第780—781页。

使中国长期与世隔绝，无法有效地与西方进行科学知识和生产技术的交流。

海上交通的衰落、调兵速度缓慢是导致清朝鸦片战争失败的重要原因之一。清朝水师的衰落在鸦片战争之前就达到了无以复加的地步，清朝水师战船虽然种类繁杂，但基本上都是由商船改造，战船船体皆为木质，以松、杉木为主要材料，无铁皮或铜皮包裹，朽坏极快，又因造船效率很低，战船难以及时更新。鸦片战争时期，清朝水师战船主力大多是以掉桨为动力的无帆桨船或单桅战船，其中也有少数双桅或三桅战船。中英海军的实力存在着明显的差距。正如黄爵滋所言，"沿海水师，……军器率多残缺，战船用薄板旧钉，遇击即破，并不计及夷器之凶利坚固"[①]。左宗棠也说，中国海船"船式粗笨，工料简率。海防师船尤名存实亡，无从检校，致泰西各国群起轻视之心，动辄寻衅逞强，靡所不至。"结果"藩篱竟成虚设，星驰靓举，无足当之。"[②]

二、运河衰落，难以发挥富国强兵的作用

清中期以后，大运河开始衰落，对运河沿线地区农村经济产生了较大的影响。运河的逐渐衰落直至断航，直接后果就是产于江南地区的各种手工业产品不能像以前那样由大运河源源不断地运往北方，导致了北方市场上江南传统手工纺织产品的萎缩，北方需求得不到满足，同时也给江南的棉纺织业带来很大打击，由此引发江南地区以棉布业为生的小城镇的衰退。民国《月浦里志》载：该镇在同治之后，市场上的"商铺以酒、米、南货为最，并有兼营小熟豆饼、洋纱者，花行、布行不过一二，率皆客商

---

① 《鸿胪寺卿黄爵滋敬陈六事疏(1835 年)》，载中国史学会主编：《鸦片战争》第 1 册，神州国光社 1954 年版，第 484 页。

② 《洋务运动》第五册，上海人民出版社 2000 年版，第 19 页。

开设，土人鲜有投资者"。江南的小城镇是连接城市与乡村的桥梁，棉布业小城镇的衰落不仅使一些人失业，还在一定程度上导致了农村经济的衰落。

　　大运河的衰落也给华北运河地区农村经济的发展带来了严重的影响。在清代前期，运河畅通，沿线商贸繁荣，刺激了华北运河沿岸地区的经济作物的生产和经营。无论是经济作物种类还是规模都大大超过了明代，并且呈现出专业化和规模化发展的趋势，具有典型的商业性农业经营的特点。史载，雍正七年（1729）至乾隆元年（1736）的7年间，航行于运河的漕运船每年多达7167只，所载的货物近450万石①。清代后期，随着大运河的衰落，长江以北的运河航运几乎完全废止，与之相应的是，随着清朝轮船招商局的设立，海运事业日兴，沿海的港口城市日益繁荣，华北地区东西部的经济地位发生了逆转，沿海的发展对广大内陆地区产生了强有力的带动和辐射作用。清末华北地区陆续修建的铁路使华北地区的交通状况发生了很大的变革，铁路的建成对于华北地区商品流通网络、城市体系的重构和经济区位的变化都产生了重大影响。京杭大运河的衰落对沿线地区不同城市的影响是不同的，有一些成功转型为近代化的城市，如天津；有一些则发生了全面衰败，如扬州、临清和济宁。从明代至清代前期，京杭大运河是联系中国南北经济的交通大动脉，因运河交通而在其沿岸兴起了一批转运人员和物品的城市，他们的商贸依附于大运河，如扬州、临清和济宁等典型代表。清代中期以后，在战争和海运等多种因素的共同作用下，大运河逐渐衰败。大运河的衰败给依靠大运河转运发展起来的城市造成了巨大的冲击，使这些城市全面衰落。山东的临清位于大运河的北段，明代时就是北方地区商贸经济的中心城市，乾隆时期大运河一带的商贸区"绵亘数十里，市肆栉比"②，俨然一幅商业大都

---

　　①　参见林盼：《清代私盐贩运与地方社会》，《盐业史研究》2012年第1期。

　　②　民国《临清县志》卷8《经济志·商业》，《中国地方志集成·山东府县志辑·95》，第139页。

会的繁荣景象。史载，"临清为南北都会，萃四方货物，带鬻其中"①。咸丰五年（1855），河南铜瓦厢段黄河决口，把山东段大运河拦腰截断。此时，清政府忙于镇压太平天国起义，无力顾及治理黄河决口和大运河的淤涸，致使京杭大运河强大的运输功能中断，大运河沿线地区的商业开始衰败，临清作为因大运河而兴的城市，也因大运河漕运停止和大运河衰亡而迅速衰落。史载，"自漕运既停，汶河亦塞，百货之转输，仅赖卫水一流"，"向之南北孔道，悉变为膏腴良田"②，最终"运河淤涸而商业终衰"，"满目劫灰，元气不复"③。

大运河的衰败也是两次鸦片战争、甲午战争失败的重要因素之一。大运河是中国内陆贯穿南北的漕运水道、人流物流交通线、区域文化的廊道，它也是一条极为重要的南北军事战略通道，历史上多次成为国内外重大军事斗争的发生地和关联区，许多重要的战争均发生在京杭大运河沿岸，因此，它具有非常重要的军事后勤保障和防御功能。近代以来，清政府多次重大战役的失败都直接或间接地与大运河的衰败相关。在第一次鸦片战争时，清政府昏庸腐败，对大运河的军事功能和地位重视不够，英军在开战前控制了大运河上的一些战略要塞，阻断了清政府的南北漕运，清政府战败，被迫签订了不平等条约；第二次鸦片战争时，清军虽然在大运河沿线布防，但由于军事实力不济，防御观念落后，仍然无法逃脱战败的结局；甲午战争的失败与大运河难以有效发挥军事运输功能有直接关系④。

英国在第一次鸦片战争中对大运河的控制为其夺取胜利奠定了基础。

---

① 乾隆五十年《临清直隶州志》卷二，《建置·市衢》。
② 张自清等：《临清县志·疆域志·河渠》。
③ 《民国临清县志》第四册。
④ 参见王健：《近代大运河的军事国防价值——大运河衰败对两次鸦片战争、甲午战争的影响》，《中原文化研究》2005年第4期。

1842 年 6 月 13 日，英国军舰进攻上海的吴淞口炮台，攻陷后逆江而上，长驱直入，占领了长江军事重地镇江。英军沿长江一线，拦截漕船，掠夺商船，控制了扬州与镇江之间的长江航线(时称"江漕"，沟通京杭大运河、江南运河与江北运河及长江上游至江北运河入口)。7 月 15 日，英国军舰停泊镇江和瓜洲，封锁了江漕及江南运河镇江段的主要入江口，截断了漕粮运输，扣留了七百多条漕船，大运河漕运被迫中断。大运河控扼的两条主要航线，是当时清政府南北交通的大动脉、是清朝的经济生命线，也是一条南来北往的政治和军事大通道。大运河被切断，使清朝南北水路交通无法畅通，来自江南"天庾之供"的漕粮无法输送到京师，对清朝的政治、经济造成了极大影响。加之海道被封闭，清朝的整个南北交通完全中断。因此，在英国军舰抵达南京（时称江宁）下关江面后不久，清政府就被迫签订了近代史上不平等的《南京条约》。在近代清军水师屡战屡败，海路被列强封锁的情况下，大运河本应承担重要的国防交通运输通道功能，但该功能却因大运河被列强控制而丧失了，可以说中英第一次鸦片战争，清政府的失败与大运河被封锁切断有着密切的关系。英国一位摄影家的话可印证这一论断，1871 年在长江流域考察的苏格兰摄影家、旅行家约翰·汤姆逊到达镇江后说："镇江府位于大运河和扬子江的交汇处，据守着一个极为重要的位置，因而在 1842 年敌对期间，这里是大力防守的重镇之一，而它的陷落很大程度上加速了和平谈判的过程，最后终结于《南京条约》的签订。"①

　　甲午战争时期大运河虽早已中断，军事战略价值大大降低，但由于当时的长江流域属英国势力范围，日本无法染指，故大运河仍可以作为军事交通线路发挥作用。但由于清朝已经放弃对大运河的治理，致使淮

---

　　①　王健：《近代大运河的军事国防价值——大运河衰败对两次鸦片战争、甲午战争的影响》，《中原文化研究》2005 年第 4 期。

河以北大运河的航运功能基本丧失，使清政府在海道受到封锁的时候，没有有效、畅通的南北交通线路以运输军事装备。有一个鲜为人知的史实是：在甲午战争中，由于海路被封锁，内陆交通极为不便，给从广东往天津军火的运输造成了极大困难，最终因交通困难，军火不能及时送到前线，无法支援中国军队，贻误了战机。具体记载"当天津亟须军火之际，电致广东，拨出机器炮三千尊，及每尊应用之药弹各二百颗，然行道梗阻，不敢由轮船运送也。广东官吏，传集内河船只，用小轮拖至大庾岭外，水路中绝，由是星夜起岸，役使丁夫，昇至湖口，再传民船，送渡鄱阳湖；涉扬子江，绕出淮水而至清江浦。水道又绝，乃复拘集车辆，或用四马，或用四驴，由江苏省按站过山东省，而入直隶境。屈计自广东起程，在路上凡百四十有二日，始达天津！"① 最后到达直隶时已经耗时 142 天，近 5 个月的时间。然而从甲午战争开始的 1894 年 8 月 1 日黄海海战算起，到 12 月，历时 5 个月日军早已打到辽东半岛，清政府只能宣布投降，屈辱求和。

三、交通工具落后，难以与西方列强相抗衡

中国古代的远洋海船曾长期领先其他国家，至 15 世纪末叶时仍居世界航海的前茅。但从 16 世纪开始，中国在海船制造技术和质量上逐渐落后。这与封建专制政权的压制是分不开的。明清两朝曾长期推行海禁政策，顺治十二年（1655），清王朝发布禁令，规定民间不许打造双檐大船。虽然康熙二十三年（1684）"开禁"，但也有严格的限制，"如有打造双桅五百石以上违式船只出海者，不论官兵民人，俱发边卫充军。该管文武官员及地方甲长，同谋打造者，徒三年；明知打造不行举首者，官

---

① 曾绍抡等：《滇康道上：滇康旅行记》，辽宁教育出版社 2013 年版，第 190 页。

革职，兵民杖一百"。至康熙四十二年（1703），清政府允许制造双橹船，但限定双橹船"梁头不得过一丈八尺，舵水人等不得过二十八名。其一丈六七尺梁头者，不得过二十四名"；若双橹船"有梁头过限，并多带人数，诡名顶替，以及讯口盘查不实卖行者，罪名处分皆照渔船加一等"。此外，在康熙三十三年（1694）还规定，清政府严禁"内地商人在外国打造船只违者严加治罪"。这些落后制度使中国造船业发生了历史性的大逆转。而同一时期，西方国家的造船业在本国政府的全力支持与先进科技的推动下，获得了迅猛发展，如西班牙，在16世纪初期就拥有1000多艘大商船；在17世纪中叶以前，荷兰造船业跃占世界首位，被誉为"海上马车夫"。而在此后迅速崛起的大英日不落帝国，则以其强大舰船队，在世界各大洋游弋。在船体结构的改进方面，欧洲现代化的"夹板船"异军突起。这种船"用板两层"建造，"厚径尺，横木驾隔，必用铁板两旁夹之，船板上复用铜铅板遍铺"。这种船非常坚固，比当时中国木船要坚固得多，在帆装设置方面，欧洲国家的造船厂融合了传统横帆与阿拉伯三角帆的优点，制造出能在各种风向下使用，又有强大采风驱动力的"克拉维尔"帆，后来还制造出著名的"飞箭式"多檐快速帆船。18世纪中叶英国工业革命后，以钢铁为船壳、以蒸汽机为动力的新式轮船问世，世界航海业揭开了划时代的一页。在鸦片战争前，中国的中小型帆船在吨位和总数量上虽有相当的实力，但是站在当时世界航运发展的现状来衡量，这种"实力"和"发展"已成"明日黄花"，东西方航海力量形成鲜明的此消彼长的对比。在19世纪50年代的西方人心目中，中国帆船的构造和装备，再也不是数个世纪前令人叹为观止的杰作了，而是"极为落后"的陈旧古董。航海以造船的发展为基础，清政府对造船业的禁令，严重阻碍了中国航海业的发展。

轮船是欧美列强侵略中国和夺取中国市场的武器。鸦片战争时期，英帝国主义的轮船是侵略中国的重要工具，频繁地出没于中国沿海一带，搜集中国沿海的社情民俗、水文气象信息、刺探清军水师布防和作战能力以及运兵能力。当时参加第一次鸦片战争的轮船大约有二十艘，而第二次鸦片战争时期，帝国主义侵华的舰船数量多达九十艘。①19世纪60年代初，"拥有一两艘轮船，航行在长江和沿海口岸的上海外国洋行不下二十家"②。其后在不到三十年的时间里，外国轮船越来越多，中国沿海与内河的主要航线几乎全被外商轮船公司把持，由于外商资本比较雄厚，在各口岸普遍设立了分支机构，拥有数量众多的码头、仓栈与保险行号，并且构建了相当完整的轮船运输体系，经营了一系列与轮运有关或无关的其他企业，逐步形成了一个完整的侵华企业网。外国人以商业形式向中国输入轮船与经营航运业，就其实质而言，是西方对中国进行经济侵略的开始。

1858年英国人额尔金在上海直言不讳地对其他英国商人说：破除"进入中国内地的屏障"，为英国贸易在中国打开"一个新世界"，英国的"武力和外交""业已完成它们"的历史使命；要想进入中国内地，"只不过刚刚开始"，英国应在科学技术，如电报、铁路等方面下功夫③。后来日本的《朝日新闻》为额尔金在"铁路方面下功夫"作了精辟的注解："铁路所布，即权力所及。凡其地之兵权、商权、矿权、交通权，左之右之，存之亡之，操纵于铁道两轨，莫敢谁何！故夫铁道者，犹人之血管机关也，死生存亡系之。有铁路权，即有一切权：有一切权，则凡其地官吏，皆我颐使之奴，其地人民，皆我俎上之肉"，把火车铁路引进中国是亡中国，而"亡

---

① 参见《北华捷报》1860年8月4日。

② 刘广京（Liu, Kwang—Ching）：《英美航运势力在华的竞争 1862—1874年》，邱锡镍、曹铁珊译，上海社会科学院出版社1988年版，第38页；《申报》1872年5月30日，见《上海史》唐振常主编，上海人民出版社1989年版，第223—224页。

③ 英国外交部档案原稿，第17组287卷，引自〔英〕伯尔考维茨：《中国通与英国外交部》，商务印书馆1959年版，第19—20页。

之使不知其亡"，"分人土"是"分之使不知其分"的绝妙方法①。从经济上说，这是为帝国主义向中国倾销商品，掠夺原料，为经济侵华准备交通运输条件；从军事上说，这是因为保障英国的侵华舰船的正常航行，需要就地取煤，需要实现对铁路沿线的占领；从政治上说，这是为了巩固和扩大英国的殖民统治体系。

为了镇压太平天国起义，清朝，以租雇或购买的方式引进了大量轮船，用来对付太平天国的军队。每当清军面对太平军进攻的危急时刻，清军就会租雇外国轮船，迅速调兵遣将。如 1861 年太平军占领了宁波、杭州，开始威胁上海，情势危急，清廷下令沿海各督抚，"饬江苏巡抚迅速筹款、雇觅外国轮船"，并要求"广东福建各督抚一体购觅轮船会同堵截"太平军②。1862 年太平军开始围攻上海，不仅威胁了清政府，也威胁了帝国主义，中外反动势力于是联手成立了"上海会防局"，共同抵制太平军的进攻。为了解除上海之围，"上海会防局"要求李鸿章将驻扎在安庆的淮军调至增援上海，史载："会防局备银二十万，雇外国轮船七艘，溯江而上，至安庆，迎援师……淮军乘轮东下，冲太平营而过，通抵上海，合常胜军之力，大破太平军于上海之徐家汇，斩首三千人，夺获晌械无算。"③ 两江总督薛焕，"饬吴煦檄华尔自淞江率常胜军进剿浦东，会英水兵何泊、法水兵卜罗德，乘火轮船抵天橙港登岸，大破高桥镇"的太平军背地④。

---

① 英国外交部档案原稿，第 17 组第 287 卷，引自 [英] 伯尔考维茨：《中国通与英国外交部》，商务印书馆 1959 年版，第 19—20 页。

② 台湾"中央"研究院近代史研究所：《海防档·甲购买船炮（一）》，台湾"中央"研究院近代史研究所 1957 年版，第 25 页。

③ 印鸾章《清鉴（卷八）》，转引自郑连明：《论晚清轮船与火车引进方式》，《福建论坛》1992 年第 3 期。

④ 参见太平天国历史博物馆：《太平天国资料汇编》第二册下，中华书局 1980 年版，第 86 页。

决定战场胜负的关键因素包括一个国家的综合实力、民心向背、武器优劣、素质高低等，但若抛开战略层面，仅从战场的各种军事要素考虑，"兵贵神速"的军队机动性是取得战争胜利的关键因素。没有铁路运输，现代化战争的机动就非常困难。在中日甲午战争前，日本通过横贯全国各地的铁路网，把各种兵械粮饷日夜不停地运到西部港口，并通过转乘轮船快速送达中国，向中国发起军事进攻，达到了兵贵神速出奇制胜的效果。甲午威海之战中国失败主因就是军队救援不力。1895年1月19日，3.5万日军在山东荣城轻易登陆。清军不能进行及时反击的主要原因是当地兵力不够，而援军还在行进途中。当时山东战场清军只有2.1万，其中1.2万在前线，分散驻守于登州、烟台、威海等地，直隶、奉天的战势危急，但清政府在附近却无兵可调。战争开始了，但从中国南方各地调来的20营援兵还在行军路上，其中张国林的5营兵未行进到镇江，李占椿和万本华的10营援兵未走到淮安，陈凤楼的5营援兵刚从徐州出发。而日军行动迅速，仅用4天多时间就在威海成功登陆，然后又迅速以2.5万的兵力从后路包抄了威海，水陆夹攻只有几千人的清军，清朝北洋舰队腹背受敌，最后全军覆没。在甲午战争中，清军不仅没有与日军打过一次大的歼灭战，甚至没有击溃一次日军，其主要原因是交通太落后，难以迅速调兵布防，占领有利的战略要地，也无法集中优势兵力歼敌。再如广东提督唐仁廉率部增援，1895年农历十一月初一日从山海关出发，官兵在泥淖中步行，由于天气回暖，冰雪融化，泥雪浅的地方没到膝盖，深的地方没到大腿根部，行军缓慢，结果走了19天才到达沈阳。没有铁路运输军队，清军机动的低效可见一斑，在甲午战争中，清政府动员了几十万人马，但如何运兵，如何保证这几十万人马的兵械和粮饷的供给，始终是一个难以有效解决的问题。又如在威海之战前，清军需要1万吨煤，由于交通运输能力低下，实际供给与需求相差甚远；战争期间，后勤补给不力导致北洋舰队弹尽粮绝，最终全军覆没。

　　近代中国交通运输落后阻碍了中国封建社会内部的资本主义萌芽的发展。统治者闭关锁国和轻视科技的政策，导致中国交通科技远落后于同时期的西方国家，致使中国未能发展现代化交通运输工具，特别是军事交通工具。1840 年后，面对帝国主义坚船利炮的入侵，清政府无力招架，被迫与侵略者缔结了大量不平等条约，割地赔款，逐步沦为半封建半殖民地社会。

第五章　西方发达国家交通现代化
与国家强盛的关系

交通现代化是西方国家繁荣富强的前提和基础。马克思说，交通具有"一般生产力"的性质，特别是铁路运输是交通运输中的"实业之冠"①。正是因为交通具有"一般生产力"的性质，才使得它在西方近现代经济社会发展中具有推动经济、社会、文化和国防等现代化的基础性功能和作用。

第一节　交通现代化在西方大国
崛起中的重要作用

近代以来，交通现代化对西方国家繁荣富强和崛起的作用主要体现在以下几个方面。

一、交通现代化优化西方国家资源配置

资源配置对任何行业、任何部门的发展都非常重要。在现代社会化

---

① 参见《马克思恩格斯选集》第4卷，人民出版社1995年版，第635—636页。

大生产条件下，市场是最有效的资源配置手段，借助市场机制可有效实现资源配置的合理化，但是资源的优化配置必须有相应的交通条件作为支撑。交通不发达会造成资源短缺和资源浪费，使一些地区的产品难以运出，存在大量浪费，而另一些地区的产品长期供不应求。资源具有稀缺性，资源的浪费使得本来就已经稀缺的资源变得更加稀缺，从而进一步加剧了资源的短缺，该现象在经济发展中形成了恶性循环，积重难返。但是，发达的交通运输会在一定程度上改变这种状况。近现代以来，西方发达国家不仅建立了发达的国内交通运输体系，还建立起全球性的交通运输体系，凭借现代化的交通运输体系，西方国家大大地优化了资源配置，世界各地的资源和能源不断运往西方发达国家，西方发达国家的产品也行销世界各地。

二、交通现代化优化西方国家产业结构

产业结构的合理化是宏观经济正常运转的前提，与交通状况密切相关。交通落后的国家和地区受制于资源和市场，不能从经济结构合理化角度优化资源配置，否则会使生产能力强的部门的生产规模变得越来越大，生产能力较小的生产部门变得日渐萎缩，导致一个国家整体产业结构的失衡。现代社会前期长期存在着农、轻、重比例失调的问题，但随着交通发展和工业革命，这种状况逐步正常化、合理化。在英国，工业革命和交通运输的进步直接推动棉纺工业高速增长，并逐步成为英国的支柱产业。19世纪上半期，英国解除出口机器禁令并允许技工出国，加上19世纪30年代以来欧美兴起了铁路建设热潮，英国出口的主要商品变成机器、军火和与铁路相关的设备，这些产品的内需和出口的增大带动了英国机械、冶金等工业的迅速发展。可以想象，没有发达的交通运输条件，英国难以迅速把产品运往世界各地，也难以从世界各地运进资源，相应地，英国产业结

构也难以快速优化。国内外市场环境的变化使资本开始从棉纺等劳动力密集型的产业向附加值高、技术密集型的机械、冶金、造船等产业流动。美国在 19 世纪中期基本上完成了产业革命，1884 年美国的工业产值超过了农业，1921 年美国重工业的产值超过轻工业，标志着美国工业化目标已基本实现。在工业化过程中，美国从 1830 年开始修建铁路，到 1916 年总共修建了铁路 40 多万公里，其间出现过"筑路高潮"，1979—1981 年，美国交通运输业的投资仍占到国民经济生产总值的 4.6%。可以发现，美国的交通运输现代化和工业化如影随形，美国工业化首先是铁路大发展的产物。由此可见，交通在产业结构的优化中发挥着非常重要的作用。

三、交通现代化提高西方国家经济效益

在交通落后和资源比较短缺的情况下，卖方市场会长期呈现"皇帝女儿不愁嫁"的现象，生产组织也不会在创新产品、改善生产经营管理和降低生产成本方面下大功夫，导致生产组织缺乏活力，整体经济效益难以提高。经济市场化的进程是企业生产经营机制的转换过程，是为市场经济体制塑造合格市场生产经营主体的过程，也是克服经济组织无活力、经济活动效益差的过程。市场迸发活力需要具备一定的条件，其中最重要的前提条件就是交通运输业的大发展。在西方的整体经济结构中，商品贸易占较大比例。在 15 世纪后，欧洲经济经历了非常大的发展时期，从 1500 年到 1700 年的 200 年内，欧洲商品贸易总量增长了大约 5 倍。商品贸易的大发展需要交通条件的大改进，而欧洲交通运输业的进步促进了西方商品贸易的发展，为其商品贸易的崛起提供了条件。在内陆交通方面，欧洲在建立起现代民族国家之后，通过大力挖掘运河，修筑公路和铁路，促进了国内贸易的发展；在国际贸易方面，通过大力发展海运，提升了国际市场的活力。国内外交通的迅猛发展是近代西方国家经

济效益提升的支撑条件。

四、交通现代化推进西方国家工业化进程

交通运输发展与工业化发展互为前提。只有当机器制造业本身使用机器，即使用大功率的原动机，才能使汽船与铁路的使用变成现实，才能实现整个造船业的变革，而工业化的发展必须以交通运输现代化为前提。很多人在讨论工业化特征时，主要强调规模化、专业化、电气化等方面的变革，而对交通运输现代化这个基础条件重视不够。实际上，交通运输的现代化是工业化同它以前的工业发展阶段相区别的重要标志之一，认识不到交通运输现代化的重要作用也就不会真正认识工业化。恩格斯曾经把蒸汽机和铁路、轮船等一起称为创造了现代资产阶级社会的重要力量，并认为他们是首先作为创造了资本主义工业化的重要力量。因为工业化是以制造业为中心带动其他工业发展起来的，而制造业的发展又是以大规模地对自然物进行工业加工为基础的，这种现代化的生产力发展方式必然要借助人与物的大规模转移能力，而交通运输现代化能为制造业大规模发展提供必要的条件，因此成为工业化的最重要前提之一。

五、交通现代化增强西方国家军事实力

交通运输是军队的生命线。恩格斯曾指出："军队同作战基地之间的交通线，也就是它本身的生命线。"[①]我们可以生产大批武器和军火，但是如果我们不能借用交通运输将其按时运往前线，那么这些武器和军火就可

---

① 《马克思恩格斯全集》第 11 卷，人民出版社 1962 年版，第 331 页。

能成为无用的东西。战争，特别是现代化战争的事实证明：战争对交通运输具有很强的依赖性。在战争过程中，大量的军需物资、武器弹药，作战兵员不间断的补充，作战部队实施战略战役的机动，前线伤病员的及时运送，修复和更换被破坏的各种武器装备，均要依靠军事运输。就交通在现代战争中的作用来看，现代战争打的就是后勤与交通运输。交通运输线是现代战争中敌对双方争夺的焦点之一，对交通运输线的破坏与反破坏的斗争贯穿于现代战争的整个过程，因而交通运输关系到战争的整个进程和结局。马克思说："交通运输业的变革，是夺取外国市场的武器。"① 近代以来，西方国家依靠发达的现代交通运输，不断发展壮大自身的军事实力。在国际舞台上相互角逐的过程中，西方各国的兴衰起伏往往伴随着各国交通运输的兴衰。一国经济的兴隆，固然与其文化传统、社会环境、生产与交换结构、科技水平等有关，但军事交通在国家兴衰过程中也发挥着特殊的作用。纵观近代西方强国崛起的历程，不难看出它们大都会通过改进交通运输系统来提高各自的军事实力。

从历史上来看，西方发达国家在实现工业化的同时也在建构自己的现代化交通运输体系。西方国家早期的崛起表现为自由贸易、先进文化等，虽然这些主要是依靠海外暴力掠夺、剥削奴役、殖民统治等途径获取，但也是以发达的交通为基础的。近代以来，西方国家凭借现代化的交通运输系统迅速走向世界，竭力向海外挺进，霸占了世界主要贸易航道，夺取了重要战略据点，从殖民地或半殖民地地区掠夺原料和抢占市场，积累原始资本，推动国内产业发展，实现了自身崛起。

---

① 《马克思恩格斯全集》第23卷，人民出版社2006年版，第494页。

第二节　交通现代化与西方大国崛起的典型代表

从英国、德国、美国、日本等西方大国崛起并成为世界强国的过程可以发现，西方大国崛起与交通发展之间有相关性，交通现代化是西方大国崛起的支柱。

一、交通革命与英国称霸世界

从 17 世纪中叶至 19 世纪末，英国是世界上实力最强的国家。深究其中奥秘，一位出使英国的清朝官员写道："今泰西诸国竞富争强，其兴勃焉所恃者，火轮舟车耳。"① 所谓"火轮舟车"就是以蒸汽为动力的轮船和火车。19 世纪，英国建立起一个全球性的现代化交通运输体系，交通运输方面的巨大变革使英国交通走在欧洲各国的最前列，并推动其成为第一个称霸世界的西方强国。

（一）海运交通革命奠定了英国"海上女王"的地位

英国作为岛国，四面临海，水路运输具有独特优势。英国海运交通革命首先体现在造船技术方面，18 世纪后期英国造船技术取得了一系列成就。一是蒸汽机在船舶上的应用，其次就是船体铁器化。1787 年约翰·威尔金森建造了英国历史上的第一艘铁船，1821 年第一艘铁制汽船"阿伦曼比"号建成下水，它以蒸汽为动力，成功穿越了英吉利海峡抵达塞纳河。1819 年英国建造了第一艘远航汽船，并且成功横渡大西洋，1825 年英国

---

① 丁凤麟、王欣之编：《薛福成选集》，上海人民出版社 1987 年版，第 107 页。

汽轮"企业号"向东远航到印度,此后汽轮在航运中越来越被广泛地采用。到19世纪四五十年代,英国兴起了构建现代化海洋运输网的热潮,早在1850年,英国就开始在航线沿途建立贮煤站、贮煤港,解决了汽轮远航过程中的能源供应问题。从1880年起,钢又取代了铁成为造船的主要材料。这两项技术的进步既推高了构建现代化海洋运输网热潮的势头,又提高了汽轮运输的商业价值。到19世纪70年代,汽轮的吨位和时速迅速增加,出现了时速高达21海里的万吨货轮,跨越大西洋的航程时间也缩短为6天,大大降低了海洋运输成本,进一步提高了汽轮在远洋商业运输中的使用价值。凡此种种都是汽轮制造工业大发展的重要因素,也是现代钢制汽轮取代传统木制帆船的重要因素。到1914年,英国拥有钢制汽轮达2030万吨,占世界钢制汽轮总量的47.7%[1],因而被称为"海上女王"。随着海洋运输向近现代化和全球化发展,英国投以巨额资金大力发展船坞和港口使之现代化[2]。

随着海洋运输业的大发展,英国从19世纪30年代起出现了正式的海洋航运公司,到1840年,英国建立了一系列专业化巨型航运公司,并能实行定期航班运输,在世界各大洋都能发现英国的船舶在游弋。英国的各大航运公司雇用了大批海员,1914年,英国本国海员将近30万人,此外还有数以万计的外籍海员为英国服务[3]。为满足自己强大商船船队和海军运输的需要,英国除继承了荷兰、西班牙和葡萄牙的航线外,还在世界各大洋和内海开辟了许多新航线,并与这些新航线相连结构建了无数的支航线,形成了蜘蛛网一样的全球海洋运输网。通过海洋运输网,英国把本国

---

[1] 参见〔英〕诺拉斯:《英国产业革命论》,商务印书馆1935年版,第350页。

[2] 参见〔英〕菲利思·迪恩、W.A.柯尔:《英国经济的发展(1688—1959)》,剑桥大学出版社1969年版,第231—236页。

[3] 参见〔英〕菲利思·迪恩、W.A.柯尔:《英国经济的发展(1688—1959)》,剑桥大学出版社1969年版,第242—246页。

同殖民地的内河网、铁路网和公路网紧密连结成一体，构成了全球性的近代化交通运输网络系统，取代了中世纪落后的交通运输体系。在短短的半个多世纪内，英国利用现代化的全球交通运输网将自己由一个二流农业国变成了世界上第一流的强国。

（二）公路交通的发展促进了英国经济的繁荣

在 18 世纪前期，英国大多道路狭窄，不仅两辆车子无法并行，就连两匹马也不能交错过去，车辙经常会陷入松软的路面土壤里，大部分道路沟沟渠渠，如从伦敦至伊普斯威奇的道路"破坏不堪，有洪流时很危险，在冬季几乎不能通行"，从金斯韦尔至莱迪韦克罗斯的道路，"在涨大潮时，路上水深四尺"①。像萨塞克斯在夏天都难以通行，冬天更是寸步难行。当时英国大多数的道路通行困难，无法满足商业贸易发展的需要。1663 年查理二世颁布了修建收税路法令，在 1750—1760 年，修建收税路成为热潮，英国共修建了 10000 英里左右的公路。收税路的修建取得了巨大的成功，英国人也满意这种变化："在一个国家的内地交通方面，人们从未见过任何革命能够比得上英国在几年时间内所实现的那种革命，谷物、煤炭以及各种货物的运输，几乎只需以前所用马匹的半数，商业、旅行快了一倍以上。农业进步和商业进步并肩前进。一切都呈现繁荣的样子，我们的一切出产都增加了价值，作为这个大运动的枢纽的东西就是我们道路的改革。"②

1803 年后，苏格兰高地道路建设委员会成立，此时英国已建成了 900 英里的道路以及 1117 座桥梁③。到 1800 年，威尔士北部大约完成 1000 英

---

① 参见 [法] 保尔·芒图：《十八世纪产业革命》，商务印书馆 1983 年版，第 411 页。

② DanBogart, *Turnpike trusts and the transportation revolution in 18th century England Explorations in Economic History*, Volume 42, Issue 4, p.4.

③ 参见 [法] 保尔·芒图：《十八世纪产业革命》，商务印书馆 1983 年版，第 90 页。

里收税路的修筑①。进入19世纪后，在1818年到1829年期间，英格兰和威尔士共修筑了长1000英里的新路，几乎全部旧有道路都是按照麦克亚当的筑路方法加以翻修。②18世纪中后期，随着英国工农业的发展，不同地区之间商业贸易往来和服务交换进一步拓展，英国与其他国家之间的往来贸易也不断发展，这些在客观上都促进了交通运输业的发展，至18世纪末，英国公路网已初步建成。

（三）水路运输发展促进了英国贸易的兴盛

17世纪以及18世纪早期，英国兴起了改进河流的高潮。到1720年，超过1000英里的河流改进计划被批准③。1730年旨在将蒂龙煤田的煤运到都柏林的北爱尔兰运河开始修建，1755—1757年，英国修建了桑奇·布鲁克运河。有了运河，就可以把资源带到最合适的加工厂，而不是像以前那样由于运输限制，只能在当地开发利用，甚至根本得不到很好的利用；工厂的产品也可以到达更远的市场，而不像以前那样只能在当地销售，由此大大拓展了市场。沃尔斯利运河后来又从曼彻斯特延伸到默西河，运河所耗费用仅为陆上运输价格的六分之一④。这条运河还对陶制业产生革命性影响，使得斯塔福德郡的陶器制造业与外界有了更多的联系，为米德兰和北英格兰的新兴工业提供服务。沃尔斯利运河获得巨大成功后，英国又改善了从曼彻斯特至默西河河口的那条运河，并于1776年建成，使两个城市之间货物运费以每吨六先令的价格取代了原来的每吨

---

①　参见 Richard Brown, *Society and Economy in Modern Britain 1700-1850*, London: Rontledge, 1991, pp.136-138.

②　参见《马克思恩格斯选集》第1卷，人民出版社1995年版，第34页。

③　参见 Richard Brown, *Society and Economy in Modern Britain 1700-1850*, London: Rontledge, 1991, p.147.

④　参见黄家城、陈雄章等：《交通与历史横向发展变迁》，人民交通出版社2000年版，第4页。

十二先令的价格 [①]。

运河带来的影响是巨大的。到了 1830 年，英国运河体系初期工程已经差不多大功告成了。在运河发展的顶峰时期，英国内陆共有水路 4000 英里，在英格兰和威尔士，运河的里程数已经从 1760 年的 1500 英里发展到 1790 年的 2310 英里，1820 年达到 3810 英里，1830 年更是达到 3969 英里。据现代估算，在运河发展的顶峰时期，在英格兰和威尔士的运河总吨位达到 3000 万吨。

经过短短半个世纪，运河已经把"两岸的海洋，将无数丘陵和山脉分割开来的河流，富饶的口岸，熙熙攘攘的城市和取之不尽的矿山"联成一体。各工业区通过运河把它们所需的外地原材料运进来，再把大部分制成品运抵远方市场。供建筑铺地和筑路用的石块、砖瓦和木料，建筑师和农场主所需的石灰石、家禽、谷物等以及其他各种用途的重要材料，都跨越了半个世纪前无法通行的路线，沿着新的运河水道而来。有了便捷的交通，运河周围出现了商旅云集、货运频繁的盛况。这样，农业、制造业、国内贸易、国际商业及从属于这一切的各种工业都在很大程度上得到了国内航运的促进 [②]。

（四）铁路建设带动了英国经济的全面发展

铁路是 19 世纪的一项重要发明。工业革命的深入发展是英国铁路快速发展的重要原因。在工业革命和经济发展的推动下，19 世纪 30 年代、40 年代、60 年代英国相继出现了三次修建铁路的高潮，基本完成了全国铁路网络的建设。英国的大规模铁路建设也带动了相关工业的飞速发展。

第一，铁路建设对钢铁业的发展产生了巨大影响。在 1830—1850 年

---

①　参见 [法] 保尔·芒图：《十八世纪产业革命》，商务印书馆 1983 年版，第 97 页。

②　参见 [英] D. C. 道格拉斯：《英国历史文献》第 10 卷，商务印书馆 1997 年版，第 548 页。

间，英国钢铁产量从 68 万吨上升到 225 万吨，约增长 3 倍。英国钢铁产量快速增加的主要原因在于铁路建设对钢铁的大量需求。当时铺设 1 英里轨道所需的钢铁大约为 300 吨，随着大规模铁路建设，钢铁工业自然也就蓬勃发展起来。其中最显著的时期是 19 世纪 40 年代，尤其是 1841—1843 年间，这是英国钢铁工业飞速发展的时期，在 1844—1851 年的铁路建设高峰期，英国钢铁总产量的 39% 都用于铁路建设，这个数量超过了钢铁总产量的 1/3①。在 1846—1850 年间，英国建成了 4000 英里的铁路线，将近 120 万吨的钢铁用于铁路建设②，这个数量比 1844 年英国钢铁的总产量还要多。仅 1848 年铁路发展的高峰时期，适合锻造铁轨的生铁消耗量就已占到当时英国国内生铁总产量的 40%③。1844 年英国的钢铁产量 140 万吨，到 1850 年增长到 200 万吨④，其中铁路建设的钢铁消耗量占据了主要份额。

第二，铁路建设大大促进了英国煤炭业的发展。大规模修建铁路引发了对钢铁的大量需求，间接带动了英国煤炭需求量的增长。1795 年英国煤炭产量 1000 万吨⑤，在 1830—1850 年英国进行大规模铁路建设的 20 年间，煤炭产量从 2240 万吨增长到 4940 万吨⑥。在英国铁路建设的高峰期：1844—1851 年、1866—1867 年以及 1869 年，铁路建设对煤炭的需求量更多。有关资料显示，在 1835—1869 年间，为满足铁路修建对铁的大量需

---

① 参见 Anthony Wood, *Nineteenth Century Britain 1815-1914*, London: J.M.Dent and Sons Ltd, 1982。

② 参见 Michael J.Freeman & H.Aldcroft Derek, *Transport in Victorian Britain*, ManchesterSouthside, 1988。

③ 参见 PeterLane, The Industrial Revolution: *The Birth of the Modern Age*, London, 1978。

④ 参见 James Foreman-Pecked, New Perspectiveson the Later Victorian Economy: *Essays in Quantitative Economic History 1860-1914*, London: William Heinemann, 1991。

⑤ 参见 Douglas Fisher, The Industrial Revolution: *A Macroeconomic Interpretation*, NewYork: Walker & Co.1992。

⑥ 参见 Michael Robbins, *The Railway Age*, London: Mandolin & Co, 1998。

求，英国67%的煤炭通过铁路运输到全国各地的炼铁厂[1]。在1844—1851
年间，英国15%的煤炭产量都投入到各地的炼铁生产中去了[2]。在1866—
1869年间，英国投入到炼铁生产中的煤炭达到全国煤总产量的6.3%[3]。在
19世纪后半期，钢铁业成为英国国内消耗煤炭的第一大户。有关资料显
示，19世纪40年代的铁路建设高潮完成后，英国煤炭市场开始膨胀，到
1859年底，英国铁路运输的煤炭总量比1850年增长了1倍[4]。1869年底
的煤炭运输量比1865年又增长1倍[5]。这一结果的原因归结为英国铁路网
络的形成和运费的调整，19世纪60年代的货运费用与40年代相比大概
下降30%[6]。煤炭运输量的增长及其市场的扩大，得益于铁路建设的发展。

　　作为一种新式交通运输方式，快速便捷的铁路缩短了交通运输时间，
提高了交通运输效率，促进了铁路交通运输的发展，交通运输的发展反过
来又带动资本市场、煤炭业、钢铁业等一系列社会经济领域和行业的快速
发展。

（五）交通革命加速了英国的城市化进程

　　交通运输业的发展对城市化进程和城市化模式影响巨大。英国工业革
命时期的工业发展和交通往来创造了一批新的交通枢纽城市。商品和原
料的流动，需要畅通的运输渠道，工厂需要仓库、码头来储存原料与货

---

　　①　参见 Peter Lane, The Industrial Revolution: *The Birth of the Modern Age*, London, 1978。

　　②　参见 Trevor May, *An Economic and Social History of Britain 1760-1970*, London: Lund
Humphries, 1987。

　　③　参见 Trevor May, *An Economic and Social History of Britain 1760-1970*, London: Lund
Humphries, 1987。

　　④　参见 T.R.Gourvis, *Railways and the British Economy 1830-1914*, London: Oxford Uni-
versity Press, 1983。

　　⑤　参见 Michael Robbins, *The Railway Age*, London: Mandolin & Co, 1998。

　　⑥　参见 Michael J, Freeman & H, Aldcr of Derek, *Transport in Victorian Britain*.Manches-
terSouthside, 1988。

物，然后人口开始集中，这成为城市发展的一个重要因素，像达林顿、利物浦、赫尔、纽卡斯尔、布里斯托尔和卡迪夫等都是因交通便利首先发展起来的城市。交通大变革之后，英国各地的城镇都被编进全国统一的交通运输网络，整个英国形成统一的经济体系。交通运输业的大发展，还大大地影响了城市的专业分工，逐渐摧毁城市原有的不同区间的各种障碍，促使地方保护主义逐渐消失以及现代化都市的快速发展。在工业革命时期，现代科学技术日益进步，医疗卫生事业迅速发展，使英国城市人口迅猛增长。在 1750—1850 年的 100 年间，英国人口从 750 万人增至 2100 万人 ①。18 世纪 20 年代曼彻斯特人口仅 12000 人，到 1841 年便增至 40 万人。工业革命前夕的 1750 年，英国城市人口仅占 1/4，而 1851 年则上升了 50.2% ②，在世界上首先实现了城市化。

（六）交通发展使英国成为世界贸易、海洋运输和国际金融中心

英国是一个经济大国，又是一个岛国，为保持其经济大国地位，既要大批出口商品，又要大批进口商品。所以，英国是一个典型的大出大进的贸易国家，英国的进出口贸易在整个经济体系中占有极其重要的地位。

从煤炭出口情况来看，英国 1837 年煤炭出口量为 111.4 万吨，到 1913 年达到 7668.8 万吨，此外还有所谓的"Bunleer Coal"，即运煤船本身使用的煤炭 2103 万吨，两项合计高达近 1 亿吨 ③。运煤船返回英国时很少空船而归，一般要运载货物，所以煤炭运输业在英国对外贸易中居于特别重要的地位。英国著名的船运史家斯特梅说："英国的工业化

---

① 参见赵金萍：《工业革命对城市化发展的推动》，《沈阳教育学院学报》2003 年第 1 期。

② 参见黄家城、陈雄章等：《交通与历史横向发展变迁》，人民交通出版社 2000 年版，第 206 页。

③ 参见［英］S. G. 斯特梅：《不列颠船运业与世界竞争》（*British Shipping and World Competition*），Athlone Press, University of London, 1962, p.15。

导致了煤田大规模地开采，而煤既为英国自己提供了优质燃料，又为它提供了派船外出借以运回大批货物的机会，即把国内急需的粮食和原料运回。"[1]

从工业品出口构成情况看，英国出口的主要工业品是棉毛纺织品、钢铁和机器，如 1913 年，英国棉纺织品出口价值达 12716.2 万镑，钢铁出口价值达 5429.2 万镑，机器出口价值为 3701.3 万镑[2]。1912 年英国出口总值上升到 48722.3 万镑，其中纺织品占 1/3[3]。从英国进口产品结构看，主要进口的是工业原料和食品，在 1910 年，英国进口谷类价值为 7730 万镑，牛油价值为 2449.3 万镑，肉类价值为 4887.9 万镑。从进口原料情况来看，1910 年英国进口棉毛价值为 10584.8 万镑，木材价值为 2620.7 万镑[4]。英国进口产品品种杂、数量多，一般体积大、距离远、难运输，以重量计，1912 年世界海运贸易总重量大约为 3 亿吨，其中英国占 15500 万吨。

英国对外贸易的大发展还反映在进出口贸易总额的快速增长和贸易国家的增加上。1854 年英国进出口贸易总值为 21300.6 万镑，到 1912 年增加到 134360.2 万镑[5]，在半个多世纪的时间内增长了 5 倍多。同时，与英国进行贸易的国家和地区也日益增多，到 19 世纪末，全世界大约有 4/5 的国家和地区与英国有贸易往来。英国发展成为世界贸易

---

① ［英］S. G. 斯特梅:《不列颠船运业与世界竞争》(*British Shipping and World Competition*)，Athlone Press, University of London, 1962, p.16.

② 参见 ［英］S.G. 斯特梅:《不列颠船运业与世界竞争》(*British Shipping and World Competition*)，Athlone Press, University of London, 1962, p.13.

③ 参见 ［美］威廉·佩吉:《商业和工业:历史评论 (1814—1914)》，纽约出版社 1968 年版，第 73 页。

④ 参见 ［美］威廉·佩吉:《商业和工业:历史评论 (1814—1914)》，纽约出版社 1968 年版，第 130 页。

⑤ 参见 ［美］威廉·佩吉:《商业和工业:历史评论 (1814—1914)》，纽约出版社 1968 年版，第 71—163 页。

的中心，英国的对外贸易总额在世界贸易总额中居首位，到第一次世界大战前已高达40%以上。英国的海洋船只运输的货物量在世界船运总量中执牛耳，达到了52%[1]。由此可见，英国不仅是全球贸易中心，而且是全球海洋运输中心和第一海运大国。以此为基础，英国首都伦敦也发展成世界上最大的金融中心。英国人利用自己强大的经济力量和全球交通运输网，在世界大部分国家的重要城市设立了金融和商业机构，组建了庞大的国际金融网和国际商业网络。最终，伦敦市场上的期票也能充作硬通货使用，英语成了全世界大部分国家商务和对外事务的共同语言。

（七）交通发展为英国积累了巨额资金

以英国本土的铁路网而论，1898年全年货运量为37856万吨，1913年为56820万吨[2]。铁路的客运量非常庞大，据统计，1843年全年客运量为2346.7万人次[3]，1913年全年则高达145476万人次，1913年全年是1843年的2.7倍。庞大的客货运输量为英国创造了巨额利润。1855年英国本土铁路运输总收入为2021.6万镑，创造的纯利润为1120.8万镑，1913年全年创造的总收入和纯利润又有大幅度上升，分别为13945万镑和5213万镑[4]。除此之外，英国对国外铁路的投资，特别是从殖民地的铁路投资中赚取了大量利润。在19世纪末20世纪初，英国铁路公司每年能从印度赚取480万镑，从美国赚取2700万镑，在南非、澳大利亚、新西兰等国也赚取了巨额利润。经济学家巴什指出，英国每年从南美国家的铁

---

① 参见［英］诺拉斯：《英国产业革命论》，商务印书馆1935年版，第349页。

② 参见［英］诺拉斯：《英国产业革命论》，商务印书馆1935年版，第350页。

③ 参见［英］诺拉斯：《英国产业革命论》，商务印书馆1935年版，第356页。

④ 参见［英］菲利思·迪恩、W.A.柯尔：《英国经济的发展（1688—1959）》，剑桥大学出版社1969年版，第170—171页。

路投资中就能获得大约 1200 万镑的利润。英国铁路公司关于国外铁路投资的报告显示：在国外铁路投资中，英国每年的利润高达 8277.7 万镑，但总支出不过 170 万镑①。英国在国外的铁路投资赚取的利润远远超过了在本土赚取的利润。

（八）交通革命使英国成为世界霸主

人们习惯认为，"产业革命"使英国成为"世界工厂"，但更为基础的条件是"交通革命"使它成为"世界运输者"。交通对英国称雄世界虽然不是先决条件，也不是唯一条件，但却是必不可少的条件。在一定意义上，与其说英国起家于工业革命，不如说它起家于交通革命。在 18 世纪下半叶，英国还是地区性的二流农业国，但到 19 世纪 60 年代，英国已变成"世界工厂"。其中重要的原因之一就是英国现代化全球交通运输网的建立。全球交通运输网推动了英国工业的长足发展，尤其推动了英国纺织、钢铁、煤炭等工业部门的大发展。这三个部门和交通运输部门，是英国工业体系的"四大支柱"。而工业是现代国家强盛的基础。英国依靠现代工业基础建立了称霸世界的强大海军。18 世纪初，英国打败荷兰，取得海上优势和国际贸易垄断地位。在 1688—1740 年，英国打败法国，在地中海得到了直布罗陀和米诺卡两个重要的据点，并垄断了向美洲和西班牙殖民地供应黑奴的市场，在北美洲得到了哈得逊湾周围的大片土地以及纽芬兰和阿卡迪亚地区。1805 年，英国海军大败法国和西班牙的联合舰队，在海上竞争中最终彻底战胜了法国，奠定了英国长达 100 年的海洋霸权地位，建立了所谓的"日不落帝国"，成为全世界独一无二的海洋霸主。

---

① 参见［英］巴什：《大不列颠在国外的投资》，剑桥大学出版社 1969 年版，第 232—234 页。

二、交通现代化与德国的跃进

19世纪70至90年代，德国用数倍于英、法的速度发展，用几十年时间走完了英国一百多年的发展历程，成为后起的资本主义强国，创造了神话般的奇迹。关于德国的跃进式发展，在交通运输方面尤为突出。

（一）铁路建设带动了德国跃进式的发展

铁路建设既是德国工业革命的先导，也是德国工业革命的直接产物。1835年，德国修建了纽伦堡到费尔特的铁路，全长只有12公里，这是德国第一条铁路，随后德国的铁路建设在欧洲后来居上。1840年，英国铁路里程为1348公里，德国铁路里程为549公里，法国铁路里程为497公里，比利时铁路里程为336公里[1]。到1870年，德国铁路里程达21471公里[2]，1850年则高达33835公里，已经超过英国，跃居为欧洲第一、世界第二，仅次于美国。到1860年，德国已建成了欧洲大陆上"最令人惊叹不已"的铁路交通运输网。

在19世纪德国的交通运输业中，铁路运输是核心，它的大规模建设和发展对德国工业化和现代化起到了极大的推动作用。铁路网建成后，铁路以其他运输方式无可比拟的巨大优越性挑起了德国交通运输的大梁，"在1840—1910年间铁路公司为旅客提供了几乎全部新增的人公里数，并满足了货运方面出现商业的新增吨公里数的需求。"[3]

---

① 参见［德］海因兹·卡姆尼泽尔：《1848年德国革命前的经济结构》，柏林人民和知识国营出版社1952年版，第16、21页。

② 参见管敬绪、黄鸿钊、郭华榕：《世界近代史》，南京大学出版社1991年版，第158—159页。

③ ［英］布里纳·帕特里克：《1830—1914年的铁路和西欧的经济发展》，牛津大学出版社1983年英文版，第7页。

　　德国铁路建设的快速发展主要是由铁路特性决定的。试验证明，在规定时速的前提下，运河船只的运载量仅及同等牵引力下铁路运量的1/8。在时速上，铁路运输相比河道运输和公路运输也占有绝对的优势。试验证明，1866年，马车运输一般时速为8公里，河道牵拉船的时速为3.2公里，火车的时速为64公里[①]。随着火车时速的提高，铁路运费也大为降低。据统计，19世纪40年代，德国马车的运煤费用大约为每吨公里40芬尼，而铁路只需要11—14芬尼，1863年则降至2.2芬尼[②]。此外，铁路运输还能克服气候等自然条件的局限性，为人们提供更加可靠、快捷、安全、舒适、廉价的服务，因此铁路在德国首先并迅速发展起来。

　　德国铁路和由铁路发展直接引发的交通运输领域的革命，其影响远远超过铁路领域本身。铁路在加速商品流通、优化经济布局、繁荣市场、促进德国现代化方面，起着重要作用。

　　一是促进了德国国内市场的形成。产品流通要由交通发展来保证，反过来交通发展又促进了生产的扩大。铁路运输在降低运费、缩减生产成本、提高经济效益方面起着非常重要的作用。完善的铁路网，缩小了德国国内各地区商品的价格差异并引起了整个市场商品价格结构的变化。以德国首都柏林为例，1855年德国东部地区和波兰粮食歉收，在地理位置居于德国中部的柏林依靠四通八达的铁路网，使柏林的粮食交易市场迅速发展起来，保证了粮食供应。交通发展不仅使柏林成为德国国内的粮食交易市场，也成为世界粮食交易市场之一。1869年以后，美国小麦开始远销德国，俄国的粮食也从波罗的海沿岸的港口运往德国，并通过铁路运到柏林。这表明铁路网及相关的交通运输工具能使商品流通的渠道保持畅通，完善的铁路网开辟了德国工农业产品的新市场，如来自威斯特伐利亚、莱

---

　　① 参见宋则行、樊亢：《世界经济史》第1卷，经济科学出版社1989年版，第134页。
　　② 参见［英］布里纳·帕特里克：《1830—1914的铁路和西欧的经济发展》，牛津出版社1983年英文版，第132页。

茵等地区的工业品与易北河以东农业区的农副产品实现了交换。铁路运输以低廉的运费为扩大商业贸易提供了便利的条件。在 1840—1890 年间，德国进出口贸易分别增加 10 倍和 7.5 倍，这都与德国铁路网的形成有关。

二是促进了德国经济布局的优化。随着铁路的大规模修建和铁路网的形成，德国的经济布局得到了不断优化。在工业生产领域，铁路使密集运输的大宗货物，如煤炭、矿石、建材等的运输量大增，在一定程度上优化了资源配置和资源的合理使用，促使了德国新兴工业区的形成。经济史学家迪特尔·拉甫在《德意志史》中说："德国除了经济和工业中心鲁尔外，萨尔河畔的普鲁士、西里西亚、萨克森和南德诸邦也发展起来，这些地方的基本设施由于具备现代交通和通信条件，使这几个州连接成一个大经济区。"[1]

三是推动了德国机器制造业的发展。铁路修建对火车、铁轨、机车以及相应设备的需求急速增加。德国最初要从英国进口铁轨、机车、火车，但随着铁路投资利润的提高，资本家的投资热情被大大激发。从 19 世纪40 年代，德国开始自己制造相应的铁路设备，40 年代初，德国有火车头245 台，但德国自己制造的仅有 38 台，其余都是从国外进口。[2] 从 19 世纪 40 年代开始，德国相继建成了后来享誉世界的机车制造厂，如开姆尼茨的里夏德·哈特曼厂、汉诺威的格奥文格·埃格施托夫厂等。1846—1861 年，德国机器制造厂家从 130 家增加到 300 家，在 1861 年，德国机器制造业工人达到了 9.8 万人，在 1850—1870 年间，德国机器制造业规模增加了 2 倍。此时，德国制造的火车头、机车、铁轨不仅能满足了本国的需要，还能出口到俄国，其机器制造业在此时已经赶上并超过了英国，跃居欧洲第一位[3]。

---

① 迪特尔·拉甫:《德意志史》，德意志出版社 1985 年版，第 105 页。

② 参见 [英] 布里纳·帕特里克:《1830—1914 的铁路和西欧的经济发展》，牛津大学出版社 1983 年英文版，第 126—128 页。

③ 参见周小粒:《铁路建设与德国现代化》，《历史教学》1998 年第 6 期。

　　四是推动了德国冶金业的发展。铁路建设对坚固耐用的金属材料需求量非常大，这就诱发了冶金业发展，以及一系列相关重大技术的发明和应用。在 19 世纪四五十年代，德国发明了用焦炭代替木炭的新式铁加工技术，在 19 世 60 年代，发明了"贝塞麦转炉炼钢法"，到 70 年代，又发明了"托马斯碱性转炉炼钢法"以及"西门子—马丁平炉炼钢法"。这些新型高效冶金技术的发明、应用和传播，都与德国铁路修建密切相关。由于德国丰富的铁砂都是碱性的，因而托马斯碱性炼钢法的大规模应用，使德国钢和铁的产量分别增长了 12 倍和 103 倍，到 1850 年，德国钢产量达到了 6000 吨，而 1880 年则达到 62.4 万吨[①]。铁路建设对德国钢铁工业的快速发展至关重要，可以说，德国现代钢铁业的大发展主要是由于铁路的发展。

　　五是推动了德国采煤业的兴盛。德国大规模铁路建设引发的钢铁工业快速发展又直接或间接刺激了德国采煤业的发展。在德国采煤业发展过程中，技术水平比较高的风镐逐渐代替了原来的铁锤、鹤嘴锄等传统采煤工具，新式轴承和现代化的通风、照明、搬运设备的采用，既提高了生产率又加强了生产的安全保障。而不断发展的铁路运输也为大规模开发煤炭以及其他矿产资源运输创造了条件，在 1830—1900 年间，德国煤炭产量增加了 106 倍（含褐煤）[②]。

　　六是促进了德国通信设备的发展。在铁路发展的初期，铁路通信设备比较落后，遇上恶劣天气，信号发送就会出现困难。1833 年，德国哥廷根大学的高斯和韦贝尔研制成功可供实用的有线电报，并向刚成立不久的德累斯顿—莱比锡铁路公司提供了这项发明。通过有线电报，不同车站之间可及时通告不同路段火车的运行情况，这既有利于火车运行又保障了交

──────────

　　①　参见门德尔逊：《经济危机和周期的理论与历史》第 2 卷下册，三联书店 1976 年版，第 432—463 页。
　　②　参见门德尔逊：《经济危机和周期的理论与历史》第 2 卷下册，三联书店 1976 年版，第 646—791 页。

通运输安全。可以说，电报从科学试验走向应用的第一步，是由铁路运输发展引起的。

七是铁路引发了交通运输方式的巨变。在铁路出现之前，德国的交通运输业主要由水陆两大系统构成，特别是船运在运输系统中占有较大的比重。铁路出现以后，尤其是德国铁路网建成以后，铁路以其无可比拟的优越性迅速成为德国主要的交通运输方式，最终导致蒸汽动力代替了人力和畜力。据记载："在 1840—1910 年间铁路公司为旅客提供了几乎全部新增的人公里数，并满足了货运方面出现商业的新增吨公里数的需求。"① 据统计，1900 年德国水运总吨数为 7700 万吨，铁路运输总吨数达到 40100 万吨 ②，铁路运输以其绝对优势，成为德国人首选的运输方式。同时，铁路的大规模建设也影响了其他交通运输方式的改进和发展，如蒸汽机和内燃机同铁路一样也逐渐应用无生命的动力，德国的公路运输和水运船只也逐步实现了现代化。③ 以柏林为例，1878 年，向柏林运送货物的运河船只平均载重为 70 吨，1905 年增至 190 吨；1887 年的德国内河航运中，400 吨以上的船只只有 60 艘，而 1902 年则高达 4000 艘，其中 1200 艘船的载重量在 800 吨以上 ④，德国水运现代化水平稳步提升。

综上所述，铁路发展对德国现代化所起的作用是十分巨大而深远的，德国工业革命从 19 世纪 30 年代起步开始，到 19 世纪 80 年代基本完成的这一过程中，铁路建设起到了极为重要的作用，这是由于"铁路的兴建意

---

① ［英］布里纳·帕特里克：《1830—1914 年的铁路和西欧的经济发展》，牛津大学出版社 1983 年英文版，第 7 页。

② 参见克拉潘：《1815—1914 年法国和德国的经济发展》，商务印书馆 1965 年版，第 393 页。

③ 海因兹·卡姆尼泽尔：《1848 年德国革命前的经济结构》，柏林人民和知识国营出版社 1952 年版，第 16 页。

④ 克拉潘：《1815—1914 年法国和德国的经济发展》，商务印书馆 1965 年版，第 398 页。

味着 40 余年内不断刺激着钢铁工业、机器制造业和建筑业效率的提高以及产量的增加，这些行业又刺激着其他工业部门，对铁路的巨大需求大大加快了它的发展，因而从 19 世纪中叶以后，德国的工业化全面推进。"[①]德国铁路交通的发展和完善，也在一定程度上消除了德意志各邦的分裂局面，促进了民族国家的统一。

（二）汽车工业的发展使德国成为最发达的汽车强国

汽车是现代社会最重要的交通工具之一，德国是汽车的发祥地，是最早生产汽车的国家。自 1886 年德国工程师卡尔-本茨发明第一辆汽车至今，德国的汽车工业已经走过了 133 年。德国汽车工业发展的每一个阶段都与德国的经济、政治、社会和文化等领域的重大变革紧密联系在一起。

汽车发明试验阶段（1886—1910）。德国在 19 世纪末创造了经济发展奇迹：在短短的 30 年里走完了英国 100 多年才走完的工业化道路，从而使德国迅速跻身于世界工业强国之列。在这一时期，随着内燃机的发明和汽车的诞生，德国的汽车厂纷纷涌现。在 1901 年，德国的汽车厂只有 12 家，年产汽车仅有 884 辆；到 1908 年，德国的汽车厂扩展到了 53 家，年产汽车上升到 5547 辆，到第一次世界大战前，德国汽车工业已基本成为独立的工业部门，从事汽车制造的工人有 5 万多人，年产量达到 2 万辆，仅次于当时美国的汽车产量。

汽车技术不断完善的阶段（1911—1940）。尽管第一次世界大战给德国汽车工业发展带来了不利的影响，但是战争结束以后，德国汽车工业仅用了大约 10 年的时间就远远超过了战前的繁荣，1923 年到 1929 年是德国汽车工业发展的"黄金二十年"。在这一时期，德国汽车工业迅速发展，

---

① 鲁道夫·贝尔特：《工业化史》，上海译文出版社 1983 年版，第 86 页。

汽车技术不断完善。1933年希特勒上台后，采取加快汽车工业发展的措施，把魏玛共和国时期已经规划好的高速公路建设方案和轿车的生产方案提上了日程表，把发展汽车工业以及与此相关行业的方案放到十分重要的位置，德国汽车工业再次迎来了发展的"黄金时代"。到第二次世界大战爆发前，德国的汽车工业已具有相当的基础，奥迪、大众、戴姆勒—奔驰等汽车公司均已形成一定的生产规模。

汽车工业迅速发展的阶段（1941—1960）。在第二次世界大战期间，德国汽车工业成了德国军事工业的一部分，汽车工业主要为战争服务。战争期间，德国大部分汽车工厂遭受重创。由于德国战败，包括汽车工业在内的许多工业的发展都受到了限制。在各种条件十分困难的前提下，德国人顽强拼搏的民族精神，使汽车工业的发展很快得到恢复并获得了重生。尤其是在联邦德国，只用了十几年的时间，就在经济废墟上创造出著名的"艾哈德经济奇迹"，再次超越英法成为欧洲第一经济强国。联邦德国这一经济奇迹的产生，与汽车工业的迅速发展不可分割。在1950年，联邦德国的汽车年产量达到30万辆。随着联邦德国国内高速普及汽车以及汽车出口竞争能力的不断提高，联邦德国的汽车产量大幅度上升，尤其以大众公司的"甲壳虫"汽车为代表，标志着联邦德国汽车工业开始进入飞速发展的阶段。到1960年，联邦德国的汽车年产量已达200万辆，10年时间内增长了5.7倍，年均增长率高达21%，成为欧洲最大的汽车生产和出口国。

汽车高科技广泛应用的阶段（1961年至今）。从20世纪60年代开始，联邦德国的汽车工业经过激烈竞争，汽车厂家由100多家锐减至10多家，但产量却大幅度提高。在这一阶段，许多现代科技被广泛应用于汽车工业，汽车生产也进入成熟阶段，1971年，联邦德国的汽车年产量达到400万辆。在整个20世纪70年代，联邦德国汽车工业的产量徘徊在300万—400万辆之间；在20世纪80年代，联邦德国汽车产量则保持在 400 万—500 万辆之间；到 1998 年，德国的汽车产量达到了 570 万辆[1]。

汽车是人类文明发展的标志之一，是现代交通运输业中的主要交通工具，是各种高新技术争相应用的载体，是科技综合实力的体现；汽车制造业是现代制造业的主要产业之一；汽车工业是资本密集、技术密集、人才密集、综合性强、经济效益高和发展前景好的产业。汽车的研制、生产、销售、营运、维修与国民经济许多部门都密切相关。因此，汽车工业的发展对经济、能源、交通、科技发展和社会进步起着重要的推动作用。不难看出，德国汽车工业的发展使德国成为世界交通强国。

（三）交通现代化大大提升了德国的军事实力

交通运输不仅是促进经济发展的手段，也是提升军事实力的重要途径。德国人察觉交通在战争中的作用十分重要，在发挥交通在战争中的作用方面具有开创性。

一是交通在普奥战争中发挥了重要作用。1866 年的普奥战争是加速德意志统一进程的著名战争。普鲁士在战前就做了积极的交通准备，1841 年，后来成为普鲁士军队总参谋长的毛奇发现铁路运兵的速度比步兵的行进速度要快 10 倍，1 列火车的军事运输能力等于 1000 辆马拉货车的军事输送能力。毛奇很快写了大量关于如何把铁路应用于军事运输的备忘录和报告，在军事上要充分认识和运用铁路、电报等最新技术，在战争指导上要先敌动员、分进合击、快速突破、外线作战和速战速决。

1860 年，普鲁士境内的所有火车都强制安装了能够在战时运输士兵和马匹的装置。在普鲁士总参谋部内部还建立了专门负责铁路运输的机

---

[1]　祖国：《长春市汽车产业空间组织研究》，东北师范大学 2012 年学位论文，第 20—21 页。

构，以便在战时能快速接管民营铁路，调度和管理全国的铁路运输。普鲁士军队中还设有建地铁路分队，以便能够在战争中及时修复被破坏的铁轨并抢修新铁路。此外，普鲁士所有预备役军人都会被告知，所有预备役团的集结点都在铁路沿线上，每个预备役团都配有专用火车头。为了便于通过铁路运输军队，普鲁士总参谋部还在普鲁士全境采用标准时间。

铁路应用于军事运输是普鲁士在普奥战争中最突出的优势之一。普奥战争时普鲁士在波希米亚（今属捷克）有 5 条通往奥地利的国境线铁路，但当时奥地利仅有一条铁路能从首都维也纳通往波希米亚；铁路军事运输的优势使普鲁士只需 3 周就能完成军事动员和部署，奥地利则需要 6 周的时间。1866 年 4 月 21 日，奥地利宣布军事总动员时，普鲁士出于争取意大利参战的政治考虑，一直到 5 月 12 日才宣布军事总动员，但普鲁士以铁路为载体的高效军事动员系统很快弥补了时间差距。早在普奥战争开战之前，普鲁士军事总参谋长毛奇就下达了大规模包抄的战略命令，从军事动员的第一天开始，就有 3 个普鲁士军团分别乘坐火车前往 3 个不同的地点，并分别越过边境向奥地利腹地推进，抢在奥地利完成军事集结之前发动了钳形攻势。普奥战争期间，普军依靠铁路快速向前线输送了 20 万军队和 55000 匹战马，这对控制整个战局起到了很大的作用，普鲁士军队利用铁路带来的机动性优势，三路进逼苏台德山区，最终击败了奥地利军队。

恩格斯不了解交通的重要作用而对普奥战争产生了误判，他在 1866 年 4 月 2 日给马克思的信中认为普鲁士人会被打败。同一时期的很多人都和恩格斯一样，认为奥地利将会获胜。因为 1865 年奥地利比普鲁士人口多 78%，军队多 38%，国防预算多 54%，国力和军力都明显占优势①。

---

① 参见孙力舟：《铁路的军事价值不可忽视》，http://www.northnews.cn/2014/0219/1529200. Shtml，2014-2-19。

恩格斯认为，普鲁士把数量上处于劣势的军队一分为三，向奥地利国土纵深推进，是犯了兵家大忌。然而，同一天在柯尼希格雷茨战役中普军主力就击溃了奥军主力。恩格斯判断失误的主要原因就是忽视了刚刚兴起的铁路交通对于战争的革命性影响。

二是交通在"施里芬计划"中得到了高度重视。"施里芬计划"是由第一次世界大战前德国元帅施里芬提出，德国总参谋部制定的一套作战方案。"施里芬计划"的核心是通过铁路进行军队机动，在西部快速打垮法国，然后再通过铁路机动把军队快速调往东线，打垮俄国。德国的战争机器在第一次世界大战前按照"施里芬计划"进行了大规模的建设和演练。1914年8月1日，德国发布军事总动员令，对俄国宣战，3日又对法国宣战，第一次世界大战爆发。从8月1日起，德国铁路开始为战争高速运转，在8月4—6日时达到高潮，至8月12日总计150万军队被运送到荷兰前线，到8月20日动员完成时，德国铁路总计运送了300万军队，86万匹战马和大量的物资。总动员时期每天都有大批列车开过莱茵河，德国科隆霍亨索伦大桥在最繁忙的8月12日前两周内共通过了2150列军事列车，差不多每10分钟就通过1列。最令人震惊的是，共有11000列列车参加了战争动员，却没有任何一列列车发生延误[①]。但是后来随着德军特别是右翼德军的快速推进，原计划开始赶不上新变化了，西线德军因为在前线推进得太快而崩溃，"施里芬计划"也因此破产。虽然以速战速决为主要特征的"施里芬计划"最终没能得逞，但德国利用发达的铁路网，快速调遣军队给人留下深刻印象。

三是交通在第二次世界大战"闪电战"中发挥了重要作用。第二次世界大战时德国的战争模式是"闪电战"，"闪电战"以发达的交通作为

---

① 参见孙力舟：《铁路的军事价值不可忽视》，http://www.northnews.cn/2014/0219/1529200. Shtml，2014-2-19。

支撑。在希特勒上台之后非常重视铁路建设,将分散的各铁路公司统一起来,于 1937 年成立"德国铁路"。第二次世界大战中著名的"巴巴罗萨计划"就显示了铁路运输的战略支撑作用。希特勒在进攻苏联时考虑到需要进行大规模军事运输,特制订了"奥托计划",全面扩建了德国东部铁路。从 1941 年 2 月 25 日到 6 月 23 日,"德国铁路"和东线铁路总共秘密动用了 34000 列列车,将 141 个师的人员、装备和给养运送到了苏德边境。在作战的最初几个月里,德军沿用此前在西欧大获全胜的闪电战术,快速横扫了大半个东欧平原、歼灭了数百万战术不佳的苏联红军。但由于意大利在希腊的失败,德军被迫于 1941 年 4 月 6 日发动巴尔干战役以救援意大利,致使"巴巴罗萨计划"被迫延迟了一个多月,这导致了德军未能在俄国严寒到来之前占领莫斯科,最终输掉了德苏战争,1945 年 5 月,德国战败。虽然第二次世界大战最后以德国为主的阵营战败而告终,但德国高度发达的铁路运输系统及其对战争的贡献,让世界感受到了军事交通的威力。

三、交通现代化与美国的富强

美国是从英国殖民地独立出来的一个国家。在英国工业产值占全世界工业总产值 1/2 的时候,美国的工业产值还不到英国的 1/4。然而,经过 40 年的发展,美国超过了英国,成为世界头号的工业大国。这些成就与美国的交通发展密不可分。

(一)完备的公路交通系统奠定了美国交通强国的基础

1792 年,美国建设了第一条收费公路,并从 18 世纪 90 年代开始,掀起了改善公路运输的高潮。第一次世界大战后美国半数以上的家庭拥有了汽车,人们对公路的需求也越来越大,第二次世界大战后随着经济的快速发展和为解决国内就业压力的需要上升，美国的公路建设速度明显加快。19 世纪 20 年代，美国第二条高速公路在纽约建成，50 年代以后大规模修建高速公路。1956 年美国颁布"联邦资助公路法案"，高速公路进入了大规模建设阶段，这一态势一直持续到 1980 年才基本结束。当前美国拥有世界上功能最完善、规模最大的高速公路网，截至 2001 年，美国公路总里程达 635 万公里，其中有 9 万公里是高速公路。美国的国土面积远小于俄罗斯，也比加拿大和中国小，比巴西与澳大利亚稍大，但美国的公路总里程却是"俄罗斯的 7.04 倍、加拿大的 6.97 倍、中国的 5.3 倍、巴西的 3.45 倍，澳大利亚的 7.76 倍"[1]。相比之下，美国的公路网密度远远高出其他国家。总体上看，美国公路的路况较好，交通便利，开车自驾可以到达美国大部分地区。

（二）发达的内河航运在美国经济发展中具有举足轻重的地位

由于收费公路没有降低交通运输费用，当蒸汽轮船技术逐渐成熟并被商业化之后，美国交通发展的重点转向了运河，为国内交通市场提供更廉价的交通运输方式。在 1825—1850 年间，美国的运河得到了空前发展。多条运河的开通大大降低了交通运输费用，推动了地区间贸易的迅速增长，也带动了美国东部的工业活动和西部商业化农业的发展。美国内河航道主要由 5 大系统组成：密西西比河水系、哥伦比亚河水系、莫比河水系、墨西哥湾沿海水道和大西洋沿海水道。内河航道通航总里程达 4.1 万公里，其中水深达 2.75 米适合 1000 吨级船舶航行的有 2.5 万公里，占总里程的 61%；适合 500 吨级船舶航行的有 3.1 万公里，占航道总里程的 75%[2]。美国高度重视内河运输在国民经济中的地位和作用，因而大力投资发展内

---

① 王成钢：《美国公路运输在世界的领先地位》，《国外公路》1998 年第 4 期。

② 参见金文征：《美国内河航道管理综述》，《中国水运》2006 年第 6 期。

河运输。密西西比河经过100多年的治理，特别是近50年的综合治理，已成为江、河、湖、海相连，四通八达，干支直达的内河航运网，是目前世界上最先进最发达的现代化内河航道。密西西比河货运量占美国内河货运总量的60%以上。在19世纪末，密西西比河的年货运量达到了10亿吨左右，相当于同等长度的19条铁路的货运总量，货运密度达到1027万吨/公里。密西西比河的大型散货，以无人分节驳顶推船队的运输方式为主，在支流和上游航道载重1万—2万吨的8—15艘船可以自由航行；在中游航道载重量为2万—3万吨的15—25艘驳船组成的顶推船队可以航行；在下游航道载重量4万—6万吨顶推船队30—40艘驳船组成的船队可以航行。密西西比河的各港口实行了机械化作业，吞吐能力非常大，可在8小时内完成2万吨级的船队的装卸作业；杂货码头吞吐能力为10万—20万吨，散货码头的吞吐能力在100万吨以上，最高的吞吐能力可达900万吨①，为美国经济发展作出了巨大贡献。

（三）现代化的铁路网构成了美国经济发展的大动脉

美国经济的发展与现代铁路的发展密不可分。美国铁路的发展经历了四大阶段。第一阶段在1828年开始的前10年。当时美国只是在人口稠密的东海岸各城市之间修建了短途铁路线，并且主要是客运而不是货运。从1830年到1840年的10年间，美国修建了2818英里的铁路，成为仅次于英国，跃居世界第二位的国家。第二阶段大约从1840年到1860年为止，主要是在美国东部、中西部和南部修建了长距离的铁路线。1850年，美国拥有长达9021英里的铁路②，超过了英国的铁路总里程，成为当时世界上拥有铁路里程最长的国家。第三阶段从1865年到1873年，在这个阶段，

---

① 参见杨臣清：《国内河航运开发的经验和启示》，《中国水运》2008年第7期。

② 参见 U. S. Burean of the Census, *Historical Statistics of the United State Colonial Times to 1957*, Washington, 1960, p.127。

最杰出的成就是修建了横贯北美大陆的铁路。此外，美国还延长了从大西洋到芝加哥的四条铁路干线。第四阶段从 19 世纪 70 年代后期开始，1906年达到高峰。这一阶段的主要任务是把各个地区的铁路连接起来，形成全国性的铁路运输网。到 1914 年，美国铁路总里程已超过欧洲各国铁路里程的总和，大约占当时世界铁路总里程的 1/3，成为世界上拥有铁路里程最长的国家。铁路的大规模建设和发展极大地促进了美国西部地区的开发和区域经济结构的优化，促成了全国性统一市场的形成，并引发了一系列连锁效应，对美国经济的全面增长作出了重大贡献。基于铁路在经济发展中的特殊重要性，著名经济学家罗斯托把铁路产业称为美国 19 世纪下半期的"主导产业"，更有人认为"铁路是工业化社会的经济命脉"[1]。

（四）发达的汽车产业构成美国现代化的重要标志

1895 年，杜里埃兄弟建立了美国第一家制造汽油引擎的汽车工厂，福特汽车公司以福特 T 型汽车和 N 型汽车开创了美国汽车制造业新纪元。1906 年福特汽车公司每年能生产 8000 辆 N 型汽车[2]，1909 年共生产了10660 辆 T 型汽车[3]。福特汽车公司生产的 T 型汽车是世界第一条在生产线上装配而成的汽车。福特汽车公司还通过不断改变生产方式，提高了 T型汽车的产量，从而大大降低了汽车的价格。1908 年，通用汽车公司成立，并逐渐发展成为福特汽车公司最大的竞争对手。在两大汽车公司的相互竞争和推动下，汽车生产技术不断改进，性能日益精进，销售量也蒸蒸

---

① H.N. 沙伊贝、H.G. 瓦特、H.U. 福克纳：《近百年美国经济史》，中国社会科学出版社 1983 年版，第 170 页。

② 参见 Jacques Channahon & Ptrick Fridenson, *The Auto mobile Revolution: The Impact of an Industry*, University of North Crolina Press, 1982, p.42。

③ 参见 Steven Watts, *The People: Henry Ford and the American Century*, New York: Random House, 2005, p.118。

日上。与欧洲国家的汽车制造商相比，美国汽车制造商特别是通用汽车公司和福特汽车公司，非常注重为大众制造经济型汽车，这种汽车制造战略引发了美国乃至全世界汽车制造和使用的革命。1908年，能生产廉价汽车的美国汽车制造商已经有28家。同年，福特汽车公司推出了著名的T型车，最初它的售价不到500美元，后来又降至300美元，大体只有当时同类汽车价格的1/4，甚至低到1/10，仅相当于美国一个普通工人的一年工资，福特汽车公司的T型车战略真正使汽车成为现代社会的大众交通工具。从1916—1929年，随着生产制造技术的进一步成熟，美国汽车产量不断提高，汽车成为越来越多的美国中等阶层普及品。到1929年，美国汽车销量冲破了500万辆①。而由于生产技术的更新以及汽车市场的竞争激烈程度的加剧，使得汽车价格持续下降，至1925年，T型汽车的销售价格降至290美元，汽车成为大众消费品。

汽车主导着美国的社会生产、消费以及大众丰富多彩的生活。研究显示，每增加1名汽车制造工人，就会增加10名制造钢铁、铝铜等工人的需求。汽车为美国民众提供了便利的交通工具，更多的就业可能、商品和服务以及更多的与外界接触的机会。美国汽车工业的发展以及汽车的普及对美国民众的生活方式、交流圈产生了重要影响，汽车工业的兴起在很大程度上改变了美国的城乡面貌，城乡一体化、农村的城镇化和城市的郊区化成为现实。同时汽车工业的兴起也改变了美国民众的生活方式和消费方式，推动了美国现代消费社会的形成。

（五）强大的军事交通运输能力支撑起美国的世界霸权

美国经济实力的强大必然会带来对外贸易的迅速增长。从1860—1900年，美国对外贸易总量增长了近20倍。"由于美国的重大经济利益

---

① 参见《美国汽车工业发展史》，《中国汽摩配》2006年第10期。

居于世界前列且遍布世界，所以它们也就成了造成动荡和混乱的诱因……这样海军就不得不出面干预，而且必须是有备而来并占据绝对优势。"①美国军事运输工具强大的象征是航空母舰。航空母舰无论是体积、吨位还是作战能力，都高居各种舰船之首，其强大的军事交通运输能力在海湾战争中得到充分体现。海湾战争期间，美国总共调集了55.4万军队，为了保障军队的衣、食、住、行和作战的需要，美国用了大约五个月时间，从美国本土和欧洲各军事基地向海湾地区运送了共计大约770万吨的各类物资，相当于把一个中等规模的城市物资从美国中西部地区运到了中东地区。中东地区距离美国本土十分遥远，海上远洋航行距离达1.7万公里，空中航行距离也需1.1万公里，大规模的物流需要拥有强大的交通运输能力才能及时完成，整个海湾战争期间，美军平均每天向海湾地区运送的物资达4200吨，物流时效之高前所未有。此外，在海湾战争中，美国使用了大量的高新技术武器和装备，复杂的高新武器对各类配套物资运输的需求大量增加。②大量的物资运输和特别敏感军事物品的运输给物流运输过程增加了难度，使整个物流过程和各个环节变得更加复杂。海湾战争时期美国的军事运输过程和能力表现得非常出色，成功完成了高难度的跨国长途军事物流运输，帮助美军打赢了一场现代高技术局部战争。

四、交通现代化与日本的崛起

日本地小人多，资源匮乏，为解决国家发展问题，日本结合本国特点成为一个现代交通发达的国家。

---

① Harold.U.Faulkner, American Economic History, New York: Harper Brothers Publishing, 1960, p.230.

② 参见邓伟：《现代军事物流经典案例赏析》，《物流科技》2004年第4期。

（一）发达的海运奠定了日本国际贸易大国的基础

近代以来，海运发展成为最重要的全球交通运输以及国际贸易方式，对近代资本主义的发展起了非常重要的作用。日本是个岛国，更需要海运，如果没有现代化的造船业和强大的海运能力，近代日本经济、海军的发展以及向外扩张都是不可能的。因此，近代日本政府特别重视造船业和海运的发展，造船业和海运业成为近代日本经济发展进程中国家干预经济的典型行业。

1870—1945 年"明治维新"以后，日本政府提出"富国强兵"发展战略，制定了一系列扶持海运发展的政策。作为日本最大的民营海运企业的三菱商会首先被选为国家重点扶植对象，三菱商会起初只有 6 艘汽船，加上其他船只最多也不超过 11 艘[①]。1875 年日本侵略中国台湾时，花费了 150 万美元从国外购置了 13 艘轮船，委托给三菱商会管理和使用；在日本邮政轮船公司解散时，日本政府又把花了 32 万美元购买的 18 艘轮船无偿转给了三菱商会，并将三菱商会的名字改为"邮政汽船三菱公司"。为了打破外国轮船公司对日本沿海航运的垄断，邮政汽船三菱公司同美国太平洋邮政轮船公司进行竞争，在日本政府的帮助下，邮政汽船三菱公司开辟了由横滨至青森、函馆的北海航线和由横滨至上海的航线；日本政府不但无偿地拨给邮政汽船三菱公司大量船只，还每年拨给三菱公司 25 万日元的补助金，使之大幅度降低运费，在竞争中压倒对手。受到来自日本竞争的压力，1875 年 10 月，美国太平洋邮政轮船公司不得不把在横滨至上海之间的 4 艘轮船卖给日本邮政汽船三菱公司，并将该公司在横滨、长崎和神户等地的码头、土地、房屋、仓库等设施也转卖给日本邮政汽船三菱公司。此外，日本邮政汽船三菱公司还迫使美国太平洋邮政轮船公司及其子公司承诺在以后的 30 年内不能在横滨、神户和上海以及其他日本沿岸各港

---

① ［日］有泽广巳：《现代日本产业史讲座·V》，岩波书店 1960 年版，第 115 页。

口发展航运业务。美国轮船公司最终被迫退出了日本沿岸海运业。接着，在政府支持下，1876 年邮政汽船三菱公司排挤了英国半岛与东方航海公司①，1880 年，日本政府在对国家经营的企业进行廉价处理时，将投资 62 万日元建造的长崎造船厂，以 91 万日元的价格转让给邮政汽船三菱公司。1885 年，日本共同运输公司和邮政汽船三菱公司合并成立了日本邮船三菱公司，由于日本政府大力支持，所以保证该公司在此后 15 年内每年可获得股息 8 分。1887 年，日本政府又将该项决定改为每年由政府付给该公司 88 万日元补助②。政府对日本邮船三菱公司的扶植收到了明显的成效，到 1893 年，日本邮船三菱公司已经拥有轮船达 47 艘，不仅开辟了日本到上海、天津、海参崴和仁川等地区的航线，还开辟了到菲律宾的马尼拉和印度孟买的航线。此时，日本船舶拥有量达 400 艘，垄断和控制了本国的海运，不论是从外贸上还是从军事上看都达到了相当高的发展水平③。

为了扩展海外利益，1884 年以后，日本开始制造钢船，扩建海军。日本海军及其兵工厂是在接收幕府和各藩的军舰及造船厂的基础上逐步发展起来的。1895 年，日军参谋本部制定了一个扩军的十年计划。按照该计划，日本以俄法联合舰队为假想敌，建造具有国际先进水平的大型战舰，组建由六艘巡洋舰和六艘战列舰组成的"六六舰队"，以便能掌握"东洋"的制海权。为达到这一目的，日本政府做了大量动员，甚至让舆论界向人民宣传："即使节约三餐为两餐，也要扩充海军。"④

由于当时日本的舰船制造起点低，技术落后，因此日本长期通过对海运业和海军提供低息贷款或无偿信贷的方式，从国外购买先进的商船和军舰以满足国内的民营和军事需要。通过这种方式，日本购买了大量船

---

① 参见尹文成等：《明治维新史》，辽宁教育出版社 1987 年版，第 563—654 页。
② 参见守屋典郎：《日本经济史》，三联书店 1963 年版，第 103 页。
③ 参见小西四郎：《日本全史·近代》，东京大学出版社 1962 年版，第 254 页。
④ 参见吴廷璆：《日本史》，南开大学出版社 1994 年版，第 561 页。

舶，但也由此造成了资金的大量外流，对日本船舶业的发展产生了不利影响。为了扭转这一状况，1897 年日本颁布了《造船奖励法》，根据该法令，对建造总吨位在 700 吨以上的铁船和钢船进行补助，建造总吨位在 700—1000 吨以内的船只，1 吨补助 12 日元；建造总吨位在 1000 吨以上的船只，1 吨补助 20 日元。此外，日本政府还根据船舶主发动机马力的大小，对造船进行补助，具体做法是每马力补助 5 日元。为了减少对外购买，日本政府还颁布了《航海奖励法》，规定对海运公司购买外国船舶的补助金减半，目的是奖励其购买本国的船舶。在补助政策制定和实施后，日本的海运和海军部门增加了向国内造船业的订单，大大推动了日本本国船舶业的发展，日本海军的技术水平也逐步发展到世界一流水平。从甲午战争至日俄战争期间，日本本国建造了 8 艘军舰，计 1.89 万吨，进口了 19 艘军舰，计 20 万吨。在日俄战争后的 1912 年，日本国内建造了 17 艘军舰，计 24 万吨，进口仅 3 艘军舰，计 3 万吨[①]。日本造船业的发展逐步确立其作为日本本国海运及海军船舶供给源的地位。

为了解决造船用钢材短缺问题，和进一步刺激日本的造船业和海运的发展，1917 年日本与美国签订了船铁交换协约。极大促进了日本造船业的快速发展，取得了辉煌成绩。从船厂的数量来看，1918 年日本拥有 1000 吨以上的造船厂达到 57 所；从年均造船舶数量看，1916 年造船量超过了 10 万吨，1918 年建造船舶量超过了 63.6 万吨。与造船业的发达相对应，1913 年日本海运船舶为 2075 艘，计 151 万吨，到 1919 年达到 2870 艘，计 284 万吨，到 1913 年，日本海运船舶占世界船舶总量的 3.5%，居世界第五位，1920 年则上升到 5.6%，仅次于英国和美国，位居世界第三位[②]。

---

① ［日］有泽广巳:《现代日本产业史讲座·V》，岩波书店 1960 年版，第 121—123 页。
② ［日］有泽广巳:《现代日本产业史讲座·V》，岩波书店 1960 年版，第 128—133 页。

1927 年日本发生金融危机，1929 年世界性经济危机接踵而来，受经济危机的冲击，日本的海运、造船业陷入困境。为了振兴海运业，1930 年日本政府决定对造船贷款给予 1.5% 的利息补贴，推行船舶金融。同时，日本政府在临时产业审议会上作出决定，对海运进行奖励，以增加船舶生产部门的订货；提高关税，限制外国船舶进口；处理老龄船只，免除冶铁部门的税收，降低造船的成本和船价；通过减税以减轻船舶制造部门的负担；在军舰及商船订货时，采取均衡的政策；对造船厂进行整顿，促进合并与共同经营，提高规模化生产效率；关闭经营不良的工厂，使其中止作业、兼营或者转产。1932 年日本政府采取"废旧立新"的方式，通过拆除旧船为条件发放补助金，来提升船舶的质量；并且强制船舶生产部门要使用本国的产品。1932 年，第一期船舶质量改善措施实施，在一年半的时间里，日本拆除旧船 40 万吨，建造新货船 20 万吨。对于 100 吨以上，航速 13 节 5 海里以上的货船，日本政府给予船主拆除旧船吨数在新造船吨数 2 倍以上的补助，补助的金额随新船航速的增加而增加，上述措施的实施使日本的造船业和海运起死回生。1932 年，日本造船量仅为 5.3 万吨，到 1936 年则高达 21.7 万吨。随着日本法西斯专政的逐步形成，为了扩军备战，日本又提出了增建各种军舰 66 艘，计 27 万吨的五年大规模扩军计划。为了支撑 1937 年日军全面侵华战争，日本政府又制定了优秀船舶建造的"四年计划"，这一计划大大刺激了日本军舰和商船的建造。到太平洋战争期间，日本年造船量已高达 30 万至 40 万吨[①]。至此，日本成为仅次于英国的世界第二大造船大国。

日本造船业发展兴旺，为日本带来了繁荣的金融市场和蓬勃的海外贸易，日本外贸总额不断增长，一改过去长期入超的状况，实现了贸易逆差向贸易顺差的转变；日本也由借贷 17 亿日元的债务国，瞬间转变成外汇

———————————

① 参见 [日] 有泽广巳:《现代日本产业史讲座·V》，岩波书店 1960 年版，第 131 页。

储备丰裕的债权国①。日本疾速发展起来的船舶工业和海军实力，使欧美各国深怀戒备，随后在外国限制和国内矛盾的相互冲击中，日本的经济开始动荡起伏，为了缓和国内危机，夺取亚洲霸权，扩大海外市场，日本进一步加大了海军船舰发展的力度，开始蓄谋发动大规模的侵略战争。

（二）铁路发展支撑起日本发达的现代化社会

自 1872 年日本建成第一条铁路后，铁路在日本迅速延伸。明治时期，日本政府奉行"官设官营原则"，不允许民间资本投资兴建铁路，然而民间资本要求投资兴建铁路的呼声日益高涨。1881 年日本成立铁道会社，成为日本铁道资本诞生的标志性事件。私有铁路业起步，在政府的保护和扶植下开始迅猛向前发展，在 1886 年至 1890 年间，日本出现了第一次"铁道建设热"，1905 年日本私有铁路开业里程达到 3147.51 英里，有货车 18947 辆、机车 1123 辆、客车 3672 辆；国有铁路开业里程为 1531.58 英里，有货车 8236 辆、机车 594 辆、客车 1663 辆②。1906 年日本铁路里程达到 5000 英里，构成了以南北干线为核心的铁路运输体系。

1958 年日本内阁批准了修建东海道新干线的设想。日本国铁开始研发"动力分散模式"新型电气列车。1959 年日本"动力分散模式"新型电气列车在东海道窄轨上实现了 163 公里／小时的速度，证明了"动力分散模式"新型电气列车的优异性能。1964 年东海道新干线建成通车，日本东京和大阪两大城市之间实现了当日往返，大大改变了日本人的商业和休闲习惯，并进一步引发了修建高铁的热潮。1967 年日本修建山阳新干线，高铁开始向西部延伸，1972 年高铁到达冈山县，1975 年到达福冈市的博多区；在东北方向，1971 年日本开始修建上越新干线和东北新干线，

---

① 参见郭正忠：《交通与文明——关于交通经济建设的历史考察》，《中国经济史研究》1988 年第 3 期。

② 参见［日］原田胜正：《明治铁道物语》，筑摩书房 1983 年版，第 200 页。

1974年修建成田新干线；2015年新干线将日本四岛连成一体，遍布全国的高铁线路成为日本各地区发展的强大动力。

日本新干线高速铁路给日本社会带来了翻天覆地的变化，新干线给日本人的出行能力带来了飞跃性变化，使人们的活动范围大幅扩展，使全社会完成了高度一体化。对于日本社会来说，人们新生活的正常推进均以新干线稳定可靠的运行为前提，这不仅包括人们的日常出行，而且包括物流、服务，这些均是以新干线高速铁路为载体来实现的。日本学者林上说，我们眼前这个现代化的日本，正是以新干线网络50年来无事故的平稳运行作为支撑而得以存在的。

（三）汽车工业的发展奠定了日本汽车强国的地位

从1904年日本开始仿制汽车起，日本汽车工业得到了快速发展并取得了举世瞩目的成就。在第二次世界大战前四十多年的时间里，日本主要为军事需要发展汽车工业，重点扶植军用卡车，发展速度相当缓慢，与当时欧美发达国家的汽车工业相比差距很大。在第二次世界大战后的三十多年里，特别是经过20世纪60年代的大发展，日本汽车工业获得较大进步，不但建立起从研究、设计到制造的一整套汽车工业研发和生产体系，而且在汽车产量和质量方面也走在了世界前列。到20世纪70年代，日本发展成为世界汽车强国，发展速度非常惊人。

1945—1959年是日本汽车工业奠基阶段。在第二次世界大战后的初期，日本经济陷入混乱与瘫痪状态，1950年朝鲜战争爆发，美国开始向日本订购大量的特需军事物资，特别是载重车，汽车需求的提升给日本提供了巨大的市场，使日本很快扭转了衰败局面。日本汽车制造业积累了大量资本并进行了设备更新，汽车工业开始恢复和发展，也带动了国民经济的恢复和发展。随着日本事业机关、企业、厂矿乃至家庭对汽车需求的增多，日本国内汽车工业的市场被逐渐扩大。为加速实现国产汽车自给有余的目标，1955 年日本政府发表了《经济自立五年计划》，在资金、税制、外汇等方面扶植本国汽车发展，强有力地支持了日本汽车工业的发展。

1960—1969 年是日本汽车工业高速发展阶段。在这十年中，日本超过了一些老牌的汽车制造强国。1960—1965 年间，受《国民收入倍增计划》鼓舞和汽车进口自由化压力，日本汽车厂在提升管理水平的同时，纷纷大规模投资进行设备更新，以提高日本汽车生产技术，建成了一批世界一流的轿车生产厂，大大提高了日本汽车的国际竞争力。1965 年日本全面放开小轿车进口市场，引发了激烈的国际竞争，小轿车的大众消费出现了爆炸性的增长。为了迎接汽车投资市场的对外开放，日本汽车制造商进行了大规模的资金和技术合作，汽车再一次大发展，成为仅次于美国的第二大汽车生产大国。

1970—1980 年是日本汽车工业低速发展阶段。20 世纪 70 年代，日本汽车拥有量已日趋饱和，汽车工业的国内市场相对缩小，再加上日本本身资源贫乏，特别是受到石油危机的冲击，日本汽车产量在 1974 年和 1975 年连续下降，为了获得高额利润，日本各大汽车公司极力扩大国外市场，并在 1974 年超过德国，使日本成为世界第一大汽车出口国。

1980 年以后是日本汽车工业向海外直接投资阶段。21 世纪 70 年代以来日本汽车的大量出口，给欧美国家的汽车市场带来了巨大冲击，导致了欧美国家失业率增高、贸易逆差，也造成了贸易摩擦。在欧美国家的压力下，从 1981 年起，日本被迫采取自我限制的办法，降低了对欧美各国的小轿车出口数量。对外出口受限，国内消费又日趋饱和，迫使日本各汽车生产厂家开始转变战略，变汽车出口为资本输出，在欧美国家以及发展中国家直接投资建厂，生产出售汽车，绕开了出口限制，并在生产和管理方面创造了很多全球领先理念，比如"及时生产体系""全面质量管理"和著名的"精益生产"等，进一步促进了日本汽车行业的发展。

（四）交通运输在日本对外扩张中发挥重要作用

日本人多地窄，资源不足，为实现国家在近代的崛起，日本把中国作为侵略的首要目标，把对中国的侵略视为其"生命线"和"利益线"。为侵略中国，日本非常重视军事交通的作用。19 世纪 80 年代中期以后，日本的铁道政策与对外扩张联系起来，日本军部从 1886 年开始重点研究如何将远征部队迅速运输到港口的策略，初步形成了利用铁路运兵的设想①。1888 年日本参谋本部发表《铁道论》，提出建设铁路以改善军事运输的观点，在 19 世纪 80 年代末到 90 年代初，日本军部通过参与制定铁路政策，为侵华战争提出了许多建议。

甲午战争时日本通过铁路迅速运兵是其取胜的重要原因。1894 年日本铁路运输军用物品为 43445 吨，运兵量为 174595 人；1895 年日本铁路运输军用品为 20736 吨，运兵量为 105944 人，战马 7727 匹②。甲午战争前，日本已拥有长达 3000 多公里的铁路，而同期中国仅有 400 公里的铁路。日本之所以能够在甲午战争中取得胜利，其中一个重要原因是日本铁路运输的效率大大超过中国。

甲午战争的胜利进一步提升了日本军部对铁路运兵机动功能的认识。日本军部把铁路视为战争机器的重要组成部分，更加重视铁路的作用。1898 年大沢界雄中将发表了《铁道国有论》的演说，他指出，按一天 12 次的运输能力，运输一个师团的兵力需要发军列 96 次，需要 8 天才能完成任务。如果一天发车 48 次，2 天就能完成任务，他还指出提高军事运输能力的最佳途径就是铁路国有化③。

---

①　参见［日］老川庆喜：《铁道》，筑摩书房 1996 年版，第 51 页。

②　参见日本国有铁道修史委员会：《日本国有铁道百年史通史》，成山堂书店 1997 年版，第 102—103 页。

③　参见［日］原田胜正：《明治铁道物语》，筑摩书房 1983 年版，第 246 页。

交通在日俄战争中也发挥了重要作用。20 世纪初，随着日俄矛盾的加剧，日本积极准备对俄作战，为了作战的胜利，日本大力提高铁路军事运输的效率。1904 年初，日本陆军当局通过了《铁道军事供应令案》，制定了《铁道军事运输规程》作为实施细则。此外，根据日本参谋本部的要求，1901 年日本铁路部门完成了朝鲜京仁铁路的铺设工作，在开战之初，日本铁路平均每日可发军事列车 14 列。日俄战争期间日本能完成巨大的军事运输量有多方面的原因，其中最重要的就是交通运输能力强大。当时日本铁路总里程达 7000 余公里，年运输旅客高达 1 亿人次，货物高达 2000 万吨。从青森至下关间的本洲铁路干线已完成。在北海道，富良野至旭川、小樽、函馆间的铁路建设也已基本完成。在九州，门司至长崎以及佐世保，门司至八代间的铁路也已经开通，连接日本主要区域的铁路干线基本完成。日俄战争期间，日本军事运输的规模比甲午战争时还要大。据统计，日俄战争期间日本总共运输人员 128 万，货物 53 万吨，战马约 20 万匹。运输如此众多的人员和物资，需要客车约 4 万辆，货车约 12 万辆，客车行驶里程约 1103 万英里，货车行驶里程约 2911 万英里[①]。

日本铁路交通在第二次世界大战中发挥了重要作用。1937 年日本发动全面侵华战争，1941 年又发动了太平洋战争。日本为战争准备了 51 个师团的总兵力，其中 43% 的兵力运往中国各战场，19.6% 的兵力运往太平洋各战场，二者合计约占日本总兵力的 63%[②]。如此庞大的兵力要先靠铁路运往各港口，然后再通过海运运到中国和太平洋各战场。在 1936 年，日本铁路货运量为 9700 万吨，到 1941 年上升到 1 亿 5100 万吨，到 1943 年则上升到 1 亿 7800 万吨；1936 年日本军用货物运量为 558000 吨，1943 年达到 24252000 吨[③]，日

---

① 参见日本国有铁道修史委员会：《日本国有铁道百年通史》，成山堂书店 1997 年版，第 150 页。

② 参见胡德坤：《中日战争史》，武汉大学出版社 1988 年版，第 488 页。

③ 参见 [日] 老川庆喜：《铁道》，筑摩书房 1983 年版，第 248 页。

本军用物资运量的增加是以日本铁路货物运量增加为前提的。

综上所述，铁路在日本的对外战争中发挥了极其重要的作用，尤其是在全面侵华战争时期，日本铁路高速运转，实际上已经成为战争机器的重要组成部分。

第三节　西方发达国家交通现代化的经验与启示

西方交通强国经验具有普遍性和特殊性。这是因为，交通受人文传统、地理地貌、生活习惯、经济状况、国际形势等多种因素制约，即使在同等经济实力的情况下，交通模式也会存在巨大差异。

一、西方发达国家交通强国的经验

（一）政府的大力扶持是西方发达国家交通强国的重要条件

交通建设投资大、周期长、资金回笼慢，需要政府的大力扶持。英国在没有任何借鉴的情况下，不到半个世纪就建成了铁路网，其中英国国会的支持是一个重要因素。到 1846 年，英国国会通过的有关铁路的法案近 250 个[①]，这些法案是英国全国铁路网的快速建成的最大推动力。德国仿效英国，在建筑铁路上敢于投入巨资，仅在 1850—1913 年投资于巴伐利亚铁路上的资本即达 7700 万英镑[②]。美国在修建铁路问题上也

[①] 参见 ［英］C．E．R 谢灵顿：《大不列颠铁路运输经济学》第 1 卷，伦敦出版社 1928 年版，第 10—149、223—270 页。

[②] 参见 ［英］B．R．米歇尔：《欧洲历史统计资料（1700—1970）》，麦克米兰出版有限公司 1978 年版，第 315—317 页。

是极为慷慨的，如给私营铁路公司以各种特权和补贴。19 世纪 60 年代修建横贯美洲大陆的铁路时，政府给予费用津贴，到 1914 年，美国投资于铁路的资本累计高达 202.47 亿美元[①]。日本汽车工业成功的奥秘之一就是政府的扶持。早在 1949—1950 年间，日本通产省为了实现经济独立和赶超欧美工业发达国家的远大目标，提出了"扶植国产轿车发展论"，并在 1951 年明确提出了限制外国汽车制造商对日本的投资和进口措施，同时积极支持本国汽车商引进国外的先进技术，为本国汽车行业发展奠定了基础。

（二）交通技术的革新和使用是西方发达国家交通强国的重要支撑

工业革命是以技术革新为特征的革命。从交通发展与工业革命的关系来看，与其说英国起家于工业革命，不如说它起家于交通革命。瓦特制成了第一台单动式蒸汽机，随后蒸汽机在火车上的应用实现了陆地交通的革命；蒸汽机在轮船上的应用则实现了海上交通的革命。在人类交通文明发展史上，水陆两项交通革命都是由英国率先实现。技术革新的不断推进，越来越多的新技术被应用到交通上来。当前西方发达国家在大力发展智能交通系统（ITS），智能交通系统（ITS）通过有效利用道路设施，加强对车辆的集中管理和调度，为驾驶人员提供翔实的路况信息，实现人、车、路的有机结合与和谐统一，可极大地减少交通拥挤状况，提高交通运输效率，保障交通安全，增强行车的舒适性，改善环境质量，提高能源的利用率。自 20 世纪 80 年代末以来，欧美和日本竞相发展智能交通运输系统，制订并实施了开发计划。

---

① 参见［英］查理·索伊尔：《美国历史统计资料（1789—1945）》，美国商业部统计局出版社 1949 年版，第 201 页。

（三）多方筹集资金是西方发达国家交通强国的重要途径

交通发展的初始投资往往非常庞大，单个的私人资本无力承担，只有采用股份制才可在短时间内筹集大量交通发展的资本。马克思曾说：假如必须等待某一单个资本增长到能够独立建设铁路的程度，那么恐怕直到今天世界上还没有铁路[①]。19 世纪 20 年代英国修建斯托克顿—达林顿的铁路，预计需要 10 万英镑，当时来看这是一笔天文数字，任何个人都无法提供这么大开支，于是斯托克顿—达林顿铁路公司通过发行股票的办法成功筹集了资本。

德国在筹集铁路建设资金的过程中，股份公司充当了铁路建设的集资机构，并在国家的积极参与下协调各方面关系，使铁路系统每天都在扩展。从 1835 年开通第一条铁路到 1842 年，德国建成了以莱比锡为中心的 10 条铁路线，到 1860 年已形成了欧洲大陆上"最令人惊叹不已"的铁路网，其利润逐年上升。因为购买铁路证券有利可图，刺激了人们的购买欲，促进了证券交易市场的产生和发展以及铁路的建设和发展。

美国交通发展中股份制也发挥了筹集巨额资本、分散风险等重大作用。美国刚建国不久，地方州政府就特许私人股份公司筹集资金修建运河和公路。1807 年，美国成立了汽轮公司，1812 年美国成立了交通运输股份公司。1817—1825 年间，美国相继成立了一批类似的股份制交通运输公司，大批铁路股份公司成立后，掀起了美国交通运输业发展的高潮。从 1828 年美国建成第一条铁路，到 1860 年前后美国出现了 30 多家大型铁路公司。这些公司在向社会筹集资本用于满足修建铁路的巨额资本需要方面，发挥了重大作用。1854 年美国各种公司发行的证券总额为 11.78 亿

---

① 参见马克思：《资本论》第 2 卷，人民出版社 1975 年版，第 688 页。

美元，其中就包括占了相当大比重的铁路证券。大量铁路股份公司的兴起大大提升了美国铁路修建的速度，并对其他运输方式的发展产生了巨大影响。20世纪初以来，美国汽车、航空、管道等交通运输方式的迅速发展，同样也是借助股份制公司来推动的。可见，股份制公司在美国交通运输史上的地位和作用非常重大。

日本的情况也类似，1881年，日本成立铁道会社，计划修建4条铁路。翌年3月，东京至本州岛最北端的青森私有铁路破土动工，东京—青森铁路资金预算为1900万日元，大部分靠发行公债筹集，发起人只提供了200万日元。日本私有铁路建设费用绝大部分靠发行股票来筹集，1900年日本各铁路公司股东人数总计为46625人，平均每个公司的股东人数达到1137人，人均拥有101.8股。1869年12月6日，明治政府举行了专门的铁路工作会议，确立了铁路"官设官营"的原则，但是，由于缺乏贯彻这一原则的物质条件，明治政府不得不委托英国人李泰国在伦敦发行公债，以筹集铁路建设资金。

（四）高度重视军事交通的作用是西方发达国家交通强国的普遍做法

交通运输是军队的生命线。现代战争的实践表明，战争对交通运输有很强的依赖性。交通在战争中的重要地位和作用，决定了它必然是军队现代化建设的重要一环。世界各国都很重视军事交通，美国、英国、德国、日本等国家，都曾把交通建设提到很高的战略位置，投入了大量的人力、物力、财力，以提高军事交通的现代化水平，保证军队在作战时能有很强的机动能力和物资保障能力。

交通发展还应与各国具体国情相结合，发展战略选择要符合本国特殊性需求。英国、日本采取了海运主导型交通发展战略，日本国土狭小，城市交通多采用轨道模式。美国地广人稀，土地富裕，且资金雄厚，美国重视发展小汽车交通模式。

二、西方发达国家交通现代化对我国交通发展的启示

（一）政府应积极推行保护、扶持交通发展的政策

从西方交通现代化的历史可以得到启示，对后起国家来说，积极的科学的政府干预对交通发展是非常重要的。特别是像中国，交通建设需要大量的投资，需要引进技术和更新设备，政府积极推行保护和扶持政策是必然的选择。政府一方面需要抓大放小，集中投资，国家政策银行要给大型交通项目优惠贷款，或者推动产业资本和金融资本的结合，以形成约束机制，保证和提高资金的有效利用率，为交通发展提供宽松的资金环境。另一方面，政府要鼓励交通运输工具生产国产化，有选择地对交通运输行业实行保护性的关税，实行有利于国产化的物品税，同时可以采取外汇配额制以限制外国交通工具的进口。

（二）重视先进交通技术的引进和研发

交通运输业是技术密集型行业，如果不进行技术创新，缺乏技术进步，交通运输业很难发展起来，因此中国可以通过积极引进国外先进技术的方式，加快我国交通运输业的发展，尽快赶上西方发达国家。但是，要防止出现单纯的"引进—淘汰—再引进—再淘汰"的恶性循环格局，必须形成"引进—吸收—消化—发展"的良性格局，建设一批有较高水平和一定规模的交通工程研发机构，有效地解决交通运输发展中的技术难题，开发适应本国市场的新产品，只有这样才能建立起中国自己的发达交通运输体系。

（三）把股份制和各种融资方式结合起来，多方筹集交通发展的资金

以股份制为主要形式的混合所有制经济是中国社会主义市场经济的重

要组织形式。中国交通运输业的发展可以通过对交通企业的股份制改革，实现各交通企业之间的优势互补，构成交通企业集团，依靠集团规模优势占领最大市场份额，提升利润，形成具有较高国际竞争力的"航空母舰"。此外，要把股份制改革和其他融资方式结合起来，充分筹集和利用各种资金，推进我国交通运输业的腾飞。

（四）高度重视和发展军事交通，壮大国防军事力量

军事交通运输是国防建设的基础条件、战时经济的有力保障、部队机动的主要手段、战争准备的重要内容、后勤保障的中心环节，对国防、军队建设和战争进程与战争结局均有非常重要的影响。20世纪90年代后期，随着信息化战争发展，军队机动对交通依赖性的提高，受到新技术革命的冲击，军用运输装备以崭新的面貌出现，最突出的特点是：机动性强、防护性好；速度快、运量大；性能多样、用途广泛；自动控制、自动装卸等。中国应根据形势发展，高度重视和发展军事交通，不断增强后勤的运输能力，壮大我国军事实力。

第 三 编

交通大国的成长之路

第六章　中华人民共和国成立以来交通运输战略回顾

交通与国家的兴衰密切相关。它是国家的基础服务力量，是国民经济的重要组成部分，是国家内部与外部沟通的桥梁，是国家安全与人民幸福的保障。新中国把发展交通事业提升到国家战略高度，集中各方力量发展交通事业，依靠人民兴办交通，大力培养交通人才，坚持技术创新，形成了独具特色的交通建设思想。

第一节　中华人民共和国交通运输发展战略理念

中华人民共和国成立以来，交通理念经历了三个发展阶段。第一阶段是交通运输现代化理念；第二阶段是交通运输市场化理念；第三阶段是交通运输科学发展理念。三种理念的诞生既有其时代背景，又承前启后，一脉相承。

一、现代化理念开启我国交通工作新局面

中华人民共和国成立之初，党和国家面临着巩固政权和迅速恢复国民经济的两项重要任务。国家发展，交通先行。因此，医治战争创伤、恢复

重建交通系统，成为新中国成立初期紧迫而艰巨的任务。交通运输现代化理念指明了行业发展方向，开启了我国交通工作的新局面。

1954年，在第一届全国人民代表大会上，建设四个现代化第一次被提出，建设任务之一就是交通运输业现代化。这次会议明确了将发展现代化交通作为国家恢复发展时期的重要任务，确立了交通运输行业的发展方向就是交通现代化。随后，在党的八大上，又一次将交通现代化写入党章。这一时期的交通现代化主要指发展铁路、公路、轮船现代化的交通运输方式。尽管近代以火车、轮船、汽车为标志的新式交通运输工具并非社会经济自然发展的产物，但是中国第一代领导人清醒地认识到，交通现代化是一个国家实现现代工业大规模发展的基础和先驱，是现代社会发展的基本前提条件和重要组成部分。尽管1964年第三届全国人民代表大会上提出用"现代科学技术"替代"交通运输业现代化"的提法，但交通仍然是现代科学技术的一部分。秉承这一理念，从新中国成立到"文化大革命"之前，我国交通行业得到了初步恢复和发展。1949年底，铁道部接管并修复了大陆铁路原有干线，使之连为整体，至民主改革完成，新中国铁路基础基本成型。自"一五"计划建设开始，我国铁路事业开始了大规模、有计划的建设。

交通部在修复原有交通的同时，开始修建干线公路，统筹发展水运工业，并且制定和实施了公路建设、养护和公路运输的基本政策，明确多种运输经济成分共同发展的运输经济政策。在这个阶段，完成了对私营公路和私营运输业的社会主义改造，建立了集中统一的计划运输经济体制。"大跃进"和"文化大革命"期间，虽然我国交通行业经历了曲折，但也有一定的发展。这一时期建成了一批国防公路，县乡公路建设也有较大发展，公路标准和公路质量都有较大幅度的提高。1972年，我国恢复在联合国的合法地位，对外贸易规模迅速扩大，海上运输量骤增。交通部加大了对港口的建设力度，形成港建高潮，并开始利用银行贷款购船，我国远洋船队逐步壮大。

二、市场化理念推动交通行业进入规模化发展阶段

新中国成立以来，我国公路水路基础设施总量严重不足，交通运力紧张，成为制约国民经济和社会发展的瓶颈。交通运输市场化理念作为破解交通行业发展难题的关键，有助于推动我国交通行业进入规模化发展阶段。

改革开放至党的十四大（1979—1992），我国交通行业进行了一系列大胆的制度探索，破解了行业发展难题，扩大了交通发展格局。这一时期国务院把交通建设作为国民经济发展的战略重点。在交通运输行业中积极探索，采取了一系列市场化改革举措，打破了单一封闭的交通运输格局，公路建设有了稳定的资金来源和良性发展的政策环境，同时激发了社会力量兴办交通的积极性和热潮，对缓解运输困难、促进城乡物资交流等起到了重要作用。党的十四大至十六大前（1992—2002），我国交通行业持续深化改革，行业发展的规模、层次迎来了飞速发展。这一时期，我国初步建立了统一开放、竞争有序的交通运输和建设市场；配套建立交通服务体系，并相应发展交通教育，实现了我国公路水路基础设施的飞速发展；深化了交通行政管理体制改革。

三、科学发展理念引领交通行业步入可持续发展轨道

党的十六大至党十八大期间，我国社会经济发展呈现出新的阶段性特征，工业化进程不断加快，人民生活水平不断提高，国家交通发展理念也随之发生调整。

这一时期，交通运输行业围绕科学发展理念，以科技创新为引擎，以服务、改善民生为追求，以建设资源节约型、环境友好型社会为目标，转变交通运输行业发展模式，逐步调整交通运输行业经济结构。

第一，交通基础设施建设方面遵循"适度超前"原则。要求交通运输基础设施规模适度超前于经济发展水平，加强交通运输的保障能力和协调能力，优化交通运输结构。

第二，交通运输行业发展重心从完善基础设施建设转变为全面提升行业综合水平。以构建"便捷、安全、经济、高效"的运输体系作为战略目标，对基础设施建设和服务进行双重管理。从现代交通运输业的多层次需求出发，在完善基础建设的同时，注重服务质量，提高运输效率，提升交通安全应急水平，发展绿色交通。

第三，强调科技进步和信息化对交通行业的引领和支撑作用。继续实施"科技强交"战略，提升基础设施和运输装备的现代化水平，激发行业技术创新潜能，加快成果转化与应用，大力推进交通信息化建设。

第四，落实资源节约型和环境友好型的"两型社会"发展目标，必须树立绿色、低碳发展理念，以节能减排为重点，构建绿色交通运输体系，实现交通运输发展与资源环境的和谐统一①。

第五，运输需求结构和消费结构升级对交通运输服务水平提出更高要求。随着偏远地区交通需求的增长，人均乘用交通工具频率增加，城市汽车保有量激增，要求交通运输业发展要协调城市内部、城市之间、城乡之间多种运输方式，提高服务均等化水平。

交通运输科学发展理念丰富了交通发展内涵，体现了交通运输的递进式发展特征，对推动我国交通行业逐步迈入可持续发展轨道，更好地适应社会经济发展和人民群众需求具有重要意义。

---

① 参见交通运输部：《交通运输"十二五"发展规划》，交通运输部网站，http://www.mot.gov.cn/zhuantizhuanlan/ jiaotongguihua/shierwujiaotongyunshufazhanguihua/jiaotongyunshushierwufazhanguihua_SRWJTFZGH/201106/t20110613_954154.html，2011-6-13。

四、"五大发展理念"引领交通大国迈向交通强国

中国经济自经历改革开放以来的高速增长后，逐渐从高速增长转变为中高速增长，经济结构从粗放型转向集约型，从要素驱动、投资驱动转向创新驱动，经济发展进入新常态。为适应新时期经济社会的发展要求，把握新常态，引领新常态，保持中国经济社会的持续健康发展，2015年党的十八届五中全会提出五大发展理念——"创新、协调、绿色、开放、共享"。同年，习近平总书记指出，"十三五"时期是交通运输业转型发展的黄金时期。"五大发展理念"清晰呈现了新常态下中国经济社会的发展方向，"黄金期"的科学判断准确指出了交通运输的发展形势和发展阶段。在"创新、协调、绿色、开放、共享"发展理念的指引下，交通运输建设要抓住基础设施加速形成网状和结构优化的黄金期，抓住现代综合交通运输体系加快构建的黄金期，抓住交通运输从传统产业向现代服务业转型的黄金期，抓住破除制度障碍、完善现代治理体系的黄金时期。

这一时期，交通运输行业紧紧围绕履行发展先行官的职责使命开展工作，在"创新、协调、绿色、开放、共享"新发展理念引领下，深化供给侧结构性改革，着力推进综合交通、智慧交通、绿色交通、平安交通建设，为中国从交通大国迈进交通强国奠定坚实的基础。2017年10月16日，《求是》杂志发表中共交通运输部党组署名文章《奋力从交通大国向交通强国迈进》，深刻阐释了这一时期交通工作的重点内容[1]。

第一，发展综合交通，着力推动基础设施联网优化。以实现综合交通"一张网"为目标，以综合运输大通道为骨架，以综合枢纽为连接点，建设快速交通网、高效普通干线网、广覆盖基础服务网，形成高质量立体互

---

[1]　参见中共交通运输部党组：《奋力从交通大国向交通强国迈进》，《求是》2017年第20期。

联的综合交通网络化格局；服务"一带一路"建设，推动交通基础设施"陆、海、空、网"四位一体联通；加快研究布局与自动驾驶、新能源等新技术相匹配的新一代交通基础设施建设；优化综合交通系统运行效率，做好基础设施的管理和养护。

第二，多方着手，推动交通运输服务品质升级。深度融合各种交通方式，加快运输一体化进程，实施绿色交通优先发展策略，重点建设货运领域，提升物流效率，推进运输网络向农村下沉、向中西部延伸、向国际市场拓展，推动交通与相关产业的联动发展，最大限度地发挥市场和科技力量，提供更加安全、便捷、智慧、绿色、舒适、多元、经济的交通运输服务。

第三，发展智慧交通，发挥科技创新引领作用。中国从交通大国向交通强国的历史性转变，关键依靠科技创新。充分发挥科技创新的引领作用，加大力度建设智慧交通，重点培育具有国际竞争力的交通技术项目，加快"互联网＋交通运输"、自动驾驶技术、新能源交通装备的研发与应用，实施人才优先发展战略，为建设交通强国提供有力的技术支撑和人才保障。

从现代化理念、市场化理念、科学发展理念，到"创新、协调、绿色、开放、共享"的五大发展理念，我国各时期交通发展理念立足行业发展基本情况，指明了交通发展方向，体现了国家发展智慧，引领新中国成立初期支离破碎的中国交通走向世界交通强国。纵观各时期交通发展理念，交通运输现代化理念的提出既是现代社会大势所趋，也是交通行业新中国成立以来延续至今的行业追求，并在当下被赋予了绿色、人文、技术创新的科学内涵。交通运输市场化理念确保了交通现代化的持续进行，为交通行业运行提供了体制机制保障。交通科学发展理念继承了交通运输现代化理念的精髓，丰富了交通现代化的内涵，又受惠于交通市场化发展，符合当时社会发展转型需求，体现了交通行业与时俱进的前瞻性探索。"五大发展理念"则是在全球化发展情境下，在交通前期建设成果积累的基础上，以建设世界交通强国为目标，汲取七十年交通发展经验，契合国家"两个一百年"发展目标，确立的内涵更为丰富全面、视野更为广阔的现代交通发展理念。

回顾新中国交通发展战略理念，交通对国家发展的先导性、基础性作用始终不变，现代化是交通建设的总体方向始终不变，在此基础上，交通理念的关注重点实现了由量到质、由内而外、由单维度到多维度的转变。交通的发展内涵不断扩展，从交通基础功能性满足扩展到人民满意、人与自然和谐、开放共享等更高的目标追求，发展内涵更为丰富，发展维度更为全面，发展视野更为广阔。未来的中国交通，不仅对国民经济具有先导性、基础性、支撑性、保障性作用，更是引领全球，联通内外，融通文化，实现中华民族崛起的重要力量。

第二节　中华人民共和国交通运输发展战略举措

经济发展，交通先行。新中国交通发展经历了战后恢复、曲折发展、探索发展、加快发展和科学发展五个阶段。在不同发展阶段，国家根据所处的社会发展需求，采取了一系列重要战略举措，中国交通发展实现了由少及多、由弱到强的转变。

一、国家重点投资恢复打通交通干线（1949—1966）

新中国成立伊始，交通运输业各方面都比较落后。可以通车的公路只有 8.08 万公里；全国铁路网线半数瘫痪；内河航道处于自然运输状态；民航航线仅 12 条。邮政网点严重不足，运输工具以畜力车、木帆船为主，民用汽车仅 5.1 万辆。

1949 年百废待兴，国家将恢复交通运输作为重点工作之一。国家明确提出，要实现全国工农业的恢复和发展，首先要创造一些基本条件促进恢复交通运输。在当时国家财力、物力非常紧张的情况下，拨出了大量资金用于恢复和发展交通运输业，三年时间用于交通运输业的投资达到 18 亿元，占全国投资总额的 22.4%。

新成立的交通部于 1949 年 11 月召开了第一届全国航务、公路工作会议，讨论了新中国成立初期的交通工作任务。1950 年政务院出台《关于 1950 年公路工作的决定》和《关于 1950 年航务工作的决定》，明确了新中国成立初期公路、水路发展的方针政策，开始有计划地进行交通运输建设。

1953 年至 1965 年期间，国家建设和改造的公路、铁路和机场，新开辟的国内外水路和空中航线，增加的邮政网点和现代运输工具数量[①]，有效改善了西部偏远地区的交通运输状况。

铁路方面，这个时期主要任务是恢复战争期间被破坏的铁路网。1949 年共抢修恢复了 8278 公里铁路，到 1949 年底，全国铁路营业里程共达 21810 公里，客运换算周转量 314.01 亿吨公里。1952 年 6 月 18 日，满洲里至广州间开通了第一列直达列车，全程 4600 多公里畅通无阻。至 1952 年底，全国铁路干线基本恢复通车；先后建成了天兰、成渝、来宾至友谊关等铁路新线，全国铁路营业里程增加到 22876 公里，客货换算周转量达 802.24 亿吨公里。

航空运输方面，恢复了原有航线，增开了北京通往西北、西南地区的航线，开辟了以北京为中心，东经沈阳、哈尔滨至苏联赤塔，北经张家口至蒙古首都乌兰巴托至苏联伊尔库茨克，西经西安、兰州、乌鲁木齐至苏联阿拉木图的三条国际航线。

---

① 中华人民共和国国务院新闻办公室：《中国交通运输发展白皮书》，新华网，http://www.xinhuanet.com//politics/2016-12/29/c_1120210887.html。

公路建设方面，交通部在修复原有公路的同时，开始修建干线公路，采取整修原有运输工具、扶持私营汽车运输业等多项措施扩大运输能力。这一时期，共恢复公路 23398 公里，新建公路 3846 公里，特别是在西南、西北地区新建了一些公路。同时，制定和实施了公路建设、养护和公路运输的基本政策，即实行养路费征收政策，使公路养护有了稳定的资金来源；实行民工建勤的修路养路制度，并以国家法令的形式确定下来；明确多种运输经济成分共同发展的运输经济政策。农村公路方面，中央 1958 年提出了依靠地方、依靠群众，以普及为主，发展交通的"地、群、普"方针①，加快偏远地区的公路建设。1962 年国家实施"调整、巩固、充实、提高"的方针，交通呈稳定发展趋势。

水路运输建设方面，1950 年，交通部下设航务总局和国营轮船总公司，建立起全国水运管理体制；疏浚了长江、珠江、松花江等主要航道，开通了北洋和华南运输线；恢复了沿海和长江重要港口，扩建了黄埔和天津新港，恢复和打捞破坏的船舶，迅速恢复航运，统筹发展水运工业。三年中，各地共打捞战争炸沉船舶 100 多艘，修复被毁坏船舶 4000 余艘，修复大批码头的仓库堆场、港口，修复灯塔等航道配套设施，改善了船舶航行条件。经过三年的恢复和"一五"建设，水路取得了显著的成就。水运方面，1952 年船舶运力比新中国成立之初增长 6 倍多，为支援抗美援朝战争、恢复各地工农业生产、保障人民生活作出很大贡献，特别是在川东粮运、北煤南运方面发挥了极为重要的作用。"一五"期间，内河运输共增加船舶 27.5 万吨和 5000 个客位，比新中国成立初期提高 1 倍，客货运量在 1957 年分别达到 6370 万人次和 7780 万吨。在此期间，对川江和长江中下游航道进行了大规模的整治，初步保证了长江大动脉的通畅。正式通航港口从 1952 年的 16 个增加到 1957 年的 39 个。海上机动船舶从

---

① 参见王楠楠：《公路安全保护的法治进程》，《交通建设与管理》2011 年第 7 期。

23 万多吨发展到 37.5 万吨，年货运量从 400 余万吨发展到 1223 万吨，港口年吞吐量从 1300 余万吨发展到 3700 多万吨。水运在此期间保持了年均 24.6% 的增长率。20 世纪 60 年代初期，海运系统在国外大量购买二手船，使运力由 1957 年不足 100 万吨，发展到 1965 年的近 200 万吨；货运量由 1957 年的 1200 余万吨，上升到 1965 年的近 2000 万吨；港口吞吐量由 1957 年的 3700 多万吨，上升到 1965 年的 7000 多万吨。1965 年，中国远洋运输公司已拥有 63 艘远洋船舶，达到 60 万载重吨，完成货运量 246 万吨，并先后开辟了至欧、亚、非多条国际航线[1]。

经过三年时间，交通部修复了交通基础设施，水、陆、空运输逐步正常运行。完成了对私营公路和私营运输业的社会主义改造，建立了统一的计划运输经济体制，新中国交通运输业恢复并有一定程度的发展。截至 1952 年底，铁路营业里程达 2.29 万公里；内河航道达 9.50 万公里，船舶总吨位比 1950 年增加 1 倍以上；全国公路通车里程达到 12.67 万公里，比 1949 年增加 57%；各种运输方式的客、货运量是 1949 年的 3 倍，满足了国民经济恢复的需要，并为西部地区的开发准备了条件。

二、重视"二线"交通建设，综合交通网雏形初现（1966—1976）

"文化大革命"期间，全国经济发展都受到了巨大的影响，交通运输业也一度受到干扰，但总体来看，交通基础设施仍有小幅增加，尤其是航空和管道运输均有发展。

---

[1] 参见赵植林：《风雨航程五十载——新中国水运发展回顾》，《中国水运》1999 年第 11 期。

这一阶段是国民经济跌宕起伏和徘徊不定的时期，也是中国交通运输业的曲折发展时期，交通运输由基本适应逐渐转变为制约国民经济"瓶颈"产业的"拐点"。1966年以后，交通运输也受到"文化大革命"的干扰，许多工程被迫停工，加上此时交通投资和建设主要以"二线"为主，所以整体上有向西移的倾向。

1970年6月7日，中共中央同意国务院"关于国务院各部门建立党的核心小组和革命委员会的请示报告"，交通部党的核心领导小组成立。1970年6月22日，中央决定将原铁道部、交通部及邮电部的邮政部分合并成立交通部，启用"中华人民共和国交通部"印章，原铁道部、交通部及邮电部印章同时停止使用。1975年，邓小平开始调整国民经济，以铁路为重大突破口，1975年1月17日，全国人大四届会议决定把原交通部划分为铁道部和交通部，同时任命万里为铁道部部长，邓存伦为副部长，1月27日起两部门开始分开办公，为今后两个部门的发展奠定了基础。

铁路方面，1975年中央召开全国各省、自治区、直辖市党委主管工业的书记会议，发出《关于加强铁路工作的决定》。会后派出工作组，对一些问题严重的路局进行整顿，铁路运输状况迅速好转。1975年4月，全国铁路平均日装车数创历史最高水平，列车正点率也大为提高。"文化大革命"时期，虽然铁路发展遭受了极大干扰，但施工生产没有完全停滞，不仅建成了贵昆、成昆、湘黔、京原、焦枝等铁路干线，还建成了南京长江大桥和枝城长江大桥。南京长江大桥是长江上第一座由中国自行设计和建造的双层式铁路、公路两用桥梁，在中国桥梁史乃至世界桥梁史上都具有重要意义，是20世纪60年代中国经济建设的重要成就、中国桥梁建设的里程碑，具有极大的经济、政治和战略意义。枝城长江大桥也是一座铁路、公路两用单层钢梁桥。到1976年底，全国铁路营业里程为46262公里，其中复线率为15.7%。

公路方面，这一时期制订了"三五""四五"交通发展计划，建成北京—原平等一批国防公路，县乡公路建设也有较大发展，公路标准和公路质量都有大幅提高。1975 年重新修订"养路 40 条"，提出"1976—1985 年"公路交通发展规划设想。

水路方面，1972 年我国恢复在联合国的合法地位，对外贸易规模迅速扩大，海上运输量猛增，全国普遍出现港口严重压船现象。1973 年交通部根据中央"三年改变港口面貌"的要求，加大对港口的建设力度，形成建港高潮。交通部开始利用银行贷款购船，加强远洋运输船队建设，推动远洋船队逐步壮大。1975 年底，船舶总吨位达 800 余万吨，货运量 9000 多万吨，港口吞吐量达 1.5 亿吨，均比 1966 年有较大幅度的增长。

尽管这一时期交通运输发展十分曲折，但是交通建设还是取得了较大成就，我国运输网向全国各地延伸，综合交通网初步形成。到 1970 年底，各种运输方式总线路长度为 1957 年的 1.9 倍，全社会客运量、旅客周转量、货运量和货运周转量分别为 1957 年的 2.0、2.1、1.87 和 2.52 倍。1978 年五种运输方式线路长度合计达到 123.50 万公里，交通网络技术水平也有一定程度的提高。

三、以交通为国家发展战略重点，搞活交通运输市场 (1978—1992)

新中国成立以来，我国公路水路基础设施总量严重不足，交通运力全面紧张，严重制约国民经济社会的发展。党的十一届三中全会提出了改革、开放、搞活经济的战略方针，国务院把交通建设作为国民经济发展的战略重点，将其列为优先发展序列，自此中国交通运输步入快车道。这一时期，为解决交通发展不适应经济发展需求的问题，国家积极探索，开放搞活交通运输市场，解放运输生产力，增强国有企业活力，建立社会化交通融资机制。

1983 年交通部突破所有制束缚，允许个体户进入运输市场，极大地促进了运力发展，有效地缓解了交通运输的紧张状况。1984 年国务院又提出了三个重大决定：提高养路费征收标准、开征车辆购置附加费、允许"贷款修路、收费还贷"①。1984 年开始，国务院以工代赈，帮助贫困地区发展交通，1985 年开始征收港口建设费，1988 年开征公路客货运附加费，同时引进外资，逐步形成了"国家投资、地方筹资、社会融资、引进外资"②的多元化交通投融资格局。一系列市场化改革举措，打破了单一封闭的交通运输格局，保障了公路建设稳定的资金来源和良性发展的政策环境，同时激发了社会兴办交通的积极性和热潮，对缓解运输难、促进城乡物资交流等起到了重要作用。1985 年铁路实行"大包干"，1986 年国务院批复了五部委《关于铁道部实行经济承包责任制的方案》，实行"以路建路"经济承包责任制。水运政策方面，交通部及时提出"有水大家行船""国家、集体、个体一起上""多形式、多渠道、多层次、多种所有制形式发展运输业""港口对全社会开放""（码头泊位）谁建、谁用、谁受益"等一系列具体政策和办法，对水运管理体制进行深入改革。同时，全国人大、国务院颁布了《中华人民共和国海上交通安全法》《中华人民共和国海商法》《水路运输管理条例》等一系列法律、法规，有助于水运管理向法治化轨道推进。

这一时期，铁路方面实行经济承包责任制；交通工程项目采取招投标制度；港口逐渐实现对外开放经营；民用航空公司实现企业化经营，走企业化道路；邮政也进行相应的市场化改革，成立速递公司，恢复邮政储蓄业务；交通项目建设吸引社会资金参与，交通运输建设投资力度加大。自此，交通运输市场化改革成为贯穿交通改革开放的一条主线。

---

① 杨传堂：《被时代铭记——中国政府首次就交通运输建设发展发表白皮书〈中国交通运输发展〉》，《中国公路》2017 年第 1 期。

② 交通运输部：《公路水路交通"十一五"发展规划》，《综合运输》2006 年第 12 期。

四、深化交通管理体制改革，编制交通网络规划（1992—2002）

1992年，社会主义市场经济体制改革的目标确立，为交通运输业发展带来了巨大的动力，交通运输业取得了突破性进展。

第一，国家深化交通管理体制改革，初步建立统一开放、竞争有序的交通运输和建设市场。交通部发布了一系列文件，例如《关于深化改革、扩大开放、加快交通发展的若干意见》（1992）、《关于加快培育和发展道路运输市场的若干意见》（1995）以及《关于进一步加强水运市场管理的通知》（1996），突出公路水路运输市场对资源配置的基础性作用。

深化交通管理体制改革，提高交通运输管理服务水平。交通部探索在市场经济条件下交通行政管理部门的职能定位，努力建立和完善办事高效、运转协调、行为规范的交通行政管理体系。1998年交通部与直属企业全面脱钩，1999年将港口交由地方管理，港口行政管理与装卸作业政企分开；铁路、民航、内河航运的基础建设基金先后设立；国家实施积极财政政策，大力投资高速公路建设，高速公路规模化发展；深化港口体制改革，加快港口扩建；邮电分离，政企分开，向信息、资金、物流合一的现代邮政业迈进。

第二，国家重视交通网络规划，重点实施"三主一支持"交通网络主骨架建设。交通运输部出台了《中长期铁路网规划》《中国高速公路网规划》等一系列规划。从1992年开始，交通部计划用30年时间完成"三主一支持"的战略，即建设公路主骨架、水运主通道、港站主枢纽及支持保障系统，实现我国公路水路基础设施的飞速发展。

公路主骨架是"五纵七横"的框架布局，重点建设12条约3.5万公里的国道主干线。水运主通道是建设贯通东南沿海经济发达地区的海上南北大通道和以长江、珠江、黑龙江、淮河、京杭运河为主的约3万公里的内河航道，形成干流与支流直达，江河与大海连接，水路与陆路联运的运输网络。港站建设的中心任务是建设与公路主骨架、水运主通道相连接的19个沿海枢纽港，并在中心城市建设客货集装系统。交通支持保障系统是指为保证水运和公路运输畅通、安全和高效，而配套建设安全监督、通信导航、救助打捞、安全消防、信息服务体系，并相应发展交通教育，加强科技开发[①]。

1998年国家实施积极的财政政策，公路网、航道网、港口群建设全面推进、高速公路快速发展、专业化深水码头泊位迅速增加，显著改变了我国交通基础设施的落后面貌。此外，开展铁路建设大会战，1997年起连续六次进行了铁路大提速，加强对西部地区的公路、铁路、机场和主要天然气管道的建设。同时开启了建设农村水泥路和柏油路建设的新篇章。

五、转变发展方式，建设现代综合交通运输体系（2002—2011）

党的十六大以来，交通运输行业以科学发展观为核心，转变发展方式，发展现代交通运输业[②]，坚持全面协调可持续发展，促进交通运输与环境资源的和谐一致；统筹兼顾推进综合运输协调发展，促进区域、城乡交通运输一体化，确保公共服务均等化；坚持"以人为本"，促进交通运输安全便捷化，构建"便捷、安全、经济、高效"的综合运输体系，提高安全监管和应急保障能力；确定交通运输"适度超前"的发展战略，完善网络，优化结构；发展智慧交通，以技术进步和信息化建设提升交通行业的现代化水平。

在铁路建设方面，改革牵引动力，用大功率、高速度、运营可靠的电力机车和内燃机车逐步替代蒸汽机车，提高列车牵引总量，发展重载运

[①]　参见《我国交通业将实施"三主一支持"战略》，《武汉交通职业学院学报》1994年第1期。

[②]　参见交通运输部：《公路水路交通运输信息化"十二五"发展规划》，《综合运输》2012年第5期。

输,并逐步实现行车指挥与运营管理自动化。在公路建设方面,优化改善公路条件,修建一些等级较高的公路干线,有条件的地方开辟一些高速公路,有计划地发展载重吨位大的大型柴油车和专用车,采用闭路电视与电脑系统对路面交通情况实时监控。在水运港口建设方面,推广分节驳顶推运输技术,发展大吨位船、专用船和兼用船,增加深水泊位和专用泊位,提高港口装卸机械化和工艺技术水平。在航空机场建设方面,国际航线发展大型远程飞机,国内航线主要发展中型中程飞机,有步骤地提高现有机场的技术等级,逐步实现飞机维修、通信、导航、气象、运输服务及其专业技术设备的现代化[①]。

六、加强供给侧结构性改革,抓住交通发展"黄金期"(2012年至今)

党的十八大以来,习近平总书记多次对交通运输工作作出重要论述,强调交通运输在国民经济中的先导性作用,强调建设人民满意交通的发展目标,要求牢牢把握"黄金期"的发展形势,以供给侧结构性改革为主线,为交通运输发展指明方向。在"创新、协调、绿色、开放、共享"发展理念的引领下,指导交通行业采取一系列措施优化基础设施网络,加快建设综合交通运输体系,建设人民满意的交通,提升交通科技服务水平,高度重视发展绿色交通。

(一) 优化网络布局,拓展中国交通国际舞台

党的十八大以来,中国经济发展进入"新常态",交通运输行业进一步优化交通网络,补充发展交通短板,增强交通行业投资效用。

---

① 黄汉江:《投资大词典》,社会科学院出版社1990年版,第8页。

公路联网，补断头路，填空白路，畅交通动脉，是这一时期公路建设的突出亮点。2013 年墨脱公路成功通车，意味着我国所有的县城都已连接公路。2017 年京新高速通车，新疆到北京的行车里程缩短 1300 公里，京新高速成为世界最长的、穿越沙漠的高速公路。2017 年青藏高原建成了共和至玉树的高速公路，这是我国首条在多年冻土区建成的高速公路。原 "7918" 国家高速公路网基本建成，国省干线连接所有县城及以上行政区域，农村公路实现了 "村村通"，公路运输紧张局面得到缓解。

铁路强势崛起，走出国门成为国家最闪亮的名片。在这个交通发展的黄金期，我国铁路基本建设平均每年投入超过 7000 亿元，投资投产新线力度最大，路网规模质量同步大幅提升，基本上建成了以高铁为骨架、城铁为补充的快速客运网络，形成连接全国的铁路运输大通道，多层次、结构完整的全国铁路网逐步形成。同时，提高了货物物流能力，优化了物流运输的速度、广度和深度。此外，中国铁路运营里程和运营速度均居世界第一，尤其是高铁技术迅猛发展，代表 "中国创造" 走出国门，成为靓丽的 "中国名片"。

水运方面实现智慧发展，港航基础设施建设全面提速。水运基础设施网络布局不断完善与发展，港口的专业化和智能化水平有了实质突破，大型港口建设迈入世界先进行列，吞吐能力明显提升。2016 年以后，我国多个港口实现了自动化，其中上海洋山港区的全自动码头成为设备最先进、规模最大的码头，宁波舟山港、广州港、南沙港等基本建成综合立体式的运输系统，形成全国性港口群，七家港口全球货物和集装箱吞吐量名列世界前十位。2017 年长江中游河道治理工程竣工，有效缓解了长江运输 "瓶颈"。全国航道条件随着建设的开展也不断改善，初步形成 "两横一纵两网十八线" 的内河航道体系，通航里程约 12.71 万公里，高等级航道里程 1.36 万公里。同时我国的港口已经与世界 600 多个主要港口开通航线，已经成为联结世界经济的水运网络支柱。

民用航空综合实力明显提升，国产大飞机技术取得突破。这一时期，民航机场与线路不断优化，投资数额攀升，空域管理改革深化。民航累计固定资产投资 7555 亿元，现有通用机场 310 个、运输机场 225 个。当前，全国初步形成了"以北京、上海、广州等国际枢纽机场为中心，省会城市和重点城市区域枢纽机场为骨干，以及其他干、支线机场相互配合"的格局。民航运输规模持续增长，连续 12 年位居世界第二位，在各种运输方式中，民航旅客周转量占综合交通运输体系的 28.2%，全国运输总周转量增长 12.1%，旅客运输量增长 11.25%，货邮运输量增长 5.2%，航班量增速保持在 10% 左右。国产大飞机技术取得突破，2017 年 C919 成功试飞，标志着我国具有完全自主知识产权的大型喷气式客机技术成熟。

邮政服务普惠乡村，快递网点加速覆盖。2015 年，我国实施基本公共服务均等化重点工程，基本实现了每个乡镇设立邮政网点的目标，建设范围涵盖 29 个省、市、自治区和直辖市，惠及 1.2 亿农民。打造农村物流体系，"互联网+"向农村地区扩展。到 2016 年底，全国已经建设完成一张邮政大网，邮路总长度达 658.5 万公里，营业网点达 21.7 万处；快递服务网点乡镇覆盖率超过 80%，快递网络总长 2370.5 万公里，快递网点达 18.3 万处，快递业务量完成 313 亿件，连年实现 50% 的高增长并稳居于世界第一位。

（二）深度融合运输方式，加快建设现代综合交通运输体系

随着全国范围内基础设施骨干网络日趋完善，国家提出建设现代综合交通运输体系，贯通"五纵五横"运输通道，加快交通枢纽建设，形成各种交通方式互通互融的局面，提高综合运输效率。《"十三五"综合交通运输规划》提出：到 2020 年基本建成便捷、高效、绿色、安全的现代综合运输体系的发展目标。

部委改革完成"大交通"顶层设计。2013 年春，十二届全国人大一

次会议通过了《国务院机构改革和职能转变方案》，明确综合交通运输体系建设主体责任，统筹规划各种运输方式的发展，标志着中央完成了交通运输行业管理的顶层设计，"大交通"开启了交通运输业发展的新时代。

建设现代综合交通运输体系，加速推进各种运输方式融合。建成一批立体化综合客运枢纽、多种方式联合运营的货运体系，加快全国42个综合性交通枢纽城市的建设进程。铁路方面已经建成与公路共同配合、相互作用的换装设施，打通了铁路运输大网络；港口方面提高了与内地港口和铁路的集疏运比重，集装箱干线港也与铁路、公路、码头的高速交通线相配合；邮政业"上车、上船、上飞机"工程稳步实施。多种运输方式融合发展，优势互补。

加快推进跨境交通大通道建设。"一带一路"交通互联互通，多种形式合作跨境交通走廊陆续开通。中巴经济走廊上，喀喇昆仑公路在废弃多年后重新开通，中国投资建设的港口——瓜达尔港连接了南亚、中亚和印度洋海岸。中蒙俄经济走廊上，中蒙俄国际道路货运试运行成功。"21世纪海上丝绸之路"上，中远海运收购希腊比雷埃夫斯港，推进巴基斯坦瓜达尔港建设，并与马来西亚的港口达成联盟。"一带一路"沿线民航国际通道加快对接，中欧班列直抵欧洲11国。交通互联互通经济辐射效应明显，有助于推动交通—园区—城市综合开发一体化发展进程。

服务国家城市群发展战略，量身打造区域综合交通运输体系。配合京津冀城市群、长江中游城市群、长三角城市群、珠三角城市群、关中平原城市群等八个国家级城市群发展战略，国家大力发展服务城市群的区域交通运输体系，如针对京津冀城市群发展的京津冀交通一体化，针对长江中游城市群打造长江黄金水道。城市群交通发展战略旨在通过打造服务区域发展的综合交通运输体系，优化城市群内外交通运输网络，发展一体化交通，发挥城市资源禀赋，促进城市协同发展，实现国家区域发展战略。

（三）共享交通发展成果，建设人民满意的交通服务体系

交通运输行业以服务人民为核心，致力于提升运输行业的服务水平，提高人民信任度，增强人民生活的便利度和幸福感，使人民群众可以切身地感受到交通运输业带来的现代生活体验。

建设贫困地区高速公路、国省干线公路，消除"断头路""瓶颈路"，激活广大农村特别是贫困地区发展动脉。党的十八大以来，全国新改建农村公路98.2万公里，新增等级公路44万公里，新增乡镇406个，开通59588个建制村硬化路。截至2016年底，全国农村公路总里程396万公里，乡镇和建制村通公路率分别为99.99％和99.94％，通客车率为99.02％和95.37％，初步形成以县城为中心、乡镇为节点、建制村为网点，遍布农村、连接城市的农村公路运输网。

（四）推动交通科技创新，提升交通管理服务水平

先进适用、节能环保的运输装备，为运输服务水平的提升提供了有力的"硬件"；大数据、互联网、云计算等信息化技术，有效提高了乘客出行效率和体验。近几年，ETC全国联网、公交一卡通、车票电子支付、交通运输服务统一监督电话都为旅客出行带来了良好体验。"互联网＋"出租汽车、共享单车，搭建了便捷出行平台，交通服务便利化深入"最后一公里"。交通部门还推行了旅客联程运输服务试点，依托各地已开展的"空铁通""空巴通"等联程运输线路和服务产品，重点推出线上一体化售票、空铁联运、公铁联运、空巴联运、定制式联程五大联程运输服务。截至2018年6月底，全国25个省份已建成或基本建成省域道路客运联网售票系统，22个省份二级及以上客运站联网率超过90％。政府借助新媒体平台开展管理服务，实现交通管理服务、政民互动"一站通"。

创新多式联运的货运组织形式，提升货运服务效率、水平。一方面，

中国南方航空股份有限公司自主研发的"货物全流程跟踪管理系统"让货运也实现了"一点通";另一方面,陆上无车承运、水上无船承运示范工程交通运输降本增效成效显著。2016年6月,交通部门启动驮背运输(公铁联运)示范工程,一年开通示范线路39条,累计完成集装箱多式联运量超过60万标箱,多式联运价格相比公路运输平均降低35%。2016年10月无车承运人试点启动后,各省市不断深化无车承运人试点工作,创新经营模式、管理模式和盈利模式。仅半年,无车承运人试点企业累计完成运单总数为118.9万单;累计整合社会零散货运车辆约8.6万辆,运力规模达到246.9万吨。此外,2013年交通运输部创建了无船承运人保证金制度,扶持5000多家中小无船承运企业发展。截至2017年9月底,我国已有6200余家无船承运业务经营企业。

(五)发展绿色交通,高度重视交通与环境协调

党的十八大提出大力推进生态文明建设,要求交通行业践行绿色交通发展理念,建立保护生态环境的制度体系,使得生态环境可以持续、健康、稳定发展。

2013年《加快推进绿色循环低碳交通运输发展指导意见》发布,对各种运输方式实现绿色发展总体目标提出相应要求。2014年全国交通运输工作会议上要求各部门提出切实措施,推进绿色交通发展。2015年《船舶与港口污染防治专项行动实施方案》《珠三角、长三角、环渤海(京津冀)水域船舶排放控制区实施方案》提出了河运治理的具体措施。2016年《交通运输节能环保"十三五"发展规划》《绿色交通标准体系(2016年)》相继发布,指明了绿色交通发展方向,建立了绿色交通科学体系。2017年《推进交通运输生态文明建设实施方案》《交通运输部关于全面深入推进绿色交通发展的意见》《交通运输行业"十三五"控制温室气体排放工作实施方案》发布,提出落实"五大发展理念",使绿色交通思想融入行

业的各个领域和各个方面，指导交通行业的绿色发展。

交通运输业调整运输结构，控制交通碳排放。一是推广无车承运人、货车标准化、一体化场站建设。二是推进多式联运，因地制宜发展滚装甩挂、陆海联运甩挂、甩挂运输信息系统，"驮背运输"车辆、翻坝运输体系以及中欧陆空联运。三是在城市交通运输装备上下功夫，大力推广使用清洁能源从源头减少有害物质排放。四是在重点区域进行重点排查减排。

以绿色交通理念为导向，创新绿色交通建设管理方法。例如，以节能减排专项资金引导实施绿色交通省、市、港口绿色项目建设；对部分高速公路、港口项目实施绿色建设和绿色管理。

从 1978—1992 年，再到 2002 年，中国交通运输改革分别经历了观念、体制和建设上的重大突破，这也是交通发展三次历史性的进步。1978 年是解放思想的中国改革元年，也是交通发展思想认识转变的重要一年；1992 年搭乘国家改革开放的东风，交通运输开启了市场化发展之路；2002 年我国交通基础设施建设已初具规模，同时国家正式提出构建综合交通运输体系的框架构想，开启了交通运输转型升级发展之路。

近 70 年来，中国交通运输总体上经历了从"瓶颈制约"到"初步缓解"到"基本适应"再到"中国名片"的奋斗历程，实现了历史性跨越。目前，基础设施网络规模稳居世界前列，运输服务保障能力名列世界前茅，科技创新达到世界先进水平，行业现代治理能力大幅跃升，已经成长为名副其实的交通大国。未来一个时期，中国交通将瞄准"两个一百年"奋斗目标，继续发挥先导性、基础性、战略性、服务性作用，奋力从交通大国向交通强国迈进。

第七章　交通大国的发展成就

新中国成立以来，在党中央的高度重视和领导下，我国交通运输业在交通基础设施建设、运输保障能力、行业治理体系、科学技术水平等方面取得了巨大进步。新中国成立之初，我国的交通基础设施极为落后，而随着国家对交通发展的重视，以及国家对交通领域投入的不断加大，特别是改革开放后，党中央确定了交通运输业的战略地位，明确了加快发展交通运输业的目标，使我国交通运输面貌发生了翻天覆地的变化。"中国模式""中国速度"不断刷新交通运输业的世界纪录，为中国经济飞速发展提供了强力支撑和有力保障；公、铁、水、航空等多种运输方式的蓬勃发展，不同运输方式间的无缝衔接，使交通运输效率不断提高。交通基础设施建设从瓶颈制约到基本适应再到适度超前引领，形成了覆盖全国的综合交通运输网络体系，网络规模已位居世界前列，有力地支撑了中国经济社会的快速发展。党的十九大报告更是充分肯定了我国交通运输业发展所取得的成绩，并提出了建设交通强国的战略目标，为新时期我国交通运输业的发展指明了方向。

第一节　公路交通发展成就

公路交通运输自古以来就是人们出行、运输的重要途径。从古代的"茶马古道""丝绸之路"到如今四通八达的公路交通网，我国在经历了一系列的发展与改革后，形成了覆盖整个国土面积的公路网络，并很好地与铁路、航空、水路组成了立体的综合运输体系。

一、基础设施方面

（一）路网结构持续优化，通行能力不断提升

1949 年新中国刚刚成立，主要城市间的路网建设还没有全面展开，公路基础设施落后，全国公路路网通车里程仅为 8.07 万公里，境内没有高速公路，公路运输主要以短途运输为主；到 1978 年公路通车里程达到 89.02 万公里，但仍然没有高速公路。随着我国改革开放的深入推进，我国开始高速发展，公路交通发生了翻天覆地的变化。公路基础设施规模不断扩大，路网密度不断增加，公路运输需求与日俱增，运输市场的供求关系发生了重大变化，公路行业的管理体系基本建立，公路交通对经济和社会发展的适应性有了较大的改善。1988 年 10 月 31 日，我国第一条境内高速公路上海至嘉定段建成通车，标志着我国的高速公路建设开始进入飞速发展时期。以高速公路为主体的国道主干线建设取得重大进展，初步形成连接一些重要城市及地区的高速公路通道，部分经济较发达地区的高速公路网开始形成并发挥出规模效益，路网通达深度有了较大幅度提高，公路站场设施有了较大程度的改善。1995 年全国高速公路通车里程达到 2141 公里，1999 年突破 1 万公里，2002 年突破 2 万公里，2004 年 8 月底突破了 3 万公里，2005 年突破 4 万公里，2007 年突破 5 万公里，2008 年突破 6 万公里，到 2010 年，基本建成西部开发 8 条省际高速公路通道；贯通高速公路路网规划中的"五射两纵七横"共 14 条路线，国家高速公路网总体上实现了"东网、中联、西通"的目标。东部地区高速公路网基本成形，长三角经济圈、珠三角经济圈、环渤海经济圈基本形成较为完善的城际高速公路网络，为区域经济发展提供了有力支撑；中部地区承东启

西、连南接北，基本形成完善的干线公路网络，实现了省际高速公路通道全面贯通；西部地区以省际公路为主的公路网络已经形成，国家路网基本实现了内引外联、通江达海。

根据中国交通统计年鉴显示，截至 2017 年底，全国通车总里程 477.35 万公里，公路密度 49.72 公里 / 百平方公里。其中公路等级四级及以上公路里程为 433.86 万公里，占公路总里程的 90.9%；二级及以上等级公路里程 62.22 万公里，占公路总里程的 13.0%。高速公路通车里程 13.65 万公里，超出美国 25%，基本形成"十纵十横"的路网格局；高速公路车道总里程 60.44 万公里，其中国家高速公路 10.23 万公里，基本覆盖 20 万以上人口的城市及地级行政中心；国道 35.84 万公里，省道 33.38 万公里，连通全国县级以上行政区。农村公路里程 400.93 万公里，建制村通畅率达 98.35%。其中县道 55.07 万公里，乡道 115.77 万公里，村道 230.08 万公里，基本覆盖 99.99% 的乡镇和 99.98% 的建制村。

（二）运输枢纽加速建设

长期以来，国家各级部门重视公路运输枢纽和场站设施建设，各省、自治区、直辖市（除北京、西藏外）纷纷利用多种渠道筹措专项建设资金，专项建设资金用于客货运输场站建设，在很大程度上促进了道路运输场站建设的发展。特别是 1991 年，交通部制定了道路主枢纽发展规划，正式确立了全国 45 个道路主枢纽。到 2000 年，全国共建成集装箱中转站 241 个、货运站 772 个、货运交易市场 1470 个。随着公铁、公水等不同联合运输方式的蓬勃发展，国家开始全面推进境内骨干通道和枢纽建设，加强口岸公路、界河桥梁等建设，同时随着综合、立体、开放式的客运枢纽不断涌现，将多种运输方式有效衔接，实现一站式零接驳，为人民提供了便捷、高效的出行服务；此外具备不同运输方式转运、不落地装卸、干支衔接等功能的货运枢纽也相继建成，有效实现了货物运输"最后一公里"，提升了运输效率。"十二五"期间，北京、天津、大连、杭州等 42 个全国性综合交通枢纽城市正加速建成；2018 年 11 月 24 日，国家发展改革委联合交通运输部共同颁布《国家物流枢纽布局和建设规划》，结合"十纵十横"交通运输通道和国内物流大通道的基本格局，加强基础设施网络建设的决策部署，确定 127 个枢纽中心城市，通过功能整合、效率提升等手段，建设具有辐射带动作用的国家物流枢纽城市，促进区域内和跨区域物流活动组织化、规模化运行，基本形成了国家物流枢纽网络的基本框架。

综合交通运输枢纽的建设提高了道路运输的组织化和专业化水平，不仅为运输效率和效益提升创造了条件，而且为开展多式联运、快速运输、专项运输等道路运输服务提供了良好的设施基础。

（三）交通行业技术水平不断提升

随着我国大规模公路建设的展开，公路行业积极吸纳当今世界结构力学、材料学、建筑学的科研成果，结合我国公路建设的实际特点加以运用，使我国的公路建设在筑路、桥梁、隧道等多个技术层面得到了极大提高。"中国路""中国桥"不断创造着世界纪录。根据中国交通统计年鉴显示，截至 2017 年末，全国公路桥梁共 83.25 万座、5225.62 万米，其中特大桥梁共 4646 座、总长 826.72 万米，大桥 91777 座、总长 2424.37 万米。全国公路隧道共 16229 处、总长 1528.51 万米，其中特长隧道 902 处、总长 401.32 万米，长隧道 3841 处、总长 659.93 万米。交通基础设施建设的持续发展，为我国经济发展、全面实现小康社会提供了交通保障。

筑路方面，云南宜良旧昆宜公路是全世界弯道最密集的公路，公路依山梁而修，弯道数量超过川藏线上八宿到邦达路段的"72 道拐"。2013 年 10 月 31 日，西藏墨脱公路建成通车，解决了高原施工的一系列难题，结束了"全国唯一一个不通公路县城"的历史。2017 年 7 月 15 日，世界上最长的穿越沙漠高速公路——京新高速大通道建成通车，使得北京到新疆的行车里程比绕道连霍高速公路缩短了 1300 公里；霍尔果斯口岸至天津港有了最快捷出海通道，海上丝绸之路与陆上丝绸之路相连相通，通"疆"达海的非凡梦想照亮现实。2017 年 8 月 1 日，青藏高原多年冻土区建成的首条高速公路——共和至玉树高速公路全线通车，成为青、藏、川、滇藏区黄金旅游线的重要路段，使青南藏区与西藏、四川等周边地区协同发展的步伐加快。

桥隧方面更是创下了多个世界第一。干海子特大桥工程于 2009 年 6 月开始施工，一年四季均有恶劣天气，春天风速达到七至八级，夏秋阴雨大雾，冬天冰雪封山，施工难度较大，是目前我国第一座最长全钢管混凝土桁架梁桥，也是最高的钢管混凝土格构式桥墩、组合式桥墩、混合桥桥墩，更是同类结构中每联最长、第一次全面采用钢纤维钢管混凝土施工的特大桥梁工程；2017 年 7 月港珠澳大桥主体竣工，全长 49.968 公里，是世界上最长的跨海大桥，还拥有世界上最长的海底沉管隧道，全长 5664 米，由 33 节钢筋混凝土结构的沉管对接而成，投资额超过 720 亿元，攻克多项工程技术难题，创多个世界之最；秦岭终南山公路隧道是我国第一座综合技术水平最高的高速公路特长隧道，是目前世界上口径最大、深度最高的竖井通风工程，拥有全世界高速公路隧道最完备的监控技术，并采用目前世界上高速公路隧道最先进的特殊灯光带，缓解驾驶员视觉疲劳，保证行车安全……这些公路建设完全是由我国自行设计、自行施工、自行监管，所用建筑材料和设备也绝大部分由我国自行制造、生产，可以说我国公路建设的技术水平已经达到了世界先进水平。

二、运输装备与服务能力

据中国交通运输行业发展统计公报显示，截至 2017 年末，全国拥有公路运营汽车 1450.22 万辆；载客汽车 81.61 万辆，2099.18 万客位；载货汽车 1368.62 万辆，11774.81 万吨位。公路完成的运输量占各种运输方式的比重稳步上升，在综合运输体系中的作用持续增强。公路客运运输从 1949 年的 0.1809 亿人次客运量到 2017 年的 145.68 亿人次，增长了 805 倍；公路客运旅客周转量 9765.18 亿人／公里，货物周转量 66771.52 亿吨／公里，有效地支撑了社会经济的发展。在客运线路方面，开通乡镇线路的比例达 99.12%，线路覆盖建制村的比例为 95.85%，有效地带动乡镇及偏远农村的发展，为全面实现小康社会提供了有力支撑。

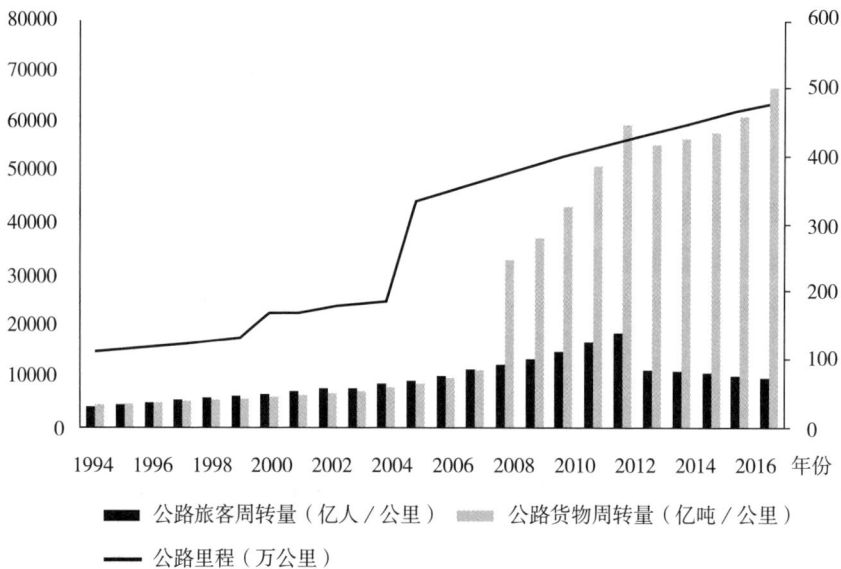

图 7-1　1994—2017 年公路发展情况

在私家车方面，随着中国经济持续快速发展和居民家庭收入的不断提高，家庭拥有私家车的比例也在不断上升，各个城市的机动车保有量保持快速增长态势。据公安部交管局数据显示，截至 2017 年底，中国机动车保有量已达 3.10 亿辆，其中汽车 2.17 亿辆，比 1949 年的 5.09 万辆增加 4263.26 倍；东部、中部、西部地区机动车保有量分别为 15544 万辆、9006 万辆、6436 万辆，分别占全国机动车总量的 50.17%、29.06%、20.77%。其中，西部地区近 5 年汽车保有量增加 1963 万辆，年均增幅 19.33%，高于东部、中部地区 14.61%、16.65% 的增幅。同时由于高速公路、干线公路和农村公路网络的不断改善、优化以及私家车数量的逐年增加，居民自驾游呈现了快速增长的态势，根据国家旅游局数据中心发布的相关旅游数据显示，仅 2017 年上半年全国范围内自驾游（包括跨市旅游）游客达 2.23 亿人次，且居民家庭自驾出行距离形成了短线、中线和长线几种不同的旅游业态。国内居民平均出行停留时长超过 41 小时，平均出行距离超过 150 公里，400 公里以内的中、短距离出游人数（次）占总出行人数的比重超过 90%，各区域出行人次与地域交通基础设施发展，尤其是城际公路建设有着密不可分的关系，公路交通发展有效推动了区域经济的全面发展。

此外，无车承运人、自动驾驶、新能源、车联网等概念的不断涌现，使得公路交通的运输服务能力有了大幅度的提升；同时，大型综合交通运输枢纽的新建，公铁、公水联运的不断发展，使得综合交通网络更加发达；节假日高速公路免费通行、果蔬等农产品运输绿色通道高速公路政策的实施，使区域经济发展更加顺畅。公路交通的不断蓬勃发展，为促进中国经济发展的最后一公里铺平了道路。

第二节　水运交通发展成就

水系资源丰富是我国显著的地理特征，这一特性为我国水运大国地位奠定了基础。以丰富的水系资源为依托的水运运输在发展国民经济、扩大对外贸易、促进经济可持续发展等方面发挥着重要作用。近年来，顺应国家战略和经济发展需要，我国制定了一系列促进内河航运发展的方针政策，加快以长江黄金水道为重点的内河航运建设，使长江的干线支流、京杭大运河成为世界上运输规模最大、最繁忙的通航河道；在远洋运输方面，紧跟国际航运市场的发展趋势，充分考虑基本国情，大力发展集装箱运输、多式联运，使国民经济和对外贸易得以持续增长发展。随着国家战略"海上丝绸之路"的进一步实施，我国水路运输取得了举世瞩目的成绩，货物运输量和港口吞吐量在"十二五"时期已连续多年稳居世界第一位；造船工业综合实力持续保持领先；海洋渔业产量继续居世界首位。当前我国已经基本形成服务高效、国际影响力强的现代化水运体系。

一、基础设施

我国一直十分重视水运基础设施的建设，并注重加强公水、铁水联运等多种运输方式互联互通的建设。2017 年 2 月出台的《"十三五"现代综合交通运输体系发展规划》，专门对水运发展作出了科学的规划，提出了加速建设"长江经济带"综合立体交通走廊，提升长江黄金水道功能；统筹研究建设三峡枢纽水运新通道；优化长江岸线利用与港口布局，发展现代航运服务；建设武汉、重庆长江中上游航运中心及南京区域性航运物流中心和舟山江海联运服务中心，实施长江船型标准化发展目标。因此，我国加大基础设施投资建设，仅 2017 年就完成水运基础设施建设投资 1238.88 亿元，其中公水支持系统及其他建设支出 648.96 亿元，已经基本建成了河海兼顾、布局合理、功能齐全、现代化的港口体系，在深水化、专业化、大型化等水运基础设施建设方面也取得显著成就。

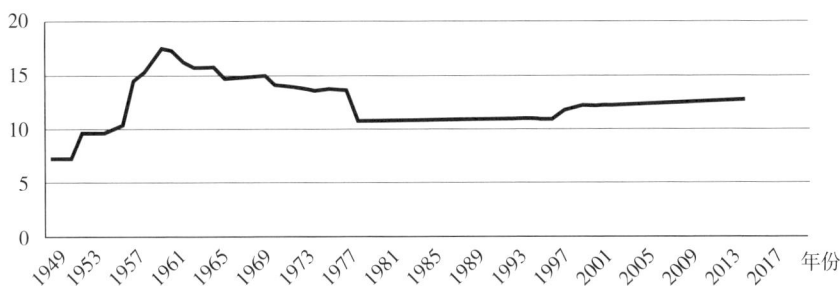

图 7-2 1949—2017 年我国内河航道里程

（一）内河航道体系初步成型

我国一直重视水运航道建设，以长江水系为主的航道建设一直在有条不紊地进行。2017 年 4 月完成的长江中游荆江航道整治工程，缓解了长江航运的"瓶颈"，深度为 12.5 米以上的深水航道已初通南京，长江航道的经济效益开始显现。珠江水系方面，连续 5 年年投资规模超过 50 亿元，实现了大投入和大发展，基本建成以"一轴一网四线"为主骨架的高等级航道体系。随着长江水系、珠江水系等航道条件的不断改善，我国水运已初步建成以"两横一纵两网十八线"为主体的内河航道体系，截至 2017 年底，内河航道通航里程达 12.71 万公里，其中高等级航道达标里程 1.36 万公里。

新中国成立初期，我国水运基础设施薄弱，船舶质量差，运输能力较低，但由于水路运输可以利用天然航道，投资少，见效快，受到了党和政府的重视，航道里程迅速增长，1957 年内河航道里程为 14.41 万公里，比 1949 年的 7.36 万公里增加近 1 倍。1960 年更进一步，达到 17.39 万公里，达到历史新高。进入 20 世纪 60 年代以后，由于国家战略中心的转移，国家对航道建设资金投入不足，对水资源综合利用重视不够等多种原因，内河航运出现了停滞甚至衰退。直到 1978 年改革开放后，内河水运才又开始蓬勃发展，京杭大运河航道、长江流域深水航道等一系列重大水上工程的建设，使内河跨省水运航道网络和江海直达运输体系得以形成。截至2017年底，全国拥有内河航道通航总里程12.70万公里，是1949年新中国成立时7.86万公里的1.61倍，各等级内河航道通航里程也有了长足进步：一级航道为1546公里，二级航道为3999公里，三级航道为6913公里，四级航道为10781公里，五级航道为7566公里，六级航道为18007公里，七级航道为17348公里。此外，通过利用丰富的水系资源，加大对各水系内河航道的建设和联通，使我国各水系的通航里程都有了稳步的提升，其中长江水系64857公里，珠江水系16463公里，黄河水系3533公里，黑龙江水系8211公里，京杭运河1438公里，闽江水系1973公里，淮河水系17507公里；沿江港口基本建成煤、矿、油、箱、粮五大运输系统，内河航道已基本形成"两纵一横两网十八线"的国家高级航道体系。

（二）国际航线稳步增加

中国积极践行"一带一路"建设，与世界200多个国家、600多个主要港口建立了航线联系，打开了通往世界各地的海上通道，主要包括：以中国沿海经济带为支撑，连接中国—中南半岛经济走廊，经南海向西进入印度洋，衔接中巴、孟中印缅经济走廊，共同建设中国—印度洋—非洲—地中海蓝色经济通道；经南海向南进入太平洋，共同建设中国—大洋洲—南太平洋蓝色经济通道；以及经北冰洋连接欧洲的蓝色经济通道等。

（三）现代化、国际化港口群建成开放

港口是我国对外进出口货物运输的主要窗口，是综合运输大通道的节点，也是连接国内和国际经济往来的主要枢纽。目前，我国沿海已形成环渤海、长三角、珠三角、东南沿海和西南沿海5个现代化港口群，基本建成包括集装箱、铁矿石、煤炭、石油、粮食、旅客运输等在内的立体

式、综合性运输系统。截至 2017 年底，我国现有港口中生产使用码头泊位 27578 个，是 1978 年的 38 倍，其中沿海码头泊位 5830 个，内河码头泊位 21748 个；万吨级以上深水泊位从无到有，现拥有万吨级及以上泊位 2366 个，是 1978 年的 18 倍，其中，沿海港口万吨级及以上泊位 1948 个，内河港口万吨级及以上泊位 418 个。全国万吨级及以上泊位中，专业化泊位 1254 个，通用散货泊位 513 个，通用件杂货泊位 388 个。规模以上港口完成货物吞吐量 12.65 亿吨，在全球货物和集装箱吞吐量前十的港口中占据 7 席；各港口建设不断加强，已相继建成了厦门远海全自动化码头、洋山港四期全自动码头、青岛港全自动化集装箱码头，由此反映出我国港口吞吐能力显著提升，且自动化技术已经走在世界前列。

国际港口建设方面，中国企业中远海运集团收购希腊比雷埃夫斯港控股股权，全面接管比雷埃夫斯港港口的经营与管理；主动帮助并参与巴基斯坦瓜达尔港规划和建设，恢复其生产和作业能力；积极与马来西亚等国建立港口联盟，使中国与世界的海上丝绸之路重新建立起来，国际水运大通道体系得到了不断完善。

二、运输装备

2017 年末，全国登记在册的水上运输船舶共计 14.49 万艘，净载重量 25651.63 万吨，载客量 96.75 万客位，集装箱箱位 216.30 万标准箱，拥有城市客运轮渡船舶 264 艘，运输装备结构不断优化，然而在运输船舶运力规模保持较快增长的同时，老旧运输船舶和单壳油轮也在提前报废更新。其中，农村老旧船舶共更新 5000 多艘，船舶结构得到明显改善，内河船型标准化率达 50%，中国控制的船队规模达 2.15 亿载重吨，排名世界第三位；运输船舶全面淘汰了帆船、挂桨机船和水泥质船，基本实现船舶的大型化、专业化；相比其他船队大国，中国控制运力规模扩张速度最快，截至 2017 年末，中国船队价值为 683.3 亿美元，名列世界第三，中远、中海集装箱船队运力双双进入世界十强，标志着我国航运装备水平的明显提高。

三、运输服务能力

客运方面，1949 年水运客运人数 1562 万人次，2017 年全年完成客运量 2.83 亿人次，旅客周转量 77.66 亿人公里，全国港口完成旅客吞吐量 1.85 亿人次，其中，沿海港口完成 0.87 亿人次，内河港口完成 0.98 亿人次。货运方面，完成货运量 66.78 亿吨，货物周转量 98611.25 亿吨公里，其中，内河运输完成货运量 37.05 亿吨、货物周转量 14948.68 亿吨公里，沿海运输完成货运量 22.13 亿吨、货物周转量 28578.71 亿吨公里，远洋运输完成货运量 7.60 亿吨、货物周转量 55083.86 亿吨公里。全国港口完成货物吞吐量 140.07 亿吨。其中，沿海港口完成 90.57 亿吨，内河港口完成 49.50 亿吨。

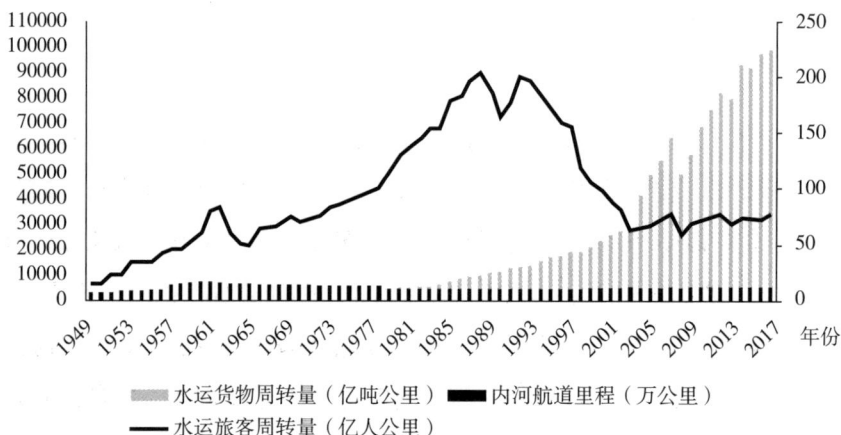

图 7-3　1949—2017 年水运发展情况

外贸方面，水运也扮演着重要角色，2017 年全国港口完成外贸货物吞吐量 40.93 亿吨。其中，沿海港口完成 36.55 亿吨，内河港口完成 4.38 亿吨。

集装箱和吞吐量方面，我国港口货物和集装箱吞吐量连续多年位居世界第一，全国港口完成集装箱吞吐量 2.38 亿 TEU。其中，沿海港口完成 2.11 亿 TEU，内河港口完成 2739 万 TEU。全国港口在多式联运上也有较多尝试，全国规模以上港口完成集装箱铁水联运量 348 万 TEU，占集装箱吞吐量的 1.47%。我国亿吨级大港达到 34 个，在货物吞吐量港口世界排名前十中占据 7 席，在集装箱吞吐量港口世界排名前十名中占据 6 席。

从新技术来看，我国无人船舶研发水平与世界同步，LNG 动力船舶应用推广走在世界前列。区块链、无人驾驶、箱联网、AIS 等技术在航运业的应用中都积极展开探索，多种不同营运模式的航运物联网平台快速涌现，为提升企业管理运营效率、全程供应链服务、海铁联运、江海直达、冷链物流、邮轮客运提供了源源不断的动力。

第三节　铁路交通发展成就

铁路是国民经济的大动脉。近年来随着我国新线建设和既有线改造的不断推进，铁路运输无论是装备水平还是线路数量都上升到新的层次，运输限制明显减少。以高速铁路为骨架、以城际铁路为补充的"十纵十横"综合运输大通道正在形成，同时横跨东西、纵贯南北的大能力通道也在逐步形成，使得主要交通运输通道的运输能力紧张状况得到缓解。随着物流设施的同步完善，我国基本解决了长期以来铁路对经济发展制约的"瓶颈"，逐步实现了货物运输快捷化、直达化。

中欧班列的开通、磁悬浮高速列车技术的突破、重载列车的投入使用、铁路网络的大面积提速和路网密度的提升，展现了我国铁路交通的辉煌历程。自主品牌的 CRH 动车组，复兴号的开通，无不标志着中国动车组列车技术能力从引进、消化到创新出口的突破性进展。

一、基础设施

1949 年，我国铁路营业里程为 2.18 万公里，1978 年铁路营业里程为 5.17 万公里（国家铁路营业里程 4.86 万公里 + 地方铁路正线里程 0.31 万公里），2017 年全国营业里程达到 12.7 万公里，仅次于美国，位居世界第二，而高铁营业里程达到 2.5 万公里，占世界高铁里程总数的 66.3%，位居世界第一。2017 年完成铁路基础设施投资 8010 亿元，新增铁路里程 3038 公里，其中高速铁路里程 2182 公里。从交通对城市的覆盖面来看，我国铁路网连接了大部分城市，地级以上城市铁路通达率 80% 以上，人口 50 万以上的城市通达率达到 90% 以上[1]。2015 年我国铁路已形成"四纵四横"主骨架铁路网，长三角、珠三角、环渤海等城市群高铁已连片成网，东部、东北、中部和西部四大板块，实现了高速铁路的互联互通，全国范围已基本形成了世界上规模最大的、运营速度最快的高速铁路网络，铁路平均时速已经超过 200 公里/时。青藏铁路、磁悬浮列车、时速 416 公里的沪杭高铁、时速 500 公里的超高速列车的研制均表明我国铁路交通已走在世界前列[2]。根据国家发改委 2016 年 12 月公布的《中长期铁路网规划》，在"四纵四横"高速铁路的基础上，我国已利用时速 200 公里以上的高速铁路，形成以"八纵八横"主通道为骨架、区域连接线为衔接、城际铁路为补充的高速铁路网，实现了省会城市高速铁路的通达发展、区际之间的高效连接。

---

① 参见张文尝、王姣娥、金凤君等：《新中国交通运输 60 年发展与巨变》，《经济地理》2009 年第 11 期。

② 参见况腊生、刘宗胜：《论军民融合式国防交通动员体制的建立》，《军事历史研究》2011 年第 3 期。

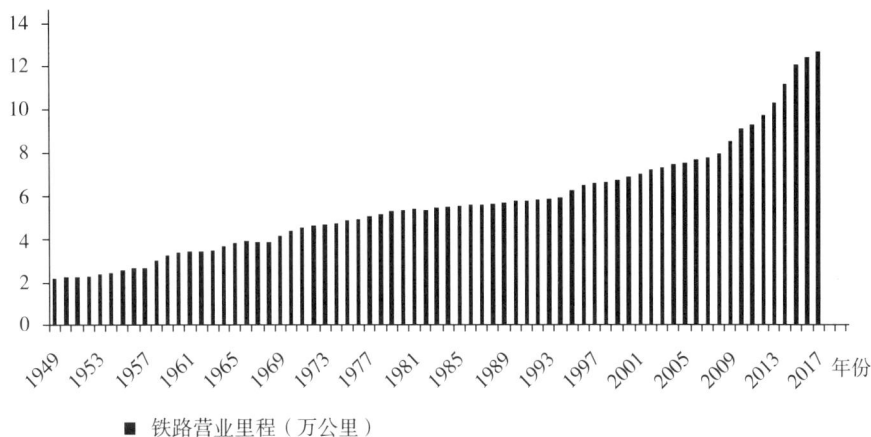

图 7-4　1949—2017 年中国铁路营业里程变化

　　"十三五"期间，我国干线铁路网覆盖面得到了有力拓展，国家高速铁路主线基本贯通，以高铁为主的"十纵十横"综合运输大通道新格局已呼之欲出，在原有"八纵"基础上增加了银川到重庆、烟台到重庆的高铁，在"八横"基础上增加了珲春到长春，银川到福州的高铁；计划到 2025 年，进一步扩大铁路网络覆盖，优化路网结构，使铁路路网规模达到 17.5 万公里，包括高速铁路里程 3.8 万公里，以期充分发挥铁路运输的骨干作用，更好地为经济社会发展提供保障。

二、铁路运输装备

　　据相关交通年鉴显示，1980 年全国铁路机车仅为 10683 台，铁路客车 16381 辆，铁路货车 270253 辆。2018 年末，全国拥有铁路机车数量为 2.1 万台，是 1980 年的 1.97 倍，拥有铁路客车 7.3 万辆，是 1980 年的 4.46 倍，其中动车组 2935 标准组、23480 辆；拥有铁路货车 79.9 万辆，是 1980 年的 2.96 倍。

以"复兴号"为代表的高速列车，从北京到上海的京沪高铁率先实现350公里的运营时速，使我国成为世界上高铁商业运营速度最高的国家。"复兴号"CR400系列上档时速400公里、标准时速350公里。2018年7月1日起，全国铁路实行新的列车运行图，16辆长编组"复兴号"动车组首次投入运营。8月1日，京津城际铁路上运行的动车组列车已全部更换为"复兴号"，铁路运输速度被不断刷新。另外，随着时速600公里的高速磁悬浮、时速400公里可变轨距高速列车等的建造及安全保障技术的不断发展，中国速度将一次次被刷新。

在大秦铁路上运行的重载列车，充分展现了中国货物运输装备能力的飞速提升。2014年4月2日，由中国铁路总公司在大秦铁路组织实施的3万吨重载列车运行试验取得圆满成功，标志着中国成为世界上少数的掌握3万吨铁路重载技术的国家之一，中国的重载列车开始承载货运任务，将中国的煤炭、铁矿石等物资运向世界各地。

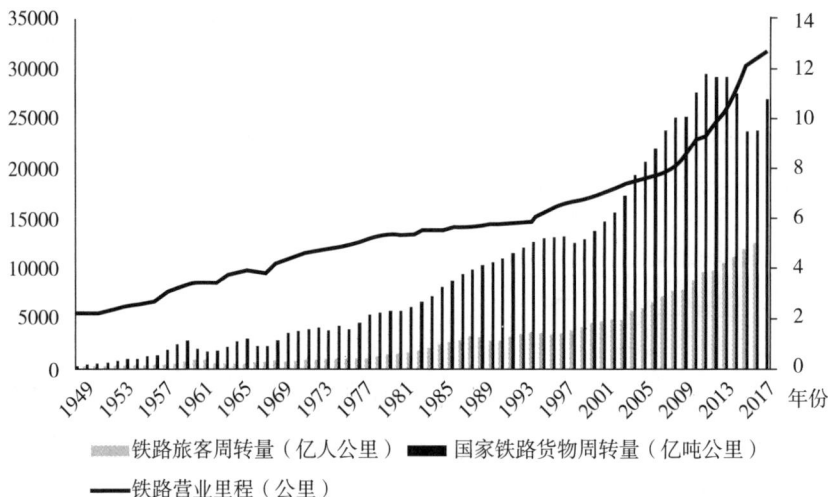

图7-5 1949—2017年铁路发展情况

三、铁路运输能力与水平

铁路交通作为第一次工业革命的象征，到 20 世纪七八十年代，却被喻为"夕阳"工业。随着高铁技术的进步，21 世纪的铁路交通又呈现出了勃勃生机，高铁成为现代科技改造传统工业的典范，中国高铁技术步入世界一流行列，部分线路（如京沪高铁）各项技术指标均超欧、日水平。完善的路网体系为人们的出行、区域经济大发展，以及我国与世界各国的联系带来了质的变化。旅客运输方面，2017 年全年完成旅客发送量 30.84 亿人次，是 1949 年全社会客运量 1.297 亿人次的 23.78 倍，旅客周转量为 13456.92 亿人公里。货物运输方面，全国铁路完成货运总发送量 36.89 亿吨，货运总周转量 26962.20 亿吨公里。

"十纵十横"高铁和四通八达的中国铁路网络，让内陆城市与经济发达地区实现了更紧密对接，我国内陆从南到北、从西到东都被联通在一起，实现了优质资本、技术、人才等要素的优化配置。以铁路为枢纽的内陆城市，将产生更大的辐射和集聚效力，加快形成省际之间的"1—2 小时高铁交通圈"，使沿线各城市的"同城效应"更加明显，使区域经济、文化、产业的集聚效应更加明显，进而促进区域经济快速发展。

在对外运输方面，"一带一路"的标志性成果中欧班列，将我国同国际的联系推向新的高度。根据中国铁路总公司的数据显示，2018 年，中欧班列共开行 6300 列，同比增长 72%，其中返程班列 2690 列，同比增长 111%。截至 2018 年底，中欧班列累积开行超 12000 列，已开行线路 65 条，国内开行中欧班列的城市达 56 个，可到达欧洲 15 个国家 49 个城市。从国内各开行城市数据来看，中欧班列开行的列数和回程列都有明显的增长，尤其是回程班列的数量在大幅上升，运输货物的数量、价值都在不断增长，充分反映了铁路运输在服务"一带一路"上的重要作用。

第四节　航空交通发展成就

新中国民航业的发展起步于 1949 年，1949 年 11 月 2 日，中国民用航空局的成立揭开了我国民航事业发展的新篇章。但新中国成立初期，我国一直采用的军事管制措施制约了民航事业发展，搭建起发展的基本框架是在改革开放之后，而真正的起飞是在 20 世纪 90 年代。我国航空交通经历了从无到有、由小到大、由弱变强的发展历程。特别是党的十一届三中全会以来，我国民航业在航空运输、航空基础设施建设、航线布局、运行保障等方面都保持快速发展，取得了一定的成就，现已建成了北京、上海、广州三大门户复合枢纽机场，重庆、成都、武汉、郑州、沈阳、西安、昆明、乌鲁木齐八大区域性枢纽机场，深圳、杭州、青岛、南京、哈尔滨、大连、长沙、南昌、厦门、南宁、呼和浩特、兰州十二大干线机场。我国航空交通以枢纽机场与干线机场为主骨架，形成了全国航空运输网。飞机制造方面，2015 年我国发布的《中国制造 2015》中重点提出大力发展航空航天的国家战略性举措，大型军用和民用运输机制造产业顺势起飞。2017 年 5 月，C919 国产大飞机的成功首航，成为中国向航空制造强国迈进的里程碑。我国航空业无论在发展理念转变、体制机制改革、机场布局规划、建设规模、安全管理、功能完善，还是在基础设施改善、新技术运用，以及专业队伍壮大、服务保障能力提升等方面，都取得了令人瞩目的成就。

一、基础设施

（一）覆盖国内、国际的航线网络不断完善

国际航空运输日趋便捷。航空便利化水平进一步提升，累计签署

双多边国际道路运输协定 18 个、双边和区域海运协定 71 个，与世界各国签署的航空运输协定共计 126 个。中俄等国际道路运输开展试运行、中吉乌国际直达运输道路正式开通、国际道路客货运输线路达 356 条、海运互联互通指数保持全球第一、民航每周超过 1.7 万个定期客运航班和货运航班往返于中国与世界主要国家之间、邮政快递企业寄递范围覆盖 200 多个国家和地区，均标志着我国运输网络的不断完善。

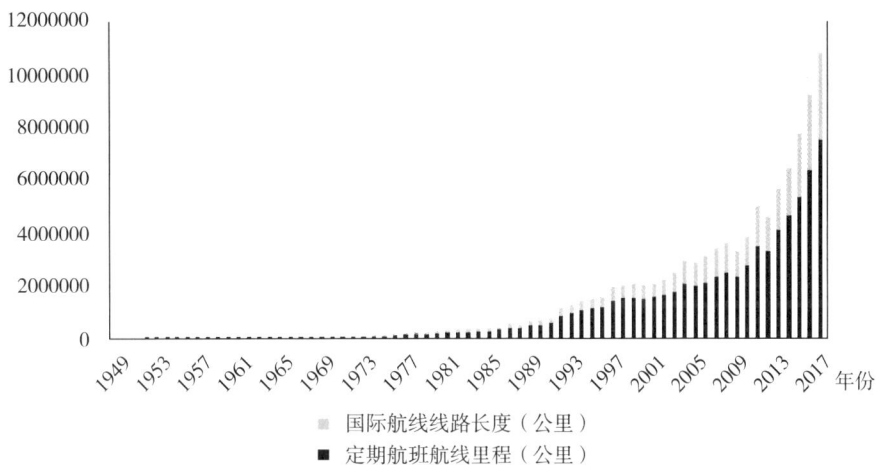

图 7-6　1949—2017 年定期航班航线里程变化

2018 年，根据中国民航总局的数据显示，中国与"一带一路"沿线国家新增航线 203 条，与 62 个沿线国家签订了双边政府间的航空运输协定，与 43 个沿线国家实现空中直航，国内 83.87％的省、区、市开通了"一带一路"沿线国家的航班。按照 2017—2018 年航班计划，中国国内航空公司计划新开"一带一路"沿线国家国际航线 95 条，国外航空公司新开国际航线 18 条，中国与丝绸之路沿线国家的联通程度稳步提高。

（二）综合式空港枢纽不断形成

1950 年，我国民用航空航线里程仅为 1.13 万公里，国内航线 12 条，1950 年 7 月开辟了直飞苏联的 3 条国际航线。1978 年，我国航空里程为 14.89 万公里，总周转量为 2.98 亿吨公里，到 1978 年底，用于航班飞行的机场达 78 个，初步形成了能适应当时运输需求的机场网络。伴随着改革开放以来国民经济快速、持续的增长，民航业开始了全面的企业化改革，客货运输相继取得了飞速的发展。飞机、机场以及配套设施等基础设施都达到了空前规模，到 1998 年底运输飞机达 523 架，而且是技术先进、性能优良的新机型。从 1978 年到 1998 年，机场由 78 个增加到 142 个，机场等级也普遍提高。通过不断优化调整航线结构，完善航线布局，我国航线网络更加发达，辐射力进一步增强。此时，定期航班航线达 1122 条，比 1990 年时增加 2 倍左右。其中国际航线 131 条，国内航线 983 条，地区航线 8 条，与 34 个国家和地区的 64 个城市实现了互联互通，国内通航 135 个城市。到 2017 年末，共有颁证民用航空机场 229 个，其中千万级机场 32 个、百万至千万级以下机场 52 个，定期航班通航城市 224 个，国际航线方面与 60 个国家的 158 个城市实现定期航班通航，国内航空公司有 30 个内地城市与香港互通定期航班，12 个内地城市与澳门定期通航，46 个内地城市与中国台湾地区定期通航，我国成为世界第二大民航市场。

（三）飞行装备不断提升

近年来，通过我国科研人员的艰苦钻研，中国制造在飞行装备中不断涌现。2017 年 5 月 5 日，我国具有完全自主知识产权的新一代大型喷气式客机 C919 完成试飞，标志着国产大飞机技术取得了重大突破，为我国民航史发展提供了技术支持；2018 年 10 月 20 日，鲲龙 AG600 水上试飞成功，标志着我国首架水路两栖飞机研制成功。一个个关键技术领域的突破，为我国航空业的发展插上了腾飞的翅膀。

二、运输能力与服务

在民航基础设施不断完善的基础上，我国通用航空规模实现较快增长，保障能力、发展质量和服务能力明显改善，行业发展迈上了新台阶。截至 2017 年底，全行业通用航空企业数量达到 365 家，在册航空器总数 2984 架（其中固定翼 1865 架，旋翼机 1017 架），完成通用航空生产飞行 83.75 万小时，创历年新高。在民航局取得使用许可证的通航机场共 81 个，141 部飞行学校共 22 家，91 部和 135 部通航公司驾驶员合格证总数为 2820 个，民用无人机驾驶员合格证总数为 24407 个，UTC 无人驾驶航空器系统操作手合格证总数为 10672 个。2017 年行业补贴 32605.79 万元，已投产的通用航空器制造厂家 63 家（不包括无人机），在建和规划建设的有 51 家。

在运输服务方面，我国航空业发展也取得了长足的进步。据中国民用航空行业发展统计公报显示，2017 年全年实现运输飞行 1059.7 万小时，通航飞行 80.8 万小时，未发生运输航空事故；完成旅客运输量 5.52 亿人次，旅客周转量 9512.78 亿人公里，在综合交通中的比重已经达到 28.6%。其中，国际航线完成旅客运输量 5544.2 万人次，进一步支撑了我国的对外开放；港澳台航线完成旅客运输量 1027.0 万人次，内地航线完成旅客运输量 4.86 亿人次，与 1978 年相比，民航运输总周转量增长 362 倍，年均增长 16.3%。在旅客和货运吞吐量方面，2017 年全年完成旅客吞吐量 11.48 亿人次，货邮吞吐量 1617.7 万吨，与 1978 年相比，全国旅客吞吐量增长 499 倍，货运吞吐量增长 257 倍，起降架次增长 299 倍，定期航线增长 27.3 倍，按重复距离计算的航线里程增长了 3.3 倍。与世界交通强国相比，我国航空运输规模已连续 13 年稳居世界第二位，仅次于美国，对全球航空运输增长的贡献率超过了 25%。民航业的迅猛发展为我国的经济发展插上了翱翔的翅膀。

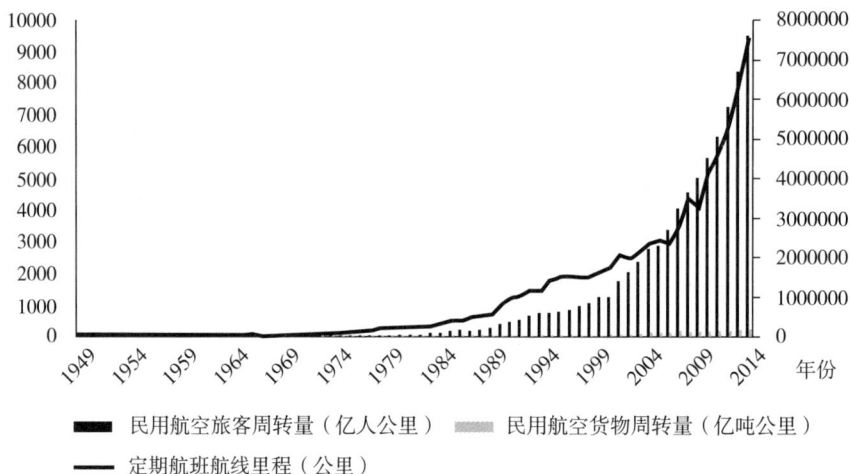

图 7-7　1949—2017 年航空运输发展情况

　　辉煌盛世，道路通达。通过 70 年的建设，我国交通运输业实现了跨越式发展，以公路、水运、铁路、航空为主的综合交通运输网络已初步形成，交通运输能力已基本满足国民经济增长和人民物质需求增长的需要。路网、轨道、航线、水港，这些在空间上交错或平行的点、线逐步相连，"断点"不断被打通，"空白"不断被弥补，综合交通网络实现南北贯通、东西相连，不仅为人们的出行提供了快速、舒适和便捷的运输服务，也加快了商品流通，推动了区域经济乃至整个社会经济的快速发展。未来，中国方案、中国标准和中国智慧将不断推动我国经济的快速发展，为我国构建方便、快捷、舒适、安全、完善的交通体系提供保障。

　　交通运输行业的不断发展，也是我国经济保持稳定增长的基础。相关研究表明，铁路、公路与水路等交通运输行业的固定资产投资对 GDP 的贡献约为 2.7 万亿元，交通运输业投资与 GDP 拉动的比率达到了 1∶0.98，带来了大量的就业岗位[①]。从与国民经济的对比分析看，交通运输投资对建筑业、金属冶炼业、非金属矿物制品业 GDP 的拉动效应均比较明显，对建筑业、农林牧渔产品和服务业、交通运输业就业的拉动效应较为明显，能够为这些行业提供大量就业岗位。交通运输业的发展为国民经济的发展作出积极贡献，对经济稳定增长发挥着"稳定器"的作用。

①　参见钟交：《"十三五"交通运输发展实现良好开局——〈2016 年交通运输行业发展统计公报〉评读》，《珠江水运》2017 年第 8 期。

第八章　全球化时代中国交通的
　　　　国际地位

随着经济全球化进程的不断深入，中国在全球化进程中扮演着越来越重要的角色。交通运输作为我国建设的先导性战略，是连接国家与国家、城市与城市之间的重要纽带，在经济发展与国际交流等领域有着举足轻重的地位。中国作为东方大国，其交通在全球交通版图中占据重要地位，为全球经济发展作出巨大贡献的同时，也沟通了世界文明，引领了技术创新，参与了共建国际交通秩序，为共筑全球发展之梦献计献策。

第一节　中国交通的国际地位

近年来，在"走出去""引进来"和"一带一路"倡议的支持下，中国交通运输业与海外市场的联系日益紧密，进而带动了我国与周边国家的联动发展，同时使我国在铁路、公路、水运、航空、管道交通运输业等方面取得了卓越成就。在这场机遇中，我国充分利用自身区位优势，建设高度发达的国际交通运输网络，高效践行"走出去"和"引进来"战略，加强与亚非、中东欧等国家交通领域的交流合作，积极投身全球化及国际经济贸易建设与竞争中，为全球经济增长贡献自己的力量，也为东西方文明的交汇献计献策。

一、中国地理区位在全球交通版图中举足轻重

探寻地理因素与人类社会生产生活的关系，是研究人类文明的出发点，人类的生产行为或多或少都会受到地理环境因素的制约，而交通运输业作为在人类进化史上的重要角色，也深受自然地理因素的影响。优越的地理位置能够为一个国家与周边国家、地区经济、政治、文化往来提供便利，使国家能够更好地与他国开展国际合作。

（一）中国地理区位连接欧亚

我国地处亚欧大陆东端，是一个陆海兼备的国家，陆上国界长达 2 万多公里，有 14 个陆地邻国，海岸线长达 18000 米，与多国隔海相望。优越的地理位置使我国同其他国家之间交通建设更加便利，加之我国各类资源丰富，是周边国家优选的合作对象。因此，我国充分利用自身区位优势，同时依托自身强大的基础设施建造能力，从海洋和陆地两个方向不断开拓国际贸易新路线，"中国西部—欧洲西部"公路建设、"中俄黑河大桥"等跨境项目建设稳步推进，为我国的国际交流增砖添瓦，推动我国交通运输更好地"走出去"。

（二）中国交通网络通达全球

交通是连接城市的重要纽带，是城市发展的重要动力，密集、发达的交通网络能够为各类经济贸易行为提供便利，是全球各国之间经济文化往来的重要桥梁。

作为世界上的"交通大国"，中国在发展国内经济的同时，还参与了多个国际航道、运输通道的建设，促进了跨国联运与国际运输便利化、一体化，促进了进出口贸易发展，进而促进了经济全球化面向更高层次的发展。

1. 中国主要国际海运航线

据相关资料统计，国际贸易总运量的 2/3 以上是通过海洋实现的，中国进出口货运总量的 90% 是利用海上运输，全球著名的 3 条远洋航线：跨太平洋航线、亚洲到欧洲地中海的航线、跨大西洋航线中，前两条已经成为中国最主要的海运航线，而我国目前已共计开辟了 90 多条通往亚、非、欧、美、大洋洲等 150 多个国家和地区的 600 多个港口的远洋航线。

我国的远洋航海线主要以上海、大连、天津、秦皇岛、广州、湛江等港口为起点，包括四条主要远洋航线：①远东—欧洲地中海线：由中国沿海各大港口经新加坡和马六甲海峡，西行印度洋入红海，出苏伊士运河，过地中海进入大西洋，沿途抵达欧、非各国港口，是北美、西北欧与亚太地区间贸易往来最便捷的航线。②远东—澳大利亚新西兰线：由中国沿海各大港口南行，通往东南亚、澳洲等地。澳大利亚向中国出口石油、铁矿石等原料，中国向澳大利亚出口服装、陶瓷等高附加值产品。中国从澳洲进口的铁矿石成为该航线贸易上涨的主要贡献者。中国对原材料需求的大幅上涨，使得这条远东—澳新线在中国远洋版图中的地位有所提升。③远东—北美西海岸线：该路线从我国各港口出发，途经朝鲜、日本、俄罗斯远东海港到达加拿大、美国、墨西哥等北美西海岸各港口。中国对加拿大出口的商品多为纺织品、服装、轻工商品及部分机电产品，对美国的出口则以机电产品为主、纺织类为辅。④远东—南美西海岸线：从我国北方沿海各港口出发的船只多经过琉球庵美大岛、硫磺列岛、威客岛、莱恩群岛穿越赤道进入南太平洋，至南美西海岸各港。2008 年底，中国与全球主要海运国家签订航运协议，并连续十届当选国际海事组织 A 类理事国，成为世界海运发展的主要力量。

2. 中国国际航空运输

截至 2017 年底，我国境内民用航空颁证机场 229 个，国际航线 784 条，定期通航国家 61 个（通航国际城市 167 个）。首都国际机场作为国内最大的国际机场，在2017年的旅客吞吐量达到9579万次，位列世界第二，香港国际机场和上海浦东国际机场分别位列世界第八和第九。民航运输已经成为国际运输体系的重要出行方式和国际交往的重要工具。

在国际货物运输方面，截至2015年1月，中国国际货运航空以北京、上海为枢纽，先后开通了二十条左右的国内外货运航班。此外，依托国航的国际航空网络中，中国国际货运航空全球航线有332条，同时拥有166个全球通航点，1111条全球地面卡车航线、卡车航线补充货机和客舱腹舱网络，以确保货物能够快速运达各地。

3. 中国的跨国铁路

目前，我国共有十条铁路线路与周边的国家相连接。其中，中俄相连的铁路有：①滨洲铁路：由哈尔滨至满洲里，全长930余公里，承担着哈尔滨铁路局超过一半的货运量，是东北地区的交通运输动脉，也是国际客货联运的门户。②滨绥铁路：由哈尔滨至绥芬河，全长489公里，与俄罗斯的远东铁路接轨，是中东铁路的重要组成，也是俄罗斯进出口的关口。③珲春—马哈林诺通道：该口岸是我国吉林省对俄罗斯开放的唯一口岸，能够有效支撑图们江区域战略开发，有利于激发吉林对日、韩和北美的贸易潜力。中朝相连的铁路有：①牡图铁路：牡丹江至图们，全长248公里，与朝鲜铁路相连，是中国东北边境的交通要道。②梅集铁路：由梅河至集安，全长251公里，是单线非电气化铁路。③沈丹铁路（原名安奉铁路）：西起沈阳，东到丹东，与朝鲜新义州的铁路接轨，全长261公里，是我国与朝鲜连接的重要通道。中蒙相连的铁路主要是集二铁路。集二铁路由内蒙古集宁至二连浩特，全长331公里。这条铁路是国际联运线，是一条与蒙古铁路接轨，连接乌兰巴托与莫斯科的国际联运线。中哈相连的铁路主要是兰新铁路，该线路由兰州至新疆阿拉山口，全长2423公里，是西北铁路网主线路，同时也是新中国修建的最长铁路线。中越相连的铁路有：①湘桂铁路：由湖南衡阳至中越边境的友谊关，全长1013千米，是我国通往东南亚的陆路主动脉。②昆河铁路：主要是指滇越铁路的云南部分，由昆明至中越边境河口瑶族自治县，全长468公里。

4.中国的跨国公路

昆曼高速是中国第一条国际高速公路，全长1880公里，东起昆明玉溪收费口，西至泰国曼谷，整条线路过境中国、老挝和泰国三个国家。这条跨境公路的建成对中泰双方及沿线城市具有里程碑式的意义，既为沿线经济、旅游、贸易的发展提供便利，也为两国的文化交流作出贡献。

5.中国签订的国际运输协定

自1991年中国政府与蒙古国政府签订首个中外汽车运输协定开始以来，中国国际道路运输已走过近28年的发展历程。21世纪以来，中国与周边国家的国际道路运输持续发展，基础设施不断完善，客货运量稳定增长，其管理服务水平也随之同步持续提升，部门间协同配合更加顺畅。①《澜沧江——湄公河商船通航协定》。2000年，中、老、缅、泰四国签署该协定，正式实现了四国通航。但老缅界河段的礁石、滩险碍航，隐患丛生，中国政府出资帮助老缅境内航道实施排障工程，使河道安全性得到显著提升，获得了较好的经济效益。②《中华人民共和国政府和东南亚国家联盟成员国政府海运协定》。2007年中国与东盟各国签署了该协定，旨在提供便利合作，加强中国与东盟各国之间的合作与沟通，消除阻碍海运服务的障碍，并建立区域性海运框架体系，以促进海运便利化。③《中华人民共和国政府和塔吉克斯坦共和国政府国际汽车运输协定》。1999年中塔曾签署过类似协定，2008年的新协定内容较之更加系统规范，对两国经贸往来以及汽车运输发展具有重要意义。④《中华人民共和国政府与俄罗斯联邦政府国际道路运输协定》。2018年中俄签署该协定，将中俄国际道路运输开放范围扩大至双方全境，并取消了对货运线路的限制，具体由承运人根据市场需要自行选择，同时协定还允许从事过境对方领土或从对方往返第三国的运输，这些举措对激发运输市场活力、促进经贸合作具有重要的现实意义。该协定的签署，有利于进一步畅通新亚欧大陆桥国际道路运输走廊，有助于中俄两国在更广范围、更大空间上开展经贸合作，开启了中俄国际运输便利化发展的新征程。

二、中国交通贡献全球经济发展

交通运输行业作为国民经济产业的重要支柱，在我国经济发展中扮演着举足轻重的角色。随着全球经济一体化发展日益成熟，我国交通运输对世界经济发展作出的贡献也日益突出。

（一）中国交通投资为世界经济注入活力

我国幅员辽阔，人口众多，随着城市化进程的不断加快，超大规模的市场需求驱使我国大规模地投入到交通基础设施建设领域中。截至2017年底，中国综合交通网总里程突破 500 万公里，全国铁路营业里程达到 12.7 万公里，其中高速铁路里程达 2.5 万公里，占世界高铁里程的66.3%；全球港口货物、集装箱吞吐量前十位的港口中中国占 7 席。高速公路通车里程 13.6 万公里，居世界第一。2017 年全年，我国完成铁路、水路、公路固定资产投资 31151.16 亿元，比 2016 年同比增长 11.6%，为我国国民经济的增长作出了巨大贡献。

2017 年我国交通投资强度持续高位运行，全国完成交通基础设施固定资产投资 38105 亿元，同比增长 11.9%，其中铁路 8010 亿元、公路21253 亿元、水路 1238 亿元、民航 825 亿元、城市轨道交通 4762 亿元[①]。交通固定资产投资占 GDP 的比重为 4.61%，其中公路建设投资占 GDP 的比重达 2.57%，已连续 20 年占比超过 2.0%。

---

① 中国公路学会：《中国交通运输 2017》，人民交通出版社 2018 年版，第 24 页。

（二）中国交通运输促进全球经济要素流动

处在全球化的时代背景之下，国家与地区之间的界线逐渐模糊，人员以及货物的跨地区化促使交通运输需求不断增长与升级，促进了交通运输业的升级与持续发展，也为各类资源在全球范围内的充分流动与使用提供了契机。

如图 8-1 所示，2001—2002 年，进出口增长率高速增长时，交通运输业与之保持同速增长，而 2003—2005 年，进出口增长率下降时，交通运输业、仓储业固定资产投资额也出现一定程度的下滑。由此可以得出两者有极强的关联性：经济全球化带来交通需求的持续增长，随之而来的是国家对交通基建的大规模投入，在不受政策等其他因素的影响下，进出口增长率与交通固定投资额成正比。一旦获得起始优势，"进出口率"这颗"雪球"就会越滚越大，最终为经济全球化作出巨大贡献。

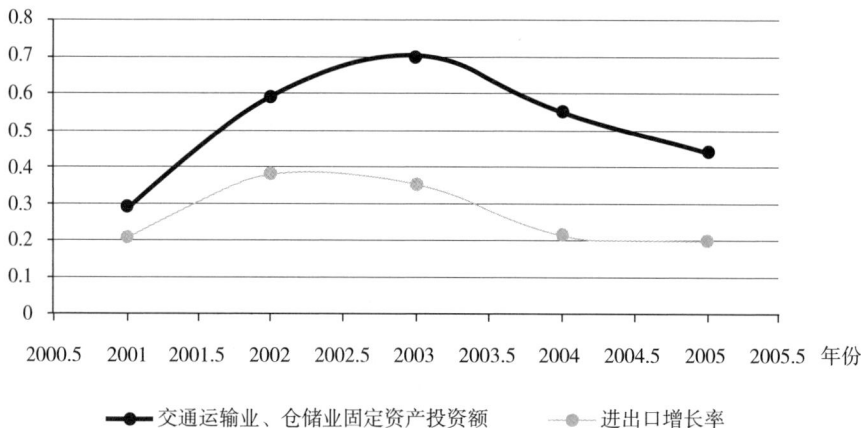

图 8-1　进出口额增长和交通运输产业发展速度 ①

---

① 参见白雪洁等：《中国交通运输产业的改革与发展》，经济管理出版社 2010 年版。

2018 年 4 月 12 日，世界贸易组织发布了《年度全球贸易报告》，报告显示，2017 年全球贸易增长 4.7%，是继 2011 年以来最快的增长速度，其中，2017 年全年中国的商品贸易出口额占全球份额的 12.8%①，位居世界第一。全球贸易额的飞速增长，使人力、物力、资金等要素在世界各区域间得以充分流通，同时良好的贸易发展势头也为就业提供了机会。作为出口额位居世界第一的中国，其逐步发达的交通网络将各地区连成一个整体，不仅降低了区域间贸易往来的成本，更使各国、各地区在贸易活动中可以充分发挥各自优势，为世界经济注入了强大的活力。

三、中国交通沟通世界文明

作为最早、最重要的东西方文明交流通道，丝绸之路为我国及沿线各国的经济文化发展与沟通作出了重要贡献，而新时代我国对古丝绸之路的创新，更是为东西方文明交流提供了符合当今时代特色与全球化发展理念的机遇。

习近平主席在 2013 年 9 月、10 月分别提出了建设"新丝绸之路经济带"和"21 世纪海上丝绸之路"的倡议（简称"一带一路"），该倡议高举和平与发展两大旗帜，旨在与沿线国家建立"命运共同体"，在促进各国基础设施建设的同时促进周边国家间的互联互通。"一带一路"建设中，我国交通运输业一直走在前列，在促进东西方文明交汇中也发挥着重要作用。

（一）古丝绸之路沟通东西方文明

公元 2 世纪，古希腊天文学家托勒密突破了西方对东方大陆的认知界限，

---

① 参见刘素云、张婧昊：《世贸组织发布报告：世界贸易将连续三年保持强劲增长》，http://www.sohu.com/a/228132782_115239，2018-4-13。

在地图上勾勒出欧亚大陆东海岸的位置，正是这一突破，为1300年后哥伦布探寻新大陆奠定了基础。随着张骞出使西域，一条自长安经河西走廊、帕米尔高原，走向中亚、西亚直至地中海的以丝绸贸易为主的商路出现了。

这条古丝路是连接世界上各民族与各大陆的最重要纽带，而支撑这条贸易通道的则是我国高度发达的文明与强大的经济生产能力。公元8世纪的长安城，在丝绸贸易的推动下，成为繁华的国际化商业都市和东西方文明交流中心，中国人的一系列发明经由丝绸之路传入西方，深刻改变了当时西方各国的社会面貌与生活方式。

（二）"一带一路"倡议构筑世界美好蓝图

在当今全球化的时代背景下，"一带一路"相较过去具有更加深刻的意义。在和平与发展的国际环境下，伴随着教育、科技、文化、学术的交流与沟通，"一带一路"沿线的人们正在携手打造一条"智力丝绸之路""健康丝绸之路""绿色丝绸之路"与"和平丝绸之路"。来自不同国家的留学生齐聚中国，感受中华文化的博大精深与开放包容；中国与沿线国家携手打造国际友好医院，主动扛起大国责任，为病毒疫情区域提供人力与物资援助。例如，在抗击埃博拉病毒中，截至2015年3月，中国先后向西非提供了价值7.5亿美元的紧急人道主义援助物资，派出医务人员近1000人，以实际行动肩负起大国重任。"一带一路"沿线各国人民在互学互鉴的基础上，将逐步实现互利共赢的梦想，它不仅凝聚着沿线各地区人民的共同信念与命运，也铸就了人类和平与发展的共同理想。

（三）中国交通为世界文化交流贡献力量

根据中国旅游研究院发布的出入境旅行数据，我国出境旅行的比例明显提高，其中"一带一路"周边国家活跃度明显上升。截至2017年底，中国出境旅游人数为 1.31 亿人次，同比增长 6.9%；海外旅游支出 1152.9 亿美元，同比增长 5%；入境游人数为 1.29 亿人次，比去年同期增长 0.8%，其中外国人入境游比去年同期增长 3.6%[1][2]。因此中国交通在不断完善行业自身发展水平的同时，也带动了"一带一路"周边国家旅游业的发展，为世界各国文化交流贡献了力量。

四、中国交通技术引领国际交通发展

我国交通运输行业的许多创新技术已达到世界先进水平。其中，高速铁路、高速公路、特大桥隧道、深水筑港、大型机场建设等建造技术处于世界领先地位，沪昆高铁、港珠澳大桥、洋山深水港、北京大兴国际机场等超级交通项目也震撼了世界。同时，大量自主研发的交通设备，如高速列车、C919 大型客机、振华港机、新能源汽车等，已成为"中国制造"的新名片。互联网、大数据、云计算、北斗导航等信息通信技术也在交通运输领域得到广泛应用，线上线下相结合的商业模式如雨后春笋般蓬勃发展。因此，交通运输行业已成为当前我国科技创新的重点领域，在提升我国的科技竞争力和综合国力上发挥着重要作用。

（一）高铁成为中国名片

2015 年我国交通运输发展统计公报显示，我国高速铁路运输总里程已达 1.9 万公里，居世界首位。经过数十年的大规模建设，我国当前已成为世界上高速铁路发展最快、系统技术最全最新、集成能力最强、产品性

---

① 参见中国旅游研究院：《2018 中国入境旅游发展年度报告》，旅游教育出版社 2018 年版，第 11—12 页。

② 参见中国旅游研究院：《2018 中国出境旅游发展年度报告》，旅游教育出版社 2018 年版，第 5—10 页。

价比最优的国家。

我国建立了拥有完全自主知识产权的高速铁路技术体系，技术水平世界领先。在轨道技术领域，我国研发了高速铁路无砟轨道成套技术及满足350km/h要求的高速道岔，掌握了500米长轨铺设、焊接成套技术，攻克了长江大桥桥梁无缝线路技术难题。在路基技术方面，中国创新了不同建筑物之间过渡段的设计，通过对不良填料的改良，取得了突出的技术经济和社会环保效益。另外，在高速铁路的电气化技术、动车检修技术、通信信号技术领域，我国也拥有世界上精密、领先的技术[①]。

我国自主研发的新一代 CRH380 系列高速动车组，使中国高速列车技术超越日本新干线、法国 TGV 和德国 ICE 的水平。CRH380 不仅满足了我国东北地区高速铁路运营的需要，也为中高纬度地区国家的高速铁路上高速动车组产品和技术的应用奠定了基础。另外，中国自主设计的耐高温高湿动车组、防风沙动车组等，为相应环境地区国家的高速铁路提供高速动车组产品和技术奠定了基础[②]。

中国高速铁路以其领先世界的核心技术，丰富的铁路运行管理经验，较为低廉的开发成本，受到了希望发展高铁国家的广泛关注，成为国际高铁领域的佼佼者，高铁成为中国走向世界的名片。2015 年 6 月，中国企业在俄罗斯圣彼得堡正式签署莫斯科—喀山高铁项目规划合同，标志着中国高铁技术进入俄罗斯市场。随着中国高铁"走出去"进程的加快，中国高铁技术已逐步得到世界普遍认可，这为中国高铁走向国际化提供了契机，而作为新时期的外交手段和方式，中国高铁以自身的技术优势为国际交通发展贡献了力量[③]。

---

① 陈列：《中国高铁技术正名"中国制造"》，《国际工程劳务杂志》2015 年 9 月。

② 陈列：《中国高铁技术正名"中国制造"》，《国际工程劳务杂志》2015 年 9 月。

③ 袁玉青：《"一带一路"战略背景下的中国高铁外交探析》，南京大学 2016 年学位论文。

（二）中国桥梁技术代表：举世瞩目的港珠澳大桥

2018 年 2 月 6 日，世界总体跨度最长、钢结构桥体最长、海底沉管隧道最长跨度大桥——港珠澳大桥主体工程验收交付使用。港珠澳大桥总长 55 公里，连接香港、珠海和澳门，是迄今为止世界上最长的跨海大桥，被誉为世界桥梁建设史上的"王冠"。

作为世界级的超级工程，港珠澳大桥实现了"六个最"：世界上最长跨度、最长的钢结构桥梁、最长的海底隧道，也是世界交通史上技术最复杂、施工难度最大、工程规模最大的桥梁。其中，港珠澳大桥"珠海连接线拱北隧道建设关键技术与应用研究"项目成果经评价委员会审议，总体达到国际领先水平，其中中国工程院院士陈湘生指出，港珠澳大桥技术中的管棚间的冻结法在国际上属于首例，有很多创新点，对未来同类工程具有直接指导作用。

（三）中国"智"造代表——C919

2017 年 5 月 5 日，中国首款国际主流水准干线客机 C919 成功起飞，这是中国首款按国际标准研制的干线民用飞机。在飞机的研制过程中，我国上百家企业参与其中，攻克了飞机发动机一体化设计等 100 多项核心技术。在飞机的总体设计上，C919 的气动设计、结构设计、系统设计需求均由国内企业提供，拥有完全的自主知识产权。截至 2017 年末，C919 客机已接到 27 家客户的订单，其中包括国外客户：德国普仁航空公司和泰国都市航空。尽管 C919 在国际民航界，被认为是空客 A320 和波音 737 强有力的竞争对手，但 C919 与它们相比仍有许多创新点，例如，它可以实时监控飞机健康状态、客舱舒适感强、在燃料消耗方面也比其他飞机低 13%—15%[①] 等。

---

① 　参见肖松：《中国大飞机"智造"瞄准全球市场》，《人民交通》2017 年第 12 期。

作为国内民航飞机制造业的代表作品，C919 不仅带动了我国飞机制造水平的提升及一系列相关产业的发展，而且对国际而言，C919 先进的技术水平也为国际航空、国际交通领域的发展注入了新的活力。

五、中国参与共建国际交通秩序

中国在国际舞台上越来越活跃，逐渐成为一个有影响力的大国，近几年来，中国积极开展多边合作，从世界和平与发展的角度出发，积极参与多领域的国际条约的制定，在国际交通行业也不例外。表 8-1 展示了 2011—2016 年间我国参与的各类国际条约制定，可以看出，相比政治、军事、人权、经济等领域条约的制定，我国在海事交通领域所参与制定的协议条目是最多的，由此可见，我国在海事交通领域的地位较高，享有较多的话语权。

在全球化背景下，我国秉承和平与发展两大时代主题，积极投身全球化进程中，求和平，谋发展。作为世界上最大的发展中国家，中国不仅是现有交通行业规定的遵守者，还是世界交通行业标准制定的参与者。

表 8-1　中国参与的多边条约情况类别表（2011—2016）[①]

类　别	数　量	条约示例
政治（联合国宪章、国际争端解决、地区政治组织特权与豁免、边界、条约法）	11	《巴黎协定》（我国 2016 年 4 月 22 日签署，2016 年 11 月 4 日对我国生效）
军　事	1	《第四代核能系统研究和开发国际合作框架协议的续签协议》

---

① 表 8-1 系作者根据《中国外交网》提供的数据整理。

续表

类　别	数　量	条约示例
经济（贸易条约、知识产权、海关、金融、投资争端解决及发展机构章程）	11	《成立新开发银行的协议》
教、科、文、体、卫	11	《建立国际反腐败学院的协定》
人权与人道	1	《2006 年海事劳工公约》（我国 2015 年 8 月 29 日通过人大批准并作声明）
司法与警事（国际私法、刑法、反恐、打击跨国犯罪）	4	《上海合作组织反恐怖主义公约》
海事、交通、航空、邮政、电信	12	《上海合作组织成员国政府间国际道路运输便利化协定》

我国主导建立了中国—东盟交通部长会议、上海合作组织交通部长会议等多边合作机制，连续 14 年当选国际海事组织 A 类理事国，除此之外，国际民航组织秘书长也首次由中国人出任，这表明我国在交通运输领域的国际话语权和影响力显著提升。

2017 年中国组团出席 IMO（国际海事组织）第 30 届大会，会上中国第 15 次当选 A 类理事国，中国代表首次当选 IMO 理事会主席，并签署了《关于实施大湄公河次区域便利货物及人员跨境运输协定"早期收获"的谅解备忘录》，并成功组织了中吉乌国际道路货运试行活动[①]。

我国还积极参与了由国际海事组织（IMO）、海上环境保护委员会（MEPC）分别于 2018 年 4 月 3—6 日、4 月 9—13 日在英国伦敦 IMO 总部召开的海运温室气体减排等重大国际谈判，为国际海运能效和温室气体

---

① 参见《国际合作司扩大对外交流合作，服务交通强国建设》，中国交通报，https://mp.weixin.qq.com/s/ENbLg7eak9NaBDkR9cJURg。

减排议题献计献策，对国际交通行业规则制定产生了深远的影响，这些无不彰显着我国在交通领域的大国地位。

此外，我国出台了世界上第一部关于网约出租车、共享单车管理的全国性规章制度，为全球新业态治理提供了"中国智慧"。

虽然我国当前已成为国际交通运输领域的重要支持者，但在保持现存优势资源的基础上，我国还应当不断增强在国际运输规则制定、全球交通治理中的话语权与影响力，以提供更多高水平的中国方案，推动中国标准国际化。

六、中国国际交通项目共筑全球发展之梦

我国是世界上最大的发展中国家，在自身发展过程中，始终秉承和平与发展的原则，将中国人民的利益同其他国家人民的利益联系起来，坚持"大国是关键，周边是首要，发展中国家是基础"的外交方针政策，结合我国交通发展的实际需求，同其他国家展开交通领域的合作，与此同时，也为其他发展中国家提供强有力的援助与支持，帮助其他发展中国家摆脱贫困。

（一）积极开展对外援建工作

中国对外援助坚持互相尊重、平等相待、重信守诺、互利共赢的基本原则，不附带任何政治条件，不干涉受援国内政，重点帮助受援国进行基础设施建设，是发展中国家之间的相互帮助。在我国对外援助的工程建设中，成套项目建设和物资援助是最主要的援助方式。交通基础设施建设作为对外援助的重要组成部分，为受援国提升交通通达度、促进经济增长提供了机遇。

2010—2012 年，中国在 80 个国家建立了 580 个成套项目，项目集中

在基础设施与农业等方面，其中交通运输设施，包括公路、桥梁、机场、港口等项目共计 72 个。中国根据不同国家的不同发展状况，合理安排无息贷款资金，无偿援助，帮助受援国建设具有迫切需求的基础设施项目。在此列举三个具有代表性的基础设施建设实例。

1. 坦赞铁路。作为东非交通动脉，坦赞铁路是一条贯通东非和中南非的交通大干线，全长 1860.5 公里，是迄今为止中国最大的援外成套项目之一。为了修建坦赞铁路，我国政府动用了国内多省力量参与援建工作。作为我国早期援建非洲的代表项目，坦赞铁路的修成，为坦赞人民出行、货物运输提供了便利，促进了区域间贸易发展，也促进了坦赞两国与中国的友好关系，坦赞铁路的建成为当地交通运输发展贡献出巨大的力量。

2. 巴基斯坦喀喇昆仑公路。被称为"中巴友谊公路"的巴基斯坦喀喇昆仑公路，全长 1032 公里，其中中国境内 416 公里，巴基斯坦境内 616 公里，该公路修建于 20 世纪 60 年代，是连接巴基斯坦与我国的唯一的陆上通道。喀喇昆仑公路的通车，不仅改变了巴基斯坦北部地区世代落后闭塞的状态，使得当地人们通过这条路打开了通往外界的"窗口"，还促进了中巴两国的友好合作往来。

3. 肯尼亚西卡高速公路。肯尼亚西卡高速公路从内罗毕通往经济重镇西卡，是中国援建肯尼亚西卡高速公路的第三标段，实现了肯尼亚、埃塞俄比亚等国的互联互通。另外，2013 年中国交建集团实施的斯里兰卡汉班托塔国际机场项目竣工。该机场的投入使用，对进一步完善斯里兰卡立体化交通网络，提升区域互通水平，促进斯里兰卡与周边国家的交往发挥了重要作用。

（二）积极参与国外交通项目建设

改革开放以来，我国积极同其他国家开展交通领域的合作，不断深化我国交通领域对外开放程度。在进行双向合作的同时，依托产业竞争力的提升，我国交通建设企业跨出国门，积极承建周边国家的大型交通建设项目，在亚、非、拉美等地承担了大量的交通基础设施建设。

中国高铁近年来的飞速发展使得我国高铁技术发展愈发成熟，随着我国高铁的崛起，中国高铁品牌在世界范围内的认知度也得到了提升，高铁技术从一开始的"技术引进"，到"消化吸收"，再到现阶段的"科技输出"，已经完成了飞速提升。目前中国铁路总公司对高铁技术具有完全的自主知识产权，并且已经获得900多项国际专利。

2014年，斯科普里（马其顿首都）与中国南车集团公司签订了6列内燃、电动车组采购合同。南车株洲电力机车为马其顿研制的这批动车组为标准轨距，最高运营时速140公里，设计寿命30年。该车辆按照马其顿国家标准研制，是为马其顿量身定做的一款全新动车组车辆。这是中国动车组整车产品首次进入欧洲市场，标志着我国高端轨道装备产品赢得了欧洲市场的认可。

2015年6月18日，在中俄投资合作委员会第二次会议框架下，由中国中铁二院工程集团有限责任公司参与投标的俄罗斯首条高速铁路规划设计合同在圣彼得堡正式签署，成为中国高铁走出国门的首张订单。根据规划，从莫斯科到喀山段的高铁全长770公里，跨越俄罗斯7个联邦主体，覆盖2500万人以上，全程计划设立15个车站，铁路最高设计时速400公里，轨距为1520毫米。

中国交通的业务足迹已遍及世界100多个国家和地区，中国交通企业连年入选ENR世界最大225家国际承包商，同时还有很多国际在建项目不断扩充着我国在海外的交通项目建设。

1. 港口。①卡塔尔—多哈新港：卡塔尔的首都多哈是海上丝绸之路中东地区的重要节点，是2022年世界杯足球赛举办地，而由中国交建所属中国港湾承建的多哈新港项目是其代表性工程之一，也是中国企业"走出去"参与国际市场竞争的一个代表。2011年中国港湾与欧美公司激烈竞标，赢得了这个巨型港口建设项目。中国港湾创造性地采用降水干地开挖方法施工，在短短 4 年时间里建成了长约 8 公里的船舶码头，是世界建港史上第一次建成码头岸线最长的内挖式港口。②俄罗斯圣彼得堡，布朗克港项目：该项目施工过程中，中国交建创造了四个第一：第一次组织了 12500 海里长途远洋调遣；第一次进入欧洲疏浚市场；第一次在国外整合五国疏浚资源；第一次创造性地建立了项目部实时动态船舶指挥系统（VTS）。该工程的竣工从根本上结束了圣彼得堡港依靠大船过驳装卸货物的历史，不仅对提升圣彼得堡港的吞吐能力具有里程碑意义，也成为中国交建践行国家"一带一路"倡议的成功典范。

2. 桥梁。①泗水—马都拉海峡大桥：2005 年 10 月，由中国交建集团旗下中路公司负责设计施工的东南亚最大跨海大桥，总合同额 1.9 亿美元，其中 90% 由中国政府提供买方信贷的印度尼西亚泗水—马都拉海峡大桥开工，各承建单位精心组织和施工，以确保工程高品质完成。该桥于 2009 年 6 月 11 日建成通车，这是中国企业迄今为止在海外承建的最大的现代化斜拉桥项目，也是中国企业"走出去"较早签约和初见成效的国际工程项目之一，成功树立了中国企业的品牌形象。②马来西亚槟城二桥：2008 年 10 月 24 日，中国交建集团旗下中国港湾中标马来西亚槟城第二跨海大桥项目，总投资约 14.5 亿美元，于 2014 年 3 月正式通车。该项目是迄今中马两国间最大的合作项目，也是中国企业在境外实施的最长的跨海桥梁项目。该桥设计全长 22.5 公里，其中陆上引桥 6 公里，跨海桥 16.5 公里，桥面宽 28.8 米，为 V 形墩连续刚构桥，通航净空 150 米，通航净高 30 米，双向四车道加双向摩托车道，引桥采用 50 米等跨预应力混凝土连续箱梁桥，设计时速 80 公里，是东南亚最长跨海桥梁，也是马来西亚近 20 年来最大的土建工程项目。

3. 公路。①卢旺达基加利—卢汉热里公路：1980 年中国路桥在非洲内陆号称"千丘之国"的卢旺达中标，承建由德国复兴银行投资、总造价 35 亿法郎、全长 87 公里的卢旺达首都基加利—卢汉热里公路。由于工程进度快，质量好，造价低，被该国政府和人民誉为"样板路"。1996 年该公司又承担了该国基特拉玛—吉布耶道路第二标段和修复工程合同，全长 31.8 公里，合同总额 1780 万美元。由于在工程建设领域良好的信誉，中国路桥公司在此后的 20 多年里承揽了该国 70% 以上的公路项目。②肯尼亚新格森公路：1984 年 5 月，中国路桥在肯尼亚首都内罗毕设办事处。1986 年 2 月，该公司通过竞标承建了该国 C112 项目——新格森公路工程，全长 29.5 公里，合同总额 1400 万美元。1986 年 6 月，又承担了卡巴内特—坦巴内奈公路，合同总额 435 万美元。经过艰苦建设，该工程以优秀的质量如期完工，获得该国总统的高度赞扬。此后 20 多年里，该公司在肯尼亚获得的公路工程总额近 2 亿美元。

第二节　中国交通的核心优势

交通运输，国之重器。经过 70 年的发展，我国的交通运输事业取得了巨大成就，交通网络大规模增长，交通基础设施极大改善，交通运输服务水平明显提升，交通运输科技水平跨越式发展，交通运输管理不断优化。中国交通运输发展需求体量庞大，建设成就斐然，众多建设指标世界领先。中国是全球基础设施建设能力增长最快的国家，也是全球高速铁路建设规模最大、运营里程最长的国家，高速公路的通车总里程世界第一，上海港的集装箱吞吐量多年居于世界第一，中国已经成为世界上当之无愧的交通大国。

从"瓶颈制约"到"基本适应"，中国交通经历了艰苦卓绝的奋斗历程，迅速缩小了与世界一流技术标准的差距，并在一些领域进行追赶、实现超越，在规模、技术以及对外开放和国际合作上形成了自身的独特优势。

一、交通网络规模优势

新中国成立以来，中国交通运输体系快速发展，网络布局逐步展开。经过 60 年的建设，中国已逐步建成较为完善的铁路、公路、航空、河运和管道为一体的综合交通运输网，交通骨架网已基本形成。2016 年《中国交通运输发展》白皮书指出，中国的多节点、网状、全覆盖的综合交通网络已初步形成，"五纵五横"综合交通运输大通道已基本通畅。截至 2017 年 6 月，我国的铁路运营里程达到 12.4 万公里，高铁网规模和平均速度均居世界第一。白皮书还展示了未来中国交通建设的发展蓝图——到 2020 年，将达到 3 万公里的高速铁路里程，覆盖 80% 以上的大城市。新改建高速公路通车里程约 3 万公里；要基本形成京津冀、长江中游、长三角、珠三角、中原地区、成渝、山东半岛城市群之间的城际铁路网络；加速建设 300 万以上人口城市的交通轨道网，并将其交通运营里程增加到约 3000 公里。

表 8-2　国内外高速公路密度比较 ①

国　别	总里程（千公里）			路网密度（公里 / 千平方公里）			人均占有量（公里 / 百万人）		
	1995	2005	2015	1995	2005	2015	1995	2005	2015
中　国	2	41	123	0	4	13	2	31	88
美　国	89	90	100	9	9	11	447	309	310
加拿大	13	17	19	1	2	2	451	532	518
德　国	11	12	13	31	34	36	137	146	160
法　国	8	10	11	15	19	20	139	163	166

---

①　参见《2017 年中国高速公路行业发展趋势及市场需求分析》，中国产业信息网，http://www.chyxx.com/industry/201711/580628.html，2017-11-8。

续表

国 别	总里程（千公里）			路网密度（公里/千平方公里）			人均占有量（公里/百万人）		
	1995	2005	2015	1995	2005	2015	1995	2005	2015
日 本	6	7	7	16	18	17	49	54	51
意大利	6	6	7	21	22	23	112	112	115
英 国	3	4	4	14	15	16	60	60	58

根据表 8-2 国内外高速公路密度统计数据显示，中国高速公路总里程 20 年间增长了 60 倍，高速公路规模、路网密度已超过与中国国土面积相当的美国和加拿大，公路是具备门对门运输优势的交通方式，中国高速公路的路网建设大大提升了国内的道路通达率，说明中国路网规模已达发达国家水平。

（一）交通网络发展概况

1. 公路路网。新中国成立后，我国公路建设规模快速增长。新中国成立初期，国家重点建设康藏、青藏等难度系数较大的公路项目，地方道路建设主要依靠地方。1952—1980 年，全国公路新增 76 万公里，公路里程增长 5.9 倍。改革开放后，公路建设布局支干相连，公路投资体制多元化，公路建设增长较快。90 年代，改建新建国道公路 70 条，共计 1.2 万公里。其中，首都放射线 12 条，南北纵线 28 条，东西横线 30 条[①]。2008 年，全国公路总里程达 358.37 万公里，比 1952 年增加近 27 倍。2010 年国家高速公路网骨架基本形成，整体上实现了"东网、中联、西通"的目标。截至 2015 年底，全国公路通车总里程达 457.73 万公里，高速公路通车里程达 12.35 万公里，居世界第一；国家级、省级公路干线网络不断

---

① 那丹妮等：《交通基础设施建设水平中外对比研究》，《商业时代》2010 年第 6 期。

完善，连接了全国县级及以上行政区。农村公路里程达到398.06万公里，99.9%的乡镇和99.8%的建制村通车。路网技术结构不断升级，等级公路占比88.4%，全国公路网骨架基本形成。

2. 铁路路网。新中国成立之初，全国铁路仅有2.2万公里，并且近一半处于无法通车状态。改革开放后，我国铁路建设突飞猛进，在路网规模和铁路质量方面都有显著提高。2012年，铁路总里程达到8万公里，跃居世界第二，同年我国已有1.3万公里客运专线及城际铁路投入运营，基本建成以"四纵四横"为主线路的全国快速客运网。2015年底，全国铁路营运里程12.1万公里，其中高速铁路营运里程1.9万公里，位居世界第一位。2016年，国家发改委修订《中长期铁路网规划》提出，2020年中国铁路网络规模将达到15万公里，其中高速铁路将达到3万公里，覆盖80%以上主要城市；2025年，铁路网络规模将达到17.5万公里，其中高速铁路规模约为3.8万公里；到2030年，将构建基本实现国内外互联互通、区域间多路畅通、省会高铁互通、地市快速通达、县域基本覆盖的铁路网络。

3. 水运港口及航道。"八五""九五"时期是我国水运发展最快、最好的时期，长久以来一直存在的运输服务能力紧张状况在该时期得到了缓解。20世纪90年代以来，我国在沿海港口建设方面取得了新进展。2003年我国水路货运量达到15.8亿吨，货物周转量28700亿吨公里，分别比1980年增长3.4倍和5.6倍；水运在全社会货物周转量中所占比重达55%、在外贸货运量中占到90.6%，水路运输量为我国国民经济和对外贸易持续快速发展起到了重要的支撑作用[①]。"十五"期间，我国政府加快运力结构调整力度，推进船舶向大型化、现代化、标准化方向发展；航运规模不断扩大，船舶科技水平不断提高。2015年底，全国港口共计拥有3.13万个生产性码头泊位，其中有2221个万吨及以上泊位，1173个专业化泊位，基本形成了以"两横

---

① 李明：《水运对我国国民经济贡献的研究》，大连海事大学学位论文2004年。

一纵和两网十八线"为主体的内河航道体系①。2015—2017 年内河航道通航里程稳定在 12.7 万公里，供给侧结构性改革减少了生产用码头，增加沿海万吨级以上泊位；水路全年完成客运量 2.83 亿人、货运量 66.78 亿吨。

4. 机场及航线。20 世纪 50 年代初，我国开始创立航空工业，在这 60 多年的时间里，中国先后研制了多达 40 种民用飞机，其中包括货运机、客机和通用飞机。改革开放以前，中国民航运输规模小，普通民众不是旅客主体。1978 年，我国共有 77 个民航机场，150 条国内航线，总长度 9 万公里；12 条国际航线，总长度 55300 公里，国际航空可达 12 个国家。改革开放后，中国民航运输业得到了快速的发展，尤其在"十五"期间航空运输保持了较为快速的增长趋势。2008 年，我国机场有 161 个，国内航线 1235 条，总里程 246.2 万公里。机场分布密度区位差异明显，高度集中在长三角、珠三角、京津等地，而西北、新疆则发展滞后②。2015 年，我国民航机场共计 210 个，形成了以北、上、广等国际枢纽机场为中心，省会城市和重点城市枢纽机场为骨干，干支线机场相互配合的航空网络。同时，空管设施建设不断加强，机场轨道交通和快速通道建设加快，使机场与其他交通运输方式密切相连。2017 年，航空运输在世界民航的排名提前，在我国综合运输体系中所占比重也有较大幅度提高。

5. 管道运输。管道运输是继铁路、公路、水运、航空运输之后的第五种交通运输方式，在国民经济发展中有重要作用。2006 年底，全国输油（气）管道里程为 48226 公里，其中输油管 24136 公里，输气管 24090 公里，管道输油（气）能力为 66948 万吨 / 年，其中输油能力 57530 万吨 / 年，输气能力 9418 千万立方米 / 年。2007 年中国已建油气管道的总长度约 6 万千米，其中原油管道 1.7 万千米，成品油管道 1.2 万千米，天然气管道 3.1 万千

---

① 参见《中国交通运输发展》白皮书，中国政府网，http://www.gov.cn/zhengce/2016-12/29/content_5154095.htmlallContent。

② 参见于伟峰：《交通运输与经济发展关系分析及调控研究》，东南大学 2009 年学位论文。

米①，中国跨区域的油气管网供应格局已经初步形成。"十一五"期间，中国建成西油东送、北油南运的成品油运输管道，逐步完善了全国油气管线网络。2015 年，全国陆上油气管道总里程 11.2 万公里，形成了覆盖全国 31个省、市、自治区的原油、成品油和天然气三大主网络，同时建成"西油东送、北油南运、西气东输、北气南下、海气登陆"的油气运输网络②。

（二）规模化优势

纵观中国公路、铁路、水运、航空、管道的发展数据，中国交通网络经历了从无到有、从少到多的跨越式发展，目前多节点、全覆盖的综合交通运输网络已初步形成。"经济发展，交通先行"，交通运输网络在促进社会经济发展、服务和改善人民生活方面，发挥了基础性、先导性和服务性作用。

1. 交通网络完善提升经济运行效率，有力支撑国家区域发展总体战略

交通运输网络的不断完善，提升了我国经济发展的效率，降低了物流成本，促进了交通装备制造、电子商务、旅游等相关产业发展。交通先行理念贯穿于新中国经济发展战略始终。近年来，为缩小地区差距，国家把交通先行发展作为支撑国家区域发展战略的重要任务，力图打通发达地区、中等发达地区、欠发达地区之间的经济通道。凭借国家级经济带、城市群交通网络优化，使这些经济活跃区内部进行优化，彼此联通，促进区域和城乡的一体化发展。此外，便捷高效的交通网络还促进了各种运输方式紧密衔接，提高了物流系统的整体服务水平，高效保障了关系国计民生的大宗物资运输，也为网络经济注入了活力。2015 年邮政业支撑的国内网购交易总额突破 3 万亿元。

2. 交通网络密度增加极大改善了通达率，更好服务民生

随着交通运输网络的不断建设，运输结构体系不断优化，服务水平不

---

① 参见于伟峰：《交通运输与经济发展关系分析及调控研究》，东南大学 2009 年学位论文。
② 参见于伟峰：《交通运输与经济发展关系分析及调控研究》，东南大学 2009 年学位论文。

断提升，人民群众的出行更加便利化。不断完善的综合交通运输服务有效保障了人民群众节假日的出行安全，持续提高了城市公共交通工具共享率和舒适度。与此同时，政府脱贫攻坚工作持续推进，相继实施村村通、特困地区交通扶贫等十多项专项建设项目，推进交通公共服务均等化。"十二五"期间，政府投入超过5500亿元的车购税资金用以支持交通扶贫，83.8%的集中特困地区通二级及以上公路，86.2%的建制村通硬化路；提高了客运车辆在贫困地区的通达率，着手解决了农村客运发展中的各类问题，增加了贫困群众的幸福感和获得感。

3. 绿色交通网络建设，修复交通沿线自然生态

国家坚持生态保护理念，大力推进绿色交通网络建设，建设了一批示范性绿色交通基础设施，同时重视绿色交通技术创新，探索荒漠区、高寒区、围填海区域交通基础设施生态修复技术，尽量降低交通建设对生态环境的影响。"十二五"期间，完成了近5000万平方米的交通基础设施生态修复工程。公路路面废料的循环利用率达到40%。2015年的铁路单位运输工作负荷的综合能耗比五年前减少了6%，营运车辆、船舶的单位运输周转量和能源消耗量分别下降了6.5%和10.5%，民用航空吨公里油耗下降近5%[①]。

二、技术优势

随着科学发展和技术进步，我国交通运输技术得到了跨越式发展，尤其在铁路技术和公路建设技术方面成效突出，高技术等级的公路铁路里程增加。2017年铁路营业里程达12.7万公里，几乎是1950年的6倍，其中复线里程和电气化线路里程占营业里程的比重有较大幅度提高。随着公路网络结构不断完善，高速公路建设进入快速发展阶段，高技术等级公路占

---

① 根据《中国统计年鉴》数据整理，中国统计出版社2009、2018年版。

比逐渐增加，国家高速公路网络初步形成。

表 8-3 新中国成立以来中国国家铁路技术水平的变化 [1]

年 份	1950	1978	1995	2008	2017
营业里程 / 万 km	2.2161	4.8618	5.4616	7.9687	12.7
复线里程 / 万 km	0.1148	0.7630	1.6909	2.8856	7.2
占营业里程比重 /%	5.2	15.7	31	36.2	56.7
电气化线路里程 / 万 km	–	0.1030	0.9703	2.7555	8.7
占营业里程比重 /%	–	2.1	17.8	34.6	68.5
自动闭塞里程 / 万 km	–	5 981	12 910	28 100	–
占营业里程比重 /%	–	12.3	23.6	35.3	–

表 8-4 中国公路等级构成 [2]

年 份	等级路合计	其 中				等外路
		高速	一级	二级		
1988	里程 / 万 km	69.79	0.015	0.17	3.29	30.23
	占总里程比重 /%	69.76	0.01	0.17	3.30	30.24
1995	里程 / 万 km	91.08	0.21	0.96	8.49	24.63
	占总里程比重 /%	78.72	0.19	0.83	7.34	21.28
2000	里程 / 万 km	121.60	1.63	2.01	15.23	18.67
	占总里程比重%	86.69	1.16	1.43	10.88	13.31
2008	里程 / 万 km	277.86	6.03	5.42	28.52	95.16
	占总里程比重%	74.5	1.6	1.5	7.6	25.5
2015	里程 / 万 km	404.6290	12.3523	9.0964	36.041	53.1005
	占总里程比重%	88.34	2.7	1.99	7.87	11.6

---

[1] 根据《中国交通年鉴》数据整理，中国交通年鉴出版社 2008、2015 年版。
[2] 根据《中国统计年鉴》数据整理，中国统计出版社 2009、2018 年版。

改革开放以来，经过长期建设经验积累与技术探索，中国交通技术水平迅猛发展，多项技术已达世界领先水平。因我国幅员辽阔，地形复杂多样，平原、山地、高原、丘陵、盆地五种陆地地形均有分布，山区面积占全国总面积的三分之二，复杂的地貌特征给中国交通的发展带来难以攻克的技术难题。提升中国交通技术水平，既是中国发展的现实需求，同时也为解决其他国家交通难题积累了丰富经验，中国交通技术的创新与发展，已逐步形成中国交通的核心竞争力，是交通大国向交通强国迈进的关键一环。

（一）多项交通技术世界领先

近年来，中国交通运输技术水平日益显著提高。目前我国在高性能铁路装备技术、高速公路建设技术、专业化码头装卸设备制造和集装箱成套设备制造技术、自主研制高端飞机技术以及字符码识别、码址校验等分拣技术方面已经在世界处于遥遥领先地位。

高性能铁路装备技术已经达到世界先进水平。2016 年，我国的世界最高速动车组交会试验成功，标志着中国已掌握高铁核心技术，并实现技术全面自主化。目前，中国铁路运营里程已达 12 万公里，其中高速铁路达到 1.9 万公里，已投入运营动车组 2395 余组，安全运行里程已超过 37.4 亿公里，位居世界首位。2017 年"复兴号"的成功运营标志着我国具有自主知识产权的高性能铁路装备技术也步入世界领先水平。"复兴号"在京沪高铁首发，实现 350 公里时速运营，标志着中国进入标准动车组时代，成为世界高铁装备商业运营速度最快的国家。"复兴号"在安全保障技术、旅客体验界面、智能化感知系统、低阻力车头和平顺车体设计等方面的技术创新，为旅客带来高速、安全、舒适的旅行体验。国际铁路联盟总干事长卢比努表示，中国是世界上高速铁路发展最快的国家，对世界高铁的发展作出巨大贡献。

高寒高海拔高速公路建设等装备技术难题已陆续攻克。1954 年全长 1937 公里的青藏公路建成通车，成为祖国内陆通往西南边疆的国防、经济主干道。青藏线自然环境恶劣，地质条件复杂，高原冻土是交通领域的世界级难题。但是在人民解放军和广大工程技术人员的共同努力和几次大规模的改造整治下，如今的青藏公路承担着全区 85% 的客运和 90% 的货运任务，被誉为西藏的"生命线"。国家高度重视青藏线建设，2014 年科技部确立"高海拔高寒地区高速公路建设技术"项目，2017 年学术界创立了公路冻土工程尺度规模效应理论，提出了高寒地区高速公路冻土工程设计方法和低压缺氧环境下高速公路安全设计标准，解决了公路建设冻土层复杂的科学难题。青藏高速公路建设，标志着中国攻克了高海拔高寒地区高速公路建设这一世界性的工程难题。

以港珠澳大桥为代表的桥、岛、隧集群工程举世瞩目。2017 年，港珠澳大桥实现了主体工程全线贯通，2018 年正式通车。这一庞大工程被称为中国交通建设史上"技术最复杂"的"世纪工程"。港珠澳大桥所在海域，航道日通行大约 4000 艘船只，海域周围飞机场众多，不仅要满足30 万吨级巨轮顺利通行，还要满足飞机起降高度限制要求，为此港珠澳大桥采用了搭建深埋沉管隧道技术。港珠澳大桥集桥、岛、隧为一体，海底隧道长约 6.7 公里，是我国建设的第一条外海沉管隧道，也是世界上最长的公路沉管隧道，更是世界上唯一的深埋沉管隧道。

大型专业码头智能搬运和集装箱设备制造技术享誉世界。运输船舶大型化的发展趋势推动了港口机械大型化和高效化的快速发展，中国品牌的港口机械产品已被港口用户视为优秀品牌，以中国振华港机公司为代表的港口机械已在全球 50 多个国家和地区投入使用，占世界集装箱市场的一半及以上。国产港口机械产品大都拥有完全自主知识产权，中国已从港机生产大国转变为生产强国。沿海港口机械设备的发展带动了内河港机设备的技术进步，使内河港机设备设计理念不断创新，品种日渐丰富，性能质量迅速提高，机型经济实用，缩小了内河与海港港机设备的差距。

C919 大型客机是中国首款符合最新国际适航标准，具有自主知识产权的干线民用飞机，标志着中国成为世界少数具备自主研发大型飞机能力的国家。2015 年，C919 正式上线，突破了 102 项关键技术，其设计性能超越了大部分相关机型，油耗更低，空气阻力更小，飞机更轻，舱内空气更新鲜均匀，并具有高度模块化综合化航电系统、全数字电传飞控系统。2017 年 5 月 5 日，C919 圆满首飞，国产大飞机制造历经 47 个春秋之后终结硕果，标志着中国航空工业的重大历史性突破。

我国的邮政光学字符识别（OCR）、码址校验、视频补码等分拣技术在世界上处于先进水平。中国在 OCR 技术方面的研究工作较其他发达国家起步较晚，20 世纪 70 年代才开始逐渐对数字、英文字母及符号的识别技术进行研究，20 世纪 70 年代末开始进行汉字功能识别的研究。但是在1994 年推出的 TH-OCR 94 高性能汉英混排印刷文本识别系统，被专家评定为"是国际首次推出的汉英混排印刷文本识别系统，总体上居世界领先水平"。20 世纪 90 年代中后期，清华大学电子工程系进行了汉字识别功能综合研究，使汉字识别技术在印刷体文本、联机手写汉字识别、脱机手写汉字识别和脱机手写数字符号识别等领域取得了阶段性的重要成果。为提高物流分拣正确率，使其更加高效，2002 年汉字识别码址校验技术成功研发，使邮件 OCR 识别率提高到 80%以上，差错率降低 30%以下，对于不规范邮编书写信件分拣具有重要意义。

（二）智能交通创新发展步伐加快

"智能交通"体系环境的构建有助于缓解持续增长的交通需求与日益严峻的资源、环境形势之间的矛盾。智能交通系统的应用，能够降低物流成本，促进交通装备升级，推动交通行业发展转型。

自"九五"规划开始，国内智能交通经过二十多年的持续发展，在智能交通集成应用方面跻身国际先进水平行列，北、上、广、深等发达城市已经建成具有国际先进水平的智能交通系统；智能交通技术在软件开发、设备研制及系统集成等方面与国际先进技术差距不断缩小，部分产品已赶超国外同类产品；技术标准日益完善，初步完成了国家智能交通系统标准体系，为智能交通标准化发展提供了有力保障；智能交通产业初具规模，行业总体进入创新发展阶段。

1. 智能交通行业发展基础形成

智能交通管理系统是国家交通优先发展的重要内容之一。早在 2000 年，国家出台了《中国智能运输系统体系框架》。"十五"期间，在北、上、广等一线城市开展智能交通系统的核心技术研发与应用展示，促进了以智能化交通管理为主的智能交通体系的系统发展。"十一五"期间，全国多个城市实施了智能交通管理系统规划与建设，智能交通系统项目全面推广。

2. 技术创新引领智能交通发展

"十一五"规划时期，"863 计划"将现代智能交通技术列为单独的科研领域重点攻关对象，研发了一批具有自主知识产权的新方法、新技术和新产品，解决了部分制约综合交通运输系统的发展难题[①]。"十二五"后，为突破智能交通管理和交通安全技术瓶颈，科技部围绕智能交通管理系统发展的要求，对区域交通协同、车路状态感知与交互、智能车路协同、综合交通枢纽管理等关键技术进行重点研发布局，以科研创新机制引领智慧交通发展。

3. 智能交通应用成效显著

20 世纪 80 年代的公路收费系统是交通智能系统的雏形。此后十年，我国全面追踪国外 ITS 技术应用，逐步建立起国内卫星定位、自动导航驾驶、车辆 GPS 定位、城市车辆管理等系统。21 世纪初，计算机技术的飞速发展推动了 ITS 升级换代[②]。同时，国家结合重大专项研究项目，对智

---

① 夏劲等：《国内外城市智能交通系统的发展概况与趋势及其启示》，《科技进步与对策》2003 年第 1 期。

② 郭玮等：《智能交通在各国现状以及我国智能交通的发展趋势》，《科技传播》2009 年第 5 期。

能交通关键技术进行大范围的集成研究应用。其中ETC系统是我国拥有自主知识产权、统一标准、在全国范围应用的智能交通应用系统。根据交通运输部数据，截至2016年9月，ETC用户接近4000万，ETC专用车道13291条，2012—2015年市场规模从5.39亿元增长到13.22亿元，年增速超过30%。"十二五"规划期间，车联网项目是智能交通重点发展领域，各地企业积极参与联网，政府加快市场推进。

4. 智能交通产业初具规模

2011年，中国智能交通行业应用总体市场规模达到250亿元，比2010年201.9亿元增长23.55%。2012年随着各地智慧发展城市建设的推进，国家在智能交通体系IT应用方面加大了投资力度，2012年同比增长27.56%，规模达到317.5亿元。2012年中国城市智能交通市场千万级项目达到235项，比去年同期增长26%，千万级项目市场规模达到68.1亿元，同比增长46%。到目前为止，市场规模已经超过700亿元，预计2020年，交通产业市场规模将超过1000亿元。

随着各类先进技术不断投入使用，智能交通管理发展将步入"黄金十年"，云计算、大数据、视频智能分析、无人机、多目标雷达等技术在交通领域的创新应用，为交通信息采集、技术监测、数据处理和智能化决策提供了强有力支撑，将推动交通发展进入"智慧交通"时代。

三、国际合作优势

改革开放以来，中国坚持对外开放，拓展交通领域国际合作。迄今为止，已与125个国家和地区签署了双边政府间航空运输协定；以"一带一路"建设为契机，与沿线62个国家签订了双边政府间航空运输协定，与东盟签订了首个区域性航空运输协定；与俄罗斯、印度尼西亚、蒙古、埃及等国举行双边航空会谈并扩大了航权安排；与"一带一路"沿线国家签署了《上海合作组织成员国政府间国际道路运输便利化协定》《中国—东盟海运协定》等130多个涉及铁路、公路、海运、航空和邮政的双边和区域运输协定。中国深化交通领域国际合作，初步形成了全方位、多层次、多渠道的对外开放和国际合作新格局。

（一）"一带一路"倡议推进国际道路联通

加强与"一带一路"沿线国家的合作，积极推动交通基础设施互联互通和运输便利化。2015年，中国实现了与毗邻五个国家铁路的互联互通，有11个铁路口岸，开行了多条中欧、中亚铁路集装箱班列，常用边境公路口岸多数为二级及以上公路，建成一批具有国际物流功能的园区和场站。积极推进国际航运合作，在湄公河流域中、老、缅、泰四国合作，开发澜沧江—湄公河航运潜力。民航通过航空联盟、航线联营、股权合作、代码共享等方式，继续优化国际航空网络，提高航班频次和通达性。2015年各种交通方式出境旅游总人次达1.2亿，国际及港澳台快递业务量达4.3亿件，快递服务网络进入海外市场。

（二）国际贸易发展促进交通对外开放

中国是世界贸易大国，2018年中国进出口贸易突破30万亿元，外贸进出口总额再创历史新高。深化交通国际合作，有利于降低国际贸易物流成本，增强中国国际贸易竞争力。

中国交通企业也不断加快"走出去"的步伐，助力国家构建对外开放新格局。我国交通国际合作业务领域日益广泛，合作内容除了交通建设工程输出外，逐步增加了资本输出、技术输出、管理输出、标准输出，提高了中国交通的国际话语权。中国交通国际合作理念、技术水平和工程建设能力的加强提升了中国国际影响力，中国正逐步从交通大国向交通强国迈进。

第三节 中国交通的短板

中国作为交通大国，经过长期积累在许多方面取得了一定优势，但是与发达国家相比中国交通仍然大而不强，距离交通强国还有相当长的路要走。目前我国交通运输还存在诸多问题，较为突出的问题如运输结构不尽合理，各种运输方式的比较优势未能充分发挥；物流效率不高，成本居高不下；交通资源消耗、环境污染问题不容忽视；交通安全问题仍然显著。

一、交通运输结构尚不合理

交通运输结构反映了交通资源的配置方式和水平。宏观层面，交通运输结构考察交通运输能力对经济发展需求的满足程度；中观层面，交通运输结构研究五种运输方式的分工与配合；微观层面，交通运输结构研究一种运输方式内部各要素的比例和协调程度。

从 20 世纪 80 年代初到 21 世纪初期，公路、水运、航空和高铁的快速发展减少了我国交通运输对铁路和水运的过度依赖，我国交通运输业供给量大幅提升，有效缓解了运力紧张的局面，运输结构实现了从以铁路、水运为主到以铁路公路运输为主、多种运输方式共同发展的变革。但交通的先导性、基础性地位决定了交通必须优先于经济发展水平，目前我国交通"大"而不够"强"，仍需进行供给侧结构性改革。同时，公路交通量的持续增长，带来了较大的交通环境压力，必须以"创新、协调、绿色、开放、共享"五大发展理念为指引，调整交通运输方式，使各种方式有机配合，提高交通服务的满意度和便利化程度。

（一）基础设施水平与发达国家仍有差距

基础设施水平是衡量交通运输结构合理性的一个重要指标。综合交通运输网是反映一国交通运输发展的重要基础性指标，网络规模、人均占有量是基础设施的直观体现。

表 8-5　各国交通运输网络规模 ①

指　标	美　国	日　本	德　国	中　国
公路里程（万公里）	654.84	121.27	23.05	457.00
综合交通运输网人口密度（公里／万人）	219.69	97.19	34.59	35.67
综合交通运输网面积密度（公里／百平方公里）	71	327	78	50

我国国土面积大，公路总里程位居世界前列，但是基础设施建设的人均指标程度与发达国家之间还有较大差距。根据综合交通运输网人口密度统计数据显示，美国位居第一，日本位居第二，而中国只有 35.67 公里／万人，不到美国的五分之一。从综合交通运输网面积密度统计数据来看，日本远超其他国家，综合交通运输网面积密度为 327 公里／百平方公里，德国和美国相当，每百平方公里国土面积覆盖的综合交通运输网密度分别为 78 公里／百平方公里和 71 公里／百平方公里，而中国仅为 50 公里。我国地域广阔，人口众多，尽管我国交通基础设施总量大幅增加，但是人均交通网络密度和国土面积密度仍然远远落后于世界交通强国水平，不能更好地满足人民群众的交通需求，也极大地制约着国民经济的发展。

---

① 参见我国交通运输对标国际研究课题组：《我国交通运输对标国际研究》，人民交通出版社 2016 年版。

（二）运输供给能力尚未满足运输需求

目前，我国交通运输结构存在问题，运输供给结构还不能满足运输需求，各种运输方式的结构不能满足国家经济发展动态与环境要求，铁路干线负载过重、公路干线通行能力不足、港口货运需求高于设计吞吐能力、民航基础设施和旅游支线建设不足。

铁路供给方面，我国铁路客运与货运共线，干线运输负荷繁重，运力持续紧张。目前铁路平均运输负荷达 2778 万换算吨公里，是美国的 3 倍，是日本和俄罗斯的 2 倍。其中京沪、京广、哈大、京沈、陇海五大干线平均每公里运输密度达 9660 万换算吨公里，为全国平均的 3.5 倍，能力利用率 80% 以上，交通承载量过大。

公路运输方面，尽管公路里程增速较快，但尚未形成横贯东西、纵贯南北的高等级公路大通道，公路网络规模效应未得到充分发挥。公路干线通行能力有限，交通量超过设计通行能力的 50% 以上，公路国道网中70% 的路段拥挤堵塞频发，公路通行能力无法满足汽车增长量。

港口设计方面，我国沿海港口设计吞吐能力只有 11.6 亿吨，而实际吞吐需求已达 13.8 亿吨，能力缺口达 2 亿多吨，其比例已达 1：1.2，而发达国家比例仅 1：0.7，尤其是集装箱泊位能力严重不足，箱运能力与吞吐量之比高达 1：1.47。

民航运输方面，运输供给短板主要是基础设施建设不足，尤其是旅游支线机场承载能力严重不足。

（三）综合交通运输体系结构失衡

我国目前公路和铁路运输方式结构仍存在不合理之处，尤其是公路货运总量在全社会货运总量中占比过高。与其他运输方式相比，铁路运输能力强，采用电能使污染排放少，运输费用低，在货运方面优势显著。据研究测算，以苏州到南京 220 公里运距为例，铁路每吨货物运输成本只需 33 元，而公路则需要 120 元；铁路运输单位工作量能耗仅为公路的 1/4。以 2018 年铁路增运的 2.72 亿吨运量计算，增加的货运量与公路完成同样货运量相比，可节省 299 万吨标准煤，减少二氧化碳排放量 736 万吨。

但我国很多区域铁路发展滞后，集装箱运输能力不足，导致公路承担了较多的货运任务，致使铁路运输低成本、低能耗的优势未能得到充分发挥。另外，我国汽车货运汽油消费税不高以及公路门对门运输的便利性，使公路货运具有一定优势，挤占了铁路货运空间。

为扭转公、铁货运结构不合理的局面，2018 年 10 月，国务院办公厅印发《推进运输结构调整三年行动计划（2018—2020 年）》，提出以推进大宗货物运输"公转铁、公转水"为主攻方向，调整公、铁货运结构，完善内河水运网络，加快发展多式联运。经调整，公路货运总量从 2017 年的 368 亿吨下降至 2018 年的 249.3 亿吨，增速放缓从 10.1% 下降为 7.4%；2018 年全国铁路货运总量已从 36.89 亿吨上升到 40.22 亿吨，同比增长 9.1%。尽管铁路货运有所增加，但短时间内依然无法改变公路货运的主体地位。2017 年，我国公路货运总量在五种运输方式中占比 78%。而美国货运以铁路为主，2015 年美国铁路货运周转量占比 33%。而我国从 2008—2017 年，尽管铁路货运量小幅增加了 11%，但是占比却持续下降并由 13.2% 下降到 7.8%，而同期公路货运量增加了 91%。从交通运输降本增效、经济环保以及可持续发展角度出发，考虑调整运输结构，增加铁路运输量，改变公路货运为主的局面。

二、交通物流经济性有待提高

物流是联通供需的接力棒，物流成本高、效率低是影响社会经济运行效率的重要因素。2010—2015 年间，我国社会物流总费用占 GDP 的比重保持在 17%，这一比例是发达国家的 2 倍，高于全球平均水平约 6.5 个百分点；

物流成本占产品成本比重达 30%—40%，而发达国家只占 10%—15%。2015年起，中央经济工作会议将降本增效作为国家经济工作的重要任务。

（一）交通物流绩效仍有上升空间

全球物流绩效是世界银行提出衡量世界各国物流综合能力的评价指数。根据 2018 年全球物流绩效指数可知，我国综合排名第 26 位，尽管相比往年排名已有很大提升，但是对比美国、德国和日本等发达国家的物流绩效仍然有不小的差距，特别是表 8-6 中许多具体指标得分排名较低，也清晰反映出我国物流行业在经济性上仍有较大提升空间。交通运输在国家经济发展中处于基础性地位，提高交通运输行业的经济性将为国家经济运行的降本增效起到不可忽视的作用。

表 8-6　2018 年美国、德国、日本和中国物流绩效指数比较 [①]

物流绩效指数	美　国	德　国	日　本	中　国
LPI 排名	14	1	5	26
LPI 分数	3.89	4.20	4.03	3.61
海关效率	3.78	4.09	3.99	3.29
基础设施	4.05	4.37	4.25	3.75
国际运输便利性和可承受力	3.51	3.86	3.59	3.54
当地物流企业能力	3.87	4.31	4.09	3.59
国际货物的可追溯性和可追踪性	4.09	4.24	4.05	3.65
货物到达目的地的及时性	4.08	4.39	4.25	3.84

---

① 数据来源：《2018 年世界银行全球国家物流绩效指数排名》，http://www.sohu.com/a/243886267_343156。

（二）物流管理水平不高

物流运输贯穿国家经济活动的方方面面，运输成本是物流成本的组成部分，运输成本与物流成本的比值间接反映了交通运输效率对国家经济效率的影响，降低运输成本在物流成本中的占比，是经济运行降本增效的关键。

根据 2014 年各国运输成本与物流成本比值（表 8-7）的相关数据可知，各国运输成本占物流成本比例中，日本、美国、德国的运输成本与物流成本占比均低于我国。从中美物流成本构成比较（表 8-8）的可以看出，物流成本的主要构成中，管理成本较高是拉开中美物流成本差距的主要因素。另据中国产业信息网统计，2011—2015 年，上海、南京、杭州仓库租金逐年上升，仓储成本普遍增加的行业趋势造成了管理成本的上升，与发达国家相比，我国仓储成本在 GDP 中占比是美、日等发达国家的 2—3 倍。

表 8-7　2014 年各国运输成本占物流成本比值 [①]

国　　家	美　　国	德　　国	日　　本	中　　国
占比（%）	61.52	56.00	65.00	52.83

表 8-8　2014 年中美物流成本构成比较 [②]

国　　别	运输费用	保管费用	管理费用	承运人相关费用
中　　国	52.00%	35.00%	13.00%	0
美　　国	61.00%	34.00%	4.00%	1%

[①]　参见我国交通运输对标国际研究课题组：《我国交通运输对标国际研究》，人民交通出版社 2016 年版。

[②]　参见我国交通运输对标国际研究课题组：《我国交通运输对标国际研究》，人民交通出版社 2016 年版。

我国物流行业效率低，成本高，主要受以下几方面因素影响：一是公路货运占比太高，铁路货运优势未能有效发挥；二是我国货运效率低下，货车的日均有效行驶里程仅为美国的1/3，货车空载率高达40%，停配货间隔长达72小时；三是公路物流行业集约化程度低，经营主体规模小，产业组织水平低，市场秩序乱，服务水平差。四是供应链体系缺乏，物流行业资源配置能力弱，物流信息不对称，交通物流网络信息平台缺失。五是物流标准不健全，物流管理条块分割，物流设施缺乏统一标准。六是物流生产要素价格持续上涨，城市土地价格的上涨带动物流仓储的土地房屋成本持续上涨，物流作为劳动密集型产业，劳动力价格的持续上涨也增加了物流成本。

三、交通环境问题不容乐观

我国经济的飞速发展为资源环境持续发展带来压力，可持续发展是国家发展理念的重要战略调整，发展既要满足当代需求，又要防止对后代人的发展造成危害。交通行业发展与土地、能源、空气质量等环境问题密切相关，如何在不造成环境压力的情况下更高、更快地发展我国交通运输事业是我们所面临的严峻问题。在交通运输可持续发展领域，可再生能源比例和碳排放量是衡量绿色交通的重要指标。

（一）可再生能源占比较低

交通运输可再生能源利用比，是指在交通运输行业中消耗的可再生能源量占交通运输总消耗量的比例。加大可再生能源使用比例是交通运输行业可持续发展的重要工作，也是发展绿色交通的内在需求。

对照发达国家交通运输行业可再生能源统计数据（表8-9）可知，我国交通运输行业可再生能源占比较少，低于德国和美国。德国近年致力于研究生物燃料，积极推进绿色财税机制，推广新能源汽车，逐步改善交通运输行业能源结构。美国迫于国内环保舆论压力，实施了"去石油化"的能源政策，减少温室气体排放。

虽然近年各国交通运输行业都积极重视可再生能源的开发和应用，但是石油作为交通运输行业的主要能源构成普遍占比90%以上，新能源交通的发展才刚刚起步，我国仍需要在交通运输行业中积极推广和发展可再生能源。

表 8-9　2012 年各国交通运输行业可再生能源占比 [①]

国　别	美　国（%）	德　国（%）	中　国（%）
占比 / %	3.5	7.7	2.4

（二）碳排放量急剧增长

根据各国交通运输业的碳排放量统计数据可知（表 8-10），中国交通运输业 CO_2 排放量低于美国，但高于日本和德国。各国 CO_2 排放量与其交通运输工具总量有较密切的关系，如美国机动车保有量世界第一，短途客运主要依赖公路交通而非铁路，另外依赖丰富的石油储备，汽车使用成本低，因此 CO_2 排放量也相应较高。而日本和德国交通运输业 CO_2 排放量相对比较低则主要因为这些国家国土面积小，公共交通和轨道交通发达，国家重视环保，轻小型车辆较为普及，汽车使用成本高。

表 8-10　2012 年各国交通运输业 CO_2 排放量比较 [②]

（百万吨）

国　家	德　国	日　本	美　国	中　国
交通运输业 CO_2 排放量	147.58	218.78	1736.3	926

---

① 数据来源：IEA 统计数据，http://www.iea.org/statistics/statisticssearch。

② 数据来源：IEA 统计数据，http://www.iea.org/statistics/statisticssearch。

表 8-11　2005—2012 年我国交通运输业碳排放总量 [①]

（百万吨）

年　份	2005	2006	2007	2008	2009	2010	2011	2012
碳排放总量	437	476	515	536	592	673	733	783

从 2005—2012 年，我国交通运输业的碳排放总量一直在逐年上升，并且随着我国经济的不断发展，交通运输需求持续增长，预计交通运输行业碳排放量也将随之增长。因此，推进能源的结构性改革和新能源的使用仍是我们当前促进交通运输行业可持续发展的主要问题。

四、交通安全问题仍然突出

从 1896 年美国人凯利斯被撞导致死亡成为世界上第一个有记载的交通事故到现在，全世界已经有 3 千多万人在交通事故中丧生。交通事故所导致的死亡人数，是交通运输安全性最直观的体现。交通事故已经成为世界第三大"杀手"。安全问题是交通运输发展的基础性问题，世界各国对交通安全问题从未松懈。

尽管近年来我国交通运输安全形势持续向好，事故总量大幅下降，特别是一次死亡 10 人以上的重大事故由 2004 年的 55 起降至 2016 年的 11 起，民航实现持续安全飞行 87 个月，创造了历史上最好安全记录。但是，交通事故总量仍居高位，事故数量约占全国总量的 70%，交通死亡人数约占全国意外死亡人数总量的 80%，重特大事故仍然未能得到有效遏制，非法违规现象仍然存在，交通运输安全的问题依然严峻。据 2017 年 12 月 19 日国家安全监管总局、交通运输部发布的最新研究报告显示，我国道

---

①　数据来源：IEA 统计数据，http://www.iea.org/statistics/statisticssearch。

路交通事故年死亡人数仍高居世界第二位，遏制道路交通事故高发、降低交通事故伤害仍然任重道远[1]。

我国道路交通事故频发，一方面，由于近年机动车驾驶员数量迅速增长，安全驾驶技术水平还不高，道路安全和法治意识相对淡薄；另一方面，我国车辆种类繁多，安全性能较低，管理难度较大，使得交通安全问题变得越发复杂。此外，路况与道路规划管理也是影响道路安全的重要因素。我国道路设施建设速度跟不上交通需求的发展速度，使得许多城市道路交通布局不合理，道路中行车问题复杂，部分地方公共交通不发达，服务水平低；道路路网密度不足，搭配不科学，交通流不均衡，个别道路交通负荷度过大，安全性差；道路建设方面缺乏有效的交通影响分析，缺少交通管理措施、停车设施等足量配套设施，易造成交通隐患；各地区道路线形、结构、设施存在差异，给过境车辆的驾驶员驾驶带来了一定的难度。

水上交通事故死亡的总人数直接反映了水上交通的运输安全水平。从 2009 年到目前，我国水上交通事故数量和水上事故死亡总人数呈稳定状态并逐年下降。但是同美国等发达国家相比，我国水上交通事故死亡人数总量依然较大，是美国的 4 倍，英国的 48 倍，挪威的 36 倍。因此，我国水上交通安全并不乐观，改善我国水上交通安全、降低伤亡人数仍是水运行业持续努力的目标。此外，我国 2013 年公路交通工程死亡人数约为美国同期的 3.86 倍，交通工程安全也是交通安全需重点关注的领域。

受国家经济发展水平制约，交通运输业的发展难以一蹴而就。在基础设施大规模建设和交通规模迅速增长阶段，交通运输结构失衡、运输效率

---

[1]　参见《两部委：2017 年交通事故造成死亡人数约 6.3 万》，中国国家应急广播网，http://www.cneb.gov.cn/2017/12/19/ARTI1513656505669693.shtml。

低下、安全事故发生率较高、能耗污染较大是这一阶段必然出现的发展问题，这些问题需要在粗放型交通向集约型交通的发展中动态调整，在交通大国向交通强国的转型过程中逐步修正、补齐短板才能持续有效地发挥交通运输对国家发展的基础性和先导性作用。

第 四 编

交通强国的战略蓝图

第九章 "中国梦"进程中交通强国战略的时代内涵

我国正处于"两个一百年"建设的关键时期，也是加快构建现代综合交通运输体系的黄金时期。正如习近平总书记所指出的："现在，我们比历史上任何时期都更接近中华民族伟大复兴的目标，比历史上任何时期都更有信心、有能力实现这个目标。"①推动交通运输行业大发展，不仅要为实现全面建成小康社会贡献自己应有的力量，更应该为实现第二个"一百年"奋斗目标奠定坚实基础。因此，交通强国战略需要在"两个一百年"战略格局下，着眼长远，谋划第二个百年目标的战略定位和路径，服务社会主义现代化国家的建设战略大局。

第一节 "中国梦"进程中交通发展的战略定位

在"中国梦"的实现进程和"两个一百年"的战略格局中，交通运输的发展不仅是推进国富民强的基本条件之一，是确保民族复兴的重要支撑，还是实现人民幸福的重要保障，是促成世界互联互通的纽带。交通在"中国梦"进程中占据战略性地位，准确的交通发展战略定位不仅有助于

---

① 《习近平谈治国理政》第二卷，外文出版社 2017 年版，第 57 页。

交通运输在正确的道路上高效发展，更能强有力地促进"中国梦"的实现。

一、交通是推进国富民强的基本条件之一

国富民强是"中国梦"的基本内涵，要实现这一梦想，必须充分利用交通这一先导工具。古往今来的历史经验已经证明交通发达则国富民强，反之，则国弊民穷。

从亚当·斯密的《国富论》到保罗·克鲁格曼开创的新经济地理学，交通基础设施能否促进区域经济增长，一直是国内外学者探讨的问题。清华大学国情研究中心的学者利用中国 28 个省、市、区 1987—2007 年的面板数据，检验了交通基础设施对中国经济增长的影响，验证了交通基础设施在中国区域经济差距中扮演了不同的重要角色。相关数据表明："交通基础设施对中国的经济增长有着显著的正向促进作用；不同的地理位置和交通基础设施条件在中国区域经济发展差距中扮演了重要的角色；1999 年国家实施西部大开发战略有利于促进西部地区的经济增长并向中东部地区趋同，其中，西部地区交通基础设施的快速发展发挥了重要作用。"[①]

中国自古以来便是一个幅员辽阔的国度，地理位置不同和自然资源分布不均成为区域经济差异的根本。加强区域之间的交通建设，无疑可以弥补自然资源分布不均的状况，促进资源和技术流动，加强经济之间的往来，实现共赢的局面。庞大的交通建设工程会增加对相关产业的需求，如水泥、钢铁产业，进而带动其他产业发展，从而推动经济增长。已经建成的交通基础设施形成固定资本，虽然不像其他投资一样直接产出，但却通过降低其他行业的运输成本与交易成本而间接促进经济增长。尤其对于中

---

① 刘生龙、胡鞍钢：《交通基础设施与经济增长：中国区域差距的视角》，《国民经济》2010 年第 4 期。

国辽阔的区域和多样化的经济来说，交通打通了资源流通的障碍，缩短了城乡距离，改善了各种生产要素的配置状况，进而极大提高了社会生产率，为人才流动提供了可能，也为人民接受教育、提高素养、积累财富和提升幸福感奠定了基础。

二、交通是确保民族振兴的重要支撑

实现中华民族伟大复兴是近代以来中华民族最伟大的梦想。民族振兴的本质包含经济振兴、文化振兴、国与民共同振兴、军事振兴等核心领域。围绕核心价值观的振兴，在各个领域内吐故纳新、加快发展，最终使中华民族和中国人民屹立于世界之巅。

新中国成立后，中国共产党团结全国各族人民，在中国特色社会主义道路上，实行了举世瞩目的改革开放政策，实现了中华民族发展历史上根本性的扭转，从而为实现中华民族的伟大复兴奠定了坚实基础。

习近平总书记在国内外很多重要场合多次阐述了振兴中华民族的伟大梦想。诚然，中华民族是世界四大文明的发源地之一，也是唯一绵延至今的文明。在很长历史时期内，我们的民族都走在发展前列，为世界文明的进步作出了不可磨灭的贡献。近代以后，我们也曾历经坎坷，但始终未放弃振兴中华民族的历史使命。在新的历史时期，党的十九大报告明确指出："坚持和发展中国特色社会主义，总任务是实现社会主义现代化和中华民族伟大复兴，在全面建成小康社会的基础上，分两步走在21世纪中叶建成富强、民主、文明、和谐、美丽的社会主义现代化强国。"[①]

首先，要想实现经济上的富强，必须依赖发达的交通。唯有交通四通

---

① 习近平：《决胜全面建成小康社会　夺取新时代中国特色社会主义伟大胜利——在中国共产党第十九次全国代表大会上的报告》，人民出版社2017年版，第15页。

八达，才能拉动不同经济体之间的贸易往来，优化资源配置，降低物流成本，实现经济增长。其次，要想实现民主政治，增强区域互信，构建良好的政治生态，则必须依赖于交通带来的及时沟通交流。民主是建立在互相理解和信任的基础上，增强城乡之间、区域之间的沟通和对话是建立民主的首要步骤。再次，文明的发展和推广也建立在文化的广泛交流与宽容接纳的基础上，唯有搭载交通，方能使中华文明发扬光大。道道通衢本身就是一道靓丽的风景线，尤其是在"一带一路"倡议的引领之下，沿途景观的建设和开发，使得我们的交通文化日渐绚烂。通畅便捷的交通让人与人之间更加贴近，心与心之间更易相映，有利于构建和谐的社会和人际关系。所以说，若想更快更好地实现中华民族伟大复兴，必须以交通发展为先决条件。

三、交通是实现人民幸福的重要保障

幸福是人类永恒的共同追求。幸福又是一项主观感受，对于个体来说也具有差异性。但总的来说，健康水平、经济能力、民族自豪感、教育水平、婚姻状况等都是影响大部分人幸福感的普遍因素。现代化的工作、家庭分离使得人们每日工作出行都得依赖交通。除此之外，外出求学、出差、旅行也都离不开交通，尤其是公共交通设施。所以交通的便捷与否直接影响着人们日常生活的幸福感。

改革开放以来，我国公共交通的快速发展已经让受惠的民众产生了很强的幸福感。随着城市规模的扩大、城市交通状况的日趋复杂，拥挤堵塞成为大多数城市人的苦恼。而随着经济水平的普遍提升，人们对于旅行的需求日益增加，而旅行的体验很大程度上受制于交通的效率和服务水平，所以，要提升人们的幸福感，就要在交通设施建设和管理上不断完善。尤其是在公共交通的运力和设计上，要不断结合时代要求，提升品质，才能使人们的出行更加便利和舒适，提升人们日常生活的幸福感。

以城市交通规划为例，我国城市交通发展长期以汽车产业发展为核心，对步行、自行车和公共交通等出行方式关注不够，因此，交通系统的人性化设计有待提升。近年来随着绿色环保观念的深入人心，共享单车和骑车族的兴起，以及慢跑人群的增多，使我们的城市交通系统亟待完善，以满足新的需求。我们可以借鉴国外经验，如美国 2010 年已经正式发布《关于面向自行车和行人的政策纲领》，致力于建设更加绿色和环保的城市交通。德国大城市的居民越来越倾向于放弃私家车，改骑自行车出行。我国也在不断普及和提倡绿色环保和共享合作的交通理念。现在共享单车如雨后春笋般覆盖了大部分城市，如何为自行车和行人出行提供保障、规范道路出行也成为亟待解决的问题。

城市管理者应该改变传统的以汽车为主的城市交通发展观念，推广步行和自行车出行方式，加强城市绿道建设。目前，国内的杭州、深圳、三亚等城市已经率先为公共交通、步行和自行车提供了人性化的空间设计，可以将其模式不断推广。要协调步行、自行车交通设施布局与轨道交通、公共交通、小汽车停车位之间的关系，以整体提高人性化交通空间的效果。目前，衔接处往往是交通拥堵的节点，应该通过设施优化保证各路交通的顺畅衔接和有序结合。这些都是直接影响居民幸福感的实例，可见交通对于人民幸福感的提升至关重要。

四、交通是促进世界互联互通的纽带

2018 年 1 月 5 日，中国外文局对外传播研究中心联合调查机构在京发布《中国国家形象全球调查报告 2016—2017》，报告通过国民形象、政治与外交、经济、文化与科技、来华意愿等多个维度，立体地描摹了海外受访者心中的中国国家形象，综合评价为"中国整体形象好感度稳中有升，内政外交表现受到好评"①。

虽然国际上不乏一些散布"中国威胁论"的组织和个人，但中国一直以实际行动为推进世界文明和繁荣贡献力量。"天下为公"的"大同"世界一直是中华民族崇奉的理想世界。古代的中国虽然以农业兴邦，但先进的生产技术和方式受到广泛的推崇，带动着世界经济的发展。文化上的灿烂硕果和科技上的领先发明更是对世界文明史的进程作出了巨大贡献。如今的世界进入到一个互联共通的新时期，中国作为世界历史的重要缔造者和参与者，自然要为构建人类命运共同体贡献力量。

2013 年 9 月，习近平总书记提出"一带一路"的伟大倡议，中国秉持开放包容的态度，与 80 个国家和组织签订了合作协议，同 30 多个国家开展了机制化的合作，在沿线 24 个国家推进建设 75 个境外经贸合作区，共建"丝绸之路经济带"和"21 世纪海上丝绸之路"。在"一带一路"的历史契机下，中国正在而且必将为世界发展注入巨大能量。对交通事业来讲，在这一新时期，要适应国际发展新环境，提高国际通道保障能力和互联互通水平，有效支撑我国新时代的全方位对外开放政策。

目前，"一带一路"互联互通建设已经取得积极进展。如：中巴经济走廊"两大"公路建设等项目成功落地，大湄公河次区域 9 大交通走廊初步形成，中、蒙、俄国际道路货运顺利试运行。在此基础上，我们要着力打造丝绸之路经济带国际运输走廊，加强"一带一路"通道与港澳台地区的交通衔接。积极推进与周边国家和地区的铁路、公路、水运、管道连通等项目建设，发挥民航网络灵活性优势，率先实现与周边国家和地区互联互通。

在道路延展衔接的基础上，支持中国企业"走出去"，建立国际合作

---

① 中国外文局对外传播研究中心：《中国国家形象全球调查报告 2016—2017》，中文互联网数据资讯中心网站，http://www.199it.com/archives/673248.html，2018-1-8。

项目，积极参与国际交通组织，提高我国交通运输的国际话语权。例如，协助企业建立中国—马来西亚港口联盟，收购希腊比雷埃夫斯港控股权，积极组织参与国际海事组织、国际民航组织、国际道路运输联盟和万国邮政联盟等机构的重要活动。

交通运输网络的完善和拓展，还需伴随着运输服务能力的全方位提升。完善跨境运输服务，才能化鸿沟为坦途，为世界的互联互通作出更大贡献。

首先，要完善跨境运输走廊，增加货物和人员运输协定过境站点和运输线路。通过加强国际班列的整合和国际联动来提高运输效率，通过拓展服务布局、提高服务质量来提升服务水平。其次，进一步完善双多边运输国际合作机制，加快形成"一站式"口岸通关模式。加强国际合作交流，特别是在技术标准、信息安全等多方面的制定。最后，要推动企业全方位开展对外合作，通过投资、租赁、技术合作等方式参与海外交通基础设施的规划、设计、建设和运营。积极促使中国交通走出去，参与海外交通基础设施和交通系统的规划和建设。

总之，以交通为先导，中国与周边国家的联系会越来越紧密，中国在国际舞台上的话语权会越来越重要，并将为世界的和平稳定发展注入源源不断的动力。

第二节 "中国梦"进程中交通强国 战略的内涵体系

党的十九大不仅是中国特色社会主义新时代的标志，也为我国交通运输行业提出了新的使命和战略要求，交通运输行业必须根据新时代的要求，体现新的时代内涵，开启新的发展征程。交通运输行业在新的时代格局中，需要实现从"交通大国"向"交通强国"的转变，构建现代综合交通运输体系，解决人民日益增长的美好生活需求和不平衡不充分的发展之间的矛盾。

一、新时代中国交通强国的战略要求

党的十九大是党和国家事业发展史上的一个伟大里程碑，标志着中国特色社会主义已经进入新时代。新时代的主要社会矛盾要求我国在建成全面小康社会的基础上进一步建成现代化强国。习近平总书记充分肯定了交通发展取得的重大成就，明确提出要建设交通强国，要求公路、桥梁等基础设施建设快速推进。以习近平同志为核心的党中央高度重视交通发展，将交通强国作为社会主义现代化强国的要求和重要内容，并且赋予了交通运输行业新的使命。

新时代意味着新起点、新任务、新要求。为了全面贯彻落实党的十九大精神，在新时代开启建设交通强国新征程，中国交通发展要深刻认识和准确把握新时代交通运输发展所处的历史方位和时代坐标。

一是实现"交通大国"向"交通强国"迈进。新中国成立以来，经过几代人的努力，中国交通发展在基础设施规模、运输保障能力、科技创新能力等领域取得了巨大进步，已经成为名副其实的交通大国。但是中国离交通强国还有一定的距离，今后的交通发展应是向交通强国的目标迈进。

二是实现"适应发展"向"引领发展"迈进。由于起点比较低，中国交通发展长期处在追赶发展的状态。从社会发展需求来看，中国交通发展先后经历了"瓶颈制约"到"总体缓解"，再到"基本适应"的历程。在新时代中国交通发展取得巨大进步的基础上，交通发展应向"适度超前"和"引领发展"的目标迈进。

三是实现"高速度增长"向"高质量发展"迈进。经过多年发展，中国交通发展在量上已经具备了一定的规模。随着新时代中国社会主要矛盾的变化，人民群众对美好生活的需要更加强烈，对高端化、个性化、差异化的交通需求以及更加经济、安全、便捷、高效、绿色的交通运输服务需求越来越高。这必然要求中国交通发展由"数量速度型"向"质量舒适型"转变，以便更好地发挥交通在满足人民美好生活需要方面的积极作用。

四是实现"国内发展"向"全球拓展"迈进。全球化时代中国对外开放是全方位的，为了完善全方位对外开放的新格局，推动"一带一路"建设，中国交通不仅要关注国内发展，还要放眼全球，加快谋划和构建全球交通运输体系，为我国建设社会主义现代化强国提供有力支撑，为推进全球经济文化合作和全球治理搭建重要平台。

五是实现"重点发展"向"平衡发展"迈进。新时代中国社会主要矛盾变化，反映到交通领域是区域之间、不同交通运输方式之间发展不均衡、不协调等问题依然突出，综合交通运输体系不够完善。中国交通发展要根据交通发展的现状和社会主要矛盾变化的要求，实现由"重点发展"向"平衡发展"迈进，实现全民共享交通发展成果。

二、交通强国战略的时代内涵

建设交通强国，是党中央在社会主义现代化强国过程中赋予的交通运输发展的新方位和新任务，为新时代的交通运输发展指明了方向，带来了前所未有的新机遇。

交通强国战略是在中国特色社会主义现代化强国战略引领下的，旨在促进交通运输领域形成由内而外、由赶超向领航、由局部强向综合强迈进的持续发展状态而实施的系列战略的总称。从其外延来看，交通强国战略应该是满足人民美好生活新期待，支撑中国走向社会主义现代化强国，拥有国际话语权的交通运输战略。具体来看：

1.作为满足人民美好生活新期待的交通运输战略。它以建立人民满意的交通为导向,即交通运输战略要瞄准人民群众的交通出行、货物运输等生产生活需求,结合时代特点和变化趋势进行精准的供需对接,并以实现"四个零"①(零距离换乘、零排放、零死亡、零库存)为终极追求。

2. 作为支撑社会主义现代化强国的交通运输战略。它以"交通 +"融合发展为特色,即交通运输战略要发挥在社会主义现代化建设中的基础性、先导性、战略性作用,并力图在"交通 + 经济""交通 + 文化""交通 + 生态""交通 + 互联网""交通 + 科技""交通 + 外交"等领域全面融合发展,形成支撑中国特色社会主义"五位一体"总体布局的交通支撑力。

3. 作为拥有国际话语权的交通运输战略。它以提升交通运输的软硬实力为追求,交通强国不仅是服务国内的交通强国,更是具有国际影响力的交通强国。这意味着,不仅交通基础设施、交通科技创新等硬实力方面要领先世界,而且在交通治理体系、交通标准体系、交通文化软实力等方面要领先全球,并形成持续的国际引领能力。

总体而言,交通强国战略既是结果也是过程。交通强国的战略结果强调交通运输领域的战略愿景、目标和阶段性目标的统一体是与我国现代化建设目标相契合的理想状态;交通强国的战略进程强调交通运输领域的成长性、引领性和持续性,是对交通运输持续努力、保持领先状态的描述。作为结果和作为过程的交通强国战略才是我们所努力的方向。

新时代推进交通强国战略有着深刻的时代价值,我们可以将其概括为"五个助力"。具体是:

第一,交通强国助力"中国梦"的实现。实现中华民族伟大复兴,是全体中国人共同的梦想。历史和现实都告诉我们,必须要在中国共产党的带领下,全国上下心往一处想,智往一处谋,劲往一处使,凝聚中国力量,

---

① 参见孙家庆、李晓媛等:《交通强国评价指标体系》,《大连海事大学学报》2019 年第 2 期。

这一梦想才有实现的可能。党的十八大以来，交通取得了"高铁、公路、桥梁、港口、机场等基础设施建设快速推进"的辉煌成就，关键在于坚定不移地执行落实以习近平同志为核心的党中央明确的治国理念和战略。

处在新时代的历史方位上，交通运输的首要任务就是深入学习、全面领会切实贯彻党的十九大精神，按照党的总体战略部署，扎实做好交通各项工作，用党的基本理论、基本路线、基本方略，来武装头脑、指导实践，开启建设交通强国新征程，积极助力中华民族伟大复兴。

第二，交通强国助力国民经济发展。"交通成和而物生焉"，在我国经济由高速增长阶段转向高质量发展阶段的进程中，交通运输一头连着生产，一头连着消费，国民经济的快速发展，离不开国内外商品要素的有序、自由流动和充分竞争。要保持经济的中高速增长，交通就必须坚持"适度超前、统筹发展"的原则，走在前列，积极引领经济发展。不断建设和完善交通运输基础设施，推进我国供给侧结构性改革，促进物流降本增效，优化产业布局，激发市场活力，不断促进不同国家、不同区域之间的人员交流、商品交换和贸易往来，使交通运输在国民经济的各个产业中充分发挥基础性、先导性作用。

第三，交通强国助力增加社会活力。"欢欣交通而天下治"，伴随着交通而来的，不仅是资本，还有医疗、教育、人才、理念、智慧等各类社会资源。党的十九大报告提出："我们要激发全社会的创造力和发展活力。"[①]交通强国，有利消除贫困、封闭等不和谐因素，让贫困人口和贫困地区同全国一起全面进入小康社会；促进社会分工、开拓商品经济和市场经济发展，协调社会资本再生产，提高和丰富人民生活水平，增强社会发展的活力和生命力。

---

① 习近平：《决胜全面建成小康社会 夺取新时代中国特色社会主义伟大胜利——在中国共产党第十九次全国代表大会上的报告》，人民出版社 2017 年版，第 35 页。

第四，交通强国助力人民实现美好生活。党的十九大作出了社会主要矛盾发生变化的重大判断："中国特色社会主义进入新时代，我国社会的主要矛盾已经转化为人民日益增长的美好生活需要和不平衡不充分的发展之间的矛盾。"①这一主要矛盾的历史性变化在交通运输行业得到了充分体现，对交通运输的发展具有深远的影响。从人民对美好生活的需要来看，我国交通运输供给不足的状况已有所好转，人民对于出行的需求已从"有没有"逐步转为"好不好"，对交通运输服务的要求更加个性化、多样化、品质化。从发展不平衡、不充分的现状来看，我国交通运输在运输方式、新旧业态、软硬实力、建管养运等多个方面还存在不平衡的问题，在发展质量、创新能力等方面有待提升。破解发展不平衡不充分，提升群众获得感和幸福感，是历史交给我们的艰巨重任。

解决好新时代社会的主要矛盾，就要建设让人民满意的交通。交通强国，不仅给普通百姓带来生活改变，让改革发展成果更多更公平地惠及全体人民。同时，也在协同区域发展中发挥根本性的作用，发达的交通建设就如同连通器中的连接管道，迅速将两边保持在同一水平线上，成为解决不平衡不充分问题的首要条件。建设让人民满意的交通强国，是适应我国社会主要矛盾变化的必然选择，也是坚持以人民为中心发展思想、满足人民日益增长美好生活需要的客观要求。

第五，交通强国助力建设人类命运共同体。"天地交而万物通"，通万物，就要通天下。21世纪中国的崛起，是要同各国人民一起，构建人类命运共同体，实现共赢共享。习近平总书记面向世界提出的"一带一路"重大倡议，就是中国对如何构建人类命运共同体这一问题给出的现实答案。

① 习近平：《决胜全面建成小康社会　夺取新时代中国特色社会主义伟大胜利——在中国共产党第十九次全国代表大会上的报告》，人民出版社2017年版，第11页。

三、交通强国战略的框架体系

要实现建设交通强国的目标，使我国进入世界交通强国前列，必须着力构建与其相适应的框架体系。具体包括，构建综合交通基础设施网络、运输装备、运输服务、创新发展、现代治理、开放合作、安全保障七大体系。

第一，构建综合交通基础设施网络体系。打造立体互联、质量卓越的基础设施体系须着力统筹推进公路、铁路、水运、航空、邮政、物流等基础设施网络建设，建成更加安全便捷、经济、绿色智慧、开放融合的现代化综合交通运输体系，优化完善以基础服务网为主体、更高质量互联互通的交通基础设施，推动交通基础设施发展，加快建设和形成数字化交通基础设施。适应养护需要，加强设施养护管理，使得交通运输设施的基础性、服务性功能得到充分发挥，全面适应我国经济社会发展，有力支撑国家重大战略的实施和社会主义现代化建设目标的实现。

第二，构建交通运输装备体系。交通运输装备体系作为交通强国建设的关键环节，要紧紧抓住装备这个关键要素，建成更加精良、绿色智能、标准协同的交通运输装备体系。积极提升关键装备技术自主研发水平，促进装备的协同创新能力，努力加强装备制造，推动运输装备和工程设备向自动化、智能化等方向发展。积极推进新能源、自动驾驶等新技术、新装备规模化应用，大力推广运输装备，统筹推进多种运输方式的协同应用，有序推进运输装备升级换代的速度。

第三，构建交通运输服务体系。要加快发展现代运输服务业，全面建成更加便捷舒适、经济高效的运输服务体系。着力推进现代物流运输智能化、集约化、绿色化等全面发展，更好地打造物流生态圈和运输链，使货物运输能够真正实现货畅其流。着力推动绿色化、智能化出行服务，推广"出行即服务"的理念，使其真正实现人悦其行。着力推进智能化的旅客联程运输和货物多式联运系统，推动形成时间和空间上的"零距离"，实现全程一站式、客运一票制、货运一单制的目标。着力推动交通运输服务与关联产业的深度融合，促进运输服务体系的新业态、新模式得到健康有序发展，积极培育发展的新动能。

第四，构建交通运输创新发展体系。要建成智慧引领、富有活力的创新驱动体系，必须以科技创新为引领、以智慧交通为主攻方向、以人才为支撑。加快建设创新型行业，实施科技创新引领战略，突出关键技术的创新，建成深度融合的科技创新体系。推动交通运输同互联网、大数据等的深度融合，构建数字化、网络化、智能化的智慧交通运输体系。着力加强人才支撑体系建设，造就一大批具有国际水平的高素质人才和高水平创新团队，培育优秀的交通强国建设者。

第五，构建交通运输现代治理体系。要加快推进交通运输行业治理体系和治理能力现代化，积极构建政府、市场、社会等多方共建共治共享的现代治理体系。着力构建政府部门治理体系，加快形成与交通强国相适应、有利于推动高质量发展的体系，构建设施装备共建共享、发展要素双向流动的交通军民融合发展体系，完善智能高效的运营管理体系。着力构建统一有序、公平竞争的交通市场体系，营造良好的市场环境。积极鼓励和引导社会公众参与交通运输行业治理，形成良好的发展局面。

第六，构建交通运输开放合作体系。要扩大开放、深化合作，构建面向全球、互利共赢的开放合作体系，为交通强国建设开拓新空间，为全球交通治理提供中国智慧和中国方案。将"一带一路"建设作为重点，建成互联互通的全球运输供应链，打造与制造强国、贸易强国相适应的交通枢纽和物流中心，有效支撑我国资源配置。积极参与全球交通治理体系建设，不断增强我国在全球交通治理中的话语权和影响力。

第七，构建交通运输安全保障体系。交通运输系统必须立足现实、着眼长远，构建完善可靠、反应快速的安全保障体系，为我国经济社会健康发展和人民群众安全便捷出行提供可靠的交通运输安全保障。要加强法规制度体系、安全责任体系、预防控制体系、宣传教育体系等方面的建设。同时加强应急救援体系建设，强化深远海搜救能力建设，统筹规划建设应急救援体系等，围绕核心任务，构建强有力、高效能、可持续的支撑保障体系。认真落实国家安全观，大力建设高素质专业人才队伍，加强交通强国建设的组织保障，强化行业软实力，建立交通有效支撑国家安全的工作体系，坚决维护国家核心安全利益，保障交通运输安全高效运行。

第三节 "中国梦"进程中交通强国战略的建设理念

理念是灵魂、是先导，在实现"中国梦"的伟大进程中，以党的十八届五中全会提出的"创新、协调、绿色、开放、共享"的发展理念为统领，着力推动人文交通、智慧交通、融合交通、绿色交通、开放交通"五个交通发展理念"，加快形成中国特色交通事业发展的新格局新面貌。

一、先导交通，融合发展载体

交通是融合城乡、拉近不同区域距离的先导。通过发展"融合交通"，促进"多元协调"，方能营造中国交通共赢格局。发展融合交通，必须坚持统筹兼顾，牢牢把握中国特色社会主义旗帜方向，有全局观和总体规划，妥善处理交通运输事业发展过程中出现的重要关系，既要强调各交通方式自身的融合协调，又要强调交通与其他行业融合协调、促进空间协调发展。一方面要从基本国情和国家战略出发，统筹规划铁路、公路、水路、民航以及邮政行业发展，实现各交通方式的融合协调发展，提升服务水平、物流效率和整体效益；另一方面，要满足国家新型工业化、信息化、城镇化、农业现代化同步发展的新需求，促进交通与其他行业间有机协调，融合发展。融合交通的发展需要坚持适度超前，要积极融合各种交通运输方式，对主要的交通枢纽和重要干线要继续优化提升运输效率，降低社会运输成本，合理布局不同区域、不同层次、不同方式的交通网络，对于交通运输的不同运输方式要做到在区域间、城市间、城乡间、城市内的协调安排，做好顶层设计和统筹工作，要做到"1+1>2"，发挥管理的主观能动性，合理配置和优化交通运输资源，实现各种运输方式从分散、独立发展转向一体化、集约化发展。重点促进城乡区域协调发展，促进东、中、西部区域协调发展，促进新型工业化、信息化、城镇化、农业现代化协调发展，促进区域社会经济全面协调发展。

推进融合靠交通，而发展交通靠科技。发展智慧交通，着眼科技创新，有助于培育中国交通领先优势；发展智慧交通，必须坚持以科技创新为核心。现代交通的发展更加依赖于科技创新；发展智慧交通，坚持交通科技创新面向社会经济发展的重大需求，以信息化、智能化为引擎，推动现代信息技术、"互联网+"与交通管理和服务的全面融合，促进交通科技开放协同，重点突破、全面提升，以重大科技突破牵引交通运输转型升级，实现交通运输设施装备与运输组织的智能化、运营效率和服务质量的全面提升；建设以市场为导向，以企业为经营主体，产学研相互结合的行业技术创新体系，促进交通运输科技成果转化为交通运输生产力；加快促进现代信息技术在交通运输行业的监管、运营和服务领域的深度应用。全面提升交通运输的供给能力、运行效率、安全性能和服务质量，以实现交通运输的持续创新和交通服务水平的进一步提高。

二、人文交通，复兴中华文化

发展人文交通，高扬人本精神，强化中国交通服务特色。发展人文交通，必须突出"以人为本，民生为先"的发展理念。交通发展必须坚持以人民群众利益为目标，依靠人民群众的力量建设，发展的成果由人民群众共享。坚持便民、利民、惠民原则，让全体人民在交通发展中有更多获得感。坚持以为全体人民提供安全可靠、便捷畅通、经济高效、绿色低碳、公平共享的交通运输服务为根本出发点，加强交通文明建设，强调交通引领经济社会发展，与区域文化相协调。按照人人参与、人人尽力、人人享有的原则，坚持统筹兼顾、增进公平，坚持广覆盖、保基本、多层次、可持续，着力推进交通运输基本公共服务均等化，着力解决交通发展难题，重点保障交通基本服务，提高交通公共服务共建能力和共享水平，引领高水平人文交通发展。

三、绿色交通，促进和谐共生

发展绿色交通，助力和谐共生，激发中国交通持续动能。发展绿色交通，必须坚持节约资源和保护环境的基本国策，坚持绿色交通发展理念，实现交通与资源环境的和谐发展，形成交通与资源环境和谐发展的新时代建设格局。绿色交通建设的出发点是把绿色环保低碳发展理念贯穿并且落实到交通发展的所有领域和环节，这样才能实现在发展中保护、在保护中发展，加快建设资源节约型、环境友好型的交通运输，实现经济效益、社会效益和环境效益三者的有机统一。

首先，要积极推进交通节能减排工程。例如，在高速公路服务区、长江干线、西江干线和京杭运河沿岸等建设充电桩、加气站，以及规划、建设充电桩、加气站等配套设施。还可以推进原油和成品油的码头油气回收治理。在京津冀、长三角、珠三角等重点区域开展船舶污染物的排放治理。其次，要推进交通装备绿色化工程，加快推进使用天然气等清洁能源的运输装备与装卸设施的装配，还有纯电动、混合动力汽车应用，鼓励铁路推广使用交直交电力传动机车，逐步淘汰柴油发电车。对于内河运输船舶，例如，长江流域内的老旧运输船舶，可以进行清洁能源改造，或者到期淘汰，并且提高环保标准，技术老旧、污染太大的运输船舶不再准入。再次，要建设交通资源节约工程，提高土地和岸线利用效率，提升单位长度码头岸线设计通过能力。最后，要建设交通生态环保工程，建设一批资源循环利用试点工程。积极推广公路服务区和港口水资源综合循环利用。例如，在枢纽地区、高速公路服务区、港口、装卸站和船舶修造厂建设一批含油污水、生活污水、化学品洗舱水等污水治理和循环利用设施以及垃圾等固体污染物的接收设施，并与城市公共转运处置设施衔接。

绿色交通发展的基础是资源环境承载力，在建设、管理、养护、运营等多个环节集约利用资源、保护生态环境，更加注重提升企业组织管理水平和行业监管能力，充分挖掘交通运输发展潜力，不断提高交通运输资源的利用效率，积极引导交通参与者转变出行方式和消费观念，不断提高绿色出行比重。努力建成以低消耗、低排放、低污染、高效能、高效率、高效益为主要特征的绿色交通系统，为全球生态安全作出新贡献。

四、美丽交通，普惠大众民生

交通不仅仅是一项先导性基础建设，还是人民日常生活中一道靓丽的风景。交通景观与一般的景点不同，它以多视角展现了陆、水、空及其附属空间的历史文化、民族风情和生态样貌，是一种融合了自然风光与人工设计的立体景观。随着交通运输的发达，"在路上"的人越来越多，人们对交通的需求也随之提高。除了快捷、便利之外，人们还渴望获得审美的满足。这就要求交通建设要考虑如何展现沿途的人文资源和艺术特色，并且能因地制宜地和自然风光形成和谐的融合，提升人们利用交通时的审美体验，包括驿站、车站、收费站、加油加气站、服务区等交通设施中，都应该融入一些展现新时代审美风潮的艺术元素，这不仅会帮助人们提升幸福感，还有助于审美教育的推进。目前，国内公路、铁路和航运等不同渠道都在致力打造交通与旅游融合的新景观，如何发掘沿途历史文化特色，展现不一样的美，需要不断更新观念和统筹设计。尤其是在全球化时代，要妥善处理中西文化审美、传统文化与流行时尚、人文科技文化与自然生态文化之间的辩证统一，才能打造出让更多人欣赏的美丽交通图景。

五、开放交通，推动国际合作

发展开放交通，促进跨国合作，为世界交通贡献中国智慧。发展开放交通，必须顺应中国经济深度融入世界经济的趋势，践行互利共赢的开放战略，积极参与全球治理和公共产品供给。开放交通发展需要以"一带一路"建设为统领，按照全方位对外开放的总体要求，完善对外交通发展布局，以国内"八纵八横"交通通道为基础，利用亚欧大陆桥、泛亚交际网、海上战略支点等向外延伸，推进"一带一路"交通基础设施的关键通道、关键节点联通，提升"一带一路"沿线交通全方位、立体化、网络化的互联互通水平；加强在国际间的基础设施建设规划和技术标准体系的对接，逐步形成全球互联互通的交通基础设施网络；推进建立统一的全程运输协调机制，促进国际通关、换装、多式联运有机衔接，逐步形成兼容规范的运输规则，实现国际运输便利化；依托国际运输大通道，以通道沿线的中心城市为支撑，以重点经贸产业园区为合作平台，共同打造国际经济合作走廊；全面提高交通开放发展水平，实现国内与国外的良性互动，为国内交通事业发展提供动力源泉和实现"两个一百年"目标贡献力量。

第四节 "中国梦"进程中交通强国 战略的前进道路

交通运输是国家兴旺强盛的重要支撑和保障，从世界范围看，一个大国崛起的必经之路就是交通先行。现在我们已经是世界交通大国了，如何向世界交通强国迈进，还需要我们进一步理解落实习近平总书记关于交通运输的重要指示批示精神。以交通强国为新阶段目标，努力实现从交通大国向交通强国的伟大转变，为"两个一百年"奋斗目标和实现中华民族伟大复兴的"中国梦"做好铺垫。

一、卓越品质乃交通强国之基础

质量是兴国之道，强国之策。从本质上看，作为基础公共部门的交通运输依旧是属于服务业的，所以消费者的消费体验是作为检验交通运输行业发展状况的首要准则。建设人民满意的交通，打造高品质工程是积极推动交通运输由量的扩张向质的跨越的历史性转变。对比交通基础设施的硬件设施，目前在交通客货运输上的服务质量仍有待提高。对于交通强国而言，不仅仅是在硬件层面上，也需要在服务产品上下功夫，要做到满足不同的交通服务需求的类型与层次。未来的出行与客运服务要满足全程化、多元化、高端化需求，广大居民的基本出行得到全面保障，运输服务选择更加多样化，服务过程实现更流畅的衔接，出行者的交通体验得到更好的满足。未来货运服务要不断完善市场化服务体系，满足客户对于货运物流的综合服务需求。总而言之，建设人民满意的交通，要强化责任，精益求精，对历史、对人民高度负责；科学组织，遵守规律，注重提升品质，避免贪大求洋，切实保障工程品质；发扬工匠精神，持之以恒，坚持为了追求1%的提升，付出99%的努力，铸就高品质的"中国创造""中国品牌"的交通运输。

二、交通强国需以人民安全为基础

安全是交通发展的基础，党的十九大报告提出以人民安全为宗旨的总体国家安全观，构建了新时代中国特色国家安全思想。在"提高保障和改善民生水平，加强和创新社会治理"①过程中，要增强自身责任意识，要把人民利益放在首位，要做好交通服务的安全把控，要抓主要问题，要做到依法治理，标本兼治，监管要进入交通服务产品的全步骤，做好综合管理，厘清部门和个人生产责任，切实整顿交通服务中存在的安全隐患。政府层面上，要做好宏观调控，做到经济手段、法律手段和行政手段多管齐下，协调好城乡交通资源配置，防止出现市场失灵现象。要发挥社会自觉，通过监管、宣传和教育，在全社会进一步构建"大安全"的理念，形成"人人抓安全、人人讲安全、人人管安全"的局面，让安全成为社会自觉行为，从而真正降低安全风险，提升安全保障。要强化主体自觉，强化安全主体责任，落实安全生产要求，强化安全生产红线意识，规范市场安全机制，进一步提升本质安全，一定要解决安全中常常存在的认识不清楚、考虑不周全、管理不到位的现象。努力建设一个和谐的交通运输运行环境，规范交通参与各方的交通行为，提升交通文明，尊重和保障生存权和出行权。

---

① 习近平：《决胜全面建成小康社会　夺取新时代中国特色社会主义伟大胜利——在中国共产党第十九次全国代表大会上的报告》，人民出版社2017年版，第44页。

三、交通强国需以创新发展为动力

创新是引领发展的第一动力。理念创新是引领交通运输发展的核心路径。创新发展理念，是交通运输业规划发展、推动发展、引领发展的重要理论依据，是形成安全、便捷、高效、绿色、经济的综合交通体系的理论武装，必须坚定不移地贯彻执行。管理创新是推动交通运输发展的重要抓手。以敬民之心，行简政之道。将简政放权、放管结合、优化服务作为推动交通发展的"先手棋"和转变政府职能的"当头炮"。通过不断自我革新，切实减轻企业负担，改善营商环境，便利群众办事。结合新时代的信息化技术，对交通运行和管理控制进行全方位的优化整合，努力做到智能决策的支持和监管，要对交通基础设施和运载工具进行数字化、网络化及运营运行智能化，形成智慧交通。在国际标准和规则的制定中要具有一定的话语权，让世界可以了解到交通治理的"中国方案"。科技创新是开拓交通运输发展的内生动力，全面提升科学技术水平，补齐发展短板，打造国际一流的交通基础设施建设和交通运输装备制造水平，推广"互联网+"、AI 智能驾驶、新能源设备交通装备等新趋势的应用，实现智慧交通的目标。结合科技为消费者提供更加安全舒适、经济便捷、绿色智慧的出行服务，通过技术更迭和管理优化，不断提高交通运输服务产品的效率和品质，降低运输成本，满足自身需要的同时也要向世界输出更具竞争力的交通运输产品和服务，推动交通运输"走出去"。

四、交通强国需以协同合作为手段

"协，众之同和也；同，合会也。"交通运输要聚合交通资源，平衡各种运输方式，大力推进综合运输深度融合，加快运输一体化进程。在交通强国的战略中，货运更是重要抓手。目前我国的物流网络中，中东部已经建设得较为完善，下一步就是要推动物流运输网络向农村下沉、向中西部延伸、向国际拓展。着眼于实现综合交通"一张网"，以综合运输大通道为主干道，综合枢纽为关键连接点，着力打造高品质、高效率的交通基础服务网络，加快形成高质量的综合交通网络格局。依托"一带一路"政策，努力推动互联互通的交通基础设施建设，加强国际合作。加快形成综合交通体系，不仅要聚形，更要聚力、聚神。要协同区域发展，打破"一亩三分地"的意识，以实现区域协同为目的，实现区域城际互联互通，突破发展壁垒，做到互通有无、有效互动，推动要素和结构的"新组合"，形成区域发展新格局。要整合内外力量，跳出"交通"看"交通"，加大与省部单位、社会资源、国际力量的交流与合作，始终站在建设社会主义现代化强国的高度，强化大局观，摒弃保护主义，干大事、成大业。

五、交通强国需以文化软实力为智慧

交通运输不仅要在硬实力方面位居世界前列，也应形成独特的交通文化，拥有与硬实力相匹配的软实力，创造核心价值。人民有信仰，民族有希望，国家有力量，有什么样的核心价值观，就有什么样的国家、行业和职工。交通强国必须拥有一支具有坚定的信仰、优良的品德、严明的纪律的交通队伍，不断弘扬社会主义核心价值观，打造具有现代意识和行业特色的文化产品。围绕安全、服务、便民、创新、廉政等时代主题，结合交通实际，培育整合各类人才力量，运用社会资源，尊重基层首创精神，凝聚交通智慧和文化积淀，打造形式多样、内涵丰富、品质精良的正能量作品。加大文化输出，提升交通文化自信，将体现时代性的优秀交通文化理念、成果和作品进行推广和宣传，通过文化输出，讲好中国故事，展现交通形象，提升交通影响。

六、交通强国需以共享理念为旗帜

共享交通已被评为中国"新四大发明"之一，是中华民族智慧的结晶。坚持共享理念，不断推进智慧交通建设。加强智慧交通的顶层设计，打破省际交通发展信息孤岛，集成交通基础信息数据，发挥信息融合的综合效应，促进交通资源共享。立足服务民生，加快推进"服务共享"建设。共享经济是市场与政府两只手之外崛起的第三只手，是交通运输服务供给侧结构性改革的助推器。要让交通更便利，必须着力打造"一站式""最多跑一次"等政务服务平台，提升信息共享联程服务。关注百姓需求，继续推进绿色低碳交通建设，着力推动绿色交通优先发展，提高绿色交通分担率。积极探索优化"互联网＋"交通新兴业态管理模式，持续巩固共享经济发展成果，打通城市有机体的阻滞淤堵，让百姓出行便捷高效，让交通血脉畅通流转。

七、交通强国需以良好素质为支撑

打铁还需自身硬。交通强国的建设，需要以优秀的组织、机制、人才资源为支撑。建立完善高效的交通机构，要以人民为中心，以转职能、优服务为立足点，对外从政府、市场、社会三个维度破除体制机制障碍，深化简政放权，创新监管方式；对内加强机构、制度、人员等方面的优化升级，形成组织管理、工作运行、政策制度、法规标准体系，切实增强公信力和执行力，建设人民满意的服务型政府。构建高效的管理机制，就是建设科学、成熟、有效的基础设施网络体系、智能化运营管理体系、多元化服务体系，提升交通管理的质量和效率，全面建成更安全、更便捷、更高效、更绿色、更智慧、更经济、更可持续、更具竞争力的现代化的综合交通运输体系，进一步提升各种运输方式之间的比较优势和组合效率。培育高质量的交通人才，交通人强，则交通强。要以政治建设为首要目标，打造一支绝对忠诚、干事担当、干净自律、充满活力的交通铁军；紧紧把握人才，积极培养造就一大批具有国际水平的高科技交通人才和高水平创新团队，把高素质、优品质的人才集聚到交通强国的伟大斗争中来，为建设交通强国提供有力的技术支撑和人才保障。

八、交通强国需以优秀品牌为名片

交通强国，要打造属于自己的交通品牌，在世界上提出中国方案，发出中国声音。当前，高速列车、C919 大型客机、振华港机、新能源汽车等具有自主知识产权的高科技交通运输装备正在慢慢成为"中国制造"的代名词。进入新时代，要进一步强化品牌意识，专注实体、专注创新、保持初心、弘扬匠心，自主研发一批高科技、高水准、高效能的优秀交通产品，不断丰富和锤炼出更多、更优秀、更响亮的国际化品牌；要进一步融入全球发展，紧紧跟随新时代的发展趋势，积极主动参与全球交通治理中的重大问题讨论并且提出中国经验和建议，搭建对话与合作平台，提升话语权，扩大市场面；要进一步提升大国担当形象，扬起交通和平大旗，积极回应发展过程中外界关切的重大问题，维护和提升国际市场中对中国交通发展的形象，通过交通基础设施的建设和推广，积极为世界各国提供更多发展机遇，在区域合作中肩负起大国的责任和担当。

从交通大国向交通强国的历史性跨越，不是简简单单的一步两步，也不是一段路程，而是新时代的长征路，我们要做好吃苦的准备，要有必胜的信念，并且要矢志不渝，跟着党的号角努力前进，争取早日把我国建成交通强国，努力为实现中华民族伟大复兴的"中国梦"作出新的贡献。

第十章 "中国梦"进程中交通强国的国内战略

改革开放四十年,中国交通运输实现了划时代的飞跃,中国速度犹如插上了鹰的翅膀,从一个交通落后的国家成为世界交通大国。交通发展实现由"总体缓解"向"基本适应"的重大跃升,不仅改善了人民群众的出行条件,而且带动了沿线经济增长和相关产业结构优化升级,推动了区域、城乡协调发展和生态文明建设。习近平总书记在党的十九大报告中指出:"当前,国内外形势正在发生深刻复杂变化,我国发展仍处于重要战略机遇期,前景十分光明,挑战也十分严峻。"[①] 这是全面建成小康社会的基础,也是实现新时代中国交通强国战略的重要保障。要实现中华民族伟大复兴的"中国梦",就要以时空布局为框架,以综合交通为前提,以智慧交通为目标,以绿色交通为理念,以平安交通为保障全面落实交通强国战略。

第一节 时空布局战略

本节主要阐述交通强国进程中的时空布局战略,分别从跨越式发展战

[①] 习近平:《决胜全面建成小康社会 夺取新时代中国特色社会主义伟大胜利——在中国共产党第十九次全国代表大会上的报告》,人民出版社2017年版,第2页。

略、空间布局战略与对外开放战略三个角度进行考虑。首先，交通跨越式发展是在遵循交通发展规律的前提下，用尽可能短的时间实现交通发展的目标。这是一定历史条件下，交通发展落后国家和地区对交通先行者走过的交通发展阶段的超常规赶超战略。其次，空间布局战略是依据交通运输的功能体系、空间结构、空间形态、区域协同状况对区域实行的有差异、有层次的发展规划。最后，基于"一带一路"倡议提出交通运输发展的对外开放战略。

一、推进跨越式发展

交通跨越式发展是在遵循交通发展规律的前提下，用尽可能短的时间实现交通发展的目标。这是在一定历史条件下，交通发展落后国家和地区对交通先行者走过的交通发展阶段的超常规赶超战略。交通"超常规"发展不是单纯地通过加快交通发展速度即可实现，而是基于科学分析交通发展的规律和趋势，深刻反思过去所走过的道路，明确地认识了现实发展状况之后形成的。交通跨越式发展战略要求突破传统交通发展中单纯追求"速度型"的增长模式，它是一种速度与效率并重，当前发展与长远发展兼顾的交通发展模式。

中国交通发展已紧紧抓住扩大内需的机遇，实现了跨越式发展。公路、铁路、水路、航空交通已进入发展速度最快的历史时期。到 2016 年，我国公路总里程达到 469.63 万公里、铁路里程达到 12.4 万公里，其中高速公路里程突破 13 万公里、高铁超过 2.2 万公里，均稳居世界第一；万吨级及以上泊位的港口达到 2317 个，内河航道总里程 12.71 万公里。至 2017 年 7 月，我国民航通用机场 310 个，运输机场数量达到 225 个。过去路网、轨道、航线、港口平行或交错的点、线"断点"，现在已被打通，"空缺"被补齐，实现了横贯相通。交通发展已实现了由"总体缓解"向"基本适应"的重大跃升,为向交通运输强国迈进奠定了坚实基础。但是由于我国交通发展起点低,基础薄弱,历史欠账多,交通在上承全面建设小康社会、下启基本实现现代化的发展进程中,还需在发展总量和内涵方面提升到更高水平。为了适应新时代经济和社会发展对交通运输的需求,我们需要立足现状,着眼于新时代社会主要矛盾转化和"中国梦"战略的需求,积极推动中国交通跨越式发展,具体需要:

1. 紧紧抓住新时代交通发展的战略机遇期。习近平总书记在党的十九大报告中指出:"当前,国内外形势正在发生深刻复杂变化,我国发展仍处于重要战略机遇期,前景十分光明。"① 我国发展仍处于重要战略机遇期,这是全面建成小康社会的基础,也是实现新时代中国交通跨越式发展战略的重要保障。中国交通发展需要抓住新时代交通发展的战略机遇,集中力量积极推进交通跨越式发展。

2. 明确新时代交通跨越式发展的基本思路。交通跨越式发展的基本思路即以发展为主题,在发展中不断提高交通运输的能力和服务水平;以提高效率为核心,不断提升交通发展资金、科研教育、信息保障、政府管理、基础设施、运载装备等资源的整合和优化水平;以培养具有持续创新能力的交通人才队伍为基础,以交通科技进步和新技术的推广应用为支撑,以提高和改进交通运输管理水平为手段,实现交通发展的质量型、效益型、功能型和可持续的跨越式发展。

3. 推动交通发展在数量、质量、技术、管理上的同步跨越。新时代推动交通跨越式发展,需要强调交通发展的整体性、功能性和协调性。新时代交通基础设施不仅要在总体规模的数量上满足国家和社会要求,还要在服务水平和质量上与之相适应。综合交通发展的规律与新时代中国交通发

---

① 习近平:《决胜全面建成小康社会 夺取新时代中国特色社会主义伟大胜利——在中国共产党第十九次全国代表大会上的报告》,人民出版社 2017 年版,第 2 页。

展的要求，中国交通发展应处理好发展的速度、质量、结构、效益和可持续性之间的关系，坚持走质量型、效益型、功能型和可持续性的交通发展道路，推动交通发展在数量、质量、技术、管理上的同步跨越。

4.把欠发达地区和农村的交通发展放在更加突出的位置。新时代我国社会主要矛盾转化为人民日益增长的美好生活需要和不平衡不充分的发展之间的矛盾。这一矛盾体现在交通领域中就是交通发展不平衡不充分，为了解决这一矛盾，交通发展要把欠发达地区和农村交通发展摆在更加突出的位置，集中力量，加快县乡公路、农村公路和欠发达地区交通基础设施的建设。

5.把改革创新作为实现交通跨越式发展的有效途径。首先要积极推进交通管理体制改革，不断改进和完善交通管理内容、方法和手段，建立规范有序的交通发展市场体系，树立交通发展的新理念，探索市场经济条件下提升交通管理水平的有效途径；其次是要提高科技教育、信息网络、建设资金、基础设施、车船装备、政府管理等资源的整合和优化水平。

新时代社会主要矛盾的变化，要求交通发展在过去取得辉煌成就的基础上，承前启后，再接再厉，推动交通跨越式发展，用尽可能短的时间建成现代化的交通运输体系。

二、稳定东部和加快西部

空间布局战略是依据交通运输的功能体系、空间结构、空间形态、区域协同状况对区域实行的有差异、有层次的发展规划。我国东、西部地区自然生态、经济布局存在较大差异，要求我国东、西部交通坚持差异化布局，这也促进了对不同交通结构的需要："胡焕庸线"以东地区，交通需求量大，水运条件好，应发挥铁路、公路、水运和航空的综合优势；"胡焕庸线"以西地区，GDP 和人口的占比都不到 10%，却是国际通道、能源运输干线、主要城市连接线，需要建设铁路①。在此背景下，东、西部需采取不同的战略部署，缩小区域交通发展差异，共同为交通强国建设贡献自身力量。

（一）稳定东部：夯实交通强国的重要基础

东部地区包括河北省、北京市、天津市、山东省、江苏省、上海市、浙江省、福建省、广东省、海南省、台湾地区、香港特别行政区、澳门特别行政区，是中国社会经济最发达的区域。其中珠三角经济圈、长三角经济圈、京津冀、环渤海经济圈最为突出。东部地区在全国经济发展中承担双重任务：一是追赶发达国家的先进技术，促进全国产业结构升级，提升国家经济竞争力，维持全国经济持续快速增长；二是在资金、技术、管理和人才等方面，为西部和全国区域经济协调发展提供不断的支持作用。

东部地区是中国经济发展的桥头堡，在中国区域经济发展中处于领先地位。基于此，东部地区交通也比较发达，东部地区海岸线长达 1.63 万公里，港口众多，拥有众多航运中心、物流中心。随着国民经济的发展，东部地区交通运输的供给水平仍不能满足人民日益增长的出行需求，众多运输发展问题还亟待解决，如管理部门与运输企业的不相适应、运输供给与需求的不平衡、基础设施建设相对落后等。为了适应新时代经济社会发展的需要，东部地区交通运输发展的战略目标是：建成以铁路为骨干，港口为门户，公路、水路、管道、民航协调发展，技术装备先进，路网布局合理的综合运输网，满足东部地区发展经济以及交通强国建设的要求。具体如下：

① 参见傅志寰：《走中国特色交通强国之路》，《中国公路》2018 年第 13 期。

1.在铁路发展方面。采用新技术对现有设施进行技术改造,同时建设高技术铁路新线路。一方面要抓好原有干线与枢纽站点的技术改造,另一方面要加大新线建设力度。首先,继续加强南北通向铁路建设。东部地区铁路承担着南北客货运集散的功能,京沪、京广、焦枝三线是我国南北方向的三条大动脉,目前三条干线交通运输能力仍比较紧张。为适应客货运量不断增长的需要,国家应加快对东部铁路干线进行技术改造,提高铁路干线的现代化程度。其次,加强沿海港口后方铁路的建设。东部沿海地区是我国发展外向型经济的门户及突破口,随着进出口贸易额的增加,沿海港口后方铁路的运输需求也逐步增大,加强沿海港口后方铁路建设也就势在必行。

2.在公路发展方面。持续发挥公路运输在综合运输体系建设中的基础性作用,且在东部地区公路建设中实行修养并重的方针。首先,随着沿海外向型经济的发展,公路短途客货运输、特殊商品的中途运输量增长,为适应这一需求,东部地区应继续新建、改建公路,重点建设集疏港站公路、经济特区公路、公铁分流公路和大中城市出入公路。其次,提高公路养护先进技术研发水平与养护管理水平,从根本上改善东部地区公路运输的运营能力与服务水平。

3.在水运发展方面。要逐步改善和提高航道标准,贯通江河湖海交通,联结内河交通。从水运发展的重点来看,主要是提高沿海及长江经济带的水运能力。首先,要集中精力和财力规划建设深水大港和大型集装箱码头[1],并围绕这一建设变化趋势,完善交通运输基础设施建设。其次,要加快船舶的科技创新和管理模式创新,逐步提高船舶建造的技术性能,加快新型船舶的开发,提高专业化船舶的比重,继续在内河推广分节驳船顶板船队。最后,要合理发展内河航道,以满足运量增长的需要,最终在

---

[1] 参见李振福:《交通强国战略背景下的海运新机遇》,《中国船检》2017年第11期。

东部地区形成布局完善的内河水运网络。

4.在民航发展方面着重发展旅客运输。民航客运是旅客运输发展的中坚力量，在东部地区经济发展较快的城市之间，其已成为主要的运输工具之一。但目前我国航空工业的发展与东部地区经济高速发展的需要之间还存在一定的矛盾：强烈的发展需求与基础设施建设相对滞后的矛盾；增强行业运行系统性的要求与基础设施建设协调性不够的矛盾；民航服务质量提升的要求与基础设施建设在规划设计等方面前瞻性和创新能力不足的矛盾；这些矛盾使得进口国外飞机所用的资金占用了民航总投资的绝大部分比重，为了积极支持东部地区率先发展，发挥对全国的重要引领和支撑作用，要大力促进东部地区民航稳定发展。

为了能更好地适应新时代社会主要矛盾的变化，东部地区应在现有基础上，将高质量发展作为交通发展的根本要求，以交通强国示范区建设为奋斗目标，通过提升交通运输通畅能力、创新能力、服务能力、治理能力、平安保障能力和绿色发展能力，全力开创交通强国建设的新局面。

（二）加快西部：绘制交通强国的可靠愿景

西部地区在我国区域协调发展的总体战略中占据特殊地位。西部地区是我国煤炭、石油、天然气、稀土等众多矿产资源的富集区。新中国成立特别是国家实施西部大开发战略以来，西部地区的交通发生了翻天覆地的变化，为促进国民经济发展、改善人民群众生活条件、扩大对外开放、加强民族团结、巩固国防安全发挥了重要作用；但当前西部地区交通建设不足，具体体现在：交通设施总量不足，密度过低，与东部地区相比差距明显；交通需求缺口过大，一些地区交通设施缺乏，严重阻碍了这些地区的贫困人口脱贫致富；交通设施总体质量过低，技术标准不高；交通设施病害严重，抗灾能力薄弱；交通结构性矛盾突出，综合运输通道与大型枢纽建设滞后，通往东部地区的综合运输通道数量过少，能力不足；交通区域结构不合理，经济社会欠发达地区、特别是贫困落后地区与国家边防地带交通过于薄弱。

新时代西部地区交通发展意义重大。一是加快西部交通建设是全面建设小康社会的坚实基础。二是加快西部交通建设是应对危机，实现经济平稳快速增长的重要途径。三是加快西部交通建设是加强民族团结、保持社会稳定和边疆安全的战略举措。新时代西部地区交通发展要缩短与东中部地区的差距，使交通建设规模、结构、布局和质量逐步适应西部地区经济社会发展和"一带一路"的需要，并应把握好以下重点：

1. 加快推进高速公路建设。西部地区要重点建设"八纵八横"骨架公路、重点经济区干线公路、国际运输通道、老少边穷及连片特殊困难地区公路。围绕推进"五横四纵四出境"的综合运输通道建设，加快构建西部地区干线公路网络，打通西部地区与中东部地区以及与周边国家的高速公路出口，形成连接中东部、面向中亚和东盟等国家的骨架公路网。

2. 推进地方干线公路和农村公路建设。城乡二元结构突出是西部地区的特点，改善农村交通发展状况，统筹城乡交通发展是西部地区交通发展的必然选择。因此需要建立健全连接各中心城镇、特色产业区及特色风景区的公路体系，不断激发区域经济活力；要将农村公路建设作为西部地区提升交通运输工作的重中之重，加强剩余乡镇、建制村通硬化路，加强客车农村公路不达标路段建设改造，提高对农村居民的基本服务水平；要全面提升农村客运管理水平与运营水平，合理规划连接城乡各站点的线路，使城乡客运在高效运营的基础上有效带动农村交通发展，缩小城乡发展差距。

3. 充分发挥内河水运优势，构建通江达海的水路运输体系。西部地区山岭纵横，生态环境脆弱，铁路、公路建设难度大、投资高，相比而言开发内河航运可以在提高运输供给的基础上减少投资成本。发展西部地区内河水运，要重点加强长江、西江干线航运基础设施建设，加快与干线相连的嘉陵江、乌江、汉江等航道整治，结合水利、水利枢纽建设，提高航道通行能力；要着力推进重庆港、宜宾港、南宁港、贵港港、梧州港等内河主枢纽港口，以及水富港、泸州港、涪陵港、万州港、南充港等重点港口建设，扩大吞吐能力，拓展港口功能；要大力发展标准化、专业化船舶，提升运输装备技术水平，完善内河水运支持保障系统。

4. 推进干线铁路建设和民航业发展，提高线网覆盖率和聚集辐射能力。首先，要继续实施铁路快速客运网络和西煤东运新通道的建设，不断扩展西部铁路路网。提升青藏线、襄渝线、贵昆线、成昆线等现代化水平，加快建设并提高兰州—重庆、贵阳—广州等干线铁路运输能力。其次，要大力发展航空运输业，合理规划布局各类机场，按照"扩充大型、完善中型、增加小型"的原则，改造扩建成都、西安、乌鲁木齐、重庆、银川等机场，开辟新航线、拓宽服务范围，构筑规模适当、结构合理、功能完善的航空运输体系。

5. 加快现代物流体系建设，全面提高交通运输质量。由于其历史遗留的经济发展劣势，西部地区要缩小区域发展差异，加快现代物流体系建设，降低物流成本是关键。因此，西部要紧紧围绕国家《物流业调整和振兴规划》和东西部产业转移的战略，在充分利用已建港口和站点的基础上，合理规划与开发具有区位发展优势的集港口、产业园区、物流园区等。同时，加快以港口和枢纽站为中心的综合物流园区建设，体现交通运输在物流与供应链发展领域的支撑及服务功能，最终形成连接紧密、运行高效的大物流通道，促进要素流动与资源的优化配置。

新时代社会的主要矛盾变化是西部的交通发展机遇，中央在解决社会主要矛盾过程中，将重点解决部分地区发展不充分等问题，西部地区作为全国脱贫攻坚的主战场，将会获得更多支持。"一带一路"国际合作也是西部交通的发展机遇，党中央深入实施"一带一路"建设，为西部地区交通大发展提供了重要渠道。西部地区应把握大势、顺势而为，努力绘制和实现西部交通发展的美好愿景。

三、"一带一路"对外开放

在经济全球化与区位联动发展的浪潮下，着力构建交通运输开放合作体系，开放合作为交通强国建设开拓新空间。要扩大开放、深化合作，打造互联互通、互利共赢的开放合作体系，努力为全球交通治理提供中国智慧和中国方案。随着"一带一路"建设的逐步推进，建成遍及城乡、通达全国、联通世界的全球运输供应链，打造若干个与贸易强国、制造强国相适应的世界级交通枢纽和物流中心，是我们期望的美好蓝图。因此，大力促进交通运输全产业链、全方位、组团式"走出去"，打造一批具有全球竞争力的世界一流交通运输企业[1]，势在必行。

2015 年 3 月，"一带一路"倡议的正式发布，将全国的 18 个省市列入规划之中。"一带一路"倡议的提出为交通运输的建设提供了新的发展机遇的同时也提出了新的发展需求，"一带一路"建设背景下交通运输体系建设的内容涵盖国内建设、国际建设和文化建设三大层面[2]。基于国内战略的视角，若想发挥好国内建设的作用，就要将建设的重点放在拉骨架、强密度、促衔接的"点面结合"上：要打通各城市与区域中心间的干线通道建设；提高城市群内部运输通道建设的密度；提高各运输方式在枢纽节点上的衔接效率与水平。新时代建设"一带一路"的根本目标是建设交通强国。为实现这一目标，要全面推进交通运输技术创新与管理转型。

---

① 杨传堂、李小鹏：《奋力开启建设交通强国的新征程》，《求是》2018 年第 4 期。

② 杨琦：《构建"一带一路"现代交通运输体系》，《光明日报》2018 年 4 月 19 日。

1.加速从地理优势向区位优势的发展转型。改革开放以来，东部地区的交通建设有了显著的成果，经济发展成效也有目共睹。而西部地区由于内陆型经济发展劣势，其交通建设的步伐也相对缓慢，经济建设的投资力度与交通发展的"马太效应"使得东西部地区发展差异越来越大，而"一带一路"倡议的提出，给西部地区特别是西北地区的发展带来了新的发展机遇。"一带一路"倡议中明确指出：发挥陕西、甘肃综合经济文化和宁夏、青海民族人文优势，打造西安内陆型改革开放新高地，加快兰州、西宁开发开放，推进宁夏内陆开放型经济试验区建设。可以说，"一带一路"倡议的提出为地处内陆的区域及重要城市发展开放型经济带来了发展的机遇。

2.要加速从体系战略向网络战略的目标转型。"一带一路"建设背景下，运输资源的有效配置对经济发展具有正向拉动作用：一方面，要合理配置交通运输基础设施，实现交通与经济的高协同、高效率发展；另一方面，要大力建设高水平综合交通运输枢纽，构建海陆空有效衔接的运输网络，构建面向"一带一路"经济空间的现代交通运输网络。

3.要加速从建设战略向服务战略的任务转型。一直以来，我国交通运输呈现"重建设、轻养护；重规划、轻服务"的特点。近年来，随着运输服务改革的推进，交通运输服务战略被提到前所未有的高度。为适应"一带一路"的发展需要，交通运输要按照"设施服务品牌"的顺序，以运营服务、技术服务等增值服务为重点，推动交通运输从设施建设向软服务并重建设转型，推动形成普惠均等、安全绿色、综合高效、智慧便捷的综合交通运输服务体系。

4.要加速从一元主导向多元复合的功能转型。交通运输不仅仅是国民经济发展的基础型产业，同时也是社会建设、文化传播的重要载体。特别是在"一带一路"背景下，交通运输的建设不应仅仅满足自身的发展需求，更应以面向世界的国家多元化体系为主导，推动交通运输业与其他行业的多元融合，交通运输产业与经济的协同发展等，使其成为兼具社会功能、文化功能的跨国合作载体。

总之，建设交通强国，打造"一带一路"下的综合交通运输体系，需要抓住区位发展优势，推进技术研发与创新，全面提升交通运输国际竞争力，努力为全球交通治理提供中国智慧和中国方案，使中国成为世界交通运输行业的引领者。

第二节　综合交通战略

综合交通运输体系是由铁路、公路、航运、水运、管道等交通运输方式发挥各自优势，形成布局合理、结构协调、联结贯通、竞争合作的综合体系。党的十八大以来，我国提出并践行一系列新思想和新战略，也对综合交通运输发展提出了更高要求。本节从交通基础设施、管理机制与体制、交通运输信息化、综合交通服务模式四个方面分析，为综合交通的可持续发展提供可行性意见，全面助力交通强国战略。

一、交通基础设施

交通基础设施包括公路、铁路、桥梁、隧道、机场、港口和运输管道等，它们为社会产品的运输和居民的出行提供交通服务。交通基础设施与交通工具、交通管理制度和交通从业人员构成了一个完整的社会交通体系，共同为社会经济发展服务。建设交通强国，必须紧紧围绕建设现代化经济体系的要求，优化并完善以综合运输大通道为骨架，综合交通枢纽为关节，高品质的快速交通网和高效率的普通干线网、广覆盖的基础服务网为主体的更高质量互联互通的综合交通基础设施系统。

（一）交通基础设施建设投资

扩大相关项目建设投资以完善交通基础设施建设。首先，突出政府在整个投资中的基础和引导作用，政府要明确其在公共性较强的交通运输项目上的资金投入，灵活地安排准公共性的交通运输项目的产权问题，减少产权纠纷、进行制度创新，引导各类资金与人才有层次、有比例地进入交通运输领域，在以投资效益最大化为目标发展的同时，避免过度竞争，消除不正当竞争。其次，应当实现投资多元化。投资的多元化包括投资主体、投资渠道与投资方式的多元化，这也是未来交通运输投融资体制改革的方向。打造多渠道筹措建设资金平台，建立多层次、多元化的基础设施投融资体系，解决综合交通基础设施建设融资需求。积极引入民间资本投资，大力推进投融资体制改革，打破对民间资本投资基础设施的限制，畅通民间投资渠道。同时，完善价格形成机制。在综合考虑市场资源合理配置和保证社会公共利益的前提下，综合交通运输价格应当与物价水平、城乡居民收入水平以及运营成本相适应，合理地制定基础设施产品价格，为项目融资和顺利实施创造良好环境。最后，优化投资环境，提高投资水平。根据我国现阶段各地区发展特点，制定交通运输的区域性差别发展战略。对落后地区和农村公路建设给予适当倾斜。通过层次化投资发展手段，打造与经济发展、社会发展、人口分布、环境保护、资源节约相协调的综合交通运输系统。

（二）交通基础设施建设管理

综合交通基础设施不仅可以促进社会经济发展，还有利于改善民生。高质量交通基础设施的建设是社会经济可持续发展的基础支撑，要以更高站位、更宽视野来谋划推进。因此，在进行综合交通基础设施建设过程中，应当顺应新时代的要求，严格审查项目建设程序，加强建设管理的监督，深化合作，确保交通基础设施建设稳定高质量推进。具体措施如下：第一，制定权威性与可操作性均较强的交通基础设施建设实施规划。制定年度计划、建立项目库，使各项项目按时推进，达到按规划决策、审批以及实施项目的目标，同时依据项目的实际建设情况对规划进行动态调整，并及时完成对项目库的优化工作。第二，高度重视项目前期咨询工作。充分发挥社会专业咨询机构的作用，完善不同形式、不同层次的专家论证机制，广泛征求社会意见，充分考虑基础设施项目的经济性、合理性和预期达到的社会效益、生态效益等，为项目科学决策提供依据。第三，完善项目建设监管体系。采取项目法人责任制等相关工程管理办法，规范建设过程，遵循项目建设程序，建立起审计、监察、重大项目稽查等各环节之间既相对独立又相互联系、既相互依赖又相互制约的关系；加强建设资金的管理，最大限度地提高其使用效益。与此同时，建设更加有效的行业诚信体系，严格把关基础设施建设项目的质量安全和文明施工，健全质量安全保障体系。在加强政府监督管理职能的同时，鼓励公众积极参与建设监督，发扬主人翁精神，举报"豆腐渣工程"，共同促进综合交通发展。

二、管理机制与体制

综合交通管理体制是建设综合交通体系的重要制度保障。党的十八届三中全会对综合交通运输领域体制机制改革作出了顶层设计，为交通运输领域改革指明了方向。加快构建综合交通运输管理体制，提高综合交通运营组织管理水平，这是交通领域改革的重大发展目标。

（一）交通资源整合

整合区域交通资源，打造具有潜能的综合交通枢纽，建立可靠的对外集散网络。具体做法为：一是以满足综合交通运输需求为基本出发点，比较铁路、公路、水运、航空等运输方式的各自优势，科学统筹运输距离、结构、密度、走向和线位选择等因素，强化资源的综合利用；在满足横向平行线分流要求的同时，也要形成纵向组合供给，充分发挥组合优势。二是统筹规划综合交通枢纽的功能布局、等级、规模，提供一体化乘客换乘服务以及实现一站式货物流通的功能；在规划建设交通枢纽时，应加强它与现存的城市内部运输通道网络及城市对外交通网络的衔接。三是以综合交通运输规划为统领，加强各种运输方式专项规划的协调衔接与国民经济和社会发展总体规划、环境保护和土地利用等规划的协同实施，形成综合交通"统一规划、统一设计、同步建设、协同管理"的发展模式 ①。

（二）综合交通管理机构

健全行政管理和执法体系、建立统一的组织管理机构，既有利于协调理顺政府相关部门关系，整合各部门政策，还便于政令及时传达和准确执行，统筹使用公共资源，优化完善综合交通运营系统，提高综合交通管理质量和运营效率。但目前我国大部分地区还没有形成统一的综合交通管理模式，缺乏相对完善的综合交通组织运营管理机制，相关管理机构和运营机构间也存在部门分割、分工不明、政令冲突等问题，使得管理体制上的弊端逐渐成为制约综合交通现代化发展的阻碍因素。因此，亟须建立综合交通的统一管理机构。

首先，国家应当出台综合交通运输体系改革指导意见，对央地职责划分、各种运输方式的规划、建设以及协调管理等问题提出指导意见；并根据各地区综合交通运输体系建设的形势需要，以交通运输规划为发展引领，科学统筹制定保障综合交通运输体制、机制顺畅运行的相关政策。其

---

① 参见孙启鹏、王庆云：《我国综合交通结构问题的战略思考》，《综合运输》2010 年第 2 期。

次，调整各地区交通运输厅及专业管理局的功能结构及组织布局，明确相关部门在重大交通建设项目上的不同职责，并进行决策和执行机构的科学有效划分；优化职能结构，避免决策层和执行层之间机构雷同、职责同构；创建中央垂直管理部门之间的衔接协调机制，协调解决中央和地方在交通发展协调方面的重大问题①。

三、交通运输信息化

随着大数据的蓬勃发展，"互联网+"模式成为潮流，交通运输信息化建设也越来越重要。综合交通是多种运输方式的有机结合体，每种交通方式的相互配合都需要大量的信息来提供支撑。打造好综合交通信息化平台，不仅使综合交通的管理更加科学和便捷，也让出行者更方便地获取各种交通信息，合理安排出行。总的来说，交通运输信息化可以把综合交通的优势最大限度地凸显出来。

（一）交通信息共享

我国交通信息共享程度还处于较低的水平，其存在的问题主要是政府没有制定相关的制度，政府、企业和个人的合作不紧密、信息不对称。而在打造综合交通运输系统的背景下，交通信息共享是最重要的体现之一。所以，提高交通信息共享水平是至关重要的。

要提高信息共享水平，首先要打破政企之间和企业与企业之间的壁垒。政府作为合作领导者，不仅要发挥领导作用，更要监管整个流程，实现不同主体之间信息的对称性，保障项目的顺利开展。其次，计算机水平的飞

---

① 参见李超：《关于陕西省构建综合交通运输管理体制的探讨》，《知识经济》2018年第12期。

速发展以及大数据时代的到来，使传统的运营思维及手段无法实现的高水平信息共享和数据融合成为了可能。这些丰富的交通资源不仅可以为出行者提供多方位、高质量的出行服务，改善交通拥堵，提高交通效率与安全，还能够为各级交通管理部门提供决策和管理所需的数据支持，提高其工作效率和服务水平，为进一步推进交通信息化建设奠定了良好的基础。同时，为了体现"以人为本"的思想，需要将公众出行信息服务建设进一步与社会资源整合，打破条块分割，构建大交通格局。在公众出行服务上以人、企业和政府信息资源三者统一建设为重点，将出行信息服务的功能模块交给互联网企业来设计，将系统需要的软硬件支撑环境交由互联网云平台来支撑，以上两个特征造就的结果是：功能时刻紧跟社会发展趋势，性能时刻根据系统使用情况弹性调整，长期保障出行信息服务的易用性与流畅性[1]。

（二）信息化便民服务

公众需要在不同的场合利用多种手段获得出行信息，如旅游、运输、公务等，在综合交通运输系统下，如果可以实现多种交通信息共享，那么就能够为公众提供更方便、更快捷、更全面的出行信息，交通信息的发布既要及时，又要准确，同时要为出行者提供多种获取通道。交通运行监测与应急调度中心以交通综合运行监测平台为载体，以服务行业管理、服务公众出行和服务安全应急为宗旨，承担起交通运行监测、出行信息服务和应急处置保障等职责，通过交通出行服务网、交通服务热线、"掌上交通"手机客户端和交通广播等多种方式提供实时路况视频、实时天气、服务区位置、养护封道等公众出行信息服务。除了以上的政府官方获取通道外，政府还可以和相关企业运营的交通信息 APP 合作，拓展出行者的交通信

---

① 参见庞小培：《基于政企合作模式的吉林省综合交通出行信息共享应用科技示范工程研究》，《公路交通科技（应用技术版）》2017 年第 1 期。

息获取渠道。

四、综合交通服务模式

随着经济的发展,人民的消费水平逐渐升高,对交通运输的服务要求从"量"转变为了"质"。要打造综合交通,创新交通服务模式是至关重要的一环。以满足出行者要求为目标,不断拓展交通运输服务模式,逐渐扩大综合交通的优势。

(一)交通服务模式多样化

我国交通运输基本上解决了"量"的问题,下一步的目标,就是解决"质"的问题。在综合交通体系下,各种交通方式高度结合,为出行者提供了多种新型的运输服务:

1.线上平台一体化售票服务模式:旅客可以在一个平台上进行多种交通出行方式的售票服务,包括购票、改签、退票等。

2.民航机场空铁联运服务模式:在长途运输中,航空运输具有速度快的显著优势,而在中途运输中铁路运输的优势更为明显,不仅运量大,而且服务的范围非常广。因此,将两者优势结合,并充分发挥彼此作用,对整个运输系统和社会效益都有重大提升。[1]

3.综合客运枢纽公、铁联运服务模式:综合客运交通枢纽的建设是发挥多种交通方式综合效益、方便乘客出行的必然要求,也是发挥枢纽站的特殊位置作用、发展城市经济的必然趋势。

4.交通一卡通服务模式:在不断建设综合交通运输系统的努力下,不

---

① 参见杨年:《国内空铁联合运输网络规划方法研究》,南京航空航天大学 2012 年学位论文。

同运输方式的合作越来越紧密，各种联程运输方式和综合客运枢纽也不断涌现，为乘客换乘提供了巨大的便利，也减少了乘客换乘时间。而交通一卡通的出现，可以使乘客省去换乘购票的时间，进一步缩短乘客的换乘时间，而且交通一卡通享有优惠政策，同时也减少了乘客的换乘费用。此外，交通一卡通更重要的发展前景就是全国互联互通，目前已有190个地级以上城市实现了互联互通，旅客在城市间的出行将会越来越方便。

5. 以旅客需求为导向制定出行服务模式：借助互联网的力量，可以根据旅客需求更准确地进行车辆调度，不仅充分满足旅客要求，而且也提高了车辆实载率，是一个双赢的新型交通运输服务模式。

（二）交通服务结构层次化

每种交通运输方式的技术、经济特征都有重合的地方，这是它们产生竞争的原因之一，但每种交通运输方式也有自己的优势。在综合交通运输系统中，每种交通运输方式都是有机衔接、分工明确，能最大限度地发挥出各自的优势的。所以，推进交通服务结构层次化，使每一种运输方式都和谐共处，变竞争为合作是构建综合交通的基本手段。

我国的基本国情决定了城市中的交通服务结构层次总体上是"公共交通为主、小汽车为辅"，因为只有合理的公共交通系统结构才能提高整个城市交通系统的效率。出行者的出行需求具有多样性和时间分布不均衡性的特点，相应地，城市公共交通系统要求有不同层次的公共交通方式为其服务。通过整合城市布局和多种公共交通的特性来提高城市公共交通系统的服务水平，进而提高公共交通的吸引力和竞争力，引导更多的城市出行者选择公共交通方式出行，最终促进城市客运交通系统的合理化。城市公共交通层次划分中，主要分为以下5种①：1. 轨道交通：轨道交通作为城市客

---

① 参见瞿何舟：《城市公共交通不同层次整合研究》，西南交通大学2005年学位论文。

运服务系统的骨干，具有高速、容量大、干净、准时、舒适等优点，大力发展轨道交通是提高城市公交吸引力和服务水平的根本举措。轨道交通应布设在客流密集的客运走廊上，满足居民中长距离的出行需求。2.快速公交：轨道交通虽然有众多好处，但它需要投入的资金大、建设时间长，很多城市都很难承担得起。这时，城市快速公交就可以作为城市客运交通的骨干运输方式。快速公交是一种可以为城市居民提供更广阔、更方便灵活的出行方式，具有投资少见效快、容量较大、更为灵活等优点，作为轨道交通的补充，主要承担大型集散点之间、各功能区之间的联系。3.常规公交：常规公交道路网络覆盖面广，主要职能是接驳地铁和快速公交，在轨道交通网络无法涉及的区域承担部分骨干客流。常规公交线路一般沿大中型集散点、大中型居民区设置。4.支线公交：支线公交线路将配合轨道交通、快速公交站点以及客流集散点布设，扩大轨道交通与快速公交的服务范围，承担集散客流的功能，主要运行在中小街道上。线路深入各居民住宅区及各功能区，主要承担短距离的居民出行，也为其他公交方式集散客流。5.辅助公交：是指出租车和网约车服务。以上几种公共交通出行方式都有固定的车站限定，不能满足乘客的"最先一公里"和"最后一公里"，而出租车和网约车能够很好地满足这个要求，且速度较快，出行质量有保证。

第三节　智慧交通战略

为了更好地实现交通运输科学发展目标，交通运输部提出要发展"四个交通"战略思想。加快智慧交通发展，是推进交通运输管理创新发展的重要方面，也是推动交通运输转型发展的重要支撑。智慧交通融入物联网、云计算等高新IT技术，汇集交通信息，使用数据模型、数据挖掘等数据处理技术，为出行者提供出行信息服务和人机互动服务，充分满足了现代人的个性化需求①。

所谓智慧交通，就是通过运用信息和通信技术手段感测、分析、整合城市运行核心系统的各项关键信息，应用大数据技术计算"智慧交通"，在交通建设过程中，更加注重协调人、车、路和环境之间的关系，力求最大限度地实现安全、和谐、绿色，推动交通可持续发展，改善交通秩序和交通环境、节约能源、降低环境污染，实现交通的绿色、环保、高效及便捷，从而为人类创造更美好、更健康的生活环境。其主要价值体现在两方面：1.有效监管整个城市交通，促进城市交通运输的快速发展，解决城市交通发展过程中存在的问题②。2.有效解决交通拥堵问题，建设综合交通运输体系，实现交通运输基础设施智慧化、交通运输业可持续发展，为百姓提供便利和优质服务，承载百姓的"交通梦"。

智慧交通具有五大特点：智能指导优化、全面感知互联、以人为本、安全便捷、环保低碳。具体内涵如下：1.智能指导优化。在大数据和5G技术不断发展的时代，我们可以根据道路的实时情况，识别道路交通信息的特征，提高交通系统思考问题和解决问题的能力，建立智慧化、科学化的新型交通制度。2.全面感知互联。作为智慧交通系统中的技术系统，在车路协同的同时，将道路相关信息实时联网，共享交通信息，实现交通信息的互联互通。3.以人为本。注重个人的出行体验是当今交通亟须解决的问题，通过人与设备共享的途径获得大量真实有效的道路信息，及时分析并处理信息。根据不同的交通道路信息，制定有针对性的交通规则策略。例如针对具有不同出行需求的人，制定不同的出行解决方案。根据不同的出行者要求和交通发展实施策略，优化交通结构，实现高效的、以人为中心的新型交通系统。4.安全便捷。交通既要保证人们的出行速度，也要保证人们的人

---

① 参见孙喜梅、王震：《基于物联网技术的郑州市智慧交通系统设计研究》，《汽车实用技术》2018年第15期。

② 参见蓝志军：《小议智慧交通在智慧城市建设中的作用》，《度假旅游》2018年第7期。

身安全。通过改良车辆设计，发展自动无人驾驶技术和智能避撞系统，利用各种网络技术合理规划出行路线，为人们的出行提供安全、便捷的服务。

5.环保低碳。追求绿色生活是人类永恒的目标，在智慧交通下，不仅可以通过智能化结构优化出行模式，而且从根源上开发新能源减少汽车尾气排放。

一、数字化交通管理

智慧交通充分将云计算、大数据、人工智能和物联网技术应用于道路交通系统，提高采集交通数据能力，以确保数据的真实性、有效性。智慧交通利用相关信息技术，有效调度数据资源，大规模计算和分析交通数据，拓展交通数据。智慧交通将交通管理系统进一步数据化，构建全方位的交通感知网络，以实现数据质量的标准化；拓展交通大数据应用、推进交通信息服务产业化，高效运营和管理智慧交通系统，提升数据化交通管理水平，健全智能决策支持系统。基于大数据技术，智慧交通系统可实现交通态势检测可视化，及时进行交通指挥调度，为交通设施和资产管理提供技术支持。利用数据化交通管理，加强系统运行监测，提供服务评价以及决策支持服务，为实施各类出行方式提供强大的数据支持。

依托智慧交通系统数据采集、存储和分析过程，充分挖掘并利用大规模交通信息数据的价值，及时掌握交通系统总体运行情况，为相关政府部门科学决策提供建议。基于数字化的交通管理决策，能够有效分析交通管理中出现的各类问题，提高交通运输的运行效率，增强交通信息数据的流动性，促进多种交通运输方式的协调发展。

从科学研究角度来看，大数据最重要的价值在于为具有复杂适应系统特征的城市交通研究提供重要支撑[1]。深化智能终端、通信网络和信息平

---

[1] 参见杨东援：《通过大数据促进城市交通规划理论的变革》，《城市交通》2016年第3期。

台技术研发工作，促进交通管理数据化发展，利用数据化方法构建一体化交通监测管理系统，创新智慧交通管理方式，提高交通管理系统透明度，为交通参与者提供全方位、多角度的交通信息，提高整个交通运输管理的效率，为实现智慧交通提供强大保障，实现智慧交通又好又快发展。

二、智慧化运输服务

全面贯彻实施"十三五"规划中的智慧交通战略，推进运输服务智慧化系统建设，完善"一站式"服务，深入融合云计算、大数据等信息技术，实现对场站、车辆、人员等运输资源的动态监测、优化配置、精准调度和协同运转。针对交通运输服务，采用多种方式综合运输，促进交通运输综合一体化发展。充分利用车路协同道路环境感知、地图与定位技术、通信与信息交互、集成控制与执行、多源信息融合技术、人机交互与无人驾驶等技术，以信息化、智慧化为牵引，提高交通运输服务水平，推动现代信息技术与交通运输管理和服务全面融合。深入研究交通信息采集、交通数据处理、城市交通信号控制、集装箱运输、港口自动化等方向，促进运输服务智慧化的快速发展。

在城市交通方面，推进互联网与公共交通服务相结合的方式，促进智慧交通向便捷化发展。打造智慧公交，建设公交智慧化示范工程，为公众提供智能化的服务。加强智慧交通基础设施建设，对城市交通运输服务进行实时感知、监控，提高城市交通运输服务水平。加强运输服务智慧化，深入挖掘和分析运输数据，推进基于大数据和云计算技术的城市运输服务的智慧化发展。

在智慧信息服务方面，有效发挥各种技术优势，推进运输服务信息系统互联互通，打破信息不对称局面，合理高效地利用交通运输资源，提高智慧交通运输服务效率，实现智慧交通的可持续发展。建设并完善智慧型综合服务信息系统，利用信息平台整合各类运输服务信息，提供基于智慧交通系统的城市路段实时状况查询、个性化出行等优质服务。推动数据交换共享，形成多方共赢的智慧交通运输服务化共享体系，提升信息化、智能化水平，对运输服务实现多范围覆盖，促进运输服务智慧化。

三、系统化协调管理

交通运输系统要"以人为本"，提高交通服务的全面性，建立健全交通运输信息服务体系，动态监控交通运输的各个环节，将信息操作流程透明化，实现信息资源共享，增强交通运输管理的时效性，提高交通运输管理能力。协同理论认为，系统能否发挥协同效应是由系统内部各子系统或组分的协同作用决定的，协同越好，系统的整体性功能就越强，就能产生 1+1>2 的协同效应[①]。将数据系统、业务系统、技术系统以及要素系统进行系统协同化，以实现跨界、连接、共享、深度与全面融合。整合开发交通信息资源，充分发挥交通运输服务多主体的协调作用，积极推动社会力量参与智慧交通建设，促进智慧交通协调管理。为确保智慧交通稳定发展，在智慧交通的规划、设计和建设阶段应充分发挥各部门、公众的协调作用，建立统一的管理评审体系，保证智慧交通基础设施的可靠性、安全性和便利性。

同时，加强各交通管理、服务部门和多种运输方式之间的协调与联系，完善联控一体化的智慧交通系统，实现整个系统的协调化发展。智慧交通"以人为本"，利用智慧交通系统服务基础设施，实现管理部门、服务部门和公众之间的协同联动，以适应未来智慧交通的发展需求。协调管理交通运输系统，为突发状况做好应急准备，实现智慧交通的良好发展。

---

① 参见张建明：《基于协同联动理论的图书出版业务考核初探》，《科技与出版》2013年第6期。

通过提供便民利民的交通运输服务和信息服务，让公众随时掌握交通运输状况和动态，提高公众对交通运输系统的满意度。

四、多样化智慧交通

1. 无人驾驶系统

通过研究与开发无人驾驶技术，实现网联汽车、自动驾驶协同控制。在无人驾驶系统中，利用车辆识别设备、车辆定位系统、车辆超温检测系统，实时监测车辆运行状态，建立非安全状况的预警机制和应对机制，大幅减少交通事故的发生，保证行车安全。系统自动采集车道线、道路指示牌等关键信息，生成相应的高精地图，利用数据平台实时获取外部路况信息并实现精准定位，自动接收停车信息和交通事件信息，规划最优行驶路线，有效缓解交通拥堵压力。无人驾驶系统在加速、制动以及变速等方面也采取了优化措施，致力于提高燃油效率、减少温室气体排放。

2. 电子收费、监控管理系统

在道路、大桥、隧道等交通地段，车辆无须在收费站前减速和停车缴费，实现自由流收费方式。综合利用车辆识别、货车计重、路径识别、移动支付等技术手段，建立电子收费、监控管理系统。通过建立操作简单、实施便利的电子收费系统，运用信息化手段，提供实时停车、交费信息，提高车道的车辆通行能力，加快收费速度，提高道路利用率。同时打造基于车联网的电子监控管理系统，为道路使用者提供交通信息，保证公众安全出行。

3. 出行方式新型服务平台

基于 Atlas 及 AI 平台支持的多种智能算法，搭建出行方式新型服务平台，发展多种交通参与对象和交通违法行为智能感知，利用数据通信传输技术、电子控制技术和计算机处理技术，建设地铁、出租车、公交、汽车等的星级服务平台，实现刷脸出行、指尖出行和一体化出行，整合资源信息，最终达到便利、安全的出行效果。

4. AR 技术交通监测系统

传统交通监测系统独立性较强、监控范围小、监控路段有限，且未整合多个系统，无法实现信息共享，导致系统缺乏预警能力，整体交互较为落后。新型 AR 技术交通监测系统利用先进的 AR 增强现实技术、视频智能分析技术、AR 增强现实摄像机和视频地图引擎，实现了交通可视化监测应用。通过将 AR 标签技术与交通大数据、交通管控业务平台结合，融合前段的全路网交通态势图，汇集各个交通业务界面，进行统一展示和控制。利用 AR 技术交通监测系统，对城市交通进行全方位、立体化的综合监测和管理，对后端各种交通相关系统的数据进行深入研究、分析，实现可视化展示。系统通过全息感知、精确分析等手段，有效地提升路网的服务水平和运行效率。

5. 智慧行车信息服务平台 App

智慧行车信息服务平台将道路资源与公众交通出行需求相结合，依据交通信息服务平台的优势，结合商业信息和移动互联网模式，打造一个方便、快捷的公众交通信息服务平台，为用户提供实时、准确、直观的道路交通信息服务，用户可查询相关最优路线、所在位置周边交通信息、所在位置周边地铁公交和整个城市的路况图片、主要路桥的实时路况、高速路事件、预测行车时间等信息。平台提供基础服务、共享信息服务，将实时车流量、车流平均速度、拥堵状况、目的地停车场资源等信息发送至用户移动手机终端与车载互联系统终端，不仅满足了公众出行需求，而且提高了整个交通系统的效率。

6. 交通事件检测和预警系统

系统多源采集车辆识别、地磁感应、高清监视、气象监测等信息，利用大数据分析技术，对拥堵、违停、雨雾湿滑、火灾事故等道路异常交通事件进行动态监控，对交通状况实施预警，实现全程视频图片联网共享。实现统一的服务接口，对交通事件监测系统采集的事件信息、信息推送系统提供的事件信息、呼叫中心共享的事件信息等进行分析处理，确保路网交通安全畅通。

7.路网交通协同感知和管理技术

新的路网交通协同感知和管理技术改变了通过交叉路口和路段固定传感器获取"小样本"交通流信息的传统方式，充分利用车联网、大数据等相关技术，实现路网交通协同感知与联动控制管理，达到大范围路网的全局优化效果。将路网状态信息协同感知融合，对路网运行状态进行精确辨识、评估和预测，路网交通协同感知技术主要监测和智慧调度路网信息共享平台、交通诱导系统、免费通行条件下路网交通流组织技术、隧道智能化监控与管理系统、运行设备状况自动检测系统、车辆超温检测等系统，实现多层级、大范围协同联动优化控制。

在 21 世纪，建立"智慧城市"已成为中国发展建设新型城市的热潮。而智慧交通就是智慧城市的重要组成部分，智慧交通的建设将推进智慧城市的发展。随着人们日益增长的出行需求，城市交通拥堵现象更为严重，一度成为城市发展管理的难题。国际上，已经有许多国家通过发展智慧交通，大大提高了公共服务质量，提高了车辆运行性能和交通出行率，有效保障了交通秩序。因此，发展智慧交通既符合人民需求，更是顺应世界发展的趋势。

第四节　绿色交通战略

新中国成立之初，我国的交通基础设施总量不足，技术装备水平落后，交通运力紧张。落后的交通运输制约着国民经济的全面复苏，发展交通运输成为新中国的首要任务。党的十一届三中全会把交通建设作为国民经济的战略重点，自此我国交通运输业开始了新征程。几十年的发展，我国的交通运输取得了巨大的成就，从一个交通落后的国家成为世界交通大国。然而，因为在交通运输建设过程中缺乏生态理念意识，我国的生态环境受到了严重的破坏。党的十九大提出要把我国建设成为交通强国，转变交通发展方式，推进生态文明建设，由此提出了绿色交通战略。我国现行的交通发展存在一定的可持续性问题，因此要在交通发展中践行可持续发展的理念，加强科学技术创新，提升装备技术及经济水平，构建绿色交通体系，实现交通运输业的绿色高效发展，助力交通强国建设。

一、科技创新引领绿色发展

在交通运输领域中采用高新技术、新材料等降低能源消耗，提高资源的利用效率是很有潜力的。为了推进绿色交通战略的实施，必须要加强构建科学技术创新体系，投入资本建设绿色交通低碳实验室、绿色交通技术创新研发中心等，大力培养创新型人才，加强绿色交通技术的开发与应用。在绿色交通技术创新中，积极发挥科研机构在交通方面的专业优势和科研优势，开展科技创新研究，研发低排低耗、环境友好的交通运输设备，提高交通运输行业在节能环保方面的能力。

（一）绿色科技的发展与创新

加大技术研发投入，用搭载新技术的运输工具替换传统的高能耗、高排放的老旧设备，促进交通运输业的科技变革与发展[1]。利用科学技术创新研发更多的新能源，通过新能源和可再生能源的使用，使得交通运输领

---

[1] 参见杨新苗、王亚华、田中兴：《中国特色绿色交通城市发展战略与对策研究》，《城市发展研究》2018 年第 5 期。

域得到绿色、可持续发展。此外，绿色交通战略的推进需要打造一支由绿色交通低碳循环运输行业的专业人才组成的具有较高科学素养的人才队伍，保证人才队伍的数量充足，确保人才组成结构合理。绿色科技的发展与创新，可以进一步加快传统产业技术改造，促进现代物流等新兴产业发展，可以全面提高交通运输领域的技术水平和综合竞争力[①]。

（二）"互联网＋交通"的推进与应用

"互联网＋交通"于 2016 年 11 月 18 日提出。由交通运输部党组书记在世界互联网大会"互联网＋出行"论坛上发起倡议，在互联、全面感知、便捷交互目标下全面推动"互联网＋"与交通运输的深度融合发展，推进交通运输信息化和智能化建设。交通与互联网的融合发展，首先为旅客提供了更多的出行选择，改善了出行体验；其次，新动能助力交通行业的发展，交通行业催化出新业态，交通运输的综合效率得到大幅度提升；最后，交通与互联网之间的融合是交通运输发展水平提升的重要途径。发展绿色交通更需要与互联网相融合，充分利用互联网技术，效果将会事半功倍。

二、完善机制推进绿色发展

建立完善的绿色交通体制机制，要求处理好绿色低碳交通发展过程中政府、企业和社会公众之间的关系，坚持政府主导、企业主体和公众参与的协同推进机制。同时，深入推进千家企业低碳交通运输和重点用能企业绿色循环低碳交通运输等专项行动，推动全行业推进绿色交通的进程。

---

① 参见杨新苗、王亚华、田中兴：《中国特色绿色交通城市发展战略与对策研究》，《城市发展研究》2018 年第 5 期。

交通运输行业要围绕"到 2020 年基本建成绿色循环低碳交通运输体系"这一目标，进一步强化政府对绿色循环低碳发展的支持、引导和督促的职能。

健全管理体制，明确绿色交通管理过程中政府与企业的关系，政府交通运输部门要发挥市场在资源配置中的决定性作用。强化目标责任制，设立各级政府绿色低碳交通运输发展领导小组，明确各部门、各单位相应的绿色低碳管理机构和专职人员的责任，建立考核评价、职责督促的管理机制，同时交通运输重点用能企业应有相关的责任部门和负责人员，负责本企业能源利用的日常管理工作。

健全财政激励机制，设立绿色交通发展基金，按照兼顾公平和效率的原则构建科学合理的发放机制，对各地方城市加以支持和鼓励，并逐步扩大专项资金规模。在工程预算或概算中实施加大生态保护、生态恢复、污染防治与节能设施设备投入的方案；加大科技资金对能源资源节约、生态保护、污染防治等领域的支持力度，促进绿色交通的快速发展。

健全监督考核制度，通过评议考核和责任追究加强对绿色交通实施过程的监管。研究制定并严格落实绿色低碳交通运输发展考核评价办法，对工作成效突出的地区和单位给予表彰和奖励，对工作推进缓慢的地区和单位及时进行督导，狠抓落实、一抓到底，切实推进绿色交通发展以期取得实质进展。

三、强化意识夯实绿色发展

加快推进绿色交通发展是一项系统工程，需要政府、企业以及社会公众的共同参与。政府需要充分了解群众的态度和行为，开展城市交通规划，充分认识群众意识的必要性，制定并颁布符合群众出行选择的实际政策。要将绿色循环低碳交通发展理念纳入重大主题宣传内容，广泛应用媒体、报纸、宣传手册、微信平台等途径加强对绿色出行的宣传，使绿色教育宣传成为一种常态，使公众全方位了解政府的绿色交通政策，进而响应政府号召[①]。加深群众对于绿色交通的认识，在力所能及的范围内，优先选择公共交通、自行车、步行等绿色出行方式，减少私家车出行，从而促进绿色交通的发展。同时积极培育绿色循环低碳交通运输文化，不断增强全行业绿色循环低碳发展意识，使绿色循环低碳发展成为全行业和社会公众的自觉行动。因此，加快推进绿色循环低碳交通运输发展即加快发展方式转变，推进交通运输现代化，是一项艰巨而紧迫的战略任务。

加强绿色意识，包括参与意识和理解意识。参与者作为交通的参与主体，都应有良好的绿色意识。规划者在规划交通整体布局时就要以绿色发展理念为先导，规划设计出既能满足公众交通需求又能与自然和谐共生的交通布局；驾驶员尽可能选择低排放、节能的交通运输工具，使用新能源、新燃料等，全面理解绿色交通的内涵，通过节能减排，提高资源的循环利用，实现与自然和谐共生。

第五节　平安交通战略

平安交通是"以人为本"的实质要求，是服务民生的先决条件，也是实现交通运输科学发展的基本条件。近年来，安全生产事故多发、易发，极端天气和地质灾害多发，给交通运输安全生产工作带来极大挑战，交通运输安全保障能力和条件薄弱导致交通运输安全风险大、隐患多。层出不穷的交通事故给我们交通运输安全生产工作敲响了警钟，机动化社会使我

---

① 参见赵景城：《我国绿色交通发展研究》，《交通世界：建养》2016 年第 31 期。

国交通安全面临空前挑战。因此，交通运输全行业首先要不断健全完善安全生产制度机制，秉持生命至上、安全第一的思想，坚决守住交通安全生产红线，切实保障人民生命财产安全。同时，交通运输全行业也需要以严的精神、实的作风，构筑交通运输安全体系，深入推进"平安交通"战略建设。

党的十九大报告提出："坚持总体国家安全观。统筹发展和安全，增强忧患意识，做到居安思危，是我们党治国理政的一个重大原则。"[1] 即国家安全是国家发展的重要基础条件。众所周知，一国的发展在相当程度上取决于其生产要素的流动水平，而一国生产要素的流动水平在相当程度上又取决于其交通能力。与此同时，一个国家的安全在相当程度上取决于其战略投送能力，而一个国家的战略投送能力又在相当程度上取决于其交通能力，因此国家安全与交通发展密不可分，完善交通能有效支撑国家安全，即强化交通对国家总体安全的支撑对于国家发展来说具有重要的战略意义。

一、安全生产体制与机制

平安交通的实现需要以科学规范、运行有效的安全生产责任体系为基础支撑。交通安全基础支撑的组成部分包括：强化安全生产责任体系建设、全力构建安全生产防控机制、加大安全生产投入。首先，安全生产责任制有助于加快企业深入推行安全生产，并加固企业主体和行业安全监管的责任链。其次，全力构建安全生产防控机制是"事前管理"，建设隐患排查治理体系和安全预防控制体系，能极大提高交通治理能力。最后，加

---

[1]　习近平：《决胜全面建成小康社会　夺取新时代中国特色社会主义伟大胜利——在中国共产党第十九次全国代表大会上的报告》，人民出版社 2017 年版，第 24 页。

大安全生产投入是各类基础设施建设的有力保障，是实现平安交通的重要保证。

（一）制度建设

建设安全生产责任体系重点在"责任落实"，这包含两方面的内容，一是安全生产的主体责任由企业来承担，即企业要依据法律法规成立安全生产管理机构，设置足够的安全生产专职管理人员，根据企业的实际情况认真执行安全生产责任制。二是安全生产监督管理的责任由各级交通运输主管部门及行业监管单位承担。承担该职责的单位要界定安全生产监督管理工作的责任标准，划分安全生产权责清单，厘定行业内部安全管理责任。

除此之外，完善的安全生产责任体系还包括安全生产责任考核制度，没有严格的考核就没有显著的成效。在体系建设过程中，需要科学设置考核评价指标，将安全生产绩效与个人评优评先、职称评选、晋升挂钩，贯彻执行安全生产"一票否决"的考核机制。同时，在调查处理事故中，要遵循事故原因未查清不放过、责任人员未处理不放过、责任人和群众未受教育不放过、整改措施未落实不放过的四原则，依法追究责任单位和责任人的责任。

（二）防控机制

构建安全生产防控机制，首先需要交通运输部门、企业完善事故统计分析制度，研究判断安全生产形势，提前做好重点时段安全生产工作安排。同时，还需要部门、企业建设安全生产风险管控和隐患排查治理预防体系，出台全范围各领域风险和隐患判定指南。

在建设风险管控和隐患排查治理预防体系中，首先要制定安全生产事故隐患分类分级标准，包括运输道路、水路、旅客及危险货物、公水联运工程、危险品港口作业等领域的隐患判定标准。同时，地方交通运输主管部门要引导企业展开治理排查隐患工作，对存有隐患的企业实行挂牌督办，秉持"零容忍"原则。

（三）多维度投入

加大安全生产投入首先要加大基础设施投入，例如公路、港口、航道、站场等基础设施；其次要增加监管应急装备设备的投入，包括必需的安全生产监管执法装备和现场执法及应急救援车。基础设施及监管应急装备设备均为公众出行最基本的保障。

在多维度投入生产中，推行科技兴安工程尤为重要，例如推行公路安全生命防护工程、危桥改造和干线公路灾害防治等工程。另外，交通运输部门、企业也可广泛地邀请社会各界参与到研发安全生产技术中来，推动新技术、新方法、新装备在交通领域的应用。

在多维度投入生产中，交通运输部门、企业需要促进信息化建设，包括深入挖掘互联网大数据在交通领域的应用，实现城市轨道交通行业的视频监控和监测等目标，从而促进安全生产监督管理信息系统建设和运输安全基础信息共享。

二、安全运行监管能力

强化安全运行监管能力是指强化运输安全监管和加强安全生产监督执法。这属于"事中管理"，主要是确保车辆在行驶中、旅客和货物在运输中的安全。

（一）监管实施

强化运输安全监管，一是完善综合运输服务安全监管体系，重点强化危险货物运输、交通高峰期等特殊时段、冰冻雨雪等极差气象条件下的运输安全监督管理。这包括：深化道路运输车辆联网联控系统建设；加强车辆动态监管，提升系统运行信息实时管控和综合应用水平；持续开展公路安全生命防护工程建设等方面。二是加强水上安全监管能力建设，重点加强水路客运以及水路危险品运输安全监管。主要内容是：开展客运和危险货物运输、邮件快件寄递、城市公共交通、危险货物存储作业、公路治超、工程建设等领域安全专项整治。三是健全交通安全事故调查协调机制，完善汲取事故教训的工作机制。持续推行邮政寄递渠道安全监管"绿盾"工程，确保邮件快件寄递动态可跟踪、隐患可发现、事件可预警、风险可管控、责任可追溯。

特别是在强化运输安全监管过程中，要注重深化道路运输"平安年"活动建设，主要包括：加强危险品运输、长途客运班线、城市公共交通等重点领域的监督管理；持续推进长途客运接驳运输，深化超限超载运输源头治理；加强城市轨道交通关键设施设备运营技术条件准入、第三方运营安全评估等制度建设，提出构建城市轨道交通运营安全监管平台等具体措施要求。

（二）监督检查

监督检查是依据法律法规查处各类违法违规行为，制定周密的安全监管执法作战计划。在监督检查过程中，要按照"不发通知、不打招呼、不听汇报、不用陪同接待、直奔基层、直插现场"的原则进行突击检查，监管过程中随机抽选检查对象，随机遴选执法检查人员，及时向社会公布抽查情况和查处情况。同时，运用多种手段，包括但不限于法律、经济、行政方面，提升安全监管执法效率，提高违反违背交通运输安全生产法律法规的代价。对不满足安全生产要求或者不具备安全生产能力的企业，依法实施强制退出。

三、应急救援体系

在平安交通战略模式中,需要进一步推进交通应急救援体系建设来防患于未然,重点战略工作包括应急通道与交通消防设施的建设;应急预案、应急指挥系统的完善等内容①。总的来说,交通运输全行业要提升交通应急救援处置能力。通过健全事故应急预警先期响应机制,增强现场应对能力,提高交通系统适应性、可靠性、安全性和应灾弹性。同时,交通运输部门及企业必须健全应急管理体系建设,完善平战结合的应急协调发展机制和应急救援方面的法规制度。除此之外,交通运输部门还需要建设应急救援力量,统筹规划专业应急救援力量,强化安全生产应急救援专业装备配备。

(一)处置能力

就目前而言,我国交通运输行业的应急救援处置能力有待提升。已有研究表明,我国存在交通运输行业与领域的应急救援队伍覆盖范围小,专业应急设施设备的配备数量、种类不足,已有装备质量不达标、部分装备的运行与维护困难等瓶颈问题。因此,交通运输全行业应加快完善运输服务应急处置方案,推动构建一体化应急指挥系统,具体战略措施包括以下两个方面:

一是要提升交通运输应急资源保障,只有保障应急资源的及时性、可靠性、科学性及合理性,才能增强交通事故处理的救援能力以及提高应急救援处置的效率。其次要完善交通运输资源应急物资储备与调运的体系,做好应急救援物资装备的实物储备、市场储备以及生产能力储备,特别是

---

① 参见罗延辉:《强化安全理念压实安全责任增强忧患意识构建平安交通》,《青海日报》2017 年 6 月 30 日。

应急救援设施设备、队伍、物资等重要资源储备工作。

二是要健全交通运输安全应急救援的社会化运行模式，通过加强安全应急实训演练，全面提升自然灾害、突发事件的应急处置能力和抢险救助等运输服务应急联动能力，培养救援指挥专业人员和队伍的素养与能力。

（二）体制机制

交通运输行业要健全应急管理体制机制，完善交通事故现场救援管理机制。通过识别、检测与评估应急救援现场的机制来提高现场应对能力。

健全应急管理体制机制的具体措施有以下几点：1. 在节假日统筹评估各种运输方式的旅客运输、货物运输数量，大力推动旅客运输、货物运输的运力安排和协调机制，合理安排运输资源与能力，同时要尽可能健全公路交通气象预报预警、高速公路交通广播、12122 高速公路救援和客服系统，完善高速公路、高速铁路应急救助网络体系，与汽车维修救援网络实现联动效应。2. 对城市轨道交通行业要进行全程视频监控和建设列车运行监测系统，通过大力完善城市公共交通应急预案，提升城市轨道交通等重点领域应急处置能力。特别是国家要加强建设城市轨道交通应急演练中心，开展交通运输行业应急培训和实战场景演练工作。3. 对于海运运输服务，交通运输相关部门要加强海上交通安全监管和救助能力建设，提升深海远洋搜寻和打捞能力，进一步加强 12395 全国海上预先救援电话的推广应用。4. 要极度重视运输意外事故的应急处置，比如应健全大面积航班、高铁延误以及铁路重点物资运输迟滞等预警机制，完善与公路接驳运输的协同应急预案，提高综合运输服务整体应急处置能力。

（三）能力建设

交通运输全行业要统筹优化专业应急救援力量布局，保障安全生产应急救援专业设备配备，提升地方骨干队伍、基层队伍、企业队伍救援能力，加强跨部门的信息共享和协调联动，完善交通运输运行监测与应急指挥系统。

1.针对交通运输应急救援平台的数据信息缺乏稳定来源与合理应用，救援现场的获取信息滞后以及通信指挥能力缺乏等问题，必须大力加强应急救援信息动态的采集、分析与处理决策等基础数据库建设。例如，通过加强救助机场、飞行起降点的建设，提高应急装备设施现代化水平，提升交通应急救助指挥平台辅助决策能力。2.针对部分区域的基层建设相对薄弱，部分市、县尚未构建完备的应急救援体系，已经设立机构体系的区域存在体系职能发挥不充分、设施设备配备不完善，相关专业人员的引进较为落后等诸多挑战，政府需要引导、支持相关区域的运输部门与企业积极参与应急救援力量的建设，尽力完善扶持政策与制度的体系建设，全面提高社会关注度与应急救援力量的建设。3.交通运输企业自身要建立全面风险评估制度与应急救援力量建设制度，提升应急事故的先期处置与自救互助能力。该战略措施主要包括：①企业要建设应急演练情景库，对于特大交通事故要进行情景构建来提高处置能力；②在企业内部要建立与完善监测预警机制，同时要建立与政府职能部门、周边企业的信息交流、资源互助机制，有效提高应急救援资源互助效应；③企业要重视应急风险评估与应急准备能力评估，可以通过专家咨询等方式来实现。

总之，"中国梦"进程中交通强国战略的全面落实，须以时空布局为框架，综合交通为前提，智慧交通为目标，绿色交通为理念，平安交通为保障。第一，时空布局战略要以交通跨越式发展为前提，加快西部发展、稳定东部，在此基础上，抓住区位发展优势，打造"一带一路"背景下的综合交通运输体系；第二，从交通基础设施、管理体制与机制、交通运输信息化、综合交通服务模式四个方面对交通整体战略进行深入分析；第三，要加快智慧交通战略建设步伐，就要加强数字化交通管理、智慧化运输服务、系统化协调管理、多样化智慧交通；第四，要转变交通发展方式，推进生态文明建设，须从科技创新、完善机制、强化意识三个方面发展绿色交通；第五，完善安全生产体制与机制，提升安全运行监管能力，加大应急救援体系建设力度，从而构筑交通运输安全体系，推进"平安交通"战略建设。

第十一章 "中国梦"进程中交通强国的国际战略

"中国梦"承载着实现中华民族伟大复兴的历史使命，它既是中华民族整体的强国梦，又是交通运输行业的交通强国梦。交通强国梦的实现需要伟大的交通工程做支撑，而伟大的交通工程的建设推进又需要宏大的交通强国战略来指引。因此，在实现"中国梦"的伟大进程中，交通强国战略的制定对于推进新时代交通建设，进而助力"中国梦"的实现具有重要作用。

第一节 服务"一带一路"的交通基础设施建设战略

自"一带一路"倡议提出以来，我国与相关国家的经济联系、文化交流、人员交往日益密切，迅速拉近的国际关系对我国交通基础设施建设提出了新要求，即新时代我国交通基础设施建设要以更好地服务"一带一路"为目标导向，要以科学的交通基础设施建设战略为指引，进一步促进我国与相关国家地区的经贸往来，拉动沿线地区经济发展。

一、铁路国际运输通道建设战略

改革开放以来，我国的铁路建设取得了巨大成就。伴随着改革开放的不断深入，我国的铁路建设又将面临新的抉择，即新时期我国铁路建设要实现与国际运输通道相连接，铁路国际运输效率要获得提升，从而更好地为我国经济发展服务。因此，我国铁路国际运输通道的建设需要有宏大的战略做指导，进而推动铁路国际运输通道实现科学化、合理化的规划建设，实现铁路国际运输效率稳步提升。

（一）洲际铁路国际运输通道建设

随着全球一体化进程的不断深化，国家与国家间的经济、政治、文化交流日益密切，为发展中国家带来了巨大的发展机遇。我国背靠亚欧大陆，面向海洋，幅员辽阔，邻国众多，这一显著的地域特征决定了我国必须构建发达的综合性交通运输体系。同时，基于全方位对外开放新格局以及区域协调发展两大发展战略对我国交通运输建设提出的新的现实诉求，构建跨境海洋运输和陆路运输相互协调的交通运输体系势在必行。因此，应当采用与国际运输通道对接的方式并积极融入全球化发展的大潮流中，促进我国与其他国家的交流合作，从而更好地把握全球化带来的发展机遇。

"改革开放以来，我国与周边众多国家展开多种形式的次区域经济合作。目前，我国参与的国际次区域合作主要包括大湄公河次区域合作（GMS）、中亚区域经济合作（CAREC）和大图们江流域经济合作（GTI）。"[①] 我国开展的多种形式的次区域合作为交通运输建设带来了新的历史机遇。一是双边对外贸易实现快速增长，为开展国际间的交通合作提

---

① 王培良：《国际次区域合作：铁路大通道需衔枚疾进》，《中国经济导报》2013年1月5日。

供了强大的需求空间；二是交通事业的蓬勃发展带动了经济的发展，刺激着周边国家产生与我国在交通领域合作的迫切愿望。

随着我国参与的国际次区域合作不断扩展，全方位对外开放新格局的进一步成型，推动了我国与周边国家经济贸易的增长。然而伴随着不断升高的跨境贸易往来需求，跨境陆上运输通道建设，尤其是铁路国际通道建设滞后的现状已逐渐成为制约我国全方位对外开放新格局形成的"瓶颈"，阻碍了我国国际贸易的进一步发展。结合"一带一路"倡议，需强化以下陆路国际通道的建设：

1. 通往俄罗斯、蒙古以及中亚方向的陆路运输通道

近年来，我国经济的快速发展加深了对煤炭、矿产品等重要能源的需求。俄罗斯、蒙古、中亚等国家和地区与我国陆上相邻，煤炭、矿产品储量丰富，能够解决我国对这些紧缺资源的需求与自我储备不足的矛盾。铁路运输以其便捷、经济的优点，势必成为连接我国与这些国家贸易运输的最佳方式。构筑通往俄罗斯、蒙古国以及中亚方向的陆路运输通道，能够降低我国战略资源运输风险，实现"固本开源"；同时还可以将我国铁路网与泛亚铁路网中的东北亚走廊相连接，最终东与朝鲜、韩国相接，西则通过俄罗斯、波兰与德国相连，从而实现亚欧大陆重要国际商贸铁路运输大通道的全面贯通，并大大降低运输成本。有关资料表明，通往俄罗斯、蒙古以及中亚方向的陆路运输通道"可比海路的运输周期减少 1/3—1/2，大大节约运输时间、降低运输成本。完善这一通道建设，不仅有利于我国发展与俄罗斯、中亚等国家的贸易，也会为我国扩大与欧盟国家的贸易创造更有利的交通条件。"①

通往俄罗斯、蒙古以及中亚方向的陆路运输通道具体可以分为东、

---

① 王培良：《国际次区域合作：铁路大通道需衔枚疾进》，《中国经济导报》2013 年 1 月 5 日。

中、西三线建设。东线以完善东北亚交通走廊的通关能力为目标，着力扩充现有铁路口岸能力，同时增加铁路口岸的数量；中线要着重强化中蒙铁路通道建设，打通蒙古国跨境连接我国内蒙古策克口岸的横向铁路通道；西线要做好精伊霍铁路同哈萨克斯坦铁路的衔接。

2. 与南亚地区乃至印度洋的陆路通道

目前，我国进口的大部分资源以矿产品、机械设备等资源为主，这些资源大多来自欧洲乃至南亚地区，需借道印度洋—马六甲海峡的海路运输通道抵达我国境内，战略资源运输通道的单一性将导致作战时我国资源运输面临"卡脖子"的危机。由于众多复杂因素，我国与南亚地区至今没有互通铁路、公路，交通运输只能依赖于运输距离长、成本高的海路运输进行，这种方式不利于双边乃至多边贸易的发展。因此，我国急需开辟通往南亚地区乃至印度洋的陆路交通通道，缩短进口资源运输距离，降低进口资源运输成本，并借此实现战略资源运输通道的综合化和多样化，规避潜在的"卡脖子"危机。

我国通往南亚地区乃至印度洋的陆路运输通道建设具体可以分为中缅、中印、中巴三个方向。中缅方向要推进经云南昆明—瑞丽，跨境经缅甸木姐—腊戍—曼德勒—皎漂的印度洋国际铁路大通道的建设；中印方向要积极推动同缅甸、印度等邻国的沟通协商，修复过去的史迪威公路，即由腾冲到缅北的密支那再到印度的雷多；中巴方向要着力修建中巴铁路，即由中国喀什通往巴基斯坦红旗拉甫—赫韦利扬的铁路，进而努力争取该通道同巴基斯坦瓜达尔港相连接，实现我国战略资源从巴基斯坦瓜达尔港上岸，经中巴铁路到达我国。

3. 通往东盟的铁路运输通道

东盟地区拥有丰富的生物、矿产、天然气、森林和海洋等各类资源，是世界上资源最丰富的地区之一。中国—东盟自由贸易区建立以来，我国与东盟国家之间的贸易往来日益紧密，海路运输通道扮演着我国与东盟国家之间贸易往来的重要角色。海路运输容易受天气影响，运输时间长、成本高，而我国目前仅与东盟国家中的越南开通了铁路口岸，难以满足多边经贸高速发展所衍生的交通运输需求。因此，我国需保障泛亚铁路——东南亚铁路通道的整体畅通，以此实现通往东盟国家的铁路运输通道全面贯通，为互利共赢的多边贸易的发展繁荣奠定便利的交通基础。

目前，泛亚铁路在我国境内共有东、中、西三条线，东线建设已全部完成，中线、西线正在建设当中。泛亚铁路境外段东、中、西三线中，东线越南胡志明—柬埔寨金边段、中线中国边境—老挝段、西线中国边境—缅甸段和缅甸—泰国段均存在缺失。因此，我国应与相关国家积极沟通协商，争取实现泛亚铁路——东南亚铁路通道的整体畅通，为多边贸易的发展奠定便利的交通基础。

（二）铁路国际运输效率提升工作

随着"一带一路"建设的推进，我国与周边其他国家地区的经贸往来日益紧密。铁路运输效率高、运输能力强，在提高人员和物资的输送速度的同时，能够有效降低运输成本，实现多边贸易的利益最大化，因而将在这一过程中扮演更为重要的角色。在国际运输效率的提升方面，应从以下六个方面加以改良：

1.提升铁路通过能力

铁路的通过能力需要通过增加铁路列车的运行速度、增加铁路列车的载重等举措来提高，从而使铁路列车能够在单位时间内转运更多物资，实现铁路运力提升。目前，我国广泛开通的客运列车如高铁和动车，运行速度相比以前均得到极大提升，城市之间距离相对缩小，铁路运输的压力相对缓解。货运列车构造与客运列车存在较大的差异，其货运性质决定了货运列车在运输沿线需要不断装、卸物资，时间成本较大。因此，货运列车只通过提高运行速度来实现单位时间内运输效率的提升是远远不够的，还需增加列车的载运量，以此来实现运力的提升。

2.合理控制铁路列车的重量

铁路列车重量的合理化控制，是一个复杂的系统问题，其本质是均衡铁路列车技术和经济效益最大化二者之间的关系问题，这与铁路运力提升密切相关。铁路列车重量的合理控制需要结合列车的机车功率、构造以及沿线的电力牵引和供电设备等因素统筹考虑，通过提升和改进铁路列车技术，实现铁路列车运输吨数的合理增加，有效减少列车的开行数量，提高铁路运输效率，降低铁路运输成本，实现经济效益最大化。

3.增加铁路列车的行车密度

铁路列车行车密度的增加，能够使单位时间内更多列车同时运行在铁路线上，减少列车占用的空间、发班时间等各项铁路资源，提升铁路通行能力以及铁路列车的周转速度，缩减时间成本。在铁路建设过程中，"应积极建设和改造各类铁路信号设备，大力推进计算机等各类信息设备在铁路信号设备中的应用，依靠信息化、自动化的控制手段做好列车运行的统一调度，系统地规划铁路列车的运行速度、检修、货物和人员的装运等，实现对于列车的整体化调度，最大限度地确保各类资源的合理化调度。"[①]因此，铁路列车行车密度的增加，需要通过新的信息技术的大胆投入与应用，形成各项资源的合理化调动，最终实现铁路运输效率的有效提升。

4.对铁路货运系统进行系统优化

铁路货运系统是一个有机系统，其中的每个环节对于铁路运输效率的提升都具有重要作用。铁路货运系统的优化要以提高列车通畅度为目标导向，以铁路货运系统管理科学化为现实诉求，以实行库乘分离管理制度为重要举措，促使铁路货运系统中每个环节的效率得到提升，进而使铁路货运的整体效率得到提升。

---

① 丁小军：《铁路运输效率和运输能力的提升》，《科技创新与应用》2017年12月18日。

5. 做好铁路中间站运行效率的优化

铁路运输站点有中间站和始末站之分，中间站运行效率的提升对于铁路运行整体效率的提升至关重要，铁路中间站运行效率的提升，能够推动铁路运行整体效率的提升。而提升铁路中间站的运行效率，首先要通过节省中间站运行的时间成本来实现。第一，对中间站的实际运行情况进行具体掌握，制定相关预案，科学、合理地安排列车在中间站的作业时间。第二，对装车站的货源信息进行详细掌握，严格控制始发站的列车装车质量，为列车在中间站的顺利装卸、节省时间成本做好基本保障。实现铁路中间站运行效率的优化，不仅要从装车站对货源信息的掌握入手，还要从节省列车在中间站的装卸时间成本入手，双管齐下共同推进铁路运输效率的提升。

6. 提升铁路装车站的作业效率

列车装车站作业效率的提升，是装车站各个因素共同作用的结果，能够在源头控制时间成本，提升装车工作效率，进而提升铁路运行效率。主要方法是：一是提升装车站装车工人的工作效率。要对装车工人进行工作培训和安全培训，保证工人可以熟练操作装车的相关机器，提高装车效率。二是对各类装车设备以及列车相关设备勤维护。装车设备可以看作是人的肢体的延长，只有装车设备乃至列车设备正常运行，工人才能更好地操作，才能避免因设备故障导致工作效率受到影响。因此，装车站作业效率的提升是一个整体性工作，是各个方面共同努力的结果，在货运列车运行中发挥着重要作用。

二、国际道路运输通道建设战略

结合"十三五"交通发展规划及未来发展趋势，我国国际道路运输通道建设要以推进"六廊一路"国际道路运输通道建设为重点，同时要健全完善政策法规标准体系，为推动我国交通运输"走出去"奠定基础。

（一）重点国际道路运输通道建设

中国特色社会主义进入新时代以来，我国交通运输行业的改革发展取得了重大突破，"五纵五横"综合运输通道的基本贯通，标志着我国交通事业的发展迈入新的阶段。新时代要有新作为，伟大梦想需要伟大工程来支撑。2017 年 2 月 3 日，国务院印发的《"十三五"现代综合交通运输体系发展规划》提出了"十纵十横"综合运输大通道布局方案，对建设多向联通的综合运输通道进行了顶层设计，描绘出"十三五"期间我国交通事业的发展蓝图。由此，新时代我国交通事业发展的序幕已经拉开，由交通大国迈向交通强国的战略使命已被提上日程。

随着改革开放的持续深入以及"一带一路"倡议的提出，我国构筑全方位对外开放新格局的现实诉求需要与时俱进的交通战略提供支撑。为此，我国交通建设以树立全球视野为战略着力点，以立足本国发展需要为战略落脚点，"以'六廊一路'为依托，大力推进沿线交通基础设施建设和海上合作项目，积极利用亚欧大陆桥、泛亚交通网、海上战略支点等向外延伸，以新亚欧大陆桥、中蒙俄、中国—中亚—西亚、中国—中南半岛、21 世纪海上丝绸之路通道、中巴、孟中印缅通道等 7 个方向作为全球联通的主攻方向"①，加快推进我国与全球各主要国家、经济体互联互通交通运输体系的形成，从而满足我国全方位对外开放格局的战略需要。

1. 推进新亚欧大陆桥与"一带一路"互通融合

2013 年 9 月 7 日，习近平总书记在访问哈萨克斯坦时，提出建设"丝绸之路经济带"的战略构想，这标志着新亚欧大陆桥被赋予服务国家构筑全方位开放新格局、促进地区协同发展的新的战略使命，是新时期新亚欧

---

① 李伟、孙鹏、陈璟：《国家动脉 脉动中国》，《中国交通报》2017 年 8 月 7 日。

大陆桥新的历史发展机遇。因此,新亚欧大陆桥的发展策略应紧抓历史机遇,主动对接落实"一带一路"建设,实现与"一带一路"建设的互通融合。具体表现为,结合"一带一路"倡议和国际大通道建设走向,以"一带一路"沿线中心城市为支撑,以重点经贸产业园区为合作平台,完善我国境内新亚欧大陆桥的支线建设,推动与我国境内各主要铁路干线的联通,确保"一带一路"沿线中心城市能够顺利搭上运行在新亚欧大陆桥上的这趟"经济顺风车"。这既是推动我国融入世界新发展体系的迫切需求,也是实现经济全球化的历史必然。

2. 推进"中蒙俄经济走廊新通道"建设

"中蒙俄经济走廊新通道"是连接第一亚欧大陆桥的一条经济通道。具体是指,"从连接俄罗斯第一亚欧大陆桥的蒙古乔巴山—额仁查布(蒙俄边界蒙方口岸)铁路开始,新建一条乔巴山—霍特—毕其格图(蒙中边界蒙方口岸)的蒙古新铁路。在此基础之上,将蒙古铁路在毕其格图和珠恩嘎达布其(中蒙边界中方口岸)与中国境内的巴珠铁路(巴彦乌拉—珠恩嘎达布其)、巴新铁路(巴彦乌拉—阜新新邱)、阜盘铁路(阜新—盘锦港)相连后出海,开辟一条中蒙俄经济走廊新通道"①。中蒙俄经济走廊新通道的建设,既符合我国发展利益,又符合俄罗斯和蒙古国的发展利益,是一条共赢的经济走廊。该通道的建设旨在实现我国国内的铁路路网以及我国与蒙古、俄罗斯铁路路网的互联互通,最终实现亚洲地区铁路路网的互联互通,为各国经济的发展与人员交流奠定便利的交通基础。目前,蒙古已有连接到俄罗斯第一亚欧大陆桥的乔巴山—额仁查布铁路,现仍需在横向上推进霍通铁路(霍林河—通辽)货运专线与巴珠铁路的接轨;在纵向上推动巴珠铁路、阜盘铁路的建设,推进巴新铁路全面通车运行的进程。

---

① 毕德利:《携手推进"中蒙俄经济走廊新通道"建设》,《北方经济》2015年9月10日。

3. 推进中国—中亚—西亚国际运输走廊建设

中国—中亚—西亚国际运输走廊既有刚刚开辟的通道，也有运行多年的铁路，主要包括：刚刚开辟的"丝绸之风"项目、哈土伊铁路项目以及运行多年的中哈乌土伊铁路。"丝绸之风"项目的基础是欧盟 1993 年启动的欧洲—高加索—亚洲运输走廊计划（TPACE-KA），共有 13 个沿线地区国家参与。该项目旨在减少新独立国家交通上对俄罗斯的依赖，其主要内容包括："改造和修建中国—哈萨克斯坦—吉尔吉斯斯坦—乌兹别克斯坦—土库曼斯坦—阿塞拜疆—格鲁吉亚—黑海—欧洲的铁路和公路；改造里海的阿克套、巴库、土库曼巴什和黑海的波季、巴统等港口；修建支线道路基础设施；培训高水平的国际运输业人才；制定统一的关税和税率规则，促使项目参与国加入有关国际公约和协定。"① 哈土伊铁路项目是 2007 年由土库曼斯坦、哈萨克斯坦与伊朗三国政府共同签署的建设乌津（哈萨克斯坦）—格济尔卡亚—别列克特（土库曼斯坦）—艾特列克—戈尔甘（伊朗）铁路的政府间协议。该项目于 2014 年全线投入运营。中国—中亚—西亚国际运输走廊的建设，将我国与中东地区铁路连接起来，能够有效促进沿线地区的经济与社会交流，为我国西部地区尤其是新疆地区的发展提供重大的历史机遇。

4. 推进中国—中南半岛经济走廊通道建设

2015 年 3 月，由国务院授权，国家发展改革委员会、外交部、商务部联合发布的《推动共建丝绸之路经济带和 21 世纪海上丝绸之路的愿景与行动》正式提出要建设中国—中南半岛经济走廊通道。中国—中南半岛经济走廊的建设"东起珠三角经济区沿南广高速公路、桂广高速铁路，经南宁、凭祥、河内至新加坡，将以沿线中心城市为依托，以铁路、公

---

① ［俄］鲁斯塔姆·米尔扎耶夫：《新丝绸之路的地缘政治》，莫斯科出版社 2004 年版，第 169 页。

路为载体和纽带，以人流、物流、资金流、信息流为基础，加快形成优势互补、区域分工、联动开发、共同发展的区域经济体，开拓新的战略通道和战略空间"①。《推动共建丝绸之路和 21 世纪海上丝绸之路的愿景与行动》发布以来，我国相关地区以产业为依托，积极推进与沿线相关城市的交流与合作，为中国—中南半岛经济走廊的全面贯通奠定了重要基础。

5. 面向东盟国家打通 21 世纪海上丝绸之路东南太平洋通道

自 2010 年中国—东盟自由贸易区建成以来，"中国成为东盟第一大贸易伙伴，东盟成为中国第三大贸易伙伴，以自贸区升级为标志，双方关系已进入成熟期，合作进入快车道"②。同时，历史上大多数东盟国家与我国有着深厚的历史文化情感，其居民大多是华人华侨，与我国经济贸易联系紧密，产业互补性强。东南太平洋通道建设，符合我国与东盟的发展利益，不仅对于进一步加强我国与东盟的经济交流与合作具有重要作用，而且还将从规模和内涵上进一步提升双方贸易政治关系。

6. 构建中巴公路铁路战略通道

中巴公路铁路战略通道是中巴经济走廊顺利贯通的交通基础和基本前提。中巴经济走廊西起我国喀什，南至巴基斯坦的瓜达尔港，贯穿巴基斯坦全境；北接丝绸之路经济带，南连 21 世纪海上丝绸之路，是"一带一路"建设的重要组成部分，对实现我国与巴基斯坦互联互通、促进两国经济合作与交流有着重要意义。2013 年 5 月，李克强总理在访问巴基斯坦时提出建立中巴经济走廊的远景规划。李克强总理表示，"要加强战略和长远规划，开拓互联互通、海洋等新领域合作。要着手制定中巴经济走廊远景

---

① 赵可金：《"一带一路"的六条经济走廊》，中国网，http://www.china.com.cn/opinion/think/2015-06/03/content_35724905.html。

② 薛力：《21 世纪海上丝绸之路建设与南海新形势》，《中国周边安全形势评估 2015》 2015 年 1 月 1 日。

规划，稳步推进经济走廊建设。"①"中巴经济走廊建设旨在进一步加强中巴互联互通，促进两国共同发展。"②2015 年 4 月 20 日，习近平主席对巴基斯坦进行国事访问，推动促成了中巴"全天候战略合作伙伴关系"，并签署了涉及多个领域的共计 51 项合作协议，其中以铁路、公路为代表的交通基础设施建设项目居多。由此可见，以铁路、公路为代表的交通基础设施建设已经成为中巴经济走廊建设的先导性力量。中巴经济走廊的顺利贯通，需要两国政府紧抓历史机遇，以铁路和公路建设为桥梁和纽带，推动中巴铁路公路战略通道的优先形成，为中巴两国的经济交流与合作奠定便利的交通基础。

7. 推进孟、中、印缅经济走廊建设

孟、中、印、缅四国已经同意建设孟、中、印、缅经济走廊，但是尚未正式明确该走廊的具体路线。中国方面可从云南出发连接缅、孟、印公路，也可以从西藏出发连接印、孟、缅，中国倾向重点建设从云南出境的线路，该走廊可以实现陆路和海路联运。至于铁路运输，应该先联通中缅铁路网，待时机成熟再联通印度和孟加拉国铁路网。

（二）健全完善政策法规标准体系

《推动共建丝绸之路经济带和 21 世纪海上丝绸之路的愿景与行动》指出："'一带一路'建设是沿线各国开放合作的宏大经济愿景，需各国携手努力，朝着互利互惠、共同发展的目标相向而行。努力实现区域基础设施建设的完善和安全高效的陆海空通道网络的形成，从而使互联互通达到新水平；投资贸易便利化水平进一步提升，高标准自由贸易区网络基

---

① 《中方：中巴经济走廊建设旨在进一步加强中巴互联互通》，人民网，http://politics. people.com.cn/n/2013/0523/c1027-21593518.html。

② 《中方：中巴经济走廊建设旨在进一步加强中巴互联互通》，人民网，http://politics. people.com.cn/n/2013/0523/c1027-21593518.html。

本形成，经济联系更加紧密，政治互信更加深入；人文交流更加广泛深入，不同文明互鉴共荣，各国人民相知相交、和平友好。"① 因此，"六廊一路"建设，将会实现我国与世界上各主要国家地区和各经济圈之间的互联互通，促进我国与世界上各主要国家和各经济圈之间的交流与合作。但是，"六廊一路"建设只是实现互联互通的交通前提，互联互通的最终形成和实现还需要完善的政策法规标准体系做保障，而完善的政策法规标准体系我国目前还不具备。以我国国际铁路运输通道建设为例，我国只加入了《国际货协》规则体系，而没有加入适用范围和影响力更广的《国际铁路运输公约》，即 CIM 规则体系；我国现有的铁路运输规则体系还是计划经济体制下的产物，目前拥有的《铁路法》、行政法规等国内法律体系，显然无法应对以国际市场机制为基础的"一带一路"铁路运输所引起的各类法律问题。因此，考虑到《国际铁路运输公约》适用范围广，且成员国与中国的贸易往来密切，我国在推动国际铁路运输通道建设时，有必要主动加入《国际铁路运输公约》，并依据 CIM 规则体系处理国际铁路货物运输所遇到的问题。针对部分国家尚未加入《国际铁路运输公约》的情况，我国则需要参照公约标准签署双边条约进而设立两国之间的铁路运输规则体系。

三、国际陆、水、空联运通道建设战略

"一带一路"倡议提出以来，我国与沿线各主要国家的经济交往日益密切，进一步凸显出我国建设综合交通运输通道的迫切需求。我国综合交通运输体系建设应重点推进国际陆、水、空联运通道建设，对国际联运发展建设进行中长期战略规划，同时结合目前我国空中运输通道存在的短

---

① 《国家发展改革委、外交部、商务部：推动共建丝绸之路经济带和21世纪海上丝绸之路的愿景与行动》，《人民日报》2015 年 3 月 29 日。

板，加强节点机场设施建设，推动与更多国家实现跨国通航，进而最终完成陆水空"三位一体"综合交通运输通道建设。

（一）国际联运发展中长期战略规划

针对目前我国在推动国内铁路国际联运发展过程中所遇到的问题，为使我国铁路国际联运能达到预期目的，需着力做好以下工作：

1.不断推动各国铁路部门进行合作交流

目前，国际联运涉及的众多国家的政治经济制度、文化背景、经济水平发展程度等均有差异，这些差异成为了制约我国铁路国际联运进一步发展的瓶颈。为消除这一瓶颈，我国应秉持平等互利、合作共赢的基本理念和原则，积极推动同邻国铁路部门的沟通协调，对涉及市场营销、吸收货源、价格政策、通关查验等方面加大沟通力度，建立相关协调机制，及时解决可能出现的所有问题，为国际通道的全面贯通确立基本保障。

2.引入"无轨承运人"制度

"无轨承运人"是指"为接受托运人或托运人的代理人的委托，以自己的运送票据——运单或提单为契约，提供运输服务并承担相应责任，但并不实际从事铁路运输的货物运输经营人。"① 简单来说，就是针对铁路国际联运运输引入市场化改革，实现承运人的分化，承运人职责的分离，将"过去的单一承运人变为契约承运人和实际承运人 2 个层次"②，由契约承运人和实际承运人共同完成铁路运输。原来铁路部门对铁路运输全权负责，承担着单一承运人的角色。货主提供订单，铁路部门负责全权运输，包括报检、转运以及货物安全等服务，而在引入"无轨承运人"制度后，铁路部门只承担着实际承运人这一角色，对货物进行安全快捷运输，向契约承运

---

① 车探来：《以无轨承运人制度推动国际铁路联运发展》，《综合运输》2007 年 9 月 10 日。
② 车探来：《以无轨承运人制度推动国际铁路联运发展》，《综合运输》2007 年 9 月 10 日。

人收取相关费用并承担相应法律责任。承接订单、报关报检、转运，以及多式联运等服务均由契约承运人承担，契约承运人向货主收取相关费用，并承担货损等相关法律责任。因此，"无轨承运人"制度的引进，可以有效推进我国铁路运输相关体制的改革，分解铁路部门国际联运业务繁重的工作量，厘清货物运输责任，更好服务货主，实现国际联运作业效率的提高。

3. 提升口岸运输能力

随着全球化进程的不断加快，世界各国的产业结构正在进行新一轮的调整，产业分工格局出现新变化，尤其是发达国家正在将传统加工业转移至人力成本较低的发展中国家，这为我国带来了重大的经济发展机遇。但是，我国铁路口岸建设不足，运输能力不高，严重影响我国利用这一重大历史机遇来发展口岸经济。因此，为牢牢把握这一重大历史机遇，加快铁路口岸建设，提升口岸运输能力已刻不容缓，国家有关部门应结合国内运输通道建设现状，针对性地加强口岸建设，着力实现国内运输通道与铁路口岸的互联互通，为货物的转运、出口奠定便利的交通基础。

4. 实现运输服务模式的创新

铁路是国际铁路联运的物质承担者，铁路的运输服务模式直接影响国际铁路联运的发展。铁路部门应树立全球视野，着眼于未来国际铁路联运的发展方向，对国际铁路联运加大硬件投入和软件投入。在硬件投入上，要以基础设施投入为主，建立以大型口岸、大型中转站为代表的大型作业站；在软件投入上，对近年来国际联运业务大数据进行可靠翔实的分析，结合国际联运的一般规定，制定适用范围广、针对性强的文件，完善相关机制。同时，还应加强扶持一批现代"货代企业"，并对现有人才进行现代化培养，提升其综合素质，以此来提高国际联运工作服务水平。

（二）节点机场设施建设及跨国通航

"一带一路"带来的历史发展机遇对我国综合交通运输通道的建设进

一步提出新要求，加快节点机场设施建设、进一步推动跨国通航，打通空中运输通道，架起空中丝绸之路也被提上日程。

通过对世界主要国家的机场群和城市群分布特征进行分析，可以发现机场群和城市群相伴而生，"美国东北部大西洋沿岸城市群拥有多个机场群。英国中南部城市群拥有大伦敦机场群。法国以巴黎为中心的城市群拥有大巴黎机场群等不同功能、不同规模的机场"①。遍布城市各个区域的机场组成了机场群，架起了城市群连入世界经济的桥梁，促使相关国家的城市群得以向世界级城市群转变迈进，从而深度融入全球产业的分工，促进经济的快速发展。基于此，中国城市群和机场群建设正当其时。

目前，我国最具活力、开放程度最高的城市群多集中在东部沿海地区，如京津冀、长三角和珠三角城市群等，它们共同推动着我国国际贸易迅速增长和经济快速发展。因此，我国应紧抓历史机遇，依托这些发展水平成熟、发展态势好的城市群，积极完善周边的机场设施建设，形成具有一定规模、信息化程度高的机场群。同时，还应立足现有机场设施，将具有交通区位优势的机场打造为重要的国际空中运输节点机场，进而通过国家间有关部门的沟通协调，推动形成跨国通航，从而最终打通空中运输通道，架起空中丝绸之路，完成海陆空"三位一体"综合交通运输通道建设。

第二节　服务跨国利益共同体的对外交通输出战略

交通运输不仅要"引进来"，还要"走出去"。交通运输"走出去"的

---

① 闻斋：《架起空中丝绸之路，"一带一路"战略下城市群和机场群建设》，《大飞机》2017年6月25日。

实质是交通运输建设标准、建设规范以及建设理念等走出去,这对于推动我国交通运输发展与国际接轨,进而弘扬我国交通运输的价值理念和交通运输文化具有重要作用。鉴于此,我国应制定相应的对外交通输出战略,为交通运输"走出去"提供宏观指引。

一、交通运输供应链战略

交通运输"走出去"日益成为我国延伸和弘扬"中国梦"的重要窗口。新中国成立以来,特别是改革开放以来,我国交通运输"走出去"积累了丰富的海外经验,交通运输"走出去"的过程印证了"摸着石头过河"的发展智慧。当前,我国在公路、轨道交通、高铁等多个交通运输领域已处于世界领先的地位,而且继续保持"领头羊"、引领世界交通运输领域的发展的态势,凸显出对外交通运输战略的价值意义。

供应链战略是实现产业出口的高端战略形态,是培育产业核心竞争力的关键所在。在遵循市场化路线的过程中,我国交通运输"走出去"战略经历了"劳务输出—施工总承包—设计施工总承包—设计施工运营一体化"的过程,这个过程也是国际竞争力逐步增强的过程,凸显了我国交通运输产业步入高端产业链的事实。供应链战略涵盖了研发设计、装备和元部件生产、施工管理、运营服务等一体化环节,因而是涵盖产品、技术、服务的战略体系。在建设国际交通运输供应链战略的过程中,也需要按照这三个维度去建设和打造。因此,交通运输多元产品战略(如高速铁路、电气化铁路、高速公路及桥梁隧道、轨道交通等)、交通运输技术标准国际化及其应用战略、交通运输现代服务及其品牌战略(如设计、运营、品牌等服务,以及资金、技术、人才等要素)就构成了国际交通运输供应链的核心子战略。这也启发我们,打造这一战略要做到同时开展、立体支撑、协同进步三者的有机衔接与配合,从而使完整高端供应链体系的构成得以实现。此外，从输出的区域选择上来讲，建议按照东南亚、东北亚、中亚、西亚的顺序加以推进，特别是优先在泛亚高铁网、第三亚欧大陆桥、中国—东北亚—北美铁路、中国—中亚五国客货交通等运输通道建设方面予以推进。

二、交通运输标准化建设战略

交通运输标准化战略是集系统性、协调性、前瞻性于一身的交通运输发展战略，既体现出标准化工作的技术精神，又响应了交通运输行业的发展需要。标准化是综合交通运输的基本保障，能够有效推动综合交通运输体系的建设，促进各种运输方式之间的衔接和融合发展，实现行业治理体系和治理能力的现代化，为对接国际标准打下良好基础。

（一）基于系统性的交通运输标准化

"系统性"是对标准化工作的整体设计、顶层设计，而不仅仅局限于技术标准自身，它体现在编制内容上是覆盖政策制度、标准制修订、实施、监督、支撑保障和国际化等标准工作的"全要素、全链条"。因此，要加强国际标准跟踪、开展评估中外标准差异性和等效性研究工作。结合国内外交通运输生产实践的现状，我国应通过深入参与国际标准制修订工作，加快实现国际标准国内化，国内标准与国际标准一致化，国内特色标准国际化的"三化"进程，提高我国在国际标准化工作中的影响力。

（二）基于协调性的交通运输标准化

"协调性"体现在编制范围上是覆盖综合交通运输、铁路、公路、水运、民航和邮政等多种交通运输方式，能够有效促进各种运输方式标准的有机衔接，为构建综合交通运输体系提供基本保障；同时，还能大力推进自主研发标准走出去。如：组织重要的铁路技术规范，公路、水运工程技术标准等多种交通运输标准以外文形式出版，在海外工程承包、设备出口以及对外援建过程中让中国标准得以顺利推广。与此同时，还应加强标准化工作的国内外宣传交流与培训，学习借鉴典型发达国家的先进标准化管理经验，推动标准国际化与交通运输现代化建设形成有机整体。

（三）基于前瞻性的交通运输标准化

"前瞻性"体现在着眼于对交通运输现代化和交通强国战略目标进行体系设计，是对今后较长一段时期内行业标准化工作的总体布局，既要做到国家标准化体系建设，又要做好对国际标准化体系的衔接工作，统筹"引进来"和"走出去"，全面提升交通运输标准化的工作水平。具体来看，应从拓展交通运输标准化发展的国际视野，深化对外合作与交流，实现国内标准接轨国际标准和国外先进标准，以提高我国标准与国际标准一致性程度等方面出发，着力推动特色优势领域技术和标准的国际化进程，提升交通运输行业国际影响力和企业核心竞争力。

三、交通运输软实力战略

践行服务跨国利益共同体的对外交通输出战略，除了积极推进交通运输供应链战略、交通运输标准化战略，还应该做好交通文化的建设工作，着力通过提升我国交通运输软实力来提高我国交通运输的国际认可度。

（一）交通运输软实力的实践路径

交通文化是在长期的建设、运输和管理等实践中逐步形成的，是交通行业信奉并付诸实践的价值理念。交通文化是理论和实践的统一，是价值观和方法论的统一。通畅道路、人民致富要道、文化交流的通道等都是现今交通被赋予的与时俱进的时代意义，对于实现民族振兴、社会现代化至关重要，成为影响一个国家或地区发展的重要因素，而如何把交通文化落到实地践行到交通网络中，主要方法如下：

1. 筛选提炼交通沿线的区域特色文化

"提炼交通沿线地区历史文化特色，根据交通文化活化的需要，首先要系统收集区域的历史文化资料。"[①]通过分析沿线国家和地区独特的自然资源优势，收集资料加上实地考察提出可用于展示的文化因子，编制人文与自然资源评价报告。

2. 提出交通文化在交通沿线建设的核心理念

"区域文化不能停留在实实在在的范畴，它应该是在科学先进理念指引下进行的工程，因此必须赋予物化建设创新的理念。"[②]并且还应采取科技创新与文化建设有机结合的理念，强调文化建设的指导性，打造系统开展交通科技创新与文化建设有机结合的工作模式。

3. 在交通特色标识、标牌及视频系统中融入交通文化

把特色文化因子物化为高速公路的 LOGO，以及提炼创意元素把特色文化融入 VI 系统中。此外，将沿线地域特色文化因子融入里程、景点标牌、法规警告、环保警示、服务区、观景点、视频系统等交通运输元素中，提供人性化的体验与服务。

（二）交通运输核心价值体系建设

构建交通运输核心价值体系是一个崭新的方向，是对交通运输事业取得长足发展的阶段总结和大胆探索，是实践经验升华为理论体系的最终目标。因此，围绕如何构建以及构建什么样的交通运输核心价值体系是摆在

---

① 王成平、魏巍：《论区域文化在公路上的物化及实现路径》，《重庆交通大学学报》（社会科学版）2009 年第 5 期。

② 周德贵：《区域文化在公路建设中的物化研究》，西南大学 2010 年学位论文。

行业发展面前的一道挑战项目，可以从以下三个方面着手：

1. 优化核心价值理念

"以人为本"是核心理念，建构与时俱进、积极向上、进取健康的交通运输行业文化体系，需培养交通人的高尚职业道德，优化文明行为，锻造具有正确人生观、世界观、价值观的交通人。

2. 形成行业系统认识

系统分析交通运输结构构成，深入研究行业内不同系统的文化，形成全面深刻的行业系统文化并使之成为规范交通运输行业的行动和思想指南。在此基础上，深化交通运输行业的机制创新，建立有效的制度确保交通运输行业制度文化到位。

3. 强化领导机制

领导干部发挥先锋模范作用，加强思想政治道德修养，坚定立场。此外，加强核心价值理念的学习宣传活动，完善考评机制，加强日常考察、跟踪考察工作，把交通运输核心价值体系的理论内容落实到交通运输行业的实践中。

（三）交通运输文化品牌建设工程

交通文化有机融入交通网络中，构建完善的交通运输核心价值体系，践行打造拥有自主文化品牌的建设工程，全面落实交通运输软实力战略。

自交通运输行业文化建设"十百千"工程实施以来，交通文化建设的积极性高涨，涌现出一批具有文化内涵的"交通文化品牌"，这种品牌效应对内可以增强凝聚力和约束力，对外可以增强互动性和影响力。因此，在未来的文化建设中，交通运输文化建设"十百千"工程将更有效地解决丰富性和传播性的问题，不仅仅局限于一个区域内的品牌建设，而是真正让文化品牌走出去。这一要求，在表达上，追求表述词汇的丰富，用语多变，便于记忆，利于传播；在认识上，不断更新交通运输的价值内涵，与时俱进地提升交通文化企业的意义；在实践上，组织多种多样的活动使文化载体和形式多样化。通过以上途径，形成与社会良性互动的文化，提高交通运输文化的吸引力和影响力，辅助经济硬实力，形成行业文化自觉。

四、交通运输形象化建设战略

构建自信开放、和而不同的中国交通文化观，打造复合多元、立体多样的文化传播格局，塑造形式多样、生动活泼的中国现代交通形象，不仅利于践行交通运输形象化战略，也利于增强中国软实力，利于服务跨国利益共同体的对外交通输出战略。

（一）阐释中国交通文化观

随着共建"一带一路"伟大倡议的提出，丝绸之路再次成为全球化视野的焦点，为亚非欧乃至国际政治、经济、文化交流提供了新的契机。这就要求我们在开展一系列交通运输基础设施共建共享的同时，也要结合文化实际，构建和阐释文化强国的自信与包容。具体来看有以下几点：

1. 构建现代交通新形象

积极与丝绸之路沿线的历史文化遗产和独特风俗民情相结合。交通运输是整合和架构现代城市资源的基本途径，可以激活城市的文化特征，完善城市的服务功能，扩大城市的品牌形象。在"一带一路"的互联互通中，丝路沿线的城市要将丝路文化作为城市公共交通艺术的创新点，以"丝路之旅"为主题，结合当地文化特色资源，形成丝路文化特色品牌，以多样立体的方式展现给公众，突出丝路节点城市的文化内涵。丝绸之路沿线城市以独特的民族风情和深厚的文化积淀搭建特色文化品牌，推动了丝绸之路文化资源的保护、传承和发扬，通过整合资源，以项目实施带动战略发展，形成丝路文化系列品牌，进而在更大区域内推广、发展。

2. 从传统文化中汲取营养

丝绸之路一直担负着文化吸收和输出的重任，来自不同地区的文化在丝路上碰撞、交流、融合。中国继续坚持以"共商、共建、共享"的原则，秉持"礼之用，和为贵"的思想，积极促进异质文化的良性沟通，以争取获得众多国家的文化认同。在交通站点、交通工具及现代传媒中，融入传统文化的精髓，向世界弘扬中国传统文化，同时提升人民的精神素养和文化内涵。

3. 构建绿色环保的新形象

安全、畅通、舒适、环保、节能、高效率和高可达性是构建现代交通的重要因素。陆上丝绸之路途经一些生态环境脆弱的地区，因此，在区域城市化建设中，要坚持绿色发展的原则，做到推动经济发展的同时，保护区域生态平衡。以"一带一路"倡议为契机，对丝路节点城市进行一体化统筹，实现交通与环保的双赢，促进人与自然和谐发展。

4. 树立交通援建品牌战略

援助建设交通等基础设施建设项目，是推动第三世界国家共享和平发展成果的重要形式，也是树立中国国际形象和地位的必要做法，更是新中国成立以来塑造全球利益和命运共同体的历史必然。21世纪我们更有必要推动以交通援建为主要形式的第三世界援建工作，并借助此种形式增强中国的硬实力和软实力，间接为培育和拉动中国交通产业的海外竞争力提供较好的品牌支撑。根据美国研究机构发布的报告显示，2000—2011年间中国共为51个非洲国家援助援建了1673个项目，其中较大比例为交通基础设施援建，援助总额约合750亿美元，成为仅次于美国的世界第二大援非国家。从非洲大陆上最大的援助项目坦赞铁路，到莫桑比克奥克塔公里桥项目、肯尼亚内罗毕南环路项目，以及亚的斯亚贝巴城市轻轨项目、阿卡铁路,都树立了中国交通运输的新品牌。需要明确的是,我们应该在援助和援建项目过程中实施嵌入战略,配套相应的援建项目如中国文化中心、中国孔子学院,以及反映中国优秀传统文化和现代文化的公共场馆,真正形成援建项目的"交通＋文化"模式,为宣传和增强中国软实力提供重要支持。

(二)打造交通文化传播新格局

复合多元的传播渠道对助力传播中国现代交通文化理念的意义重大。随着新兴媒介的崛起,我国要努力构筑立体多样的文化传播格局,通过全方位、多层次、有亮点的创新文化产品将我国新时期的交通文化理念沿着新丝路传向世界。

1. 发挥传统媒体与新兴媒体优势

交通文化传播不仅需要纸媒、电视、广播的呈现,更要重视"丝路云"和"丝路网"等丝路新媒体门户,传播丝路多样文化。各类媒体可利用自身优势,对交通文化主题形成传播联动,利用其权威性、公信力和影响力,增强多媒体传播的协同效应。同时考虑到丝路沿线城市媒介设施建设不完善,因而需要利用中国国际广播电台跨国传播的特有优势,开办优质交通文化专题广播节目。

2. 树立中国交通文化的正面形象

在全球化的时代,国家和区域之间的文化交流难免出现摩擦和误解,秉持和而不同的包容理念,积极同"一带一路"沿线国家媒体合作,扩大媒体间合作和记者团互访,建立与国外主流媒体的合作与信任机制,宣传中国交通文化,同时尊重国外文化的特质,考虑受众的接受心理,有针对性地宣传,增进世界对中国文化的了解。

3. 推动交通文化深入日常

输出一批高品质的交通题材的文化精品,形象生动地传播中国的交通文化。丝路沿线开展交通项目时，发挥项目部在当地的优势来传播交通文化，将中国交通文化通过具体行为传播至当地，塑造中国交通新形象。充分利用多种交通媒体形式加强交通文化宣传，譬如户外的交通广告、机场和公交站的移动显示屏等，使交通文化深入大众生活的日常点滴之中，将交通文化潜移默化地渗入人们的思想。

4. 加强不同层次的交通文化交流与对话

如丝路沿线国家交通部门之间的定期互访，乃至丝路沿线城市交通部门之间的互动，以及学院和民间的文化论坛活动。定期举办"一带一路"沿线国家"国际交通文化论坛"等大型国际专题交流活动，在"一带一路"沿线国家学校中设立中国交通专项奖学金、助学金，进一步推动丝路沿线国家来华学习交通相关专业，展示中国交通形象，交流交通发展理念，扩大中国交通文化影响力。

总之，要塑造现代中国交通的新形象，一定要利用现代传媒的多种形式和渠道，积极寻求与丝路沿线国家和地区间的合作，实现传播渠道的多样化和立体化，努力创作更多文化精品，开展多层次的文化对话，打造复合多元、立体多样的交通文化传播格局。

（三）塑造中国现代交通新形象

中国现代交通的新形象需要通过视听语言和文化符号来塑造和传播，这涉及形象传播的外在表现层面，是直接作用于人感知的传播要素，有助于交通理念有效传播给受众并获得良好效果。具体包括以下几个方面：

1. 用典型形象凝聚行业力量

交通运输服务无止境，交通行业软实力来自其服务理念和奉献精神。交通运输部门应宣传交通运输行业的先进典型和发展经验，命名和表彰交通运输行业文明服务品牌，开展相关活动以动员交通运输系统基层单位和职工，提升行业软实力。

2.用文学语言抒发伟业豪情

广大文艺工作者应发挥自身力量，在诗歌、小说等新创作品中反映中国现代交通形象以及优秀事迹和先进典型。树立交通形象离不开文艺创作和文化表现，现代交通发展的新形象需要融于民族文化之中。

3.用表演艺术讲好交通故事

表演艺术向来都是描述中国故事的良好载体。文艺界可将"丝绸之路"沿线流传的故事改编为歌舞和戏剧，这种形式表演具有极强的艺术感染力和文化传播力，可利用国内和沿线国家展演平台和媒体进行传扬。

4.用视听语言联结世界人心

制作影视作品和形象宣传片，利用新媒体平台传递给大众，展示我国日新月异、国际领先的交通技术和设备，展现中国现代交通的新形象，以及勾勒现代交通兴国、"中国梦"指引下的美好交通图景。加强国际化传播，特别是丝路沿线国家和地区，加深其对我国交通技术的信赖程度。

5.用音乐广播传播中国风范

这是因为"丝绸之路"沿线的国家经济发展水平和媒介技术有差异，例如中亚的一些国家经济水平有待提高，仍旧以广播为最主要的传播媒介。交通形象可以通过中国国际广播电台来加以传播，与中国交通相关的歌曲和节目都应该通过此渠道来广泛宣传。

6.用视觉符号传达交通理念

这是指从辅助传播的层面来说，广泛存在于交通部门的日常办公场所和公共交通空间的符号标示，以及各种宣传物料的设计，向工作人员和民众持续宣扬和传达现代交通的理念和形象，例如以诠释传播现代交通独特文化为内容点设计交通专有LOGO，通过视觉符号强化民众对交通理念的理解。

第三节 服务中国交通运输"走出去"战略的要素支撑

践行服务跨国利益共同体的对外交通运输战略，需要交通运输国际议程设置、跨国合作机制、跨国融资服务、国际人才队伍、国际技术创新五大要素支撑。这是支撑中国交通运输"走出去"的客观要求。

一、交通运输国际议程设置支撑

通过积极推进多边合作机制的交通议程，举办"一带一路"沿线国家交通部长联席会议，成立全球交通运输产业技术合作联盟，制定新型国际交通运输标准，推进与"一带一路"沿线国家的互联互通，推动中国交通运输"走出去"。

（一）积极推进多边合作机制的交通议程

为推进与周边国家的互联互通，服务区域经济，推动我国交通运输企业"走出去"，不断扩大我国交通运输企业的海外市场网络，提高其国际竞争力，交通运输部应积极搭建平台，进一步推进多边合作机制的交通议程，在多边合作机制的相关议程中，增加交通合作机制的内容，还应进一步加强已有交通议程的合作机制。强化多边合作机制的交通议程，发挥上海合作组织（SCO）、亚太经合组织（APEC）等现有多边合作机制的作用，继续发挥沿线各国区域、博鳌亚洲论坛等平台的建设性作用。充分利用现有合作机制，如上海合作组织交通部长会议等双边交通运输合作机制，深化双边、多边和区域合作，不断加强与周边国家的互联互通，以期形成全方位、多层次、宽领域的交通运输国际合作新格局，助力沿线国家经济增长，为我国交通运输行业蓬勃发展提供机会。

（二）举办"一带一路"沿线国家交通部长联席会议

举办"一带一路"沿线国家交通部长联席会议，可以有效解决战略统筹中的合理规划与高效衔接的问题。由于意识形态、经济发展和利益需求的差异，在"一带一路"沿线国家推进交通互联互通过程中难免会遇到管理政策、标准规范、缺乏与国际组织的合作等问题，"一带一路"沿线国家交通部长联席会议，对于统筹和开发中国与中亚国家间的交通运输产业发展具有重大意义。交通运输部长联席会议的主要职责是组织和协调各类形式的国际合作，建立统一、高效、权威的指导协调机制，推动经济技术合作，发挥规划引领作用，使相关国家的规划、标准有效衔接，推进项目建设等，最终实现跨国、跨区域商贸物资流动渠道的畅通。充分利用上海合作组织、亚太经合组织、亚洲开发银行等组织，为促进中国与中亚国家间的交通运输产业合作搭建全新的平台。

（三）成立全球交通运输产业技术合作联盟

为顺应全球化发展趋势，响应对外开放政策，坚持自主创新，提升产业国际化服务专业水平。由政府主导，交通运输部牵头，以国家产业政策为导向，整合国内外政府、企业、学校、研究机构、金融机构等各类资源，与有关国际、国内交通运输产业平台充分合作，搭建"全球交通运输产业技术合作联盟"，通过资源整合、产业合作，实现交通运输业的"引进来"和"走出去"，提升中国交通整体行业的国际化发展水平，以及交通运输行业的可持续发展能力。同时，联盟还将组织成员单位就高速公路、高速铁路等交通产业链的新需求合力开展攻关，突破交通运输行业重点领域的关键技术、共性技术和前沿技术，努力形成多项自主核心技术，提升交通运输产业的发展水平，以共享资源、共享信息、共同研发、共同开拓为理念，搭建市场信息共享平台和核心技术攻关平台，形成完善的联盟交流机制。

（四）制定新型国际交通运输标准

当前是"一带一路"倡议深化实行的重要阶段。趁此契机，在国际合作交流会议上，我国将《国际道路运输管理规定》中部分条款提出并与"一带一路"沿线国家研讨交流，制定出适合中国在未来深入国际化交流与合作的新"规定"，同时将综合指标规范准入条件，使各方平等竞争和规范竞争，出台对龙头国际运输企业的扶持政策，把加强双多边企业运输协定的制定等写入新"规定"中。贯彻落实《交通运输标准化"十三五"发展规划》，以"到2020年建成适应交通运输发展需要的标准化体系"为目标，对标国际先进道路运输标准，制定国际化的交通运输标准，同时联合周边国家共同制定更多交通运输方面的标准细则，使其为中国未来大发展的宏观战略提供监督支持和法律保障，也向周边国家展示出中国谋求长期合作与发展的巨大决心。

二、交通运输跨国合作机制支撑

发挥政府、企业、高校、科研机构、行业协会等多元力量在跨国合作机制支撑中的积极作用，推进多国政府在交通运输领域的交流与合作，逐步实现交通企业的规模化和国际化，进而夯实交通运输跨国合作机制。

（一）推进政府间交通运输领域交流与合作

立足"一带一路"倡议，政府应积极推进与周边国家在交通运输领域的交流与合作，在交通基础设施和物流运输方面为丝绸之路沿线国家提供必要的支持，保持与中亚国家的友好外交关系，为丝绸之路经济带的构建打下坚实基础。

中国可以利用地理上的优势，充分发挥交通基础设施的关键通道、节点的重要作用，与缅、越、蒙等开展卓有成效的务实合作，聚焦重点领域和项目，推进基础设施在建项目和新建项目建设，实现中亚地区人员和资源的高速流通。政府应大力推行国际化交通运输合作项目，签署各国双多边的贸易协议，重新建立并合理利用新型交通运输的多边国家合作机制，以交通运输"十三五"发展规划为基本纲要，对接沿线国家的交通基础设施规划，加深国家之间的合作深度与联系，共同协作发展，以此优化交通基础设施结构，提高联通性和保障水平。政府大力推动交通运输企业"走出去"，鼓励支持我国企业向资本输出、标准化输出、技术输出、管理输出转变，广泛参与交通基础设施设计、咨询、建设等环节，促使交通运输行业设备、技术、标准和服务"走出去"。同时，合理利用在周边国家建设的交通基础设施，积极输出本国文化，加强多方文化交流，增强区域间文化认同感，有利于推动丝绸之路经济带上的文化建设。

（二）推动交通运输企业间规模化和国际化合作

交通建设龙头企业是交通推进"一带一路"建设的有力抓手，依托中国交通建设集团、中国铁路工程总公司、中国建筑工程总公司等大型企业，打造交通建设企业对接联盟，充分发挥企业在沿线国家交通基础设施建设中的重要作用。在促进交通企业规模化方面，建立与国际接轨的认证制度，规范企业经营活动，提升交通产品和物流流通的市场竞争力。在走向国际化的进程中，需要取得国际权威性的认证，减少贸易中的技术壁垒，降低贸易成本，提高市场准入能力，更要保证产品安全性和可靠性，做到将"安全、经济、环保"的交流理念推向丝绸之路经济带合作国家。同时要以周边国家需求为导向，拓展企业核心能力，打入合作国家交通运输市场，积极与国际企业并购和合作，加速企业规模化进程。此外加强我国交通企业核心技术的自主创新能力，培养我国自主品牌，创造研发有自主产权的产品必然极大提升我国交通运输产业的规模化和国际化水平。

（三）创设高校和研究机构间跨国合作的科研服务机制

高校、科研机构不仅为交通行业的发展提供了人才支撑和技术保障，作为政府的"智囊团"，也要在交通建设战略规划上给予一定的指导。根据 2014—2015 年度中国大学及学科专业评价结果显示，全国开设交通相关专业的高校有 176 所，这些高校为交通行业发展提供了有力的人才支撑。因此，北京交通大学、长安大学、西南交通大学等在交通运输类专业极具竞争力的重点高校牵头成立高校交通联盟显得十分必要。

高校联盟可以通过研讨会、创业大赛等形式开展交通技术创新活动，积极搭建创新创业平台，加强高校间在交通领域的交流合作，同时推进交通运输发展重点领域科技领军人才的培养、卓越创新团队的建立。以交通运输部科学研究院为代表的重点科研机构科研成果丰硕，成为突破交通领域重大关键技术的中坚力量。因此，政府应强化改革政策配套措施，加大科研机构基础条件的投入力度，支持基础性大型设备、交通科研基础设施建设。另外，应充分发挥政府主导作用，建立多元化的交通运输科研体系，重点培育一批专而精、大而强的龙头骨干科研机构，以联盟形式为跨国合作提供科研技术服务支持。

（四）促进社会组织间形成常态化沟通交流机制

以中国交通运输协会为引领，携手中国智能交通协会、中国道路运输协会等，联系丝绸之路经济带上各个省级交通运输协会，积极与丝绸之路周边国家沟通，成为"一带一路"倡议交通方面实施的社会组织新角色。

政府应积极转变交通行政职能，加快实施政社分开，实现行业协会、商会与行政机关真正脱钩，将沟通、服务、协调、监督和研究等职能委托或移交给行业协会，重新规划交通行业协会的路径，重新确立交通行业协会在交通行业中的地位与作用，推进交通行业协会国际化进程，促进交通行业协会在新型多边合作中顺利发展。同时，政府应建立完善相关法律法规以支持交通行业协会，以新时代国际化的视角明确行业协会在政府和企业之间的中介作用，同时积极参与政府国际合作政策的制定。全国性运输行业协会应全面开展与周边各国行业协会的合作与交流，联合政府、企业、高校及科研机构共同发起成立国际性交通运输合作组织。此外，政府应转变交通行政职能，保障交通行业协会在新型多边合作中发展壮大。

三、交通运输跨国融资服务支撑

交通运输跨国融资服务支撑要素有两个：一是在交通建设筹集资金过程中发挥主渠道作用的政府，二是作为沿线国家交通项目建设主要资金提供方的金融机构。调动和发挥好这两个关键要素，是撬动交通运输跨国融资和国际合作"翘板"的重点。

（一）发挥政府在交通融资中的主渠道作用

加快"一带一路"沿线国家交通基础设施建设的发展，需要多元化投融资政策，资金是海外交通建设的重要支撑。从目前来看，海外交通建设的资金来源主要有两种途径：一是政府，在交通建设筹集资金过程中发挥着主渠道和引导作用；二是金融机构，为沿线国家交通项目建设中的主要资金提供方。政府引导，在交通建设筹集资金过程中发挥着主渠道作用，如在"一带一路"倡议推动下成立的丝路基金，以及在中国政府倡议下成立的亚洲基础设施投资银行，在政策资金等各方面给予沿线国家互联互通的支持，创造就业机会，多渠道动员各种资源投资，提升中长期发展潜力，推动区域互联互通和经济一体化进程。

（二）壮大金融机构在交通融资中的主要提供方职能

金融机构作为"一带一路"沿线国家交通项目建设的主要资金提供方，以中国进出口银行为核心的支持性金融机构在"一带一路"交通战略实施过程中具有重要作用。但是资金紧缺仍是跨国交通建设中面临的主要矛盾之一，资金供给远远低于资金需求。拓宽交通建设融资渠道，完善多元化投融资政策，构建海外交通建设的金融支撑框架，是加快交通基础建设发展的主要推动力。除了财政拨款、银行贷款之外，可视情况适当采用专项基金、债券融资、设立交通建设产业投资基金、捆绑、借壳上市等融资方法，实现"投资主体多元化、融资渠道多元化"，为我国海外交通建设提供有力的资金保障。

四、交通运输国际人才队伍支撑

优化交通运输国际人才队伍结构，需要加强国际合作办学，践行交通事业和企业"走出去"战略，构建交通行业人才培训共享平台，进而为交通强国战略提供稳健的人才支撑。

（一）开展交通运输领域国际合作办学

通过国际合作办学，在交通运输、物流运输和区域交通方面加深双多边合作与交流，特别要加强与"一带一路"倡议中国家的文化交流与交通专业建设。建立高校或科研机构合作机制体制，着力提高合作办学的质量，高效服务地方经济，与周边国家互利共生。优化交通科研人才队伍结构，加快完善交通人才引进培育等方案，努力建立一支专业素质高、活力迸发的创造型交通运输人才队伍，为交通事业的科学发展和跨越提供智力支持和人才保证。

（二）在国际实践中锻造精英人才

鼓励交通事业和企业继续落实"走出去"战略，不断培养国际化人才团队，实现培训方式现代化和国际化，建立人才培训和管理相结合的激励约束机制，以及有效培训机构和培训制度，力求培养出创新创业人才、国际组织人才、冷门交通领域专业人才、海外高端人才等多元化的交通专业人才资源。

（三）构建交通行业人才培训共享平台

构建交通行业人才培训共享平台，实现培训资源共享。在培训中要注重对培训成本的分析与控制、对培训方案收益的计算与研究，同时注重对内、外部培训资源的整合使用，不断评估和完善培训内容和形式。

五、交通运输国际技术创新支撑

交通运输科技进步与创新是完善跨国交通建设体系的重要环节之一。贯彻落实"十三五"规划，以基础科学、绿色技术、可持续发展等领域为重点领域予以推进，同时注重加强南南和南北的科技合作，引进优秀人才，设立海外科教基地，打造"一带一路"科技合作长效机制，给沿线国家创新合作提供便利条件，以在交通运输国际技术创新和科技发展中成为中坚力量为目标，积极对接沿线国家的发展战略，提高沿线国家基础设施水平，提升沿线国家创新能力，推动"一带一路"倡议顺利实施，从而进一步完善海外交通建设的科技支撑，发挥科技创新在海外交通建设中的引领作用。

（一）制定交通运输国际技术专项规划

以专项规划为引领，积极站在国际化视角，统筹跨国交通运输合作发展规划，尤其是在推进"一带一路"建设的科技创新合作规划上，应对科技促进交通发展进行专项规划。制定和实施有针对性的科技创新合作政策，聚焦战略重点，有序推进，针对关键性技术集中力量取得突破。

（二）加强重点科技基础设施建设

在重点科技基础设施建设上，应积极与各沿线国家展开合作，贯彻《推进"一带一路"建设科技创新合作专项规划》，打造"人才—平台—项目"相结合的科技合作计划。结合沿线各国的实际情况，加强各国之间的科研数据、交通信息资源的互联互通，以及推动各国的政策交流，建立联合实验室、创新交通科技研究中心、技术示范基地等，强化高新技术在"一带一路"科技合作项目中的应用。今后，将通过积极与沿线国家展开科技合作为纽带，以交通运输工程为引领，依靠双边合作机制、区域合作平台整合沿线国家资源，形成综合立体的"一带一路"合作架构，增强我国在"一带一路"地区的治理能力和话语权。

结语：交通强国梦的未来展望

交通强国战略既是对古代交通强国战略智慧的借鉴，又是现代交通强国之路的探索。交通强国梦承载着中华民族伟大复兴的战略构想，能对未来中国的政治稳定、经济增长、外交格局、文化自信，以及国家持续繁荣产生深远影响。

交通强国梦，助力中国实现"两个一百年"的目标。交通强国梦是技术强国梦，世界领先的交通技术不仅能为中国 GDP 贡献力量，也会树立民族创新的自信心。交通强国梦是经济强国梦，交通建设扮演了国内经济发展的引擎角色，能够带动相关产业发展和产业结构转型升级；交通战略合理布局能优化资源配置，转移我国过剩产能，拉动经济持续增长。交通强国梦是民族融合梦，以交通布局缩小东西部发展差距，确保边疆政治稳定、百姓安居乐业，促进中华民族的持续深度融合。交通强国梦是现代化的交通梦，交通发展水平提高作为社会现代化的标志之一，是实现"两个一百年"奋斗目标的题中之义。

交通强国梦，促进东西方经济交融与政治互信，增强中国国际话语权。交通强国梦承载着外交强国梦，以交通为先导和载体，以经贸合作为基石，提升我国与周边国家的互联互通水平，构建跨国利益共同体，密切联系欧亚伙伴关系，增强中国在世界政治舞台上的话语权。

交通强国梦，传播中华文化，推动中华文明在世界再度崛起。交通强国梦承载着文化强国梦，既肩负推动中华文明再度走向繁荣富强的使命，也承担着现代中华文化走出去的责任。交通强国梦，就是要重新打通东西方文化交流的通道，挖掘传统交通动脉中中西文化交流的遗存，增强中华民族的身份认同度，复现中华文化曾经的影响力，提升西方对中华文明的认知度，为现代中华文明的传播奠定了良好基础。交通强国梦就是要依靠交通经济带发展，让现代中国形象走出去，让中国文化产业走出去，增强中华文化的国际影响力，在国际舞台上彰显中国的文化自信和制度自信。

交通强国梦，促进和谐共生，为子孙后代留下充分发展空间。交通强国梦是可持续发展的强国梦，通过交通网络优化，推动城市发展，扩大环境容量，进而合理利用资源，减少环境压力，提升社会运行效率。交通强国梦是绿色的强国梦，环保交通理念促进人与自然和谐共生发展，彰显中国作为世界大国的责任与担当。交通强国梦是民主与进步的强国梦，交通制度设计促进社会公平，提高全民生活品质。

交通强国梦，开放合作共赢，共筑世界美好未来。中国作为东方大国，历来秉持着大国应有的责任，愿与其他国家一起互相尊重、互惠互利、共享发展红利。交通强国梦承载着中国作为世界大国的"美美与共，天下大同"的美好愿景，交通强国梦的核心理念沿袭了和平合作、开放包容、互学互鉴、互利共赢的丝路精神。在习近平新时代中国特色社会主义思想指引下的交通强国战略，必将惠及周边国家，与相关国家共荣共生，汇聚发展智慧，共建世界美好家园和人类命运共同体。这既是对国际合作以及全球治理新模式的积极探索，也是为世界和平发展积蓄更多正能量，更是推进世界全球化历史进程中浓墨重彩的一笔。

主要参考文献

一、中文著作

[1] 宓汝成：《中国近代铁路史资料》，中华书局 1963 年版。

[2] H.N. 沙伊贝、H.G. 瓦特、H.U. 福克纳：《近百年美国经济史》，中国社会科学出版社 1983 年版。

[3] 孙诒让、王文锦、陈玉霞点校：《周礼正义》，中华书局 1987 年版。

[4] 费孝通等：《中华民族多元一体格局》，中央民族学院出版社 1989 年版。

[5] 宋则行、樊亢：《世界经济史》（第 1 卷），经济科学出版社 1989 年版。

[6] 斯蒂芬森：《美国的交通运输》，刘秉镰译，人民交通出版社 1990 年版。

[7] 魏启宇：《交通史学概论》，兰州大学出版社 1990 年版。

[8] 吴廷谬：《日本史》，南开大学出版社 1994 年版。

[9] 韩彪：《交通运输发展理论》，大连海事大学出版社 1994 年版。

[10] 《列宁选集》，人民出版社 1995 年版。

[11] 《马克思恩格斯全集》，人民出版社 1995 年版。

[12] 马克思、恩格斯：《共产党宣言》，人民出版社 1997 年版。

[13] D.C.道格拉斯：《英国历史文献》（第 10 卷），商务印书馆 1997 年版。

[14] 日本国有铁道修史委员会：《日本国有铁道百年史通史》，成山堂书店 1997 年版。

[15] 中国史学会：《洋务运动》（第五册），上海人民出版社 2000 年版。

[16] 黄家城、陈雄章等：《交通与历史横向发展变迁》，人民交通出版社 2000 年版。

[17] 马克思：《资本论》，人民出版社 2002 年版。

[18] 人民交通出版社：《中国公路·铁路·水路图集》，人民交通出版社 2006 年版。

[19] 顾炎武、陈垣校注：《日知录校注》，安徽大学出版社 2007 年版。

[20] 白寿彝：《中国交通史》，团结出版社 2007 年版。

[21] 黄民、张建平主编：《国外交通运输发展战略及启示》，中国经济出版社 2007 年版。

[22] 赵占平主编：《世界主要国家军事交通运输研究》，国防大学出版社 2007 年版。

[23]《中国交通运输改革开放 30 年——公路篇》，人民交通出版社 2009 年版。

[24] 黄红军：《中国传统交通习俗》，四川人民出版社 2009 年版。

[25]《中国交通运输 60 年》，人民交通出版社 2009 年版。

[26]《中国交通运输发展改革之路》，中国铁道出版社 2009 年版。

[27] 白雪洁：《中国交通运输产业的改革与发展》，经济管理出版社 2010 年版。

[28]《马克思恩格斯选集》，人民出版社 2012 年版。

[29] 邓焕彬：《区域交通一体化理论与实践》，人民交通出版社 2012 年版。

[30] 孙前进：《综合交通体系规划与建设》，中国财富出版社 2012 年版。

[31]《"十二五"交通运输发展规划汇编》，人民交通出版社 2012 年版。

[32] 陈春声主编：《海陆交通与世界文明》，商务印书馆 2013 年版。

[33] 陈雪明：《国际大城市带综合交通体系研究》，中国建筑工业出版社 2013 年版。

[34] 王子今：《秦汉交通史稿》，中国人民大学出版社 2013 年版。

[35] 孙前进：《全国交通运输体系"十一五"发展规划与建设》，中国财富出版社 2013 年版。

[36] 维克托·迈尔-舍恩伯格、肯尼恩·库克耶：《大数据时代：生活、工作和思维的大变革》，盛杨燕、周涛译，浙江人民出版社 2013 年版。

[37] 杨会军：《美国交通经济史》，中国社会科学出版社 2013 年版。

[38] 荣朝和：《综合交通运输体系研究——认知与建构》，经济科学出版社 2013 年版。

[39] 黄承锋：《区域交通发展与管理》，电子科技大学出版社 2013 年版。

[40] 胡晓健：《交通出行选择行为分析与交通需求管理》，东南大学出版社 2014 年版。

[41] 厉以宁、林毅夫、郑永年等：《读懂"一带一路"》，中信出版社 2015 年版。

[42] 周浩：《交通基础设施与中国经济增长》，人民出版社 2015 年版。

[43] 程美东：《现代化视野下的"中国梦"研究》，北京交通大学出版社 2015 年版。

[44]《中国交通发展综合报告》委员会：《中国交通发展综合报告（2016）》，中国铁道出版社 2016 年版。

[45] 中华人民共和国国务院新闻办公室:《中国交通运输发展》,人民出版社2016年版。

[46] 孙玺、周宇、黎小东:《我国交通运输对标国际研究》,人民交通出版社2016年版。

[47] 习近平:《决胜全面建成小康社会 夺取新时代中国特色社会主义伟大胜利——在中国共产党第十九次全国代表大会上的报告》,人民出版社2017年版。

[48] 毕艳红、王战权:《综合交通运输体系概论》,人民交通出版社2017年版。

[49]《"十三五"现代综合交通运输体系发展规划》,2017年。

[50]《中国交通运输发展报告(2018)》,中国市场出版社2018年版。

[51] 林晓言、刘秀英:《改革开放研究丛书:中国交通运输发展(1978—2018)》,社会科学文献出版社2018年版。

[52] 赵光辉:《中国智造助推交通强国》,人民邮电出版社2018年版。

[53]《城市轨道交通2017年统计和分析报告》,中国城市轨道交通协会2018年版。

[54]《中国交通运输2017》,人民交通出版社2018年版。

二、期刊

[1] 步履:《汉唐时代中西交通概述》,《西北大学学报》(哲学社会科学版)1980年第2期。

[2] 郭正忠:《交通与文明——关于交通经济建设的历史考察》,《中国经济史研究》1988年第3期。

[3] 汪文黔:《美国、日本公路交通的现状和前景》,《国外公路》1992年第1期。

[4] 刘彦平:《欧盟交通运输政策及其启示》,《亚太经济》2005年第5期。

[5] 交通运输部:《公路水路交通"十一五"发展规划》,《综合运输》2006年第12期。

[6] 王开泳:《日本交通体系的特征与经验借鉴》,《世界地理研究》2018年第1期。

[7] 倪乐雄:《二十一世纪看海权——倪乐雄教授在复旦大学的讲演》,《文汇报》2007年8月5日。

[8] 车探来:《以无轨承运人制度推动国际铁路联运发展》,《综合运输》2007年第9期。

[9] 王成平、魏巍:《论区域文化在公路上的物化及实现路径》,《重庆交通大学学报》(社会科学版)2009年第5期。

[10] 孙启鹏、王庆云：《我国综合交通结构问题的战略思考》，《综合运输》2010年第 2 期。

[11] 齐心：《中华民族发展规律的新探索——简评〈论中华民族——从地域特点和长城的兴废看中华民族的起源、形成与发展〉》，《光明日报》2010 年 4 月 25 日。

[12] 况腊生、刘宗胜：《论军民融合式国防交通动员体制的建立》，《军事历史研究》2011 年第 3 期。

[13] 《公路水路交通运输信息化"十二五"发展规划》，《综合运输》2012 年第 5 期。

[14] 贺宝成：《大数据与国家治理》，《人民日报》2014 年 3 月 27 日。

[15] 沈大伟、狄飞：《中国的世界梦——新型大国关系以及美中关系的未来》，《当代中国史研究》2014 年第 4 期。

[16] 黄德明、徐奇：《论中国公民海外航空安全利益的保护——以"马航 370 事件"为视角》，《武汉理工大学学报》2015 年第 5 期。

[17] 李春香：《美国铁路未来 30 年的发展趋势与战略研究》，《经济研究参考》2015 年第 58 期。

[18] 刘欢等：《日本低碳交通发展策略简析》，《综合运输》2015 年第 6 期。

[19] 王超、荣朝和：《综合交通需要顶层设计》，《人民日报》2015 年 6 月 29 日。

[20] 何星亮：《中华民族在互动融合中形成和发展》，《人民日报》2016 年 7 月 22 日。

[21] 宁滨：《助力实现交通人的中国梦》，《中国交通报》2016 年 8 月 12 日。

[22] 程世东：《加快推进城市绿色交通发展》，《交通工程》2017 年第 1 期。

[23] 杨传堂：《被时代铭记——中国政府首次就交通运输建设发展发表白皮书〈中国交通运输发展〉》，《中国公路》2017 年第 1 期。

[24] 杨雪英：《美国未来交通运输发展趋势及思路》，《工程研究——跨学科视野中的工程》2017 年第 2 期。

[25] 闫磊：《未来日本交通发展探究》，《工程研究——跨学科视野中的工程》2017 年第 2 期。

[26] 范文博：《美国州域交通模型——以马里兰州为例》，《城市交通》2017 年第 3 期。

[27] 杨雪英：《交通强国的内涵与关键指标分析》，《交通运输部管理干部学院学报》2017 年第 4 期。

[28] 何建中：《打造品质工程实现交通大国到交通强国的飞跃》，《中国公路》2017 年第 6 期。

[29] 《奋力从交通大国向交通强国迈进》，《求是》2017 年第 10 期。

[30] 习近平:《决胜全面建成小康社会 夺取新时代中国特色社会主义伟大胜利——在中国共产党第十九次全国代表大会上的报告》,《人民日报》2017年10月28日。

[31] 肖松:《中国大飞机"智造"瞄准全球市场》,《人民交通》2017年第12期。

[32] 赵光辉:《基于供给侧改革的交通社会服务研究》,《综合运输》2017年第12期。

[33] 杨传堂、李小鹏:《深化供给侧结构性改革建设现代综合交通运输体系》,《交通节能与环保》2017年第1期。

[34]《全面贯彻新时代党的组织路线为加快推进交通强国建设提供坚强组织保证》,《交通运输部管理干部学院学报》2018年第3期。

[35] 刘思:《改革开放40年我国交通运输政府管理创新实践与经验》,《交通运输研究》2018年第4期。

[36] 欧国立、王琦珀:《建设新时代生态综合交通强国——基于绿色发展理念的思考》,《长安大学学报》(社会科学版)2018年第5期。

[37] 刘国斌、宋瑾泽:《"一带一路"倡议与东北地区振兴联动发展战略研究》,《东北亚经济研究》2018年第6期。

[38] 吴文化:《推动交通运输高质量发展加快建设交通强国》,《中国经贸导刊》2018年第7期。

[39] 刘小明:《提升交通运输发展软实力,为建设交通强国、服务决胜全面小康社会提供强大精神动力》,《城市公共交通》2018年第8期。

[40] 庞跃辉、王戎、魏巍:《"交通强国"战略的背景、意蕴及路径探索》,《改革与战略》2018年第8期。

[41] 杨传堂:《交通强国建设要体现"四个零"的理念》,《中国船检》2018年第3期。

[42] 杨传堂、李小鹏:《奋力开启建设交通强国的新征程》,《求是》2018年第4期。

[43] 杨涛:《贯彻交通强国战略的若干思考》,《交通与港航》2018年第5期。

[44] 杨晓光:《加强交通强国内涵建设,推进交通服务的质量变革》,《交通与港航》2018年第5期。

[45] 杨栋、翁振松、王龙:《充分发挥铁路作用,推进运输结构调整》,《铁道经济研究》2018年第6期。

[46] 张永庆:《"一带一路"倡议:中国经验、国际方案、世界贡献》,《东北亚经济研究》2018年第6期。

[47] 郑言实:《大力弘扬奋斗精神 努力建设交通强国》,《中国公路》2018年第6期。

[48] 杨传堂：《交通运输部：为交通强国建设提供坚强政治保证》，《紫光阁》2018 年第 7 期。

[49] 傅志寰：《关于中国交通运输发展若干认识》，《中国公路》2019 年第 13 期。

[50] 郑向东：《交通助力强国智慧开创未来》，《中国科技产业》2018 年第 9 期。

[51] 韦国：《在"交通强国"的征程上高歌猛进》，《党建》2018 年第 11 期。

[52] 恩和、苏日古嘎：《"一带一路"背景下中国与东北亚其他国家经贸合作潜力——基于引力模型的实证研究》，《商业经济研究》2018 年第 23 期。

[53] 李超：《关于陕西省构建综合交通运输管理体制的探讨》，《知识经济》2018 年第 12 期。

[54] 赵光辉：《基于交通强国的大数据交通治理：挑战、机遇与对策》，《当代经济管理》2018 年第 12 期。

[55] 傅志寰：《走中国特色交通强国之路》，《中国公路》2018 年第 13 期。

[56] 胡哲峥：《习近平新时代交通强国思想探析》，《法治与社会》2018 年第 25 期。

[57] 梅剑飞：《交通基础设施从滞后到领先》，《新华日报》2018 年 11 月 28 日。

[58] 韩旭辉：《为交通强国、铁路先行当好排头兵》，《人民铁道》2018 年 12 月 14 日。

[59] 袁晨泰：《"一带一路"背景下创新驱动发展研究——以浙江省为例》，《中国集体经济》2019 年第 2 期。

三、英文文献

[1] Musson A E. Robinson E. , *Science and industry in the late eighteenth century*, The Economic History Review, 1960, pp. 222-244.

[2] U. S. Burean of the Census, *Historical Statistics of the United State Colonial Times to 1957*［R］. Washington DC: U. S. Burean of the Census, 1960.

[3] Faulkner U H., *American Economic History*［M］. New York: Harper Collins, 1960.

[4] Sterme S G., *British Shipping and World Competition*［M］. London: Athlone Press, 1962.

[5] Lane P. *The Industrial Revolution: the Birth of the Modern Age*［M］. London: Book Club Associates, 1978.

[6] Lewis W A. *Growth and Fluctuations*［M］. London: George Allen & Unwin（Publishers）Ltd., 1978.

[7] Mathias P., The *Transformation of England: Essays in the Economic and Social History of England in the Eighteenth Century*[M]. New York: Columbia University Press, 1979.

[8] Simon J. L., *The Ultimate Resource* [M]. Princeton: Princeton University Press, 1981.

[9] Wood A., *Nineteenth Century Britain 1815-1914* [M]. London: J. M. Dent and Sons Ltd, 1982.

[10] Bardou J P, Channahon J. J, Fridenson P, et al., *The Automobile Revolution: The Impact of an Industry*[M]. Chapel Hill: University of North Crolina Press, 1982.

[11] O'Brien P, *Railways and Economic Development of Western Europe, in 1830-1914* [M]. London: Macmillan Press Ltd., 1983.

[12] Gourvis T R., *Railways and the British Economy 1830-1914* [M]. London: Oxford University Press, 1983.

[13] Braudel F. L', *identité de la France (Tome 1) Espace et Histoire*[M]. Paris: Flammarion, 1986.

[14] Dirlmeier.U., *Deutsche Geschichte* [M]. Berlin: Reclam Verlag, 1985.

[15] May T., *An Economic and Social History of Britain1760-1970*[M]. London: Lund Humphries, 1987.

[16] Freeman J M, Aldcroft H D., *Transport in Victorian Britain*[M]. Manchester: Manchester University Press, 1988.

[17] Foreman-Pecked J., *New Perspectives on the Later Victorian Economy: Essays in Quantitative Economic History 1860-1914*[M]. London: Cambridge University Press, 1991.

[18] Brown R., *Society and Economy in Modern Britain 1700-1850*[M]. London: Routledge, 1991.

[19] Fisher D., *The Industrial Revolution: A Macroeconomic Interpretation*[M]. New York: St. Martin's Press, 1992.

[20] Mahan A T., *The Influence of Sea Power Upon History, 1660-1805*[M]. Charleston: Create Space Independent Publishing Platform, 1995.

[21] Robbins M., *The Railway Age*[M]. Manchester: Manchester University Press, 1998.

[22] РусТам МИрзаеВ, *ГеоПоЛИТИка ноВоМо ШёЛкоВоМо ПуТН*, Москва: Москва издательство, 2004.

[23] Watts S., *The People's Tycoon: Henry Ford and the American Century* [M].
New York: Random House, 2005.

[24] Bogart D., *Turnpike trusts and the transportation revolution in 18ᵗʰ century*[J].
Amsterdam Explorations in Economic History, 2005.

[25] European Commission, *White paper 2011 - Roadmap to a single European transport area - towards a competitive and resource efficient transport system*[R]. Brussels: European Commission, 2011.